Kunnes | Strafprozessuale Revision – Eine Anleitung für Klausur und Praxis

Strafprozessuale Revision

Eine Anleitung für Klausur und Praxis

von
Christian Kunnes

Richter am Landgericht
ehem. hauptamtlicher Arbeitsgemeinschaftsleiter
wissenschaftlicher Mitarbeiter beim Bundesgerichtshof
Prüfer im Ersten und Zweiten Staatsexamen

10., neu bearbeitete Auflage 2018

Verlag Franz Vahlen

Zitiervorschlag: *Kunnes* StrafProzRevision

www.vahlen.de

ISBN 978 3 8006 5484 0

© 2018 Verlag Franz Vahlen GmbH
Wilhelmstraße 9, 80801 München

Druck: Nomos Verlagsgesellschaft mbH & Co. KG / Druckhaus Nomos
In den Lissen 12, 76547 Sinzheim

Satz: Druckerei C. H. Beck, Nördlingen (Adresse wie Verlag)
Umschlaggestaltung: Martina Busch, Grafikdesign, Homburg Saar

Gedruckt auf säurefreiem, alterungsbeständigem Papier
(hergestellt aus chlorfrei gebleichtem Zellstoff)

Vorwort

Das Revisionsrecht hat in der praktischen Ausbildung für Referendarinnen und Referendare zwar nur geringe Bedeutung, in der Zweiten Juristischen Staatsprüfung spielt es dagegen eine ganz erhebliche Rolle. So haben in Bayern von den im Strafrecht zu fertigenden Aufgaben etwa ein Drittel der Klausuren revisionsrechtliche Themen. Der Referendar muss also damit rechnen, dass in der Zweiten Staatsprüfung eine der beiden strafrechtlichen Aufgaben eine Revisionsklausur ist.

Bei der Bearbeitung solcher Klausuren haben Referendare erfahrungsgemäß Schwierigkeiten, die sich insbesondere daraus ergeben, dass es während der Referendarzeit an der Möglichkeit fehlte, die erworbenen Kenntnisse umzusetzen und zu erproben. Daher habe ich versucht, das notwendige Wissen auch anhand von Beispielen und Fällen darzustellen. Deren Auswahl habe ich einerseits danach getroffen, welche Themenbereiche in Examensarbeiten immer wieder geprüft werden, zum anderen danach, welche Fragen Gegenstand der neueren Rechtsprechung des Bundesgerichtshofs waren. Denn die im Anhang abgedruckte Auswertung der bayerischen Examensklausuren seit 1986 belegt, dass die aktuellen höchstrichterlichen Entscheidungen immer wieder Gegenstand revisionsrechtlicher Klausuren sind. Die Rechtsprechung zumindest im letzten Jahr vor dem Examen zu verfolgen, ist dringend zu empfehlen.

Um die Vorbereitung auf das Examen zu erleichtern, wurden neben den Hinweisen auf weiterführende Literatur sowie Fundstellen der Rechtsprechung auch Prüfungs- und Aufbauschemata sowie Formulierungsvorschläge eingearbeitet. Den Abschluss bildet eine vollständige Revisionsklausur; hier sollte – wie auch bei den Fällen und Beispielen der ersten Kapitel – zunächst versucht werden, die Aufgabe selbst zu bearbeiten, um anschließend das eigene Ergebnis anhand der Lösung zu kontrollieren.

Die Neuauflage berücksichtigt Gesetzesänderungen bis zum 1.1.2018, während die Kommentierung bei Meyer-Goßner/Schmitt noch den Stand vom März 2017 widerspiegelt.

Für Verbesserungsvorschläge bin ich stets dankbar.

München, im Januar 2018 *Christian Kunnes*

Inhaltsverzeichnis

Vorwort	V
Abkürzungsverzeichnis	XI
Literaturverzeichnis	XV
1. Kapitel. Grundzüge und Wesen der Revision	1
A. Die Revision als Rechtsinstanz	1
B. Revisionsgericht	2
C. Ablauf des Revisionsverfahrens	2
2. Kapitel. Zulässigkeit der Revision	5
A. Statthaftigkeit	5
I. Grundsätze	5
II. Übergang von der Berufung zur Revision und »unbenannte« Rechtsmittel	6
B. Einlegungsberechtigung und Beschwer	7
I. Berechtigung zur Einlegung der Revision	7
II. Beschwer	7
C. Frist, Form und Inhalt der Revisionseinlegung	8
I. Frist	8
II. Form und Inhalt	9
D. Frist, Form und Inhalt der Revisionsbegründung	10
I. Frist	10
II. Form und Inhalt	12
E. Keine Rechtsmittelrücknahme und kein Rechtsmittelverzicht	13
I. Rücknahme- und Verzichtserklärung	13
II. Wirkungen von Rücknahme oder Verzicht	15
F. Zusammenfassung und Prüfungsschema	15
3. Kapitel. Inhalt der Revisionsbegründung	17
A. Grundsätze	17
B. Revisionsantrag und Beschränkung der Revision	17
I. Antrag	17
II. Beschränkbarkeit der Revision	18
C. Ausführungen zu von Amts wegen zu beachtenden Verfahrenshindernissen	20
I. Überblick	20
II. Sachliche Zuständigkeit	22
III. Wirksame Anklage und Eröffnungsbeschluss	24
IV. Strafantrag	28
V. Verjährung	28
VI. Entgegenstehende Rechtshängigkeit und entgegenstehende Rechtskraft (»Strafklageverbrauch«); Verstoß gegen § 331 I StPO	29
D. Rügearten	32
I. Abgrenzung Sach- und Verfahrensrüge	32
II. Beruhen des Urteils auf der Gesetzesverletzung	34
III. Ausschluss von Verfahrensrügen; Rügeverlust	35
E. Einzelheiten zur Verfahrensrüge	38
I. Grundsätze	38
II. Protokoll und Freibeweisverfahren beim Vortrag und Nachweis von Verfahrensfehlern	39

III. Verfahrensrüge bei absoluten Revisionsgründen	43
1. Verstoß gegen das Gebot des gesetzlichen Richters (§ 338 Nr. 1 StPO)	43
2. Mitwirkung eines ausgeschlossenen oder befangenen Richters (§ 338 Nr. 2, 3 StPO)	44
3. Fehlende Zuständigkeit (§ 338 Nr. 4 StPO)	48
4. Verletzung von Anwesenheitsvorschriften (§ 338 Nr. 5 StPO)	49
a) Abwesenheit des Staatsanwalts oder des Urkundsbeamten	49
b) Verhandeln ohne den Angeklagten	49
c) Verhandeln ohne den Verteidiger	54
5. Verletzung des Grundsatzes der Öffentlichkeit (§ 338 Nr. 6 StPO)	55
6. Fehlende oder verspätete Urteilsgründe (§ 338 Nr. 7 StPO)	57
7. Unzulässige Beschränkung der Verteidigung (§ 338 Nr. 8 StPO)	58
IV. Fehler außerhalb der Hauptverhandlung, vor allem im Ermittlungs- und im Zwischenverfahren	59
1. Gesetzesverletzungen durch das Gericht	59
2. Gesetzesverletzungen durch Ermittlungsbehörden	61
a) Verwertungsverbote in Zusammenhang mit Fehlern bei der Beschuldigtenvernehmung	62
b) Verwertungsverbote in Zusammenhang mit Fehlern bei der Überwachung der Telekommunikation (§§ 100a, 100d, 100e StPO)	66
c) Verwertungsverbote bei der Wohnraumüberwachung und beim Abhören außerhalb von Wohnungen	69
d) Verwertungsverbote in Zusammenhang mit Fehlern bei Durchsuchung und Beschlagnahme; Online-Durchsuchung	70
e) Verwertungsverbote in Zusammenhang mit Fehlern bei der Blutentnahme	74
f) Verwertungsverbote in Zusammenhang mit Fehlern bei Zeugenvernehmungen	75
g) Verwertungsverbote in Zusammenhang mit Fehlern beim Einsatz eines Verdeckten Ermittlers oder eines V-Mannes	75
V. Fehler in der Hauptverhandlung	77
1. Unterlassene oder fehlerhafte Feststellung der Personalien des Angeklagten	77
2. Unterlassene Verlesung der Anklage	77
3. Unterlassene Mitteilung über verständigungsvorbereitende Gespräche, § 243 IV StPO	78
4. Unterlassene oder fehlerhafte Belehrung des Angeklagten über seine Rechte	78
5. Fehler bei der Mitwirkung eines Dolmetschers	78
6. Fehler bei der Vernehmung des Angeklagten zur Sache	79
7. Fehler in Zusammenhang mit der durchgeführten Beweisaufnahme	80
a) Fehler bei der Einnahme eines Augenscheins	80
b) Fehler bei der Verlesung von Urkunden	81
aa) Allgemeines	81
bb) Urkundenbeweis und Verwertungsverbote in Bezug auf frühere Aussagen des Beschuldigten	82
cc) Urkundenbeweis und Verwertungsverbote in Bezug auf sonstige schriftliche Erklärungen des Beschuldigten	84
dd) Urkundenbeweis und Verwertungsverbote in Bezug auf frühere Aussagen von Zeugen	85
ee) Vorhalte	88
ff) Urkundenbeweis in Bezug auf Erklärungen von Behörden, Sachverständigen oder Ärzten (§ 256 StPO)	88
c) Fehler in Zusammenhang mit Zeugenvernehmungen	89
aa) Fehler bei der allgemeinen Zeugenbelehrung	89
bb) Fehler in Zusammenhang mit Aussageverweigerungsrechten	89
cc) Fehler in Zusammenhang mit Auskunftsverweigerungsrechten	91
dd) Fehler in Zusammenhang mit der Vernehmung des Zeugen zur Sache	92

ee) Fehler in Zusammenhang mit der (Nicht-)Vereidigung von Zeugen .. 93
ff) Fehler in Zusammenhang mit der Vernehmung von Verhörpersonen 94
d) Fehler in Zusammenhang mit der Anhörung eines Sachverständigen 97
8. Verletzung der Aufklärungspflicht 98
9. Fehlerhafte Zurückweisung von Beweisanträgen 101
10. Präsente Beweismittel 106
11. Unterlassener Hinweis nach § 265 StPO 107
12. Schlussvorträge und letztes Wort 110
13. Beratung 111
14. Verständigungen (§ 257c StPO) 111
    a) Zustandekommen einer Verständigung 112
    b) Möglicher Inhalt einer Verständigung 113
    c) Mitteilungs- und Dokumentationspflichten im Zusammenhang mit der Verständigung 116
        aa) § 243 IV StPO 116
        bb) Das Negativattest in § 273 Ia 3 StPO 120
        cc) § 267 III 5 StPO 120
    d) Verständigung, Aufklärungspflicht und verfahrensrechtliche Position des Angeklagten 120
    e) Reichweite der Bindung und Verwertbarkeit eines Geständnisses 122

F. Revisionsrügen in Bezug auf Fehler des Urteils 123
   I. Grundsatz 123
   II. Angriffe gegen Form und Aufbau des Urteils 124
   III. Widersprüche innerhalb des Urteils bzw. zwischen verkündetem und schriftlichem Urteil 125
   IV. Angriffe gegen die Sachverhaltsfeststellung 126
      1. Allgemeines 126
      2. Verwertung nicht in die Verhandlung eingeführter Umstände 127
   V. Angriffe gegen die Beweiswürdigung 128
      1. Allgemeines 128
      2. Verwertungsverbote 130
      3. Fehlerhafte Anwendung des Grundsatzes »in dubio pro reo« 132
   VI. Angriffe gegen die rechtliche Würdigung 132
   VII. Angriffe gegen die Strafzumessung 134

G. Besonderheiten der Nebenklägerrevision 138

H. Revisionen bei besonderen Urteilsarten 140
   I. Revision gegen ein Urteil im beschleunigten Verfahren 140
   II. Revision gegen ein nach einem Strafbefehl ergangenes Urteil 141
   III. Revision gegen ein Berufungsurteil 142

4. Kapitel. Prüfungsumfang und Entscheidung über die Revision 143
A. Prüfungsreihenfolge 143
B. Prüfung der Zulässigkeit der Revision und der Verfahrensvoraussetzungen 143
C. Prüfung der Verfahrensrügen 144
D. Prüfung aufgrund der Sachrüge 144
E. Entscheidung über die Revision 144
   I. Entscheidung nach Rücknahme der Revision 144
   II. Verwerfung durch Beschluss als unzulässig (§§ 346, 349 I StPO) 145
   III. Einstellung oder Verweisung durch Beschluss 145
   IV. Entscheidung über die Begründetheit durch Beschluss (§ 349 II, IV StPO) 145
   V. Entscheidung aufgrund einer Hauptverhandlung 146
   VI. Aufbau der Entscheidungsgründe 150
   VII. Besonderheiten 151
      1. Bindung an die Revisionsentscheidung, Verschlechterungsverbot 151
      2. Teilweise Aufhebung der Feststellungen (doppelrelevante Tatsachen) 151

3. Erstreckung (§ 357 StPO)	152
4. Anhörungsrüge (§ 356a StPO)	152

5. Kapitel. Anhang — 155
A. Revisionsklausuren: Typen und Themen — 155
    I. Aufgabentypen — 155
    II. Klausurthemen — 155
B. Aufbauschemata — 159
    I. Gutachten nach eingelegter, aber noch nicht begründeter Revision — 159
    II. Fertigen einer Revisionsbegründungsschrift — 160
    III. Gutachten nach eingelegter und begründeter Revision — 162
C. Klausur »Revision« — 163
    I. Zulässigkeit der Revisionen — 168
    II. Prüfung der Verfahrensvoraussetzungen — 168
    III. Prüfung des Verfahrens — 169
        1. Vernehmung des Zeugen Hans Kleiner — 169
        2. Vernehmung des Zeugen Braun — 169
            a) Verstoß gegen den Unmittelbarkeitsgrundsatz — 169
            b) Gesetzesverletzung infolge Missachtung eines nach Verstoß gegen § 136 I 2 StPO bestehenden Verwertungsverbots — 169
            c) Verstoß gegen § 254 StPO — 170
            d) Gesetzesverletzung infolge Nicht-Vereidigung des Zeugen Braun — 170
        3. Vernehmung des Zeugen Dr. Gelder — 171
            a) Verstoß gegen den Unmittelbarkeitsgrundsatz — 171
            b) Gesetzesverletzung infolge Missachtung eines aus § 252 StPO herzuleitenden Verwertungsverbots — 171
            c) Gesetzesverletzung infolge Missachtung eines Verwertungsverbots nach Unterlassen der Benachrichtigung gemäß § 168c V StPO — 172
            d) Verwertungsverbot infolge des Unterlassens einer Verteidigerbestellung für die ermittlungsrichterliche Vernehmung des Zeugen Hans Kleiner — 173
            e) Nicht-Vereidigung des Zeugen Dr. Gelder — 173
        4. Verlesung des Tagebuchs — 174
            a) Verstoß gegen den Unmittelbarkeitsgrundsatz — 174
            b) Gesetzesverletzung infolge Missachtung grundgesetzlicher Verwertungsverbote — 174
        5. Vernehmung der Zeugin Eva Kleiner — 175
        6. »Zwischenverfahren« und fehlender Hinweis über das Beweisergebnis — 175
        7. Vernehmung des Sachverständigen Prof. Dr. Grüner — 176
        8. Zwischenergebnis — 176
    IV. Prüfung auf sachlich-rechtliche Fehler — 176
        1. Sachverhaltsfeststellungen und Beweiswürdigung — 176
        2. Rechtliche Würdigung — 176
            a) Verurteilung wegen vorsätzlicher Körperverletzung — 176
            b) Nicht-Verurteilung wegen gefährlicher Körperverletzung — 177
            c) Verurteilung wegen fahrlässiger Tötung — 177
            d) Nicht-Verurteilung wegen Körperverletzung mit Todesfolge — 177
            e) Nicht-Verurteilung wegen eines vorsätzlichen Tötungsdelikts — 178
            f) Konkurrenzen — 178
    V. Ergebnis — 178

Sachverzeichnis — 181

Abkürzungsverzeichnis

aA	anderer Ansicht
abl.	ablehnend/ablehnender
Abs.	Absatz
aE	am Ende
AG	Amtsgericht
Anm.	Anmerkung
Art.	Artikel
BayRiStAG	Bayerisches Richter- und Staatsanwaltsgesetz
BGB	Bürgerliches Gesetzbuch
BGH	Bundesgerichtshof
BGHR	BGH-Rechtsprechung in Strafsachen (Entscheidungssammlung)
BGHSt	Bundesgerichtshof in Strafsachen; Entscheidungen des Bundesgerichtshofs in Strafsachen, herausgegeben von den Mitgliedern des Bundesgerichtshofs und der Bundesanwaltschaft (zit. nach Band und Seite)
Bl.	Blatt
BRAO	Bundesrechtsanwaltsordnung (Schönfelder Ergänzungsband Nr. 98)
bspw.	beispielsweise
BtM	Betäubungsmittel
BtMG	Betäubungsmittelgesetz
BVerfG	Bundesverfassungsgericht
BVerfGE	Entscheidungen des Bundesverfassungsgerichts, herausgegeben von den Mitgliedern des Bundesverfassungsgerichts (zit. nach Band und Seite)
BZRG	Gesetz über das Zentralregister und das Erziehungsregister (Bundeszentralregistergesetz)
bzw.	beziehungsweise
d. A.	der Akten
DAR	Deutsches Autorecht (Zeitschrift)
EGGVG	Einführungsgesetz zum Gerichtsverfassungsgesetz
EGMR	Europäischer Gerichtshof für Menschenrechte
EMRK	Europäische Konvention zum Schutze der Menschenrechte und Grundfreiheiten
Einl.	Einleitung
EUR	Euro
f., ff.	folgende
Fn.	Fußnote
GA	Goltdammers Archiv für Strafrecht (Zeitschrift, zit. nach Band und Seite)
gem.	gemäß
GG	Grundgesetz
ggf.	gegebenenfalls
GmS-OGB	Gemeinsamer Senat der Obersten Gerichtshöfe des Bundes
grds.	grundsätzlich
GSSt	Großer Senat für Strafsachen
GVG	Gerichtsverfassungsgesetz

Abkürzungsverzeichnis

hL	herrschende Lehre
Hs.	Halbsatz
IPbürgR	Internationaler Pakt vom 19.12.1966 über bürgerliche und politische Rechte
idR	in der Regel
insbes.	insbesondere
iSd	im Sinne der/des/dieser
iSv	im Sinne von
iVm	in Verbindung mit
JA	Juristische Arbeitsblätter
JGG	Jugendgerichtsgesetz
JR	Juristische Rundschau
JuS	Juristische Schulung
JVA	Justizvollzugsanstalt
JZ	Juristenzeitung
krit.	kritisch
LG	Landgericht
lit.	litera
mAnm	mit Anmerkung
mwN	mit weiteren Nachweisen
NJW	Neue Juristische Wochenschrift
Nr.	Nummer
NStZ	Neue Zeitschrift für Strafrecht
NStZ-RR	Neue Zeitschrift für Strafrecht, Rechtsprechungs-Report
OLG	Oberlandesgericht
RiStBV	Richtlinien für das Straf- und Bußgeldverfahren; abgedruckt bei *Meyer-Goßner* Anh 12
Rn.	Randnummer
RPflG	Rechtspflegergesetz
S.	Satz, Seite
sog.	sogenannte(n)
StGB	Strafgesetzbuch
StPO	Strafprozessordnung
str.	strittig
StraFo	Strafverteidiger Forum (Zeitschrift)
StV	Strafverteidiger (Zeitschrift)
TKG	Telekommunikationsgesetz
UA	Urteilsausfertigung Seite
usw.	und so weiter
vgl.	vergleiche
VRS	Verkehrsrechts-Sammlung (Zeitschrift, zit. nach Band und Seite)

wistra	Zeitschrift für Wirtschaft, Steuer, Strafrecht
WÜK	Wiener Konsularrechtsübereinkommen
zB	zum Beispiel
zit.	zitiert
ZPO	Zivilprozessordnung
ZRP	Zeitschrift für Rechtspolitik

Literaturverzeichnis

Fischer, Thomas, Strafgesetzbuch, 65. Aufl. 2018 (zit.: *Fischer*)
Hannich, Rolf, Karlsruher Kommentar zur Strafprozessordnung, 7. Aufl. 2013 (zit.: KK-StPO/*Bearbeiter*)
Kroiß, Ludwig/Neurauter, Irene, Formularsammlung für Rechtsprechung und Verwaltung, 26. Aufl. 2017 (*Kroiß/Neurauter* Formularsammlung)
Meyer-Goßner, Lutz/Schmitt, Bertram, Strafprozessordnung, 65. Aufl. 2017 (zit.: Meyer-Goßner/Schmitt/*Bearbeiter*)
Schuster, Thomas/Weitner, Friedrich, StPO-Fallrepetitorium, 7. Aufl. 2017 (zit.: *Schuster/Weitner* StPO-Fallrepetitorium)

1. Kapitel. Grundzüge und Wesen der Revision

A. Die Revision als Rechtsinstanz

Die Revision ist ein Rechtsmittel gegen Strafurteile, das im Gegensatz zur Berufung lediglich eine Rechtsinstanz eröffnet, also nur zu einer Überprüfung des angefochtenen Urteils und des ihm zugrunde liegenden Verfahrens auf **Rechts**fehler hin führt (vgl. § 337 I StPO). Das Revisionsgericht prüft daher – auf entsprechende Rüge (zur »Verfahrensrüge« → Rn. 105 ff.; zur »Sachrüge« → Rn. 309 ff.) –, ob die Tatsachenfeststellungen in rechtsfehlerfreier Weise zustande gekommen sind (dazu gehört auch, ob die Beweiswürdigung rechtsfehlerfrei vorgenommen wurde), ob der festgestellte Sachverhalt den Schuldspruch trägt und ob dem Tatrichter bei der Strafzumessung keine Rechtsfehler unterlaufen sind. Eine Wiederholung der Beweisaufnahme zur Klärung des Sachverhalts, der dem Schuld- und Rechtsfolgenausspruch zugrunde liegt, findet nicht statt. Vielmehr ist das Revisionsgericht an die rechtsfehlerfrei getroffenen tatrichterlichen Feststellungen gebunden. Ist dem Gericht, dessen Urteil angefochten wird, bei der Tatsachenfeststellung ein Rechtsfehler unterlaufen, hebt das Revisionsgericht das Urteil mit den Feststellungen auf und verweist die Sache zur erneuten Verhandlung zurück. Auch nimmt das Revisionsgericht – anders als das Berufungsgericht – keine eigene Strafzumessung vor,[1] sondern beschränkt sich auf die Überprüfung der Strafzumessung im angefochtenen Urteil auf Rechtsfehler. 1

Die Unterscheidung zwischen einer weiteren Tatsacheninstanz (Berufung) und einer »bloßen« Rechtsinstanz (Revision) soll an folgendem Beispiel verdeutlich werden: 2

Das Amtsgericht verurteilt den Angeklagten wegen Diebstahls zu einer Freiheitsstrafe von 8 Monaten auf Bewährung; seinen Schuldspruch stützt es auf einen einzigen Belastungszeugen, der den Angeklagten am Tatort eindeutig erkannt habe und dessen Angaben glaubhaft seien. Legt der Angeklagte nunmehr unbeschränkt Berufung (vgl. §§ 312, 314 StPO) gegen dieses Urteil ein, findet eine völlige Neuverhandlung der Sache statt, dh, das Berufungsgericht wird den einzigen Belastungszeugen vernehmen, um sich damit einen persönlichen Eindruck vom Zeugen und vom Inhalt seiner Aussage zu verschaffen; glaubt es diesem nicht oder zweifelt es an der Richtigkeit der belastenden Angaben, spricht es den Angeklagten frei. Ist auch das Berufungsgericht von der Schuld des Angeklagten überzeugt, nimmt es eine eigene Strafzumessung vor. Hält es bspw. eine Strafe von 7 Monaten oder gar nur eine Geldstrafe für tat- und schuldangemessen, wird es diese Strafe aussprechen.

Legt der Angeklagte stattdessen (form- und fristgerecht) Sprungrevision (dazu → Rn. 8) gegen das Urteil des Amtsgerichts ein und erhebt er form- und fristgerecht die allgemeine Sachrüge (dazu → Rn. 310), liegen dem Revisionsgericht zur Überprüfung des angegriffenen Urteils nur die Urteilsurkunde und ggf. die Abbildungen vor, auf die nach § 267 I 3 StPO verwiesen worden ist. Kommt das Revisionsgericht zu dem Ergebnis, dass die Beweiswürdigung des Tatrichters im Urteil »nachvollziehbar« ist, weil sie insbes. keine Widersprüche und keine Lücken (dazu → Rn. 331) enthält, wird es die (Sprung-)Revision – ein Rechtsfehler liegt nicht vor – als unbegründet verwerfen. Auch die Strafzumessung wird lediglich auf Rechtsfehler überprüft; eine eigene Strafzumessung nimmt das Revisionsgericht nicht vor.

Obwohl eine Neuverhandlung der Sache vor dem Revisionsgericht ausgeschlossen ist, ist der immer wieder zu lesende Satz, dass vor dem Revisionsgericht generell keine Beweisaufnahmen stattfinden, in dieser Allgemeinheit nicht richtig. Vielmehr kann und muss es ggf. Beweis im Freibeweisverfahren erheben zur Zulässigkeit der Revision, zum Vorliegen der Verfahrensvoraussetzungen (Beispiel: Wurde der Strafantrag wirksam zurückgenommen?) 3

---
1 Zu seltenen Ausnahmen von diesem Grundsatz vgl. § 354 I, Ia und Ib 3 StPO.

oder zum Tatsachenvortrag einer Verfahrensrüge. Auch zur Feststellung von Erfahrungssätzen, wie etwa zur Festlegung der Grenze zur absoluten Fahruntüchtigkeit bei §§ 315c, 316 StGB, darf vor dem Revisionsgericht eine Beweisaufnahme erfolgen.[2]

B. Revisionsgericht

4 Das zuständige Revisionsgericht[3] bestimmt sich nach dem Ausgangsgericht. Über Revisionen gegen erstinstanzliche Urteile der Amtsgerichte, also die Sprungrevisionen, oder Revisionen gegen Berufungsurteile der Landgerichte entscheidet das OLG (§ 121 I Nr. 1a, b GVG, § 335 II StPO). Für Revisionen gegen erstinstanzliche Urteile der Land- oder der Oberlandesgerichte ist grundsätzlich der BGH zuständig (§ 135 I GVG; vgl. aber § 121 I Nr. 1c GVG).

5 Übersicht »Revisionsgerichte«

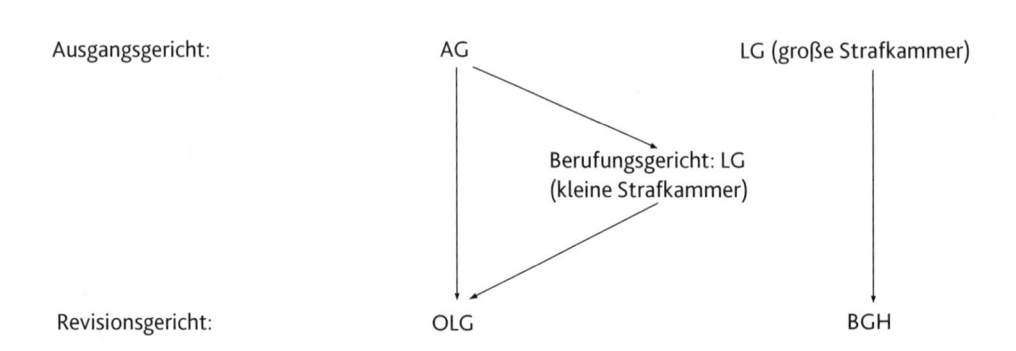

Ausgangsgericht:	AG		LG (große Strafkammer)
		Berufungsgericht: LG (kleine Strafkammer)	
Revisionsgericht:	OLG		BGH

C. Ablauf des Revisionsverfahrens

6 Im Falle einer vom Angeklagten gegen ein erstinstanzliches Urteil einer großen Strafkammer des Landgerichts eingelegten Revision, über die der BGH aufgrund einer Hauptverhandlung entscheidet, läuft das Verfahren üblicherweise folgendermaßen ab:

Urteilsverkündung (§§ 260 I, 268 II StPO)

⇓

Revisionseinlegung (§ 341 I StPO)

⇓

Fertigstellung des Protokolls (vgl. § 273 IV StPO)

⇓

Zustellung des vollständigen Urteils (§ 343 II StPO)

⇓

---

2 Vgl. Meyer-Goßner/Schmitt/*Meyer-Goßner* StPO § 351 Rn. 3, § 337 Rn. 31 aE; zu einer Beweisaufnahme des Revisionsgerichts über den Einsatz von Polygraphen: BGHSt 44, 308 (312) = NJW 1999, 657; zu Glaubhaftigkeitsgutachten: BGHSt 45, 164 (166 f.) = NJW 1999, 2746.
3 In einer Klausur sollten Sie immer angeben, welches Gericht über die Revision entscheiden wird. Falls ein Gutachten zu den Erfolgsaussichten einer Revision verlangt ist, können Sie diese Frage entweder zwischen Zulässigkeit und Begründetheit erörtern oder im Ergebnis erwähnen. Falls ein Revisionsbegründungsschriftsatz verlangt ist, erörtern Sie diese Frage im Hilfsgutachten. Die Schriftsätze zur Einlegung bzw. Begründung der Revision selbst sind an das Ausgangsgericht zu richten, §§ 341 I, 345 I 1 StPO.

C. Ablauf des Revisionsverfahrens

Revisionsbegründung (§§ 344, 345 StPO)

⇓

Zustellung der Revisionsbegründung an die Staatsanwaltschaft (§ 347 I 1 StPO), in der Regel mit Übersendung der Akten an diese (vgl. § 41 StPO)

⇓

Abgabe einer Gegenerklärung durch die Staatsanwaltschaft (§ 347 I 2, 3 StPO[4], Nr. 162 I, II RiStBV)

⇓

Übersendung der Gegenerklärung an den Angeklagten bzw. an seinen Verteidiger, Rückleitung der Akten mit der Gegenerklärung an das Gericht (Nr. 162 III RiStBV)

⇓

Zuleitung der Akten an die Staatsanwaltschaft (vgl. § 347 II StPO, Nr. 162 IV RiStBV)

⇓

Übersendung der Akten an den Generalbundesanwalt (vgl. § 347 II StPO, Nr. 163 I, 164 ff. RiStBV)

⇓

Antragstellung des Generalbundesanwalts (vgl. § 349 II, III 1 StPO)

⇓

Stellungnahme des Verteidigers (vgl. § 349 III 2 StPO)

⇓

Vorlage an den zuständigen Senat des BGH

⇓

Terminsvorbereitung (§ 350 I, III StPO)[5]

⇓

Hauptverhandlung (§§ 350 II, 351 StPO)

⇓

Urteilsverkündung (§ 356 StPO)

Hat dagegen die Staatsanwaltschaft Revision eingelegt, werden die Akten von der Ausgangsstaatsanwaltschaft nicht unmittelbar dem Generalbundesanwalt, sondern zunächst der Generalstaatsanwaltschaft beim OLG übersandt (Nr. 163 I 2 RiStBV). Diese kann das Rechtsmittel zurücknehmen, beschränken oder ergänzend begründen bzw. die Ausgangsstaatsanwaltschaft hierzu anweisen (Nr. 168 I RiStBV; vgl. auch § 147 Nr. 3 GVG). Dagegen kann der Generalbundesanwalt keine solchen Weisungen erteilen. Er ist aber weder an den Antrag noch an die Begründung des Rechtsmittels gebunden, kann also die Revision anders begründen. Neue Verfahrensrügen kann er zulässig jedoch nur erheben, wenn die Begründungsfrist noch läuft. Hält er die Revision für aussichtslos und wird sie von der Ausgangs- oder der Generalstaatsanwaltschaft gleichwohl nicht zurückgenommen, vertritt er das Rechtsmittel nicht, sondern beantragt dessen Verwerfung. An diesen Antrag ist das Revisionsgericht aber trotz § 352 I StPO nicht gebunden.

7

---

[4] Die Abgabe ist im Falle der Erhebung von Verfahrensrügen für die Staatsanwaltschaft nunmehr zwingend.
[5] Falls nicht nach § 349 I, II, IV StPO verfahren wird.

2. Kapitel. Zulässigkeit der Revision

A. Statthaftigkeit

I. Grundsätze

Nach § 333 StPO ist die Revision statthaft gegen Urteile der (großen oder kleinen) Strafkammern der Landgerichte, gegen Urteile der Schwurgerichte (Schwurgerichte sind Kammern des Landgerichts, § 74 II GVG) sowie gegen erstinstanzliche Urteile der Oberlandesgerichte. Ferner ist die Revision nach § 335 I StPO statthaft, wenn nach § 312 StPO gegen das Urteil Berufung eingelegt werden könnte, also gegen Urteile des Strafrichters[1] oder des Schöffengerichts (Sprungrevision). Voraussetzung ist aber stets, dass die gerichtliche Entscheidung, die angefochten werden soll, schon verkündet ist (vgl. § 268 II 1 StPO).

8

> **Hinweis:** Im Erwachsenenstrafrecht können alle erstinstanzlichen und alle Berufungsurteile[2] mit der Revision angegriffen werden (vgl. die Übersicht bei → Rn. 5).
> Die Berufung kann dagegen nur gegen amtsgerichtliche Urteile (sowohl des Strafrichters als auch des Schöffengerichts) eingelegt werden. Bei amtsgerichtlichen Urteilen besteht also ein Wahlrecht zwischen beiden Rechtsmitteln. Wegen des in → Rn. 2 dargelegten, gegenüber der Berufung beschränkten Prüfungsmaßstabs in der Revision werden die Verfahrensbeteiligten regelmäßig die Berufung wählen (zumal ihnen im Anschluss im Erwachsenenstrafrecht die Revision als zusätzliches Rechtsmittel bleibt[3]).

9

Legen mehrere Beteiligte (der Angeklagte und sein Verteidiger gelten insofern allerdings als eine Person)[4] unterschiedliche Rechtsmittel ein, geht die Berufung als das allgemeinere Rechtsmittel der Revision vor, diese wird dann wie eine Berufung behandelt (§ 335 III 1 StPO).[5] Eine spätere Revision ist dadurch aber nicht ausgeschlossen (§ 335 III 3 StPO). Wird die als solche eingelegte Berufung zurückgenommen oder als unzulässig verworfen, lebt die Revision wieder auf (vgl. § 335 III 1 StPO). Sie muss daher auch dann begründet werden, wenn sie wegen § 335 III 1 StPO als Berufung behandelt wird (§ 335 III 2 StPO).

10

Bei der Sprungrevision können sich Zulässigkeitsprobleme ergeben, wenn die Berufung annahmebedürftig wäre. Dann ist streitig, ob der Rechtsmittelführer zunächst Berufung einlegen muss oder ob er sogleich Revision einlegen kann. Letzterer Ansicht hat sich die Rechtsprechung weitgehend angeschlossen, wobei nach ihr eine Überprüfung, ob die Annahmevoraussetzungen des § 313 StPO vorliegen, in der Revision nicht stattfindet.[6] Auch der BGH hat eine Revision, zu der der Rechtsmittelführer übergegangen war, nachdem der Berufungsrichter die Nichtannahme der zunächst eingelegten Berufung angekündigt hatte, für zulässig erachtet, ohne dem Revisionsgericht die Pflicht zur Prüfung der Annahmevoraussetzungen aufzuerlegen.[7] Die Rechtsprechung begründet ihr Ergebnis damit, dass der Gesetzgeber eine Beschränkung der Sprungrevision nicht vorgenommen hat; zum anderen wäre es befremdlich, wenn entweder der Berufungsrichter mit der Nicht-Zulassung der

11

---

1 Hat das Gericht durch Beschluss entschieden, zB weil es den Einspruch gegen einen Strafbefehl für unzulässig gehalten hat (§ 411 I 1 StPO) oder weil der Einspruch gegen einen Strafbefehl auf die Tagessatzhöhe beschränkt war (§ 411 I 3 StPO), ist (nur) die sofortige Beschwerde statthaft.
2 Zur Revision gegen ein Berufungsurteil: → Rn. 375 ff.
3 Während im Erwachsenenstrafrecht das Berufungsurteil mit der Revision ein weiteres Mal angefochten werden kann, muss sich im Jugendstrafrecht ein Rechtsmittelführer zwischen Berufung und Revision entscheiden, §§ 55 II, 109 II 1 JGG.
4 → Rn. 17 und OLG Hamm NJW 2003, 1469 (1470).
5 Zur Praxis der sog. »Sperrberufung« durch die Staatsanwaltschaft (entgegen Nr. 148 RiStBV): OLG Karlsruhe NJW 2004, 1887.
6 Vgl. dazu Meyer-Goßner/Schmitt/*Meyer-Goßner* StPO § 335 Rn. 21 f. mwN, der selbst aA ist.
7 BGHSt 40, 395 (397) = NJW 1995, 2367.

Berufung wegen angeblicher offensichtlicher Unbegründetheit, § 313 II StPO, über die Zulässigkeit der Revision bei dem ihm übergeordneten Gericht entscheiden könnte oder aber das Revisionsgericht mit dem Prüfungsmaßstab einer offensichtlich unbegründeten Berufung den klassisch revisionsrechtlichen Prüfungsmaßstab verlassen müsste.[8]

II. Übergang von der Berufung zur Revision und »unbenannte« Rechtsmittel

12 Rechtsmittelberechtigte können ein Urteil **des Amtsgerichts** zunächst unbestimmt anfechten, also offen lassen, ob sie ihr Rechtsmittel als Berufung oder als Revision durchführen wollen. In diesem Fall lautet der Satz, mit dem das Rechtsmittel eingelegt wird:

> »In Sachen
> …
> wegen …
> lege ich[9] gegen das Urteil des Amtsgerichts … vom …
> Rechtsmittel
> ein.«

13 **Hinweis:** Nur gegen amtsgerichtliche Urteile kann entweder Berufung oder Revision eingelegt werden. Ein unbenanntes Rechtsmittel darf daher nur gegen ein Urteil des Amtsgerichts eingelegt werden. Gegen erstinstanzliche Urteile des Landgerichts ist dagegen – anders als im Zivilprozess – im Strafprozess nur die Revision statthaft (§ 312 StPO e contrario).

14 Gerechtfertigt wird die im Gesetz nicht vorgesehene Möglichkeit der unbestimmten Anfechtung eines Urteils damit, dass der Rechtsmittelführer das Vorliegen der Urteilsgründe (und ggf. auch des Protokolls) abwarten können soll, um entscheiden zu können, ob Rechtsfehler vorliegen, die eine Revision aussichtsreich erscheinen lassen. Die Urteilsgründe werden jedoch in schriftlicher Form nur selten innerhalb der (regelmäßig) einwöchigen Einlegungsfrist vorliegen (vgl. auch § 275 I StPO zur Urteilsabsetzungsfrist). Der Eintritt der Rechtskraft wird schon durch die Einlegung des (unbestimmten) Rechtsmittels gehemmt (vgl. §§ 316 I, 343 I StPO). Bis zum Ablauf der Revisionsbegründungsfrist kann der Rechtsmittelführer die – dann grundsätzlich endgültige – Entscheidung treffen, ob das Rechtsmittel als Berufung oder als Revision durchgeführt werden soll. Trifft er diese Entscheidung nicht, zu spät oder nicht eindeutig, wird das Rechtsmittel als – die umfassendere – Berufung behandelt.

15 Da es die prozessuale Fairness verbietet, einen Rechtsmittelführer an einer Erklärung festzuhalten, die er regelmäßig ohne Kenntnis der schriftlichen Urteilsgründe (und ggf. des Protokolls) abgegeben hat, wird dem Rechtsmittelführer auch zugestanden, von einem bereits bezeichneten Rechtsmittel zu einem anderen überzugehen, also von der Berufung zur Revision oder umgekehrt.[10] Auch dieser Übergang kann – in beiden Richtungen – nur innerhalb der Revisionsbegründungsfrist erfolgen und setzt im Fall des Übergangs zur Revision voraus, dass kein anderer Rechtsmittelberechtigter Berufung eingelegt hat (dann würde § 335 III StPO gelten). Ein weiterer Wechsel ist jedoch ausgeschlossen.[11]

16 **Fall:** Der Angeklagte wurde vom AG wegen vorsätzlichen Vollrausches zu einer Geldstrafe verurteilt; das Urteil wurde am 9.2. zugestellt. Gegen das Urteil hat der Verteidiger form- und fristgerecht Berufung eingelegt und diese begründet. Nachdem die Akten – über die Staatsanwaltschaft – dem für die Berufung zuständigen LG vorgelegt worden waren, ging dort am 9.3.

---

8 BayObLG MDR 1993, 1228.
9 Der Verteidiger ist im eigenen Namen rechtsmittelbefugt, § 297 StPO. Anders als im Zivilrecht muss er daher das Rechtsmittel nicht namens und im Auftrag des Mandanten einlegen.
10 Wenn in einer Klausur eine Beratung durch den Verteidiger gefordert ist, muss also bedacht werden, dass der Verteidiger durch ein »vorschnelles« Handeln des Angeklagten nicht gehindert ist, noch zum anderen Rechtsmittel überzugehen.
11 Meyer-Goßner/Schmitt/*Meyer-Goßner* StPO § 335 Rn. 12.

ein Schriftsatz des Verteidigers ein, in dem dieser mitteilte, dass er das Rechtsmittel als Revision durchführen wolle; zugleich rügte er die Verletzung formellen und materiellen Rechts. Ist damit eine zulässige Revision eingelegt?

Lösung: Das LG muss mit großer Wahrscheinlichkeit über die Berufung entscheiden,[12] da eine zulässige Revision nicht eingelegt sein dürfte. Zwar kann – wie oben ausgeführt – der Rechtsmittelführer von der Berufung zur Revision übergehen, wenn das Urteil – wie hier – alternativ mit beiden Rechtsmitteln anfechtbar ist.[13] Dies gilt – sofern er nicht auf die Revision verzichtet hat – selbst dann, wenn das Rechtsmittel zunächst als Berufung bezeichnet wurde und die Akten dem Berufungsgericht übersandt wurden; die Befassung des Berufungsgerichts mit dem Verfahren ist dann nur eine vorläufige. Die Erklärung, vom einen Rechtsmittel zum anderen überzugehen, ist aber gegenüber dem Gericht, dessen Urteil angefochten wird (hier also dem AG), abzugeben. Sie entspricht nämlich der Einlegung eines (anderen) Rechtsmittels und ist daher wie eine solche zu behandeln (vgl. auch § 341 I StPO und → Rn. 26); zudem muss zunächst das Ausgangsgericht die Ordnungsmäßigkeit des Rechtsmittels prüfen (vgl. §§ 319 I, 346 I StPO). Die Erklärung, von der Berufung zur Revision übergehen zu wollen, wird aber voraussichtlich beim Ausgangsgericht nicht mehr rechtzeitig eingehen. Voraussetzung für einen wirksamen Übergang zur Revision ist nämlich, dass dieser Wechsel dem Ausgangsgericht innerhalb der Revisionsbegründungsfrist mitgeteilt wird.[14] Dies ist hier jedoch unwahrscheinlich, da die Erklärung erst am letzten Tag der Frist des § 345 I StPO beim falschen Gericht einging und die Weiterleitung des Schriftsatzes an das AG noch am selben Tag nicht mehr zu bewirken sein dürfte.[15] Nur wenn der Schriftsatz noch am 9.3. zum AG gelangt, hat nicht mehr das LG über die Berufung, sondern das OLG über die Revision zu entscheiden.

B. Einlegungsberechtigung und Beschwer

I. Berechtigung zur Einlegung der Revision

Revision können grundsätzlich der Angeklagte und der Staatsanwalt einlegen (§ 296 I StPO),[16] ferner der Verteidiger unter den Voraussetzungen des § 297 StPO. Legen Angeklagter und Verteidiger verschiedene Rechtsmittel ein, geht – wegen § 297 StPO – das des Angeklagten vor. Rechtsmittelbefugt sind schließlich der gesetzliche Vertreter des Beschuldigten (§ 298 I StPO), der Nebenkläger (§§ 400 I, 401 I 1 StPO; zu den Besonderheiten der Nebenklagerevision → Rn. 357 ff.), der Privatkläger (§ 390 I 1 StPO) sowie Nebenbeteiligte (§ 427 I 1 iVm § 296 I StPO; ferner: §§ 435 III 2, 438 III 1, 439, 444 II 2 StPO).

17

II. Beschwer

Die Staatsanwaltschaft ist grundsätzlich immer berechtigt, gegen ein Urteil Revision einzulegen. Sie kann daher alle Entscheidungen anfechten, die sie für rechtsfehlerhaft erachtet, auch zugunsten des Angeklagten (§ 296 II StPO; vgl. aber auch § 339 StPO zum Umfang der zulässigen Verfahrensrügen bei staatsanwaltschaftlichen Revisionen zuungunsten des Angeklagten). Sie ist selbst dann rechtsmittelbefugt, wenn das Urteil dem Antrag ihres Sitzungsvertreters entspricht.

18

---

12 OLG Dresden wistra 2005, 318; vgl. auch Meyer-Goßner/Schmitt/*Meyer-Goßner* StPO § 335 Rn. 6.
13 BGH JR 2004, 210 mAnm *Fezer;* Meyer-Goßner/Schmitt/*Meyer-Goßner* StPO § 335 Rn. 9 ff.
14 BGH JR 2004, 210 mAnm *Fezer;* Meyer-Goßner/Schmitt/*Meyer-Goßner* StPO § 335 Rn. 10 f.
15 Zur Weiterleitung im »ordentlichen Geschäftsgang« und der Möglichkeit der Wiedereinsetzung: BVerfG NJW 2005, 2137.
16 Einlegungsberechtigt ist grundsätzlich die Staatsanwaltschaft bei dem Gericht, dessen Urteil angefochten wird (§ 143 I GVG), ferner die Staatsanwaltschaft, der die Wahrnehmung der Amtsverrichtungen gem. § 145 I GVG übertragen wurde: BGH NStZ 1998, 309.

19 Der Angeklagte sowie andere Einlegungsberechtigte müssen dagegen selbst oder in der Person, in deren Interesse sie handeln, beschwert, also durch die angefochtene Entscheidung in schutzwürdigen Interessen beeinträchtigt sein. Ob dies der Fall ist, bestimmt die Rechtsprechung allein grundsätzlich nach dem Urteilstenor.[17] Daher ist der Angeklagte grundsätzlich nicht beschwert, wenn er – gleich aus welchen Gründen – freigesprochen wurde, es sei denn, es sind trotz des Freispruchs bspw. Maßregeln nach §§ 63 ff. StGB verhängt worden.

20 Über die Beschwer hinaus erfordert die Zulässigkeit der Revision kein besonderes Rechtsschutzinteresse.

21 **Fall:** Dem Angeklagten, einem Richter der ehemaligen DDR, wird Rechtsbeugung und Freiheitsberaubung zur Last gelegt. Das Landgericht, zu dem die Anklage erhoben worden war, hat das Verfahren wegen Verjährung eingestellt (§ 260 III StPO). Ist die Revision des Angeklagten, der einen Freispruch erreichen will, zulässig?

Lösung: Die Revision ist nicht zulässig, da der Angeklagte durch das Urteil nicht beschwert ist. Dies gilt – nach der Rechtsprechung[18] – zumindest dann, wenn die Einstellung – wie hier – wegen eines nicht behebbaren Verfahrenshindernisses erfolgt ist und der Angeklagte auch durch die Nebenentscheidungen nicht beschwert wird, weil diese auch im Fall eines Freispruchs nicht anders hätten ergehen können. Wäre die Sache allerdings »freispruchreif« gewesen, könnte gegen das Einstellungsurteil Revision mit dem Ziel der Freisprechung eingelegt werden.[19] Zur Durchführung einer Beweisaufnahme, die einen Freispruch ermöglichen könnte, ist das Gericht allerdings nicht mehr verpflichtet, wenn die Einstellung ohne weitere Ermittlungen erfolgen kann.

C. Frist, Form und Inhalt der Revisionseinlegung

I. Frist

22 Die Frist für die Revisionseinlegung beträgt eine Woche ab der Verkündung des Urteils (§ 341 I StPO).

Bei in Abwesenheit des Angeklagten (die Gründe für die Abwesenheit sind unerheblich) verkündeten Urteilen[20] läuft die Wochenfrist für diesen regelmäßig ab der Zustellung (§ 341 II StPO; bei Mehrfachzustellungen ist § 37 II StPO zu beachten, die Frage der Zustellung an Verteidiger und/oder Angeklagten regelt § 145a StPO; die Fristberechnung ist in § 43 StPO geregelt).[21]

Ist die Einlegungsfrist schuldlos versäumt, kommt eine Wiedereinsetzung in den vorigen Stand nach §§ 44 ff. StPO in Betracht. Anders als im Zivilrecht (§ 85 II ZPO) fehlt es im Strafrecht an einer Rechtsgrundlage für die Zurechnung eines Verteidigerverschuldens.

---

17 Ausführlich: BGH NJW 2016, 728 (Fall Mollath) mit Ausführungen auch zur EMRK und zu seltenen Ausnahmen im Hinblick auf notwendigen Grundrechtsschutz; Meyer-Goßner/Schmitt/*Meyer-Goßner* StPO Vor § 296 Rn. 11 ff.
18 BGH NStZ-RR 1996, 299. Vgl. aber auch BGH NJW 2011, 2310, wonach die Revision des Angeklagten gegen eine Einstellung des Verfahrens durch Prozessurteil wegen eines behebbaren Verfahrenshindernisses zulässig ist, wenn der Angeklagte behauptet, es liege ein weiteres, nicht behebbares Prozesshindernis vor.
19 Vgl. Meyer-Goßner/Schmitt/*Meyer-Goßner* StPO § 260 Rn. 44, Vor § 296 Rn. 14.
20 Klausurhinweis: In diesen Fällen stellt sich zugleich die Frage, ob der (absolute) Revisionsgrund eines Verstoßes gegen § 230 I StPO (iVm § 338 Nr. 5 StPO) vorliegt.
21 War der Angeklagte durch seinen Verteidiger in den vom Gesetz zugelassenen Fällen (§§ 234, 329 II, 387 I, 411 II 1, 428 I 1 StPO) mit entsprechender Vollmacht vertreten, gilt allerdings die Wochenfrist, § 341 II StPO.

Eine fehlerhafte Rechtsbehelfsbelehrung (vgl. § 35a StPO) ändert nichts am Lauf der Wochenfrist.²² Allerdings wird im Falle der Fristversäumnis im Rahmen einer Wiedereinsetzung in den vorigen Stand vermutet, dass die Fristversäumnis unverschuldet war (§ 44 S. 2 StPO).

Beispiele:
- Urteilsverkündung in Anwesenheit des Angeklagten am *Dienstag*, 2.5.   23

  Eingang der Revisionseinlegung bei dem Gericht, dessen Urteil angefochten wird, spätestens am *Dienstag*, 9.5., 24 Uhr (bei inhaftierten Angeklagten genügt nach § 299 II StPO die rechtzeitige Protokollierung der Einlegung beim Haftgericht).

- Urteilsverkündung in Abwesenheit des Angeklagten und seines Verteidigers am *Donnerstag*, 16.11.; Zustellung des Urteils am *Montag*, 27.11.

  Eingang der Revisionseinlegung bei Gericht spätestens am *Montag*, 4.12., 24 Uhr.

Bestehen – auch nach Durchführung des Freibeweisverfahrens (dazu → Rn. 120, 379) – Zweifel daran, ob die Revisionseinlegungsfrist gewahrt ist, wirken diese regelmäßig zugunsten des Rechtsmittelführers. Die Verwerfung der Revision als verspätet und daher als unzulässig erfordert nämlich, dass das Gericht von der Verspätung überzeugt ist (vgl. §§ 349 I, 346 I StPO). Fehlt es hieran, muss das Rechtsmittel als rechtzeitig eingegangen behandelt werden.²³ Dies erscheint sachgerecht, weil es in der Verantwortungssphäre des Gerichts liegt, den exakten Eingang zweifelsfrei zu protokollieren. Bestehen die Zweifel dagegen schon daran, ob die Revisionseinlegung überhaupt bei Gericht eingegangen ist, gehen diese zulasten des Rechtsmittelführers.²⁴ Diese Frage liegt – anders als die Frage des genauen Zeitpunktes des Eingangs eines Schriftsatzes bei Gericht – nicht in der Verantwortungssphäre der Gerichte.   24

Die statthafte und fristgerecht eingelegte Revision führt dazu, dass das Urteil nicht rechtskräftig wird. Ist das Rechtsmittel wirksam beschränkt, tritt bezüglich des nicht angegriffenen Teils Rechtskraft bzw. Bindungswirkung ein (§ 343 I StPO, auch → Rn. 54 ff.)²⁵.   25

II. Form und Inhalt

Die Revision ist bei dem Gericht, dessen Urteil angefochten wird (beim sog. iudex a quo)²⁶, schriftlich oder zu Protokoll der Geschäftsstelle einzulegen (§ 341 I StPO; für den inhaftierten Angeklagten gilt zudem § 299 I StPO). Wirksam ist auch die Einlegung zu Protokoll in der Hauptverhandlung (für die Aufnahme von Erklärungen über die Einlegung des Rechtsmittels der Revision ist nach § 24 I Nr. 1b RPflG eigentlich der Rechtspfleger – nicht der Urkundsbeamte der Geschäftsstelle, § 26 RPflG²⁷ – zuständig; die Wirksamkeit der Aufnahme der Erklärung in ein richterliches Protokoll ergibt sich folglich aus § 8 I RPflG iVm § 271 I 1 StPO). Es besteht für die Revisionseinlegung also kein Anwaltszwang, auch erfordert die Schriftlichkeit nicht zwingend eine Unterschrift, sofern aus dem Schriftstück zweifelsfrei ersichtlich ist, von wem es herrührt, und es sich erkennbar nicht nur um einen Entwurf handelt.²⁸ Die Schriftform wird gem. § 32a III StPO durch die Einreichung eines elektronischen Dokuments, das entweder mit einer elektronischen Signatur versehen ist oder   26

---

22 Auch in Verfahren nach der ZPO und nach dem FamFG hindert eine fehlerhafte Rechtsbehelfsbelehrung den Fristanlauf nicht (vgl. § 233 S. 2 ZPO, § 17 II FamFG), anders aber im Verwaltungsrecht (§ 58 VwGO) und im Arbeitsgerichtsprozess (§ 9 V 2, 3 ArbGG).
23 Streitig; vgl. BVerfG NJW 2001, 1563; Meyer-Goßner/Schmitt/*Meyer-Goßner* StPO § 261 Rn. 35 mwN.
24 BGH NStZ 1999, 372; Meyer-Goßner/Schmitt/*Meyer-Goßner* StPO § 261 Rn. 35 mwN.
25 Zur Vollstreckbarkeit von teilrechtskräftigen Urteilen: Meyer-Goßner/Schmitt/*Schmitt* StPO § 449 Rn. 8 ff.
26 Ganz anders im Verfahren nach der ZPO, dort werden die Rechtsmittel der Berufung und der Revision beim Rechtsmittelgericht eingelegt und begründet (§§ 519 I, 520 III 1; 549 I 1, 551 II 1 ZPO).
27 Nimmt der Urkundsbeamte der Geschäftsstelle das Protokoll außerhalb der Hauptverhandlung auf, ist dies unwirksam (§ 8 V RPflG e contrario). Ggf. ist eine Wiedereinsetzung in den vorigen Stand zu prüfen (vgl. OLG Dresden NStZ 2016, 499). Unterschreibt der Angeklagte das Protokoll jedoch als »selbst gelesen und genehmigt«, liegt eine schriftliche und damit formwirksame Revisionseinlegung vor.
28 Vgl. BGH NStZ 2002, 558; Meyer-Goßner/Schmitt/*Meyer-Goßner* Einl. Rn. 128; zur (nicht ausreichenden) telefonischen Rechtsmitteleinlegung: einerseits Meyer-Goßner/Schmitt/*Meyer-Goßner* Einl. Rn. 140, andererseits LG Münster NJW 2005, 166; zur (nicht ausreichenden) Einlegung per E-Mail: *Hartmann* NJW 2006, 1390 (1392).

signiert auf einem sicheren Übermittlungsweg eingereicht wird, gewahrt.[29] Bund und Länder können allerdings durch Rechtsverordnung die Anwendbarkeit dieser – zum 1.1.2018 eingeführten – Norm um maximal zwei Jahre hinausschieben (§ 15 EGStPO). Inhaltlich muss sich aus der Erklärung der Wille zur Anfechtung des Urteils ergeben; das genügt selbst dann, wenn auch die Berufung statthaft ist (→ Rn. 8 ff.).

Beispiel für die Abfassung einer Revisionseinlegungsschrift durch den Verteidiger:

27

Rechtsanwalt 80335 München, 15.11.2017
Dr. Hans Müller Karlsplatz 5

An das
Landgericht München I

– Schwurgericht –

Aktenzeichen: 1 Ks 115 Js 54321/16

In der Strafsache gegen
Gerhart Schmied, geb. am 15.9.1970, zurzeit in Untersuchungshaft in der JVA München-Stadelheim

wegen Mordes

lege ich gegen das Urteil des Landgerichts München I – Schwurgericht – vom 14.11.2017

Revision

ein.
[Unterschrift]
Dr. Müller
(Rechtsanwalt)

D. Frist, Form und Inhalt der Revisionsbegründung

I. Frist

28 Die Revisionsbegründungsfrist beträgt einen Monat nach Ablauf der Einlegungsfrist (§ 345 I 1 StPO). Wurde – was die Regel ist – das vollständige Urteil, also die endgültige, mit den Gründen versehene schriftliche Urteilsfassung, nicht innerhalb einer Woche nach der Verkündung zugestellt, läuft die Revisionsbegründungsfrist ab der Urteilszustellung (§ 345 I 2 StPO). Im Falle von Mehrfachzustellung ist auch hier § 37 II StPO zu beachten, für die Frage der Zustellung an Angeklagten und/oder Verteidiger gilt wiederum § 145a StPO. Falls das Sitzungsprotokoll erst nach der Urteilszustellung fertiggestellt wurde, muss das Urteil erneut zugestellt werden (§ 273 IV StPO); die Revisionsbegründungsfrist beginnt dann erst mit dieser Urteilszustellung zu laufen. Hintergrund dieser Regelung ist, dass ohne das Protokoll der Rechtsmittelführer nicht beurteilen kann, inwieweit Verfahrensrügen erfolgreich erhoben werden können (zur Beweiskraft des Protokolls: → Rn. 112 ff.). Der Gesetzgeber will mit dieser Regelung verhindern, dass die Revisionsbegründungsfrist vor Fertigstellung des Protokolls zu laufen beginnen kann.

Ist die Revisionsbegründungsfrist schuldlos versäumt, kann der Revisionsführer Wiedereinsetzung in den vorigen Stand nach §§ 44 ff. StPO erhalten.

29 **Beispiel:** Urteilsverkündung: Montag, 6.4.; Revisionseinlegung: Donnerstag, 9.4.; Fertigstellung des Protokolls: Freitag, 10.4. Urteilszustellung: Dienstag, 14.4.

- Fristbeginn: mit Urteilszustellung (§ 345 I 2 StPO), da die Einlegungsfrist bereits zuvor, nämlich am Montag, 13.4., 24 Uhr, abgelaufen war,
- Fristdauer: 1 Monat (§ 345 I 1 StPO),
- Fristende: 14.5., 24 Uhr (§ 43 I StPO, sofern nicht § 43 II StPO eingreift).

---

29 Die Zulässigkeit des Computerfaxes (vgl. GmS-OGB NJW 2000, 2340, aber auch – zum Zivilrecht – BGH NJW 2005, 2086) dürfte unberührt bleiben, weil es sich um ein bei Gericht ausgedrucktes, also nicht um ein (dort) nur maschinell lesbares digitales Dokument handelt.

D. Frist, Form und Inhalt der Revisionsbegründung

Fall: Der Pflichtverteidiger des Angeklagten hatte gegen ein Urteil des Landgerichts vom 24.6. am 25.6. formgerecht Revision eingelegt. Das Urteil wurde dem Angeklagten am 30.7. und dem Verteidiger am 2.8. zugestellt. Am nächsten Tag (3.8.) unterzeichnete der Vorsitzende das Sitzungsprotokoll, das er um eine – dort versehentlich nicht vermerkte – teilweise Einstellung nach § 154a II StPO ergänzt hatte. Am 1.9. ging beim Landgericht eine nicht unterschriebene Revisionsbegründung des Verteidigers ein. Seinen Fehler bemerkte der Verteidiger erst am 7.9.; er reichte noch an diesem Tag eine nunmehr unterschriebene Revisionsbegründung ein. Ist die Revision zulässig eingelegt?

30

Lösung: Die Revisionsbegründung ist rechtzeitig bei Gericht eingegangen.
Nach § 145a I StPO können Zustellungen – wie hier des Urteils gem. § 343 II StPO – an den Pflichtverteidiger bewirkt werden;[30] in einem solchen Fall genügt, dass der Angeklagten hiervon unterrichtet und ihm formlos eine Abschrift übersandt wird (§ 145a III 1 StPO). Jedoch sind diese Regelungen nur Ordnungsvorschriften, deren Verletzung die Wirksamkeit der Zustellung unberührt lässt.[31] Es liegt somit eine – zwar unnötige, aber nicht schon deshalb unwirksame – Doppelzustellung vor. Entsprechend § 37 II StPO richtet sich der Beginn der Revisionsbegründungsfrist in diesem Fall nach der zuletzt bewirkten Zustellung (2.8.). Dies hätte hier zwar zur Folge, dass die Revisionsbegründung verspätet bei Gericht eingegangen wäre (Ablauf der Frist: 2.9., 24 Uhr; vgl. §§ 345 I 2, 43 I StPO), denn die Revisionsbegründung muss nach dem eindeutigen Wortlaut des § 345 II StPO vom Anwalt unterschrieben sein (auch → Rn. 34), die unterzeichnete Begründung ist aber erst am 7.9. zu Gericht gelangt.
Es fehlt jedoch aus einem anderen Grund an einer ordnungsgemäßen Zustellung des Urteils. Nach § 273 IV StPO darf die Zustellung nämlich erst erfolgen, wenn das Protokoll fertig gestellt ist. Eine zuvor vorgenommene Zustellung ist unwirksam und setzt die Revisionsbegründungsfrist nicht in Lauf, vielmehr ist dann die – fehlerfreie – Wiederholung der Zustellung erforderlich.[32] Fertig gestellt ist das Protokoll aber erst, wenn die Änderung, die der Vorsitzende vorgenommen hat, vom Protokollführer »abgezeichnet« ist (vgl. § 271 I StPO sowie Nr. 144 I RiStBV).[33] Das ist bislang jedoch nicht geschehen, sodass das Urteil noch nicht ordnungsgemäß zugestellt ist. Die Revisionsbegründung des Verteidigers vom 7.9. ist somit vor Ablauf der Revisionsbegründungsfrist bei Gericht eingegangen; dass diese Frist mangels wirksamer Zustellung noch nicht angelaufen war, ist unschädlich.[34]

§ 43 I StPO unterscheidet – anders als § 188 II BGB – für die Berechnung des Endes der Revisionsbegründungsfrist nicht danach, ob für den Beginn der Frist ein Ereignis (§ 345 I 2 StPO: Zustellung des Urteils) oder der Beginn eines Tages (§ 345 I 1 StPO: Ablauf der Einlegungsfrist) maßgebend ist.[35]

31

Beispiel für die Fristberechnung bei Urteilszustellung vor Ablauf der Revisionseinlegungsfrist (seltener Fall!): Urteilsverkündung in Anwesenheit des Angeklagten und seines Verteidigers am 2.10.; Zustellung des Urteils am 8.10.; Ende der Revisionseinlegungsfrist: 9.10.; Beginn der Revisionsbegründungsfrist am 10.10., 0.00 Uhr; Ende der Revisionsbegründungsfrist am 10.11., 24.00 Uhr.

Hinweis: Die Revisionsbegründung muss innerhalb der nicht verlängerbaren[36] Frist des § 345 I StPO bei dem Gericht, dessen Urteil angefochten wird, eingehen. Das Nachschieben von

32

---

30 Anders als im Zivilrecht (§ 172 ZPO) muss die Zustellung nicht an den Verteidiger erfolgen. § 145a III 2 StPO erlaubt eine Zustellung an den Angeklagten bei formloser Mitteilung an den Verteidiger.
31 Meyer-Goßner/Schmitt/*Schmitt* StPO § 145a Rn. 6, 14.
32 BGH NStZ-RR 2002, 12; Meyer-Goßner/Schmitt/*Meyer-Goßner* StPO § 273 Rn. 34, § 345 Rn. 5.
33 Meyer-Goßner/Schmitt/*Meyer-Goßner* StPO § 271 Rn. 14; die RiStBV ist bei *Meyer-Goßner* als Anh 12 abgedruckt.
34 BGH BeckRS 2003, 05111; Meyer-Goßner/Schmitt/*Meyer-Goßner* StPO § 345 Rn. 3.
35 Vgl. etwa BGHSt 36, 241 = NJW 1990, 460; vgl. auch Meyer-Goßner/Schmitt/*Meyer-Goßner* StPO § 345 Rn. 4.
36 Meyer-Goßner/Schmitt/*Meyer-Goßner* StPO § 345 Rn. 2; kritisch hierzu im Hinblick auf Art. 6 EMRK: *Grabenwarter* NJW 2002, 109.

> Verfahrensrügen oder die Erhebung der allgemeinen Sachrüge ist nach Ablauf der Revisionsbegründungsfrist grundsätzlich ausgeschlossen. Zu form- und fristgerecht bereits erhobenen Rügen können allerdings ergänzende, nicht aber für deren Zulässigkeit notwendige Erläuterungen nachgereicht werden.[37]

II. Form und Inhalt

33 Die Revision muss – anders als die Berufung (vgl. die Kann-Vorschrift des § 317 StPO) – begründet werden (§ 344 I StPO). Diese Begründung ist an das Gericht zu richten, dessen Urteil angefochten wird (§ 345 I 1 StPO). Vonseiten des Angeklagten[38] kann sie nur schriftlich und von einem Verteidiger (dem Pflicht- oder Wahlverteidiger iSv § 138 I, II StPO) bzw. dem nach § 139 StPO tätigen Referendar oder einem sonstigen Rechtsanwalt[39] eingereicht oder – vom Angeklagten selbst – zu Protokoll der Geschäftsstelle erklärt werden (§§ 345 II, 299 StPO, § 24 I Nr. 1b RPflG). Ein eigener Schriftsatz des Angeklagten genügt demgegenüber nicht.

34 Vom Verteidiger oder Rechtsanwalt kann die Revisionsbegründung nur schriftlich eingereicht werden. Sie muss zudem von ihm unterzeichnet sein. Zulässig sind die Übermittlung per Telefax oder – sofern anwendbar – in der Form des § 32a III, IV StPO (vgl. → Rn. 26).[40]

35 Wird die Revisionsbegründung von einem Verteidiger oder Rechtsanwalt eingereicht, wird aus § 345 II StPO auch hergeleitet, dass er die Verantwortung für die Begründung übernehmen und an ihr zumindest »gestaltend« mitgewirkt haben muss.[41] Er darf daher bspw. nicht lediglich eine vom Angeklagten selbst verfasste Schrift mit Deckblatt und eigener Unterschrift bei Gericht einreichen.[42]

36 **Fall:** Der Angeklagte hatte gegen ein Freiheitsstrafe verhängendes Urteil des Landgerichts Revision eingelegt. Deren Begründung hatte aber nicht der Pflichtverteidiger des Angeklagten, sondern – da dieser abwesend war – dessen durch Untervollmacht ermächtigter Vertreter unterzeichnet. Wie wird das Revisionsgericht über die Revision entscheiden?

> **Lösung:** Das Revisionsgericht wird die Revision durch Beschluss nach § 349 I StPO als unzulässig verwerfen, da diese nicht ordnungsgemäß gem. § 345 II StPO begründet ist, wenn sie weder vom Pflichtverteidiger noch von dessen amtlich bestelltem Vertreter (§ 53 II BRAO) unterzeichnet wurde. Das ist hier der Fall, weil durch eine Untervollmacht die Befugnisse des Pflichtverteidigers nicht übertragen werden können.[43]

Dasselbe Problem stellt sich im Übrigen häufig auch schon bei der Prüfung der Ordnungsmäßigkeit einer Urteilszustellung. Die Zustellung ist nämlich unwirksam, wenn das Empfangsbekenntnis (§ 37 I StPO iVm § 174 I ZPO) nicht vom Pflichtverteidiger, sondern von

---

37 Vgl. BGH NStZ 2005, 222; Meyer-Goßner/Schmitt/*Meyer-Goßner* StPO § 352 Rn. 5, 8; Meyer-Goßner/Schmitt/*Schmitt* StPO § 44 Rn. 7; vgl. zur ausnahmsweise möglichen Wiedereinsetzung in den vorherigen Stand zur Nachholung einer schuldlos nicht erhobenen Rüge BGH NStZ 2008, 525; vgl. auch Meyer-Goßner/Schmitt/*Schmitt* StPO § 44 Rn. 7a.
38 Zur Revisionsbegründung des Staatsanwalts: Meyer-Goßner/Schmitt/*Meyer-Goßner* StPO § 345 Rn. 23; zu der des Nebenklägers: → Rn. 359.
39 Die Unterscheidung zwischen »Verteidiger« und »Rechtsanwalt« in § 345 II StPO rührt daher, dass der »Verteidiger« bereits in der Tatsacheninstanz als Verteidiger des Angeklagten aufgetreten ist und nicht notwendig ein Rechtsanwalt sein muss (vgl. §§ 138, 139 StPO), während der »Rechtsanwalt« – ohne damit zum (umfassenden) Verteidiger zu werden – vom Angeklagten nur zur Einlegung bzw. Begründung der Revision ermächtigt wurde; vgl. BGH NStZ 2001, 52; Meyer-Goßner/Schmitt/*Meyer-Goßner* StPO § 345 Rn. 11, 12.
40 Noch zur Rechtslage vor Einführung von § 32a StPO: Meyer-Goßner/Schmitt/*Meyer-Goßner* Einl. Rn. 128 ff., 139 ff.
41 BGH NJW 2014, 2664; Meyer-Goßner/Schmitt/*Meyer-Goßner* StPO § 345 Rn. 14, 16.
42 BGH NStZ-RR 2006, 84.
43 BGH NStZ 2003, 615; Meyer-Goßner/Schmitt/*Schmitt* StPO § 142 Rn. 15.

einem anderen Mitglied seiner Sozietät unterzeichnet ist.[44] Möglich ist hier aber eine Heilung gem. § 37 I StPO iVm § 189 ZPO.[45]

Die Einzelheiten zum Inhalt einer Revisionsbegründung werden nachfolgend in Kapitel 3 dargestellt. In der Zulässigkeitsprüfung ist zu beachten, dass die Revisionsbegründung den in § 344 I StPO geforderten Mindestinhalt aufweisen muss. Die Revision ist danach nur zulässig, wenn der Revisionsbegründung – zumindest im Wege der Auslegung – ein Antrag und wenigstens **eine** zulässige Rüge zu entnehmen sind. 37

Fall: Die Staatsanwaltschaft hatte gegen ein Urteil des Landgerichts Revision eingelegt und diese ausschließlich mit einer Verfahrensrüge begründet. Die Sachrüge hatte sie, auch in allgemeiner Form, nicht erhoben. Wie wird das Revisionsgericht entscheiden, wenn die Ausführungen zur Verfahrensrüge nicht den sich aus § 344 II 2 StPO ergebenden Anforderungen entsprechen? 38

Lösung: Das Revisionsgericht wird das Rechtsmittel nach § 349 I StPO als unzulässig verwerfen. Die Unzulässigkeit einer allein erhobenen Verfahrensrüge führt also zur Unzulässigkeit der Revision. Hätte die Staatsanwaltschaft dagegen auch die allgemeine Sachrüge erhoben, wäre die Revision zulässig; die Unzulässigkeit der Verfahrensrüge hätte dann nur zur Folge, dass sich das Revisionsgericht nicht mit deren Begründetheit befasst, sondern lediglich prüft, ob die Sachrüge durchgreift.[46]

E. Keine Rechtsmittelrücknahme und kein Rechtsmittelverzicht

I. Rücknahme- und Verzichtserklärung

Die Rechtsmittelberechtigten können auf Rechtsmittel verzichten oder – falls sie ein solches bereits eingelegt haben – dieses auch wieder zurücknehmen (§ 302 StPO). Die Wirksamkeit der Rücknahme durch den Verteidiger bedarf jedoch der ausdrücklichen – allerdings nicht formgebundenen[47] – Ermächtigung durch den Angeklagten (§ 302 II StPO); diese kann nicht schon in der allgemeinen, bei Übernahme des Mandats im Ermittlungsverfahren oder der Tatsacheninstanz erteilten Vollmacht gesehen werden.[48] Dagegen erstreckt sich eine vom Angeklagten erklärte Rechtsmittelrücknahme wegen § 297 StPO grundsätzlich auch auf eine von seinem Verteidiger eingelegte Revision.[49] Nach Beginn der Hauptverhandlung im Rechtsmittelverfahren ist für jede Rücknahme ferner die Zustimmung des Gegners erforderlich (§ 303 S. 1 StPO). 39

Rücknahme und Verzicht müssen in derselben Form erklärt werden wie die Rechtsmitteleinlegung, also schriftlich bzw. zu Protokoll des Urkundsbeamten der Geschäftsstelle (vgl. § 341 I StPO und → Rn. 26) oder – das ist vor allem beim Verzicht von Bedeutung – in der Hauptverhandlung.[50] Der in der Hauptverhandlung erklärte Verzicht muss protokolliert (§ 273 I StPO) und soll vorgelesen sowie genehmigt werden (§ 273 III StPO; Nr. 143 I 2 RiStBV), jedoch ist Letzteres keine Wirksamkeitsvoraussetzung für den Verzicht. Ohne Genehmigung hat das Protokoll allerdings nicht die Beweiskraft des § 274 StPO; das Vorliegen eines Verzichts ist vielmehr im Freibeweisverfahren zu klären.[51] 40

---

44 Meyer-Goßner/Schmitt/*Schmitt* StPO § 37 Rn. 19.
45 Vgl. OLG Frankfurt a. M. NStZ-RR 2004, 336; Meyer-Goßner/Schmitt/*Schmitt* StPO § 37 Rn. 28.
46 BGH BeckRS 2003, 09179; NStZ 2001, 248 (250); Meyer-Goßner/Schmitt/*Meyer-Goßner* StPO § 344 Rn. 20 aE.
47 Meyer-Goßner/Schmitt/*Meyer-Goßner* StPO § 302 Rn. 32.
48 BGH NStZ 2000, 665; Meyer-Goßner/Schmitt/*Meyer-Goßner* StPO § 302 Rn. 32.
49 Meyer-Goßner/Schmitt/*Meyer-Goßner* StPO § 302 Rn. 4.
50 Meyer-Goßner/Schmitt/*Meyer-Goßner* StPO § 302 Rn. 7, 18 f.
51 Vgl. Meyer-Goßner/Schmitt/*Meyer-Goßner* StPO § 274 Rn. 11, § 302 Rn. 19.

41 Als Prozesshandlungen sind die Rücknahme und der Verzicht bedingungsfeindlich; ein Teilverzicht ist jedoch ebenso zulässig wie eine Teilrücknahme, soweit eine Beschränkung des Rechtsmittels auf einen Teil der angefochtenen Entscheidung möglich ist (insofern gelten → Rn. 54 ff. entsprechend). Als Prozesshandlung kann der bei Gericht eingegangene Rechtsmittelverzicht grundsätzlich nicht widerrufen, wegen Irrtums angefochten oder sonst zurückgenommen werden. Allerdings erkennt die Rechtsprechung an, dass in besonderen Fällen schwerwiegende Willensmängel bei der Erklärung des Rechtsmittelverzichts (zB bei Verhandlungsunfähigkeit im Zeitpunkt der Abgabe der Erklärung)[52] oder die Art und Weise seines Zustandekommens (zB Rechtsmittelverzicht, der aufgrund einer objektiv unrichtigen Erklärung oder Auskunft des Gerichts zustande gekommen ist[53] oder durch eine unzulässige Willensbeeinflussung »abverlangt« wurde[54]) dazu führen können, dass der erklärte Verzicht von Anfang an unwirksam ist.[55] Erklärt ein unverteidigter Angeklagter Rechtsmittelverzicht, obwohl ein Fall notwendiger Verteidigung bestand, ist diese Erklärung unwirksam, weil der Angeklagte die Reichweite der Erklärung nicht hinreichend überblicken konnte.[56] Dasselbe gilt, wenn der Angeklagte den Rechtsmittelverzicht zu einem Zeitpunkt abgibt, zu dem sich sein Pflichtverteidiger wegen eines Telefonats aus dem Sitzungssaal entfernt hatte.

41a Ist dem Urteil eine Verständigung zwischen dem Gericht und den Verfahrensbeteiligten vorausgegangen (vgl. § 257c StPO; zu diesem examensrelevanten Problemkreis näher → Rn. 299 ff.), ist ein Rechtsmittelverzicht ausgeschlossen (§ 302 I 2 StPO).[57] Ein dennoch erklärter Rechtsmittelverzicht ist unwirksam. Der Angeklagte kann trotz erklärten Verzichts Rechtsmittel einlegen.

Ist die Verständigung – gesetzwidrig – nicht protokolliert, muss im Freibeweisverfahren geklärt werden, ob eine Verständigung stattgefunden hat. Dazu muss der Rechtsmittelführer im Einzelnen darlegen, in welchem Stadium, in welcher Form und mit welchem Inhalt die Verständigung zustande gekommen sein soll.[58] Zwar mag man davon ausgehen, dass heimliche Verständigungen grundsätzlich keinen Vertrauensschutz entfalten. Dies kann aber nicht für verbotene heimliche Verständigungen gelten, da sonst die vom Gesetzgeber angestrebte Kontrollfunktion der Rechtsmittelgerichte zur Einhaltung der Vorschriften über die Verständigung unterlaufen würde. § 302 I 2 StPO findet daher entsprechende Anwendung.[59]

Der Angeklagte ist nach § 35a S. 3 StPO darüber zu belehren, dass trotz der Verständigung ein Rechtsmittel möglich ist. Ist diese Belehrung unterblieben, kommt Wiedereinsetzung in den vorigen Stand in Betracht, wenn der Angeklagte die Einlegungsfrist schuldlos versäumt. Allerdings wird – wenn lediglich die qualifizierte Belehrung nach § 35a S. 3 StPO (und nicht die allgemeine Belehrung nach § 35a S. 1 und 2 StPO) fehlt – nicht vermutet, dass die Fristversäumung schuldlos war (§ 44 S. 2 StPO).[60]

Hat das Gericht entgegen § 302 I 2 StPO in der Hauptverhandlung einen Rechtsmittelverzicht entgegengenommen und sich damit an einer gesetzwidrigen Handlung beteiligt und hat der Angeklagte deshalb die Einlegungsfrist für das Rechtsmittel versäumt, dürfte Wiedereinsetzung in den vorigen Stand zu gewähren sein.

Nach der Rechtsprechung ist vom Verbot des § 302 I 2 StPO nicht die Rücknahme eines bereits eingelegten Rechtsmittels umfasst. In BGH NStZ 2010, 409 hatte der Verteidiger mit ordnungsgemäßer Vollmacht die bereits eingelegte Revision nach einer Stunde wieder zu-

---

52 Vgl. Meyer-Goßner/Schmitt/*Meyer-Goßner* StPO § 302 Rn. 8a, 23, dort auch dazu, dass das Fehlen einer Rechtsmittelbelehrung ohne Einfluss auf die Wirksamkeit des Verzichts ist.
53 Vgl. BGH NStZ 2001, 493; Meyer-Goßner/Schmitt/*Meyer-Goßner* StPO § 302 Rn. 22, 25.
54 Vgl. BGH NStZ 2005, 280; Meyer-Goßner/Schmitt/*Meyer-Goßner* StPO § 302 Rn. 25.
55 BGH NStZ 1999, 526.
56 Str., zum Streitstand Meyer-Goßner/Schmitt/*Meyer-Goßner* StPO § 302 Rn. 25a.
57 Vgl. auch Meyer-Goßner/Schmitt/*Meyer-Goßner* StPO § 257c Rn. 15b zur Unwirksamkeit einer »Nichtanfechtbarkeitsvereinbarung«. Einen Rechtsmittelverzicht in einem anderen Verfahren im Rahmen einer Verständigung hält der BGH für wirksam, lässt aber die Rechtmäßigkeit offen, NStZ 2016, 177.
58 BGH StV 11, 340; Meyer-Goßner/Schmitt/*Meyer-Goßner* StPO § 302 Rn. 26g.
59 BGH NJW 2014, 872; Meyer-Goßner/Schmitt/*Meyer-Goßner* StPO § 302 Rn. 26c.
60 Vgl. auch *Schuster/Weitner* StPO-Fallrepetitorium Rn. 351 f.

rückgenommen. Angeklagter und Verteidiger hatten dieses Vorgehen abgesprochen. Der BGH hat die Rechtsmittelrücknahme für wirksam erachtet (zu der Wirkung: → Rn. 42 f.). Der BGH sieht in der Rechtsmittelrücknahme keine dem Rechtsmittelverzicht vergleichbare Situation, da die Rücknahme einer weiteren Erklärung bedurft habe und daher eine vorschnelle Festlegung des Angeklagten vermieden werde.[61] Anders wäre der Fall aber dann zu beurteilen, wenn das Gericht an diesem Vorgehen beteiligt ist (indem es auf den Angeklagten und Verteidiger einwirkt, entsprechend vorzugehen).

II. Wirkungen von Rücknahme oder Verzicht

Die wirksame Revisionsrücknahme oder der Rechtsmittelverzicht führen zur Unzulässigkeit einer gleichwohl eingelegten Revision und haben, wenn nicht andere Beteiligte Rechtsmittel eingelegt haben oder noch einlegen können, den Eintritt der Rechtskraft der Entscheidung zur Folge (zur Entscheidung des Revisionsgerichts in solchen Fällen unten → Rn. 383). 42

> **Hinweis:** Anders als im Zivilrecht kann eine zurückgenommene Revision nicht erneut zulässig eingelegt werden, da die Rücknahme von der Rechtsprechung als Verzicht auf die Wiederholung des Rechtsmittels verstanden wird.[62]
> Dies wird man aber – entgegen dem BGH – anders sehen müssen, wenn dem Urteil eine Verständigung vorausgegangen ist. In diesem Fall greift § 302 I 2 StPO, sodass in der Rücknahme des Rechtsmittels jedenfalls kein wirksamer Verzicht auf das Rechtsmittel gesehen werden kann.[63]

43

F. Zusammenfassung und Prüfungsschema

Die Prüfung der Zulässigkeit einer Revision[64] umfasst folgende Punkte, die in einer Examensklausur mit Ausnahme der Ziffern 4c und 6 stets unter Angabe der einschlägigen Paragraphen angesprochen werden müssen: 44

1. Statthaftigkeit
2. Einlegungsberechtigung
3. Beschwer
4. Revisionseinlegung
   a) Frist der Revisionseinlegung
   b) Form der Revisionseinlegung
   c) Inhalt der Revisionseinlegung
5. Revisionsbegründung
   a) Frist der Revisionsbegründung
   b) Form der Revisionsbegründung
   c) Mindestinhalt der Revisionsbegründung
6. Kein Rechtsmittelverzicht und keine Rechtsmittelrücknahme

Ist die Zulässigkeit (wie oftmals in Klausuren!) unzweifelhaft gegeben, genügt es, in die Klausur folgenden Absatz aufzunehmen (Beispiel für eine Revision des Angeklagten): 45

»Die Revision ist zulässig.
Sie ist statthaft, da sie sich gegen das Urteil des Landgerichts ... richtet (§ 333 StPO), in dem der Angeklagte zu ... verurteilt wurde und das ihn deshalb beschwert (§ 296 I StPO). Die Revision gegen das am ... in Anwesenheit des Angeklagten verkündete Urteil wurde mit einem

---

61 Skeptisch: Meyer-Goßner/Schmitt/*Meyer-Goßner* StPO § 302 Rn. 26 f.
62 BGH NStZ-RR 2005, 211 (212); Meyer-Goßner/Schmitt/*Meyer-Goßner* StPO § 302 Rn. 12.
63 AA BGH NStZ 2010, 409. Vgl. auch Meyer-Goßner/Schmitt/*Meyer-Goßner* StPO § 302 Rn. 26 f.
64 Eine Übersicht zu den seit 1986 in bayerischen Staatsexamina geprüften Zulässigkeitsproblemen findet sich im Anhang, → Rn. 422.

am ... und damit binnen der Wochenfrist ab Verkündung des Urteils (§ 341 I StPO; Fristende nach § 43 I StPO: ...) beim Landgericht ... eingegangenen Anwaltsschriftsatz form- (ebenfalls § 341 I StPO) und fristgerecht eingelegt. Sie wurde gegenüber dem Ausgangsgericht innerhalb der ab der Zustellung des Urteils am ... laufenden Monatsfrist (§ 345 I 2 StPO, der Anwendung findet, weil die Zustellung des Urteils nach Ablauf der Einlegungsfrist erfolgte; Fristende für die Revisionsbegründungsfrist nach § 43 I StPO: ...) mit unterschriebenem Anwaltsschriftsatz (§ 345 II StPO) und damit form- und fristgerecht begründet. Inhaltlich entspricht dieser Schriftsatz den sich aus § 344 StPO ergebenden Anforderungen, da das angefochtene Urteil bezeichnet, ein Antrag gestellt (§ 344 I StPO) und jedenfalls mit dem Satz ›Ich rüge die Verletzung sachlichen Rechts.‹ die allgemeine Sachrüge und damit eine zulässige Rüge (§ 344 II 1 StPO) erhoben wurde.«

Ist ein Revisionsbegründungsschriftsatz zu fertigen, erfolgt die Erörterung der unproblematischen Zulässigkeit der Revision praxisgerecht nicht im Schriftsatz an das Gericht, sondern im Hilfsgutachten.

46 Besteht dagegen ein Problem oder eine Zweifelsfrage, muss dieser Punkt im Einzelnen dargestellt werden.

3. Kapitel. Inhalt der Revisionsbegründung

A. Grundsätze

Die Revisionsbegründung besteht aus zwei Teilen, nämlich dem Antrag und dessen Rechtfertigung (§ 344 I StPO). Diese Rechtfertigung muss in der Behauptung der Verletzung formellen (Verfahrensrüge) und/oder materiellen Rechts (Sachrüge) liegen. Die Unterscheidung zwischen diesen Rügearten ist wichtig, da an die Ausführungen zur Verfahrens- oder zur Sachrüge unterschiedliche Anforderungen gestellt werden (im Einzelnen → Rn. 105 ff., 310 ff.). Geltend gemacht werden kann mit der Revision aber auch (nur) das Vorliegen eines von Amts wegen zu beachtenden Verfahrenshindernisses (→ Rn. 60 ff.).

47

> **Üblicher Aufbau einer Revisionsbegründung:**
> A. Antrag
> B. Rechtfertigung
>   – Vorliegen von Verfahrenshindernissen,
>   – Verfahrensrügen:
>   – absolute Revisionsgründe,
>   – relative Revisionsgründe,
>   – Sachrüge:
>   – allgemeine Sachrüge,
>   – Einzelausführungen.

48

B. Revisionsantrag und Beschränkung der Revision

I. Antrag

Die Revisionsbegründung muss einen Revisionsantrag enthalten. Primär muss der Revisionsführer erklären, ob er die Aufhebung (vgl. §§ 344 I, 353 I StPO) des Urteils in vollem oder beschränktem Umfang beantragt. Hält der Revisionsführer die Tatsachenfeststellungen für rechtsfehlerhaft, wird er im Hinblick auf § 353 II StPO auch die Aufhebung der zugehörigen Feststellungen beantragen. Die Folgen der Aufhebung ergeben sich zwar aus dem Gesetz, gleichwohl ist es zweckmäßig (und in der Klausur erforderlich), das eigentliche Ziel des Rechtsmittels (zB Zurückverweisung an dasselbe Gericht, Freispruch oder Einstellung des Verfahrens) zu nennen.

49

Formulierungsvorschläge zu den in der Praxis häufigsten Anträgen:

50

- Ist das Urteil nach Ansicht des Revisionsführers rechtsfehlerhaft, weil bspw. die Tatsachenfeststellungen unvollständig sind oder die rechtliche Würdigung falsch ist, ohne dass ein Freispruch oder eine Einstellung des Verfahrens gerechtfertigt wäre, sollte folgender Antrag gestellt werden (§§ 353, 354 II 1 StPO; »Standardantrag«):

> »Ich beantrage, das Urteil des Landgerichts … vom … mit den Feststellungen aufzuheben und die Sache zu neuer Verhandlung und Entscheidung an eine andere Strafkammer des Landgerichts[1] zurückzuverweisen.«

---

1 Bei Sprungrevisionen gegen amtsgerichtliche Urteile können Sie formulieren: »an eine andere Abteilung des Amtsgerichts«. Kammern gibt es bei Amtsgerichten nicht.

3. Kapitel. Inhalt der Revisionsbegründung

51 • Ist das Urteil eines Landgerichts falsch und soll bzw. muss der Angeklagte freigesprochen werden, lautet der Antrag (§§ 353 I, 354 I StPO; eine Aufhebung auch der Feststellungen, § 353 II StPO, darf hier nicht beantragt werden, weil damit dem Freispruch die Tatsachengrundlage entzogen würde):

> »Ich beantrage, das Urteil des Landgerichts … vom … aufzuheben und den Angeklagten freizusprechen.«

Dieser Antrag kommt jedoch nur in Betracht, wenn schon in der Revision der Freispruch zwingend ist, weil der Angeklagte bezogen auf die angeklagte Tat mit Sicherheit keinen Straftatbestand verwirklicht hat und entweder auch ein neuer Tatrichter keine weiteren Tatsachenfeststellungen treffen kann oder sich selbst bei noch möglichen weiteren Tatsachenfeststellungen an der Straflosigkeit nichts ändern würde.[2]

In der Klausur kann der Fall auftreten, dass Sie als Verteidiger vor der Situation stehen, dass Sie der Überzeugung sind, der festgestellte Sachverhalt rechtfertige einen Freispruch, Sie aber gleichzeitig erfolgversprechende Angriffe gegen die Tatsachenfeststellung, insbes. Verfahrensrügen, sehen. Wenn Sie durch die Verfahrensrügen die Tatsachengrundlage »zerschießen«, können Sie keinen Freispruch beantragen. Nach der Rechtsprechung ist es überdies unzulässig, Rügen bedingt für den Fall zu erheben, dass nicht andere Rügen durchgreifen.[3] In der Klausur werden Sie sich regelmäßig für den »sichersten« Weg entscheiden und alle Rügen erheben, die Sie für erfolgversprechend halten, auch wenn der Preis ist, dass es zunächst zu einer Neuverhandlung des Falles infolge Aufhebung des Urteils und Zurückverweisung der Sache kommt. Dieses Vorgehen erscheint gerechtfertigt, weil Sie nicht wissen, ob das Revisionsgericht Ihrer Ansicht zur Freispruchreife folgen wird, Sie aber Verfahrensrügen nicht nachholen können.

52 • Ist das Urteil des Landgerichts falsch, weil das Verfahren nach den dort rechtsfehlerfrei und vollständig getroffenen Feststellungen wegen eines Verfahrenshindernisses, etwa wegen Verjährung, einzustellen ist, lautet der Antrag (§§ 353 I, 354 I StPO; auch hier darf die Aufhebung der Feststellungen nicht beantragt werden, weil sonst die Tatsachengrundlage in Wegfall geraten würde; zu einem Zurückverweisungsantrag wegen eines Verfahrenshindernisses: → Rn. 70):

> »Ich beantrage, das Urteil des Landgerichts … vom … aufzuheben und das Verfahren einzustellen.«

53 **Merke:** In einer Examensklausur ist darauf zu achten, dass der richtige Revisionsantrag gestellt wird. Von Anträgen auf Festsetzung einer Strafe durch das Revisionsgericht (§ 354 I, Ia 2 StPO) sollte der Verteidiger zumindest in der Revisionsbegründung absehen (zum Antrag bei lediglich falscher Rechtsfolgenentscheidung: → Rn. 59). Dagegen kann ein auf § 354 Ib StPO gerichteter Antrag, sofern nur die Gesamtstrafenbildung einen Rechtsfehler aufweist, gestellt werden.

II. Beschränkbarkeit der Revision

54 Mit einer Revision kann ein Urteil insgesamt oder auch nur teilweise angegriffen werden; die Revision kann also beschränkt eingelegt werden (vgl. § 344 I StPO: »inwieweit«). Voraussetzung einer solchen Beschränkung ist, dass der angefochtene Teil des Urteils gegenüber dem nicht angefochtenen getrennt geprüft werden kann (Trennbarkeitsformel). Eine Beschränkung des Rechtsmittels ist möglich, wenn die Beschwerdepunkte nach dem inneren Zusammenhang des Urteils losgelöst vom nicht angegriffenen Teil (dh vom übrigen Urteilsinhalt) rechtlich und tatsächlich selbstständig beurteilt werden können, eine Prüfung der

---

[2] Vgl. auch Meyer-Goßner/Schmitt/*Meyer-Goßner* StPO § 354 Rn. 3.
[3] BGH NStZ-RR 2006, 181; Meyer-Goßner/Schmitt/*Meyer-Goßner* StPO § 344 Rn. 12.

B. Revisionsantrag und Beschränkung der Revision

Entscheidung im Übrigen daher nicht erforderlich ist.[4] Das Rechtsmittelgericht prüft von Amts wegen, ob die Beschränkung wirksam ist. Ist die Beschränkung unwirksam, führt dies nicht zur Unzulässigkeit des Rechtsmittels; vielmehr wird die Revision als unbeschränkt eingelegt behandelt.

Beispiele für eine mögliche Beschränkung der Revision:[5]

- Innerhalb des Schuldspruchs kann das Rechtsmittel auf einzelne prozessuale Taten, regelmäßig aber auch auf einen von tatmehrheitlich abgeurteilten Straftatbeständen beschränkt werden. Tateinheitlich bejahte Tatbestände können dagegen grundsätzlich ebenso wenig wie einzelne Tatbestandsmerkmale gesondert überprüft werden. Auch eine Beschränkung auf eine von mehreren wahlweise festgestellten Taten ist unwirksam.   55

- Sehr häufig erfolgt die Beschränkung auf den Rechtsfolgenausspruch. Eine solche Beschränkung ist regelmäßig möglich, es sei denn, die Urteilsfeststellungen zum Tatgeschehen sind so unzureichend, dass sie eine Bewertung der Schuld nicht zulassen.[6] Die bloße Unrichtigkeit des Schuldspruchs steht der Wirksamkeit einer Beschränkung auf den Rechtsfolgenausspruch dagegen nicht entgegen; ein Revisionsführer kann also grundsätzlich einen falschen Schuldspruch hinnehmen[7] und lediglich die Strafhöhe beanstanden.[8]   56

- Auch innerhalb des Straf- oder Rechtsfolgenausspruchs ist eine Beschränkung regelmäßig möglich. So kann häufig allein die Tagessatzhöhe einer verhängten Geldstrafe[9] oder das Versagen der Strafaussetzung zur Bewährung angefochten werden.   57

Fall: Die Revision des Angeklagten war schon in der Einlegungsschrift zulässig auf die Nichtgewährung der Strafaussetzung zur Bewährung beschränkt worden. Kann das Rechtsmittel später noch auf den Schuldspruch erweitert werden?   58

Lösung: Die Revision kann nur bis zum Ablauf der Revisionseinlegungsfrist erweitert werden.
Eine Erweiterung wäre schon von vornherein ausgeschlossen, wenn in der beschränkten Einlegung der Revision ein Teilverzicht auf das Rechtsmittel im Übrigen liegen würde. Dies ist jedoch regelmäßig nicht der Fall; ein solcher Verzichtswille lässt sich nämlich allein der Erklärung über die Beschränkung des Rechtsmittels nicht entnehmen. Folge der beschränkten Revisionseinlegung ist vielmehr, dass das Urteil, wenn es von anderen Beteiligten nicht angefochten wurde, im Übrigen mit Ablauf der Revisionseinlegungsfrist – teilweise – rechtskräftig wird (§ 343 I StPO).[10] Da der Rechtskrafteintritt also mit dem Ablauf der Frist zur Einlegung eines Rechtsmittels verknüpft ist, kann das beschränkt eingelegte Rechtsmittel auch nur bis zum Ablauf dieser Frist erweitert werden.[11] Von der Erklärung der Beschränkung des Rechtsmittels schon in

---

4 Vgl. BGH NJW 2001, 3134; Meyer-Goßner/Schmitt/*Meyer-Goßner* StPO § 318 Rn. 5 f.; zum Vorrang der Begründung bei einer etwaigen Diskrepanz zwischen Einlegung und Begründung: BGH NStZ-RR 2014, 285.
5 Vgl. dazu auch Meyer-Goßner/Schmitt/*Meyer-Goßner* StPO § 344 Rn. 7 f., § 318 Rn. 9 ff.
6 Dazu und zu weiteren Ausnahmefällen, in denen eine Beschränkung nicht möglich ist: *Schuster/Weitner* StPO-Fallrepetitorium Rn. 451 ff.
7 Diesen korrigiert das Revisionsgericht dann auch nicht etwa amtswegig, da der Schuldspruch durch die Beschränkung des Rechtsmittels rechtskräftig geworden ist. Dieser Fall ist nicht mit demjenigen zu verwechseln, dass (nur) der Angeklagte vollumfänglich Rechtsmittel einlegt und das Rechtsmittelgericht den Schuldspruch zum Nachteil des Angeklagten verschlechtert. Dem steht das Verschlechterungsverbot – wie der Wortlaut der §§ 331 I und 358 II 1 StPO zeigt – nicht entgegen. Voraussetzung ist jedoch gerade, dass vollumfänglich Rechtsmittel eingelegt wurde.
8 BGH NJW 1995, 1910; Meyer-Goßner/Schmitt/*Meyer-Goßner* StPO § 318 Rn. 17a; § 344 Rn. 7, zur (möglichen) Beschränkung auf den Strafausspruch bei Geltendmachen eines absoluten Revisionsgrunds: BGH NStZ 2003, 99.
9 War allerdings der Einspruch gegen einen Strafbefehl auf die Tagessatzhöhe beschränkt, kann das Gericht durch Beschluss entscheiden. Hiergegen ist dann die sofortige Beschwerde statthaft (§ 411 I 3 StPO).
10 Innerhalb einer Tat iSd § 264 StPO handelt es sich allerdings nicht um eine »echte« Teilrechtskraft, sondern um Bindungswirkung: vgl. Meyer-Goßner/Schmitt/*Meyer-Goßner* StPO § 318 Rn. 31 iVm Einl. 185 f.
11 BGHSt 38, 366 = JZ 1993, 475 mAnm *Stree*; Meyer-Goßner/Schmitt/*Meyer-Goßner* StPO § 344 Rn. 4, § 302 Rn. 31.

der Einlegungsschrift sollte der Verteidiger daher absehen, vor allem wenn er – in diesem Zeitpunkt – die schriftlichen Urteilsgründe noch nicht kennt und daher nicht einschätzen kann, in welchem Punkt dem Gericht ggf. ein Rechtsfehler unterlaufen ist.

59 **Merke:** Wer in der Klausur zu dem Ergebnis gekommen ist, dass die Revision nur teilweise Erfolg hat, sollte prüfen, ob das Rechtsmittel auf den rechtsfehlerhaften Teil beschränkt werden kann. Hat bspw. der Angeklagte seine Revision auf bestimmte Beschwerdepunkte beschränkt und hat das Rechtsmittel Erfolg, trägt die Staatskasse die notwendigen Auslagen des Angeklagten (vgl. § 473 III StPO). Ferner kommt im Falle des Erfolgs einer nur teilweisen Anfechtung auch die Zurückverweisung an ein Gericht niederer Ordnung in Betracht (vgl. § 354 III StPO), wodurch eine Instanz gewonnen werden kann.[12] Vor einer Beschränkung sollte der Revisionsführer jedoch immer erwägen, ob er eine vom Erstgericht zu seinem Nachteil beantwortete, in der höchstrichterlichen Rechtsprechung aber noch nicht geklärte Rechtsfrage dem Revisionsgericht zur Überprüfung vorlegen soll. Bejaht er dies, muss er die zweifelhafte Gesetzesverletzung in der Revisionsbegründung als gegeben rügen und sollte – in einer Examensarbeit – im Hilfsgutachten darlegen, dass und warum Zweifel am Erfolg dieser Rüge bestehen. Ist aber sicher, dass das Rechtsmittel bspw. nur zum Strafausspruch Erfolg haben kann, sollte beantragt werden:

»Ich beantrage, das Urteil des Landgerichts ... vom ... im Strafausspruch [oder allgemein: im Rechtsfolgenausspruch] mit den zugehörigen Feststellungen aufzuheben und die Sache insoweit zur neuen Verhandlung und Entscheidung an eine andere Strafkammer des Landgerichts zurückzuverweisen.«

C. Ausführungen zu von Amts wegen zu beachtenden Verfahrenshindernissen

I. Überblick

60 Besteht ein Verfahrenshindernis oder fehlt eine Prozessvoraussetzung, darf »das Gericht nicht mehr zu einem Sachurteil hinsichtlich des Tatvorwurfs gelangen« (BGHSt 51, 202 [205]). Bei einer zulässigen und formgerecht begründeten Revision prüft das Revisionsgericht grundsätzlich von Amts wegen auch ohne entsprechende Ausführungen in der Revisionsbegründung das Vorliegen von Verfahrenshindernissen (Ausnahme: ist das Verfahrenshindernis erst nach Erlass des angefochtenen Urteils entstanden, so genügt die ordnungsgemäße Revisionseinlegung.).[13] Wird mit dem Rechtsmittel allein das Übersehen eines Verfahrenshindernisses durch den Tatrichter geltend gemacht, ist die Revision mit der Erhebung dieser Rüge ausreichend und zulässig begründet (→ Rn. 65). Werden Verfahrenshindernisse neben anderen Sach- oder Verfahrensmängeln geltend gemacht, so ist es trotz der Amtsprüfungspflicht üblich und zweckmäßig und in Examensklausuren sogar geboten, diese vor den weiteren Sach- oder Verfahrensrügen gesondert vorzutragen (→ Rn. 47 f.).

61 Von dieser Prüfungspflicht umfasst sind solche Umstände,

- die aufgrund ausdrücklicher gesetzlicher Regelung gegeben sein müssen, damit ein Verfahren vor einem bestimmten Gericht überhaupt durchgeführt werden darf (= Prozessvoraussetzung),[14] oder die einer Bestrafung des Angeklagten durch das an sich zulässig mit der Sache befasste Gericht entgegenstehen (= Verfahrenshindernis),

---

12 Meyer-Goßner/Schmitt/*Meyer-Goßner* StPO § 354 Rn. 42.
13 Meyer-Goßner/Schmitt/*Meyer-Goßner* StPO § 346 Rn. 11; vgl. auch *Meyer-Goßner* NStZ 2003, 169 (170 ff.).
14 Zur Terminologie: Das Fehlen einer Prozessvoraussetzung wird vom Begriff des Verfahrenshindernisses umfasst.

- die so schwer wiegen, dass von ihrem Vorhandensein oder Fehlen – ohne dass sich dies unmittelbar aus dem Gesetz ergibt – die Zulässigkeit des Verfahrens im Ganzen abhängt.[15] **62**

Zu den ausdrücklich normierten Prozessvoraussetzungen zählen bspw. das Vorliegen einer wirksamen Anklageschrift und eines wirksamen Eröffnungsbeschlusses, die Strafmündigkeit (§ 19 StGB) oder die deutsche Gerichtsbarkeit (§§ 18 ff. GVG), zu den ausdrücklichen Verfahrenshindernissen gehören etwa der Strafklageverbrauch (Art. 103 III GG), die Verfolgungsverjährung (§ 78 I StGB) und das Strafantragserfordernis (§ 77b I 1 StGB).[16] **63**

Aufgrund einer Bewertung als besonders bedeutsamer Umstand kommt (nur) in außergewöhnlichen Einzelfällen überlanger Verfahrensdauer ein Verfahrenshindernis in Betracht.[17] Zu berücksichtigen sind die Dauer der Verzögerung, die Gesamtdauer des Verfahrens, die Schwere des Tatvorwurfs, Umfang und Schwierigkeit des Verfahrens, aber auch das Verhalten (auch prozessordnungsgemäßes Verhalten) des Beschuldigten und das Ausmaß der mit dem Andauern des Verfahrens verbundenen Belastungen. Eine Verlängerung des Verfahrens durch den Instanzenzug (auch durch Zurückverweisung in der Revision) begründet nach Ansicht des BGH nicht ohne Weiteres eine solche Verzögerung.[18] Regelmäßig genügt zur Kompensation die sog. Vollstreckungslösung, wonach das Gericht bei überlanger Verfahrensdauer einen Teil der Strafe für vollstreckt erklärt. Darüber hinaus sehen die §§ 198 ff. GVG Entschädigungszahlungen vor. **64**

Sonstige Verstöße gegen das Rechtsstaatsprinzip und den Fair-Trial-Grundsatz führen regelmäßig nicht zu einem Verfahrenshindernis. Anders ist dies allerdings nach der Rechtsprechung des 2. Strafsenats[19] nunmehr in Fällen eines rechtsstaatswidrigen Einsatzes von Lockspitzeln (agents provocateurs). Bislang hatte die Rechtsprechung[20] – mit Billigung des Bundesverfassungsgerichts[21], das sich insoweit auch mit der Rechtsprechung des EGMR auseinandersetzte – eine Kompensation bei der Strafzumessung für ausreichend angesehen. Der EGMR war allerdings der Ansicht, dass diese Form der Kompensation nicht ausreiche und hatte einen Ausschluss des inkriminierten Beweismittels (oder gleich wirksame Maßnahmen) angemahnt.[22] Der 2. Strafsenat ist dagegen der Auffassung, ein Beweisverwertungsverbot füge sich im Rahmen der vorliegenden Fallkonstellation nicht bruchlos in das strafprozessuale System ein, da es nur das einzelne Beweismittel betreffe, die Folgefrage der Verwertung mittelbar erlangter Beweise (zB eines abgelegten Geständnisses) aufwerfe und überdies nicht hinreichend berücksichtige, dass Folge der rechtsstaatswidrigen Provokation nicht das erlangte Beweismittel, sondern die Tat als solche sei. Daher ist der 2. Strafsenat der Auffassung, Folge des rechtsstaatswidrigen Lockspitzeleinsatzes müsse die Einstellung des Verfahrens wegen eines Verfahrenshindernisses sein. Der 2. Strafsenat lässt offen, ob jeder Fall einer rechtsstaatswidrigen Tatprovokation die Einstellung des Verfahrens nach sich ziehen muss oder diese Rechtsfolge nur krassen Fällen – im konkreten Fall hatte der Lockspitzel, als der spätere Angeklagte auf erste Aufforderungen zur Beschaffung von Betäubungsmitteln nicht reagiert hatte, behauptet, es ginge für ihn um eine Frage von Leben und Tod – vorbehalten bleibt. **64a**

---

15 BGHSt 46, 159 (168 f.) = NJW 2001, 1146; Meyer-Goßner/Schmitt/*Meyer-Goßner* Einl. Rn. 146.
16 Weitere Beispiele bei Meyer-Goßner/Schmitt/*Meyer-Goßner* Einl. Rn. 145; vgl. auch BGH NStZ 2007, 476, wonach mit der Einstellung durch einen Gerichtsbeschluss nach § 154 II StPO ein Verfahrenshindernis entsteht, zu dessen Beseitigung ein förmlicher Wiederaufnahmebeschluss nach § 154 V StPO erforderlich ist.
17 BGHSt 46, 159 (168 f.) = NJW 2001, 1146; vgl. auch Meyer-Goßner/Schmitt/*Schmitt* MRK Art. 6 Rn. 9, wonach grundsätzlich die Verletzung des Beschleunigungsgebots kein Verfahrenshindernis begründet.
18 Meyer-Goßner/Schmitt/*Schmitt* MRK Art. 6 Rn. 7b. Ähnlich EGMR NJW 2015, 3773, der auf einen »grave procedural error« abstellt.
19 BGH NJW 2016, 91; s. dazu auch *Mosbacher* JuS 2016, 127.
20 ZB BGHSt 45, 321 = NJW 2000, 1123; die Strafvollstreckungslösung findet dagegen keine Anwendung: BGH NStZ 2014, 277.
21 BVerfG NJW 2015, 1083 (dort auch mit Nachweisen zur bisherigen Rechtsprechung des BGH).
22 EGMR NJW 2015, 3631.

Dem 2. Strafsenat ist zuzugeben, dass jedenfalls in krassen Fällen die Annahme eines Verfahrenshindernisses auch aus der Sicht des nationalen Rechts nicht fernliegend ist. Ob das freilich auch für »einfache« Fälle der Tatprovokation gelten kann, bleibt – auch im Lichte der Rechtsprechung von Bundesverfassungsgericht und EGMR – zweifelhaft. In verfahrensrechtlicher Hinsicht scheint bedenklich, dass der 2. Strafsenat – unter bloßem Hinweis auf die hinsichtlich der Rechtsfolgen nicht abschließend bindende Rechtsprechung des EGMR – die Entscheidung, die von der bisherigen Rechtsprechung abweicht, ohne Anfrage an die übrigen Senate und Anrufung des Großen Senats gefällt hat. Es bleibt abzuwarten, wie die Rechtsprechung diese – examensrelevante – Entscheidung künftig fortentwickeln wird.

65 Wie vorgenannte Beispiele zeigen, lassen sich die Prozessvoraussetzungen bzw. Verfahrenshindernisse entweder dem sachlichen Recht (zB Verjährung; Strafantragserfordernis) oder dem Verfahrensrecht (zB sachliche Zuständigkeit; Verhandlungsunfähigkeit des Angeklagten) zuordnen; deshalb ist mit ihrer Geltendmachung in der Revision entweder die Sachrüge oder eine nicht den Voraussetzungen von § 344 II 2 StPO unterliegende Verfahrensrüge erhoben.[23]

66 Im Folgenden sollen einige der besonders examensrelevanten Prozessvoraussetzungen und Verfahrenshindernisse abgehandelt werden.

> **Hinweis:** In der Klausur bietet sich an, die im Folgenden angesprochenen Verfahrenshindernisse gedanklich kurz anzuprüfen, um sicherstellen, dass keine Verfahrenshindernisse übersehen werden, da in Klausuren oftmals keine Hinweise auf Verfahrenshindernisse gegeben werden.

II. Sachliche Zuständigkeit

67 Ein von Amts wegen zu beachtendes Verfahrenshindernis kann die fehlende Zuständigkeit des Gerichts, dessen Urteil angefochten wird, nur in Bezug auf die sachliche Zuständigkeit sein.[24] Die fehlende örtliche oder funktionelle Zuständigkeit sowie Verstöße gegen den Geschäftsverteilungsplan sind dagegen absolute Revisionsgründe, die mit einer Verfahrensrüge gem. § 344 II 2 StPO geltend gemacht werden müssen (s. einerseits § 6 StPO, andererseits vor allem § 338 Nr. 1, 4 StPO sowie → Rn. 125 ff., 135 ff.).

68 Übersicht zu den erstinstanzlichen sachlichen Zuständigkeiten

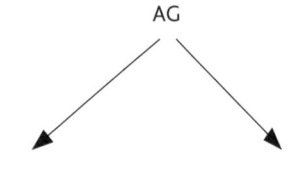

AG	LG (große Strafkammer; §§ 74, 74a GVG):	OLG (§§ 120 I, II, 120b GVG):
Strafrichter (§§ 24, 25 GVG): Zuständig nur für **Vergehen**, dort für • alle Privatklagen, *Schöffengericht (§§ 24, 28 GVG):* • **Vergehen** mit einer Straferwartung zwischen 2 und 4 Jahren,	• Straferwartung über 4 Jahre, • Unterbringung nach § 63 StGB, • Sicherungsverwahrung (§§ 66–66b StGB),	bestimmte Staatsschutzsachen.

---

23 Zwischen Befassungs- und Bestrafungsverboten unterscheidet Meyer-Goßner/Schmitt/*Meyer-Goßner* Einl. 143 ff., 150; erstere sollen in der Revision von Amts wegen beachtet werden, letztere – je nach ihrer Natur – dagegen nur auf eine Sach- oder Verfahrensrüge hin.
24 Meyer-Goßner/Schmitt/*Meyer-Goßner* StPO § 269 Rn. 8, § 338 Rn. 32.

C. Ausführungen zu von Amts wegen zu beachtenden Verfahrenshindernissen

- Straferwartung[25] von 2 Jahren oder weniger,
- keine Zuständigkeit von LG oder OLG (dazu: §§ 24 I Nr. 3, 74 II, 74a, 120, 120b GVG),
- keine Maßregeln nach §§ 63, 66–66b StGB.

- **Verbrechen**[26] mit Straferwartung von 4 Jahren oder weniger,
- keine Zuständigkeit von LG oder OLG, keine Maßregeln nach §§ 63, 66–66b StGB, das erweiterte Schöffengericht (§ 29 II GVG) hat keine eigene sachliche Zuständigkeit.

- besondere Schutzbedürftigkeit von Zeugen, besonderer Umfang oder besondere Bedeutung der Sache (§ 24 I Nr. 3 GVG),[27]
- Schwurgerichtssachen (§ 74 II GVG),
- bestimmte Staatsschutzsachen (§ 74a GVG).

Bejaht man die Prüfungspflicht von Amts wegen (hinsichtlich der sachlichen Zuständigkeit), wofür vor allem wegen des Wortlauts von § 6 StPO die besseren Gründe sprechen, so prüft das Revisionsgericht ohne entsprechende Beanstandung allerdings nur nach, ob ein zu niederes Gericht entschieden oder ein höheres Gericht seine sachliche Zuständigkeit willkürlich bejaht hat (vgl. §§ 269 f. StPO); § 269 StPO findet nämlich – ebenso wie § 225a StPO – keine Anwendung, wenn die Zuständigkeit willkürlich begründet wurde. In diesen Fällen ist gegen das Gebot des gesetzlichen Richters verstoßen und ein Verfahrenshindernis gegeben. Ist das der Fall, so führt diese Gesetzesverletzung nicht – wie das Fehlen der meisten anderen Prozessvoraussetzungen – zur Einstellung des Verfahrens, sondern zur Zurückverweisung an das zuständige Gericht (§ 355 StPO[28]).

69

Fall: Die Staatsanwaltschaft hatte gegen den erheblich und auch einschlägig vorbestraften Beschuldigten drei Anklagen zum Landgericht erhoben. In den ersten beiden wurden ihm jeweils der Diebstahl eines Radios aus versperrt abgestellten Pkws (Schaden je 150 EUR) zur Last gelegt, in der dritten Anklage wurde er des Diebstahls von Kfz-Papieren aus einem Pkw beschuldigt. Das Landgericht hat alle drei Anklagen zur Hauptverhandlung zugelassen, die Verfahren dann miteinander verbunden und den Angeklagten schließlich wegen Diebstahls in drei Fällen antragsgemäß zu einer Gesamtfreiheitsstrafe von neun Monaten verurteilt. Kann der Verteidiger des Angeklagten das Vorliegen eines Verfahrenshindernisses beanstanden und wie wird er dies ggf. tun?

70

Lösung: Verfahrenshindernisse muss der Verteidiger in einer Revisionsbegründung zwar nicht darlegen, wenn schon eine zulässige Revision eingelegt ist, weil sie dann von Amts wegen beachtet werden. Wird allerdings wie hier keine (andere) Sach- oder Verfahrensrüge erhoben, muss das Verfahrenshindernis vorgetragen werden, damit eine ausreichende Revisionsbegründung vorliegt und die Revision zulässig ist (→ Rn. 47, 60). Dies kann in folgender Weise geschehen:

---

25 Das Merkmal der Straferwartung wird nur bis zur Eröffnung des Hauptverfahrens geprüft. Ändert sich danach die Straferwartung, kann eine Verweisung an ein Gericht höherer Ordnung nur erfolgen, wenn die Strafgewalt des erkennenden Gerichts nicht ausreicht. Daraus folgt: Der Strafrichter bleibt – da auch er Freiheitsstrafe bis zu 4 Jahre verhängen kann, § 24 II GVG – zuständig, solange eine Freiheitsstrafe von bis zu 4 Jahren ausreicht. Stellt sich demgegenüber heraus, dass die Tat als Verbrechen zu verurteilen ist, muss er – unabhängig von der Straferwartung – nach § 270 StPO verweisen (bzw. vor der Hauptverhandlung nach § 225a StPO zur Übernahme vorlegen), da der Strafrichter nicht befugt ist, Verbrechen abzuurteilen.

26 Ob ein Verbrechen vorliegt, bemisst sich nicht nach der »subjektiven« Meinung des Gerichts, sondern wird objektiv anhand der Feststellungen des Gerichts bestimmt, vgl. Meyer-Goßner/Schmitt/*Meyer-Goßner* StPO § 338 Rn. 32.

27 Auch die Merkmale des § 24 I Nr. 3 GVG, insbes. das Merkmal der »besonderen Bedeutung«, werden nur bis zur Eröffnung des Hauptverfahrens geprüft, BGH NJW 2017, 280; dort auch zur – offen gelassenen – Frage, ob § 24 I Nr. 3 GVG von Amts wegen oder nur auf Verfahrensrüge geprüft wird; Meyer-Goßner/Schmitt/*Meyer-Goßner* GVG § 24 Rn. 10.

28 Für die Berufung: § 328 II StPO.

> **Antrag**: »Ich beantrage, das Urteil des Landgerichts ... vom ... mit den Feststellungen aufzuheben und die Sache zu neuer Verhandlung und Entscheidung an das [örtlich zuständige] Amtsgericht ... zurückzuverweisen (§ 355 StPO).«
>
> **Begründung**: »Die sachliche Zuständigkeit ist als Prozessvoraussetzung nach § 6 StPO in jeder Lage des Verfahrens von Amts wegen zu beachten. Zwar bestimmt § 269 StPO, dass sich ein Gericht nicht für unzuständig erklären darf, weil die Sache vor ein Gericht niederer Ordnung gehört. Diese Vorschrift ist aber nicht anzuwenden, wenn das höhere Gericht objektiv willkürlich gehandelt hat; denn dann hat es gegen Art. 101 I 2 GG verstoßen und den Angeklagten seinem gesetzlichen Richter entzogen. Ist aber § 269 StPO nicht anwendbar, weil das höhere Gericht seine sachliche Zuständigkeit willkürlich bejaht hat, so bleibt es bei § 6 StPO; die sachliche Zuständigkeit wird dann – auch vom Revisionsgericht – von Amts wegen geprüft.
>
> Objektive Willkür liegt vor, wenn der Entscheidung, das Verfahren vor diesem Gericht durchzuführen, jeder sachliche Grund fehlt, sich das Gericht also so weit von den gesetzlichen Maßstäben entfernt hat, dass seine Bewertung unter keinem Gesichtspunkt mehr vertretbar erscheint. Dies ist hier der Fall. Es ist offensichtlich, dass das Landgericht für jede einzelne der erhobenen Anklagen sachlich unzuständig war, da trotz der erheblichen und einschlägigen Vorstrafen des Angeklagten keine Freiheitsstrafe von mehr als vier Jahren zu erwarten war und weder eine besondere Bedeutung des Falles noch eine der anderen Alternativen des § 24 I Nr. 3 GVG vorlagen. Für das verbundene Verfahren war das Landgericht ebenfalls unzuständig, weil eine Gesamtfreiheitsstrafe von mehr als vier Jahren so weit außerhalb der zu erwartenden Strafe lag, dass weder die Staatsanwaltschaft bei der Anklageerhebung noch das Gericht bei der Eröffnung des Verfahrens hiermit auch nur im Entferntesten rechnen konnte.«[29]

III. Wirksame Anklage und Eröffnungsbeschluss

71 Das Gericht darf eine Tat nur dann aburteilen, wenn diese **wirksam** angeklagt wurde und die Anklage (wirksam) zur Hauptverhandlung zugelassen wurde (vgl. §§ 155 I, 264 I StPO). Eine bloß fehlerhafte Anklage hindert das Verfahren dagegen nicht.

71a Dabei ist eine Anklageschrift insbes. dann unwirksam, wenn sie nicht dazu geeignet ist, den Verfahrensgegenstand zu bestimmen, also unklar bleibt, welche prozessuale Tat dem Angeklagten zur Last gelegt wird und welchen Umfang die Rechtskraft des ergehenden Urteils haben würde (sog. **Umgrenzungsfunktion** der Anklage). Die Anklage muss daher die Tat, also den geschichtlichen Vorgang, in dem das strafbare Verhalten des Beschuldigten liegen soll, so genau beschreiben, dass sie sich von gleichartigen strafbaren Handlungen, die derselbe Täter möglicherweise auch begangen hat, unterscheiden lässt.[30] Insoweit darf aber auch auf das wesentliche Ergebnis der Ermittlungen zur Verdeutlichung und ergänzenden Erläuterung des Anklagesatzes zurückgegriffen werden.[31]

72 Erforderlich ist ferner, dass sich der Verfolgungswille der Staatsanwaltschaft auf den geschichtlichen Vorgang, den das Gericht aburteilen will oder abgeurteilt hat, bezogen hat. Das ist im Regelfall problemlos, kann jedoch dann zweifelhaft sein, wenn das Gericht den Schuldspruch nicht auf das in der Anklage geschilderte Kerngeschehen bezieht, sondern bspw. auf ein dort mitgeteiltes Nachtatverhalten, das gegenüber dem Kerngeschehen eine andere prozessuale Tat darstellen könnte. Handelt es sich bei den diesbezüglichen Darlegungen im Anklagesatz aber nicht nur um die Schilderung von Tathintergründen oder bloßen Nebensächlichkeiten, so wird der Verfolgungswille der Staatsanwaltschaft regelmäßig auch insoweit bejaht werden können.[32]

---

29 Vgl. BGHSt 40, 120 = NJW 1994, 2369; Meyer-Goßner/Schmitt/*Meyer-Goßner* StPO § 269 Rn. 8 und Meyer-Goßner/Schmitt/*Schmitt* GVG § 16 Rn. 6.
30 BGHSt 40, 44 (45) = NJW 1994, 2556 und BGH StV 2015, 148; Meyer-Goßner/Schmitt/*Meyer-Goßner* StPO § 200 Rn. 7.
31 → Rn. 75a.
32 BGH NStZ 1999, 206 mAnm *Bauer*; vgl. auch BGH NStZ 2000, 216; Meyer-Goßner/Schmitt/*Meyer-Goßner* StPO § 264 Rn. 7a, 9.

Bei mehreren Angeklagten ist darauf zu achten, dass die prozessuale Tat in der Anklage 73
demjenigen Beschuldigten zur Last gelegt sein muss, der ihretwegen verurteilt wurde (vgl.
§ 155 I StPO).

Allein ein nur im Übrigen mangelhafter oder unvollständiger Anklagesatz (zB Fehlen der 74
gesetzlichen Merkmale der Straftat oder der anzuwendenden Strafvorschrift)[33] hat dagegen
regelmäßig nicht die Unwirksamkeit der Anklage und damit auch kein Verfahrenshindernis
zur Folge (sog. **Informationsfunktion** der Anklage). Auch sonstige Ungenauigkeiten in der
Anklageschrift, Fehler oder Irrtümer, die auf die Individualisierung der prozessualen Tat
keinen Einfluss haben, führen – wie etwa Mängel in der Darstellung des wesentlichen Ergebnisses der Ermittlungen – nicht zur Unwirksamkeit der Anklage, sondern machen ggf. einen
richterlichen Hinweis nach § 265 StPO erforderlich. In diesem Fall ist jedoch eine Verfahrensrüge erforderlich (zur Frage der verletzten Norm: → Rn. 205).

> **Fall:** Gegen den Beschuldigten war eine – unverändert zur Hauptverhandlung zugelassene – 75
> Anklage mit folgender Tatschilderung erhoben worden: »Der Angeschuldigte suchte von Dezember 2016 bis Februar 2017 täglich seinen Bruder W entweder auf seinem Privatgelände in ...
> oder auf dessen Betriebsgelände in ... auf oder rief dort per Telefon an und äußerte gegenüber
> dem Zeugen sowie dessen Ehefrau, der Zeugin C, sowie deren Tochter S Morddrohungen. Diese
> Morddrohungen wurden von den genannten Zeugen ernst genommen.« Das Landgericht hat
> den Angeklagten wegen Bedrohung in 90 Fällen zu einer Gesamtfreiheitsstrafe von einem Jahr
> und sechs Monaten verurteilt. Gegen dieses Urteil hat der Angeklagte zulässig Revision eingelegt. Wie wird das Revisionsgericht entscheiden?

> **Lösung:** Der BGH hat das Urteil aufgehoben und das Verfahren eingestellt, weil die Prozessvoraussetzung einer wirksamen Anklage fehlt.[34]
> Für die Wirksamkeit einer Anklage gelten – nochmals zusammengefasst – folgende Grundsätze:
> Die Anklageschrift hat die dem Angeschuldigten zur Last gelegte Tat sowie Zeit und Ort ihrer
> Begehung so genau zu bezeichnen, dass die Identität des geschichtlichen Vorgangs klargestellt
> und erkennbar wird, welche prozessuale Tat angeklagt ist; sie muss sich daher von möglichen
> anderen strafbaren Handlungen des Angeklagten unterscheiden lassen (sog. Umgrenzungsfunktion). Darüber hinaus hat die Anklage die Aufgabe, den Angeschuldigten und die übrigen
> Verfahrensbeteiligten über weitere Einzelheiten des Vorwurfs zu unterrichten, um ihnen Gelegenheit zu geben, ihr Prozessverhalten auf den mit der Anklage erhobenen Vorwurf einzustellen
> (sog. Informationsfunktion). Mängel, die nicht die Umgrenzungsfunktion der Anklage, sondern
> ihre Informationsaufgabe betreffen, haben grundsätzlich nicht die Unwirksamkeit der Anklage
> zur Folge, sondern können in der Hauptverhandlung durch Hinweise nach § 265 StPO beseitigt
> werden. Von der Wahrung der Umgrenzungsfunktion hängt dagegen die Wirksamkeit der
> Anklage ab.
> Welche Angaben zur ausreichenden Bestimmung des Verfahrensgegenstandes erforderlich sind,
> lässt sich nicht für alle Fälle in gleicher Weise sagen. Ein täglich mehrfach wiederholbares
> Geschehen im Straßenverkehr wird regelmäßig durch Tatort, Tatzeit und Tathandlung, die
> Tötung eines Menschen wird dagegen schon durch die Person des Opfers ausreichend individualisiert.[35] Jedoch war hier die Anklage unwirksam, weil eine nähere Beschreibung der Drohungen ebenso fehlte wie eine konkrete Zuordnung zahlenmäßig eingegrenzter Tathandlungen zu
> den drei Geschädigten.
> Die somit gebotene Verfahrenseinstellung in der Revision hätte im Übrigen auch dann erfolgen
> müssen, wenn nach einem erstinstanzlichen, etwa wegen Nichterweislichkeit der Täterschaft
> des Angeklagten erfolgten Freispruch die Staatsanwaltschaft gegen das Urteil Revision eingelegt
> und erst das Revisionsgericht bemerkt hätte, dass ein Verfahrenshindernis besteht, weil es an

---

33 Dazu Meyer-Goßner/Schmitt/*Meyer-Goßner* StPO § 200 Rn. 27 mit weiteren Beispielen.
34 BGH bei *Kusch* NStZ 1997, 331 (Nr. 4); vgl. auch Meyer-Goßner/Schmitt/*Meyer-Goßner* StPO § 200 Rn. 2, 25 ff.
35 BGHSt 40, 44 (46) = NJW 1994, 2556; vgl. auch Meyer-Goßner/Schmitt/*Meyer-Goßner* StPO § 200 Rn. 9, § 264 Rn. 7b.

einer wirksamen Anklage fehlt. Der Grundsatz des Vorrangs des Freispruchs gegenüber der Einstellung gilt also nicht uneingeschränkt.[36]

75a **Fall:**[37] In einer unverändert zur Hauptverhandlung zugelassenen Anklage wurden dem Angeklagten 1.400 Einzeltaten des Betrugs vorgeworfen. Der Anklagesatz schilderte nur die stets gleichförmige Vorgehensweise der vorgeworfenen Betrugtaten, nennt die Gesamtzahl der Taten unter Angabe des Tatzeitraumes, die Spanne der Schäden bei den Einzeltaten und den Gesamtschaden. Hinsichtlich der Einzeltaten wird auf die Anlagen zum Wesentlichen Ergebnis der Ermittlungen verwiesen. Dort sind die Einzeltaten in tabellarischer Form auf einer Vielzahl von Seiten unter Angabe des genauen Tatzeitpunktes, des Geschädigten und des Einzelschadens aufgeführt. Das Landgericht hat den Angeklagten entsprechend der Anklageschrift verurteilt.
Liegt eine wirksame Anklage (und damit zugleich ein wirksamer Eröffnungsbeschluss) vor?

Lösung: Die Rechtsprechung verlangt vom Anklage**satz** eine hinreichende Individualisierung der konkret vorgeworfenen Taten. Dazu gehört im Anklage**satz** die Schilderung der individualisierenden Merkmale jeder einzelnen Tat, insbes. nach Tatzeitpunkt, Tatort, Tatopfer und Schaden. Eine pauschale Beschreibung der Taten unter Angabe des Tatzeitraums, der Anzahl der Taten und des Gesamtschadens genügt nicht, denn angeklagt (und ggf. verurteilt) werden die konkreten Einzeltaten. Nur durch diesen strengen Maßstab kann der angeklagte und ggf. verurteilte Sachverhalt von anderen Lebenssachverhalten hinreichend abgegrenzt werden und ist die – die Reichweite der Rechtskraft bestimmende – Umgrenzungsfunktion der Anklage gewahrt. Lediglich dann, wenn durch diese Anforderungen eine Verfolgung und Aburteilung strafwürdiger Taten nicht mehr möglich wäre (zB wenn bei Serienstraftaten aufgrund Zeitablaufs oder wegen der Besonderheiten der Beweislage die einzelnen Taten nicht mehr hinreichend voneinander unterschieden werden können[38]), sind im Hinblick auf die zentrale Umgrenzungsfunktion von diesen Anforderungen Abstriche möglich. Im Bereich des Wirtschaftsstrafrechts ist eine solche Fallkonstellation aber gerade nicht gegeben. Die individuelle Beschreibung jeder Tat nach Tatzeitpunkt, Tatort, Tatopfer und Schaden ist zwar aufwändig, aber möglich. Hieran gemessen, genügt der Anklage**satz** diesen Anforderungen nicht.
Die Anklage ist daher fehlerhaft. Gleichwohl liegt eine **wirksame** Anklage vor. Denn für die Frage, ob eine wirksame Anklage vorliegt, kommt es nicht allein auf den Anklagesatz an. Vielmehr ist der Umgrenzungsfunktion schon dann Genüge getan, wenn der Angeklagte die einzelnen Tatvorwürfe dem Wesentlichen Ergebnis der Ermittlungen entnehmen kann. Dies ist vorliegend der Fall. Dass es zur Wahrung der Umgrenzungsfunktion der Anklage genügt, wenn sich die Umgrenzung dem Wesentlichen Ergebnis der Ermittlungen entnehmen lässt, liegt daran, dass dem Angeklagten (und ggf. seinem Verteidiger) im Zwischenverfahren die gesamte Anklageschrift – und nicht nur der Anklagesatz – zur Kenntnis gebracht wird (§ 201 I 1 StPO).
Ein Mangel der Informationsfunktion beeinträchtigt demgegenüber schon die Wirksamkeit der Anklage nicht. Im Übrigen ist der Informationsfunktion durch die Übersendung der gesamten Anklageschrift ebenfalls hinreichend Genüge getan.
Exkurs: Eine andere Frage ist, ob ein Verstoß gegen § 243 III 1 StPO vorliegt, da ja nur der Anklagesatz, nicht aber das Wesentliche Ergebnis der Ermittlungen verlesen wird. Dazu: → Rn. 204.

76 Mängel der Anklageschrift können zwar nach Eingang der Anklage bei Gericht, also im Eröffnungsverfahren, geheilt werden.[39] Wird indes eine unwirksame Anklage unverändert

---

36 BGHSt 46, 130 = NJW 2000, 3293; Meyer-Goßner/Schmitt/*Meyer-Goßner* StPO § 260 Rn. 45; bei tateinheitlichem Zusammentreffen eines schwereren und eines leichteren Tatvorwurfs hat der Freispruch Vorrang, wenn der schwerere nicht nachgewiesen, der leichtere wegen Vorliegens eines unbehebbaren Verfahrenshindernisses nicht mehr verfolgbar ist: BGH StraFo 2005, 204.
37 Der Fall ist der Entscheidung des Großen Senats in Strafsachen, NJW 2011, 1687, und des 1. Strafsenats, NStZ 2011, 420, nachgebildet.
38 Zu denken ist etwa an eine Vielzahl von Fällen sexuellen Missbrauchs von Kindern im persönlichen Näheverhältnis, die erst Jahre später zur Anzeige kommen.
39 Vgl. Meyer-Goßner/Schmitt/*Meyer-Goßner* StPO § 200 Rn. 26.

zur Hauptverhandlung zugelassen, hat dies auch die Unwirksamkeit des Eröffnungsbeschlusses zur Folge.[40] Beachten Sie in der Klausur: Es liegen dann zwei Verfahrenshindernisse (fehlende Anklage und fehlender Eröffnungsbeschluss) vor. Nach – bestrittener – Meinung erscheint auch eine Heilung in der Hauptverhandlung noch möglich.[41]

Der Eröffnungsbeschluss selbst ist unwirksam, wenn er nicht unterzeichnet und nur als Entwurf vorliegt,[42] wenn der Beschluss der Strafkammer nicht schriftlich abgefasst wurde (die Unterschriften der Richter ist dagegen nicht zwingende Wirksamkeitsvoraussetzung)[43] oder wenn bei seinem Erlass nicht die erforderliche Zahl von Richtern (nämlich drei beim Landgericht, § 76 I GVG) mitgewirkt hat.[44] Fehlt der Eröffnungsbeschluss[45], kann das Gericht ihn vor oder in der Hauptverhandlung nachholen.[46] Ansonsten muss das Verfahren wegen Fehlens einer Prozessvoraussetzung eingestellt werden (vgl. §§ 206a I, 260 III, 354 I StPO).

> **Fall:** Die Staatsanwaltschaft hatte gegen den Angeklagten eine Nachtragsanklage erhoben. Das Gericht hat die Nachtragsanklage nicht ausdrücklich zugelassen, der Angeklagte hat ihrer Einbeziehung nicht zugestimmt und nach erfolgter Belehrung nach § 266 III 2 StPO keinen Unterbrechungsantrag gestellt. Kann der Verteidiger mit der Revision beanstanden, dass der Angeklagte wegen der ihm in der Nachtragsanklage zur Last gelegten Tat auch verurteilt worden ist?

77

> **Lösung:** Der Verteidiger wird das Fehlen einer Verfahrensvoraussetzung – nämlich des Zulassungsbeschlusses – geltend machen und die Einstellung des Verfahrens beantragen, soweit dieses die Nachtragsanklage betrifft. Daneben wird er vorsorglich das Fehlen der Zustimmung des Angeklagten zur Einbeziehung der Nachtragsanklage mit einer Verfahrensrüge beanstanden.
> Anders als der Eröffnungsbeschluss, der schon deshalb schriftlich vorliegen muss, weil er dem Angeschuldigten zuzustellen ist (§ 215 S. 1 StPO), ist der dieser Entscheidung vergleichbare Beschluss, mit dem eine Nachtragsanklage nach § 266 I StPO einbezogen wird, in der Hauptverhandlung zu verkünden und in das Protokoll aufzunehmen. Fehlt dieser (ausdrückliche) Beschluss, so wird es – wie bei einem konkludent gefassten Eröffnungsbeschluss – zwar als ausreichend angesehen, dass das Gericht auf andere Weise eindeutig zu erkennen gegeben hat, dass es die Nachtragsanklage zum Gegenstand der Verhandlung und Entscheidung machen will. Dafür genügt aber nicht, dass der Angeklagte nach erfolgter Belehrung gem. § 266 III 2 StPO keine Unterbrechung beantragt hat. Dadurch wird allenfalls der Wille des Angeklagten zu verhandeln, nicht jedoch eine Willensäußerung des Gerichts belegt. Da der erforderliche Zulassungsbeschluss fehlt und es damit an einer Prozessvoraussetzung mangelt, ist das Verfahren bezüglich der von der Nachtragsanklage betroffenen Tat einzustellen.[47]
> Das Fehlen der nach § 266 I StPO erforderlichen Zustimmung des Angeklagten zur Einbeziehung der weiteren Tat würde dagegen weder die Nachtragsanklage noch einen etwaigen Einbeziehungsbeschluss unwirksam machen. Es führt daher nicht zu einem Verfahrenshindernis, sondern wird nur auf eine § 344 II 2 StPO entsprechende Verfahrensrüge hin beachtet, hat dann aber die Einstellung des Verfahrens zur Folge.[48]

---

40 Meyer-Goßner/Schmitt/*Meyer-Goßner* StPO § 200 Rn. 26, § 207 Rn. 11 aE.
41 Meyer-Goßner/Schmitt/*Meyer-Goßner* StPO § 200 Rn. 26, § 207 Rn. 12.
42 Anders beim (versehentlichen) Vergessen der Unterschrift: BGH NStZ-RR 2000, 34; zum Eröffnungsbeschluss durch das Amtsgericht s. auch Meyer-Goßner/Schmitt/*Meyer-Goßner* StPO § 207 Rn. 11.
43 BGH NStZ 2017, 55.
44 Vgl. BGH NStZ 2009, 52 (bestätigt durch BGH NStZ 2012, 225 und NJW 2015, 2515), wonach ein rechtswirksamer Eröffnungsbeschluss nicht vorliegt, wenn die Beschlussfassung während der Hauptverhandlung in der nach § 76 II 1 GVG reduzierten Besetzung erfolgt ist; vgl. auch Meyer-Goßner/Schmitt/*Meyer-Goßner* StPO § 207 Rn. 11.
45 Vgl. auch zum konkludenten Erlass eines Eröffnungsbeschlusses Meyer-Goßner/Schmitt/*Meyer-Goßner* StPO § 207 Rn. 8.
46 BGH StV 2015, 743; Meyer-Goßner/Schmitt/*Meyer-Goßner* StPO § 203 Rn. 4, § 207 Rn. 12.
47 BGH StV 1996, 5; Meyer-Goßner/Schmitt/*Meyer-Goßner* StPO § 266 Rn. 20.
48 BGH NStZ-RR 1999, 302; ablehnend Meyer-Goßner/Schmitt/*Meyer-Goßner* StPO § 266 Rn. 14 mwN.

IV. Strafantrag

78 Bei Antragsdelikten ist das Vorliegen eines wirksamen (insbes. nach § 158 II StPO formwirksamen und nach § 77b StGB fristgerechten) Strafantrages eine von Amts wegen zu berücksichtigende Verfahrensvoraussetzung. Die Frage eines Vorliegens eines Strafantrags ist im Streitfalle im Freibeweisverfahren zu klären. Dabei ist darauf zu achten, dass ein Strafantrag bei einigen Delikten (zB §§ 230 I; 248a, ggf. iVm 259 II, 263 IV, 263a II, 265a III, 266 II, 266b II; 301 I; 303c StGB[49]) nicht erforderlich ist, wenn die Staatsanwaltschaft das **besondere** öffentliche Interesse an der Strafverfolgung bejaht hat. Nach herrschender Ansicht kann dies konkludent geschehen. Dies wird jedenfalls bereits dann angenommen, wenn sie **in Kenntnis** des fehlenden Strafantrags Anklage erhoben oder im Schlussantrag eine entsprechende Verurteilung beantragt hat.[50]

79 **Fall:** Bei der Polizeiinspektion Fürstenfeldbruck war der Anruf einer Frau eingegangen, die mitgeteilt hatte, dass sie am S-Bahnhof von einem Mann geschlagen worden sei. Unmittelbar nach dem Anruf begab sich der Polizeibeamte K zu der Frau, die den Sachverhalt zu Protokoll gab und dieses unterschrieb. Liegt damit ein wirksamer Strafantrag vor?

Lösung: Es liegt ein wirksamer Strafantrag vor. Die nach § 77 I StGB zur Antragstellung berechtigte Verletzte hat nämlich rechtzeitig (vgl. § 77b I 1 StGB) und unmissverständlich ihren Verfolgungswillen zum Ausdruck gebracht. Mit der Unterzeichnung des Protokolls wurde auch der Formvorschrift des § 158 II StPO genügt; ausdrücklich als solcher bezeichnet werden muss der Strafantrag nicht.[51]

V. Verjährung

80 Eine nach den §§ 78 ff. StGB eingetretene Verfolgungsverjährung stellt ein Verfahrenshindernis dar. Es gilt das Freibeweisverfahren. Zu beachten ist, dass auch bei Tateinheit (§ 52 StGB) für jedes Delikt die dafür vorgesehene Verjährungsfrist läuft. Hat der Tatrichter übersehen, dass bezüglich eines in Tateinheit stehenden Delikts Verjährung eingetreten ist, wird dies zur Aufhebung des Schuldspruchs wegen des verjährten Delikts und – zumindest regelmäßig – zur Aufhebung des Strafausspruchs führen.

81 **Fall:** Der Angeklagte wurde am 7.4.2017 wegen Diebstahls in Tateinheit mit vorsätzlichem Fahren ohne Fahrerlaubnis verurteilt; Tatzeit war der 2.1.2014, die Tat war den Ermittlungsbehörden aber erst am 11.1.2017 bekannt geworden. Kann der Verteidiger des Angeklagten noch in der Revision erfolgreich den Eintritt der Verjährung geltend machen?

Lösung: Die Revision des Angeklagten wird zu einem Teilerfolg führen, da die Tat nur noch wegen des Diebstahls verfolgt werden konnte. Dieser verjährt gem. § 78 III Nr. 4 StGB in fünf Jahren[52]; insoweit besteht daher kein Verfolgungshindernis. Dagegen ist das vorsätzliche Fahren ohne Fahrerlaubnis verjährt (§ 78 III Nr. 5 StGB; Verjährungsfrist: drei Jahre, da die Strafrahmen-

---

49 Absolute Antragsdelikte sind dagegen insbes. in §§ 123 II; 194 (mit der nicht examensrelevanten Ausnahme des § 194 II 2) – das Antragserfordernis bezieht sich nicht nur auf § 185 StGB, sondern auch auf §§ 186–189 StGB –; 247, auch iVm 259 II, 263 IV, 263a II, 265a III, 266 II; 288 II, 289 III StGB normiert.

50 Die Rechtsprechung geht noch weiter und sieht regelmäßig in der bloßen Anklageerhebung wegen eines solchen relativen Antragsdelikts eine konkludente Bejahung des besonderen öffentlichen Interesses, vgl. *Fischer* StGB § 230 Rn. 4.

51 Vgl. BGH NStZ 1995, 353; vgl. auch Meyer-Goßner/Schmitt/*Schmitt* StPO § 158 Rn. 4, 11; *Fischer* StGB § 77 Rn. 24.

52 Die Bestimmung der Verjährungsfrist bereitet in Klausuren regelmäßig Schwierigkeiten: Entscheidend ist das angedrohte Höchstmaß der Strafe (echte Qualifikationen finden Berücksichtigung, Regelbeispiele nicht, vgl. § 78 IV StGB). Diese angedrohte Höchststrafe ist in den Katalog des § 78 III StGB einzuordnen. Beträgt die angedrohte Höchststrafe zwei, drei oder fünf Jahre, so beträgt die Verjährungsfrist nach § 78 III Nr. 4 StGB fünf Jahre. Nur bei einer – im StGB seltenen! – Höchststrafe von nur einem Jahr, beträgt die Verjährungsfrist drei Jahre.

obergrenze des § 21 I StVG bei einem Jahr liegt), sofern kein Ruhen gem. § 78b StGB und keine Unterbrechung gem. § 78c StGB[53] eingetreten sind. Bedeutungslos für die Verjährung des Fahrens ohne Fahrerlaubnis ist indes, dass § 21 StVG mit einem unverjährten Diebstahl in einer Tat zusammentrifft, weil auch bei Tateinheit jede der angeklagten Gesetzesverletzungen ihrer eigenen Verjährung unterliegt. Wegen dieser Tateinheit darf aber keine (Teil-)Einstellung erfolgen (auch → Rn. 399); das Revisionsgericht wird daher nur den Schuldspruch wegen § 21 StVG entfallen lassen, den Strafausspruch mit den Feststellungen aufheben (wenn die Strafhöhe durch die tateinheitliche Begehung des § 21 StVG mitbegründet wurde)[54] und im Übrigen die Revision als unbegründet verwerfen (zum Tenor → Rn. 402).[55]

VI. Entgegenstehende Rechtshängigkeit und entgegenstehende Rechtskraft (»Strafklageverbrauch«); Verstoß gegen § 331 I StPO

Mit der Eröffnung des Hauptverfahrens wird die angeklagte Tat rechtshängig. Dies führt zu einem Verfahrenshindernis für eine anderweitige Verfolgung, dieselbe prozessuale Tat kann daher grundsätzlich nicht Gegenstand einer weiteren Anklage sein (vgl. § 12 I StPO). Ist die Tat bereits rechtskräftig abgeurteilt, steht ihrer erneuten Anklage und Aburteilung der Strafklageverbrauch entgegen (Art. 103 III GG). 82

Für die Prüfung der entgegenstehenden Rechtshängigkeit oder des Strafklageverbrauchs ist der **prozessuale** Tatbegriff von ausschlaggebender Bedeutung. Dieser ist zwar vom materiellrechtlichen Tat- bzw. Handlungsbegriff (§§ 52, 53 StGB) zu unterscheiden, weil er den von der zugelassenen Anklage betroffenen *geschichtlichen* Vorgang umfasst, gleichwohl gelten aber folgende Grundregeln: 83

Merke: Bei Tateinheit (§ 52 I StGB) liegt grundsätzlich auch eine prozessuale Tat vor. Stehen die Straftatbestände dagegen im Verhältnis der Tatmehrheit (§ 53 I StGB), sind zumeist auch mehrere Taten im prozessualen Sinne gegeben.[56] 84

Letzteres gilt insbes. dann nicht, wenn die tatmehrheitlich begangenen Straftaten durch die ihnen zugrunde liegenden Handlungen, Unterlassungen oder Ereignisse innerlich derart miteinander verknüpft sind, dass keine der Beschuldigungen für sich allein verständlich abgeurteilt werden kann und ihre getrennte Würdigung und Aburteilung als unnatürliche Aufspaltung eines einheitlichen Lebensvorgangs empfunden werden würde.[57] Dann liegt trotz Tatmehrheit nur eine prozessuale Tat vor.[58] 85

---

53 Mit jeder Unterbrechung beginnt die Verjährungsfrist von neuem. Allerdings tritt Verjährung – unabhängig von Unterbrechungen – spätestens nach Ablauf der doppelten Verjährungsfrist, der sog. absoluten Verjährung, ein, § 78c III StGB. Nach einem erstinstanzlichen Urteil kann bis zur Rechtskraft keine Verjährung mehr eintreten, vgl. § 78b III StGB.
54 Das Revisionsgericht kann aber unter Umständen annehmen, dass die Strafhöhe durch den Rechtsfehler nicht beeinflusst wurde (fehlendes Beruhen); vgl. BGH BeckRS 2010, 24444, wonach auch verjährte Delikte – wenn auch mit minderem Gewicht – bei der Strafzumessung zulasten eines Angeklagten berücksichtigt werden können; vgl. auch Meyer-Goßner/Schmitt/*Meyer-Goßner* StPO § 354 Rn. 20.
55 BGH NStZ 2002, 198; vgl. auch Meyer-Goßner/Schmitt/*Meyer-Goßner* Einl. Rn. 154, § 206a Rn. 5, § 260 Rn. 43.
56 Meyer-Goßner/Schmitt/*Meyer-Goßner* StPO § 264 Rn. 6 ff.; zur geänderten Rechtsprechung bezüglich Konkurrenzverhältnissen beim Zusammentreffen von Organisationsdelikten (§§ 129 ff. StGB) mit Einzelverbrechen (zB Raub, Mord) vgl. BGHSt 60, 308 = NJW 2016, 657.
57 Meyer-Goßner/Schmitt/*Meyer-Goßner* StPO § 264 Rn. 3.
58 Der klassische – examenswichtige – Fall: Ein betrunkener Autofahrer verursacht einen Autounfall und begeht im Anschluss Fahrerflucht. Materiell-rechtlich liegt in der Regel eine fahrlässige Gefährdung des Straßenverkehrs (§ 315c I Nr. 1, III Nr. 2 StGB) in Tatmehrheit mit unerlaubtem Entfernen vom Unfallort (§ 142 I Nr. 1 oder 2 StGB) in Tateinheit mit vorsätzlicher (jetzt kennt der Fahrer seine Fahruntüchtigkeit!) Trunkenheit im Verkehr (§ 316 StGB) vor. Materiell-rechtlich liegt also Tatmehrheit vor (weil der Unfall eine Zäsur bildet); wegen des engen räumlich-zeitlichen Verhältnisses und der Schuldverknüpfung zwischen der ersten Trunkenheitsfahrt und der Unfallflucht ist aber nur eine einzige prozessuale Tat (§ 264 StPO) gegeben.

3. Kapitel. Inhalt der Revisionsbegründung

86 **Fall:** Beim Landgericht war eine Anklage eingegangen, in der dem Angeklagten zur Last gelegt wurde, er habe mit einem schussbereiten Gewehr eine Bank überfallen. Ferner war beim selben Landgericht ein Berufungsverfahren anhängig; der Angeklagte war vom Amtsgericht wegen fahrlässiger Trunkenheit im Verkehr in Tateinheit mit vorsätzlichem Fahren ohne Fahrerlaubnis verurteilt worden. Die große Strafkammer des Landgerichts hat die beiden Verfahren, also das erstinstanzliche und das Berufungsverfahren, gem. § 4 StPO miteinander verbunden, obwohl die Berufung wirksam auf den Rechtsfolgenausspruch beschränkt war. Sodann hat sie den Angeklagten insgesamt verurteilt. Kann der Verteidiger des Angeklagten dagegen mit Aussicht auf Erfolg Revision einlegen? Kann er in dem Rechtsmittel auch darauf verweisen, dass wegen des Besitzes des bei dem Banküberfall verwendeten Gewehrs (Vergehen nach dem Waffengesetz) schon vor der Anklageerhebung ein rechtskräftiger Strafbefehl ergangen war?

Lösung: Die Revision hat Aussicht auf Erfolg, soweit der Angeklagte in Zusammenhang mit der Trunkenheitsfahrt (§ 316 I, II StGB, § 21 I Nr. 1 StVG) verurteilt wurde. Ausgangspunkt hierfür ist, dass die Verbindung nach § 4 I StPO zu einer Verschmelzung der Verfahren führt. Dabei ist nach der Rechtsprechung zwar auch die Verbindung eines erstinstanzlichen mit einem beim selben Gericht anhängigen Berufungsverfahren möglich,[59] die Verfahrensverschmelzung hätte aber dann zur Folge, dass das Berufungsverfahren in ein erstinstanzliches Verfahren übergeht, also insgesamt ein erstinstanzliches Verfahren durchgeführt werden muss (vgl. § 5 StPO). Das war im vorliegenden Fall jedoch ausgeschlossen, weil das amtsgerichtliche Urteil nach der wirksamen Beschränkung der Berufung auf den Rechtsfolgenausspruch in horizontale Teilrechtskraft erwachsen, eine Überführung des Berufungsverfahrens in ein (insgesamt) erstinstanzliches Verfahren nicht mehr möglich war. Das somit gegebene Verfahrenshindernis (Teilrechtskraft) ist auf die zulässige Revision hin von Amts wegen zu beachten. Das Revisionsgericht wird daher die Verurteilung wegen § 316 I, II StGB, § 21 I Nr. 1 StVG aufheben und die Sache insoweit an das Landgericht – Berufungskammer – zurückverweisen.[60]
Der Verurteilung wegen des Banküberfalls stand dagegen der Verbrauch der Strafklage durch den rechtskräftigen Strafbefehl wegen des Besitzes des Gewehres nicht entgegen, weil der Banküberfall nicht Gegenstand des Strafbefehls war. Zwar besteht an sich zwischen dem Vergehen nach dem Waffengesetz und §§ 255, 250 StGB Tateinheit, weil dieselbe Handlung (Ausüben der Sachherrschaft über das Gewehr) sowohl den einen (Verstoß gegen das WaffenG) als auch den anderen Straftatbestand (§§ 255, 250 StGB) erfüllt, jedoch wertet die Rechtsprechung die Entscheidung, die Waffe für den Banküberfall zu benutzen, als einen neuen Tatentschluss, der – schon wegen des wesentlich höheren Unrechtsgehalts – zu einem Einschnitt führt und die Verwirklichung der §§ 255, 250 StGB nicht nur sachlich-rechtlich von dem Waffendelikt ablöst, sondern auch prozessual zu einem selbstständigen historischen Geschehen – also einer eigenen prozessualen Tat – macht (ansonsten wäre im Übrigen eine Wiederaufnahme nach § 373a I StPO möglich gewesen).[61]

87 Auch wenn sich für die Bearbeitung von Examensklausuren durch die »Abschaffung« der fortgesetzten Handlung[62] eine wesentliche Erleichterung ergeben hat, sollte auf die Rechtshängigkeit, den Strafklageverbrauch und den prozessualen Tatbegriff auch künftig Augenmerk gerichtet werden. Von Bedeutung sind diese Fragen etwa in Zusammenhang mit (früheren) Verfahrenseinstellungen. Während nämlich eine Einstellung nach § 170 II StPO nicht zu einem Prozesshindernis führt,[63] kommt einer **gerichtlichen** Verfahrenseinstellung gem. § 153 II StPO[64] ein beschränkter Strafklageverbrauch zu, der wie bei § 153a I 5 StPO eine erneute Strafverfolgung (nur) zulässt, wenn sich die Tat nunmehr als Verbrechen dar-

---

59 Vgl. BGH NStZ 1998, 628; kritisch Meyer-Goßner/Schmitt/*Schmitt* StPO § 4 Rn. 8d.
60 BGH NStZ-RR 1997, 171; vgl. auch Meyer-Goßner/Schmitt/*Schmitt* StPO § 4 Rn. 8d.
61 BGH NStZ 1997, 446 (447); grundlegend insoweit BGHSt 36, 151 = NJW 1989, 1810; vgl. auch Meyer-Goßner/Schmitt/*Meyer-Goßner* StPO § 264 Rn. 6b.
62 BGHSt 40, 138 (Großer Senat) vgl. auch Meyer-Goßner/Schmitt/*Meyer-Goßner* StPO § 260 Rn. 14.
63 Vgl. Meyer-Goßner/Schmitt/*Schmitt* StPO § 170 Rn. 9.
64 Anders bei Einstellungen durch die Staatsanwaltschaft nach § 153 I StPO im Ermittlungsverfahren (auch nach Zustimmung des Gerichts); hier ist die Wiederaufnahme nach hM jederzeit möglich.

stellt. Die Rechtsprechung begründet dies mit der berechtigten Vertrauensposition des Angeschuldigten/Angeklagten, mit der Sache nicht mehr behelligt zu werden, wenn das Gericht das Verfahren mit Zustimmung **aller** Beteiligten einstellt, nachdem das Gericht die angeklagte Tat nach Abschluss des Ermittlungsverfahrens vollumfänglich zur Prüfung vorliegen hatte. Zum Strafklageverbrauch bei §§ 154, 154a StPO: → Rn. 94.[65]

Fall: Der jetzt angeklagte A hatte als Zeuge nach einem Verkehrsunfall gegenüber der Polizei angegeben, S sei gefahren. In der Hauptverhandlung gegen S wegen einer mit dem Unfall verbundenen fahrlässigen Körperverletzung sagte er dagegen (wiederum als Zeuge) aus, dass er (A) selbst gefahren sei. Die Staatsanwaltschaft erhob nunmehr Anklage gegen A wegen uneidlicher Falschaussage (der Aussage vor Gericht). Das Gericht hielt jedoch auch eine falsche Verdächtigung (durch die Angaben gegenüber der Polizei) für möglich und sprach A daher rechtskräftig frei. Kann A einer neuen Anklage wegen des Vorwurfs der falschen Verdächtigung die Rechtskraft dieses Urteils entgegenhalten?

88

Lösung: Der neuen Anklage steht der Strafklageverbrauch infolge des vorausgegangenen Urteils nicht entgegen. Es handelt sich nämlich um verschiedene prozessuale Taten, da zwischen der polizeilichen Aussage und der Vernehmung in der Hauptverhandlung ein erheblicher Zeitraum lag; schon deshalb kann von demselben geschichtlichen Vorgang nicht die Rede sein. Die Staatsanwaltschaft dürfte daher wegen des Vorwurfs der falschen Verdächtigung an sich eine neue Anklage erheben. Jedoch besteht nur eine geringe Aussicht auf eine entsprechende Verurteilung, weil auch diese Tatbegehung unsicher ist. Zwischen der uneidlichen Falschaussage und der falschen Verdächtigung wäre vielmehr eine echte Wahlfeststellung zulässig gewesen.[66] Diese hätte jedoch vorausgesetzt, dass die beiden Taten entweder schon gemeinsam angeklagt worden wären, die Staatsanwaltschaft die falsche Verdächtigung durch eine Nachtragsanklage in das Verfahren eingeführt oder das Gericht das Verfahren wegen uneidlicher Falschaussage so lange ausgesetzt hätte, bis die Anklage wegen falscher Verdächtigung erhoben worden ist; dann hätte es die Verfahren miteinander verbinden und eine Wahlfeststellung vornehmen können.[67]

Bei Revisionsklausuren gegen Berufungsurteile (dazu näher: → Rn. 375 ff.) ist die Frage der **Zulässigkeit der Berufung** unter dem Gesichtspunkt der entgegenstehenden Rechtskraft (als von Amts wegen zu prüfender Punkt) im Rahmen der Begründetheit (!) der Revision zu prüfen. Argument: War die Berufung bereits unzulässig, ist Rechtskraft eingetreten.
Beachte aber: Ist zwar die Berufung des Angeklagten unzulässig oder hat der Angeklagte das erstinstanzliche Urteil gar nicht angefochten, hat aber die Staatsanwaltschaft eine zulässige Berufung eingelegt, liegt eine zulässige Berufung vor, die den Eintritt der Rechtskraft hindert. Da eine Berufung der Staatsanwaltschaft immer auch eine Abänderung zugunsten des Angeklagten ermöglicht (§ 301 StPO), ist der Angeklagte nicht gehindert, gegen das Berufungsurteil Revision einzulegen, selbst wenn das Berufungsurteil das Ersturteil abgemildert hat.[68]

Verschlechtert das Berufungsgericht den **Strafausspruch**, obwohl lediglich der Angeklagte, sein Vertreter oder zugunsten des Angeklagten die Staatsanwaltschaft Berufung eingelegt hat, liegt ein Verstoß gegen § 331 I StPO vor. Diesen Verstoß prüft das Revisionsgericht von Amts wegen (weil es insoweit von Teil-Rechtskraft ausgeht). Allerdings ist die Fehlerfolge hier nicht die Einstellung des Verfahrens, sondern die Aufhebung des Urteils im Rechts-

88a

---

65 BGH NJW 2004, 375; vgl. auch Meyer-Goßner/Schmitt/*Schmitt* StPO § 153 Rn. 37 f.
66 Der Große Senat für Strafsachen hat die Zulässigkeit der unechten Wahlfeststellung – entgegen dem Vorlagebeschluss des 2. Strafsenats – bestätigt (NJW 2017, 2842). Es handele sich um eine prozessuale Entscheidungsregel, keine dem Gesetzesvorbehalt unterliegende materiell-rechtliche Frage.
67 BGHSt 32, 146 = NJW 1984, 2109; BGH NJW 2009, 1429 (1430); vgl. auch Meyer-Goßner/Schmitt/*Meyer-Goßner* StPO § 264 Rn. 2b. Abzulehnen ist dagegen die Ansicht, dass allein die Möglichkeit der Wahlfeststellung die Geschehnisse so eng verklammert, dass nur noch eine einzige prozessuale Tat vorliegt. Nach dieser Ansicht wäre das Erstgericht berechtigt und verpflichtet gewesen, wahlfeststellend zu verurteilen.
68 So BayObLG NStZ 1994, 48; ablehnend Meyer-Goßner/Schmitt/*Meyer-Goßner* StPO § 352 Rn. 3.

folgenausspruch und – zumindest regelmäßig – die Zurückverweisung. Dagegen liegt kein Verstoß gegen § 331 StPO vor, wenn auf die vollumfängliche (also nicht wirksam auf den Rechtsfolgenausspruch beschränkte) Berufung des Angeklagten, seines Vertreters oder zugunsten des Angeklagten die Staatsanwaltschaft das Berufungsgericht den **Schuldspruch** zuungunsten des Angeklagten berichtigt.

D. Rügearten

I. Abgrenzung Sach- und Verfahrensrüge

89 Die Frage, ob eine Gesetzesverletzung mit der Verfahrensrüge oder mit der Sachrüge geltend gemacht werden muss, ist von erheblicher Bedeutung. Denn im Gegensatz zur Sachrüge – diese ist bereits zulässig mit dem Satz »Gerügt wird die Verletzung materiellen Rechts« erhoben (näher → Rn. 309 ff.) – werden an eine zulässige Verfahrensrüge hohe formelle Anforderungen gestellt (dazu → Rn. 105 ff.; zu den von Amts wegen zu beachtenden Verfahrenshindernissen: → Rn. 60 ff.). Das Abgrenzungsproblem zwischen den beiden Rügen wird zumeist dadurch gelöst, dass man bestimmt, wann eine Verfahrensrüge erhoben werden muss.

90 **Hinweis:** Im Grundsatz gilt, dass eine Gesetzesverletzung mit der Verfahrensrüge beanstandet werden muss, wenn die Regelung, gegen die verstoßen wurde, den *prozessualen* Weg betrifft, auf dem der Richter seine Entscheidung gefunden hat. Bei der Verfahrensrüge geht es also darum, dass der Richter die Feststellungen, die er seiner Entscheidung zugrunde gelegt hat, *verfahrensrechtlich* falsch bzw. unvollständig getroffen oder auch *prozessual* notwendige Handlungen nicht oder fehlerhaft vorgenommen hat. Mit der Sachrüge ist dagegen die Verletzung sonstiger Vorschriften geltend zu machen, vor allem, dass das Urteil Darstellungs- oder Subsumtionsmängel zum materiellen Recht, also zum Schuld- und/oder Rechtsfolgenausspruch enthält.[69]

91 Die Umsetzung dieser Abgrenzung auf den konkreten Fall bereitet aber gelegentlich Schwierigkeiten, wobei in den meisten Fällen folgende **Faustregel** weiterhilft: Kann das Revisionsgericht den Fehler nicht allein aus dem Urteil ersehen, sondern ist zu dessen Feststellung der Blick in die Akten, vor allem in das Hauptverhandlungsprotokoll, erforderlich, muss grundsätzlich eine Verfahrensrüge erhoben werden; andere Aktenteile als das Urteil nimmt das Revisionsgericht nämlich nur nach einer (zulässigen) Verfahrensrüge zur Kenntnis (Ausnahme: Verfahrensvoraussetzungen).[70] Ist der Fehler dagegen allein aus dem Urteil ersichtlich, genügt regelmäßig die Sachrüge.

92 Schwierig ist die Abgrenzung von Verfahrens- und Sachrüge insbesondere, wenn es um Fehler im Zusammenhang mit einer durchgeführten Beweisaufnahme geht. Allgemein lässt sich hierzu sagen, dass Fehler, die die Erhebung des Beweises betreffen, mit der Verfahrensrüge geltend gemacht werden müssen. Ein Verfahrensfehler in der Beweisaufnahme wird aber nicht dadurch (auch) zu einem sachlich-rechtlichen Fehler, dass er sich auf die Beweiswürdigung ausgewirkt hat.[71] Die Sachrüge reicht regelmäßig lediglich dann aus, wenn sich der Fehler nur und erst in der Beweiswürdigung des Urteils zeigt.

93 Hat das Gericht bspw. ein Beweismittel berücksichtigt, das nicht verwertet werden durfte, muss dieser Fehler grundsätzlich mit der Verfahrensrüge beanstandet werden, weil Gesetzesverletzungen, die zu Verwertungsverboten führen, zumeist das Verfahren regelnde Vorschriften betreffen (zB die unterlassene Beschuldigtenbelehrung oder Verstöße gegen § 136a StPO). In einem solchen Fall lässt sich die Sachrüge auch nicht damit begründen, dass ohne das unverwertbare Beweismittel die Beweiswürdigung anders ausgefallen wäre (was das

---

69 Meyer-Goßner/Schmitt/*Meyer-Goßner* StPO § 337 Rn. 8, 9.
70 So ausdrücklich auch BGH NStZ-RR 2001, 174 (175).
71 BGH wistra 2004, 398.

Revisionsgericht – außer im Rahmen der Beruhensprüfung – grundsätzlich ohnehin nicht berücksichtigen darf); der Fehler ist und bleibt ein Verfahrensfehler und muss daher auch entsprechend gerügt werden (auch → Rn. 327 ff.). Es findet auch keine doppelte Prüfung sowohl als Verfahrens- als auch als Sachrüge statt.

Fall: Die Staatsanwaltschaft hat Anklage zum LG wegen Betrugs in Tateinheit mit Vortäuschen einer Straftat (gestellter Verkehrsunfall) erhoben. Das LG beschränkte die Verhandlung auf den Betrug (§ 154a II StPO) und sprach den Angeklagten frei. Wird eine hiergegen eingelegte Revision der Staatsanwaltschaft auch dann Erfolg haben, wenn der Betrug auch aus Sicht der revisionsführenden Staatsanwaltschaft tatsächlich nicht nachgewiesen ist? 94

Lösung: Die Revision der Staatsanwaltschaft kann erfolgreich sein, weil dem Gericht ein Fehler unterlaufen ist. Denn das LG hätte, bevor es den Angeklagten freispricht, die nach § 154a II StPO ausgeschiedene Gesetzesverletzung von Amts wegen wieder in das Verfahren einbeziehen müssen, um seiner Pflicht zur umfassenden Aburteilung der angeklagten Tat (Kognition, → Rn. 286) nachkommen zu können. Diesen Fehler muss die Staatsanwaltschaft in ihrer Revisionsbegründung mit einer Verfahrensrüge vortragen; denn die Erfüllung der Kognitionspflicht, deren Verletzung an sich mit der Sachrüge beanstandet wird, setzt hier einen formellen Akt, nämlich die Wiedereinbeziehung gem. § 154a III StPO voraus. Dass eine solche Wiedereinbeziehung[72] unterlassen wurde, stellt einen Verfahrensfehler – auf dem Weg zum Urteil – dar, der auch entsprechend, also nach § 344 II 2 StPO, gerügt werden muss.[73]
In Bezug auf den Strafklageverbrauch (dazu → Rn. 82 ff.) stellen sich bei § 154a StPO im Übrigen keine besonderen Probleme. Da dort grundsätzlich alle Straftatbestände innerhalb einer prozessualen Tat verwirklicht wurden, tritt mit dem rechtskräftigen Urteil insgesamt Strafklageverbrauch ein.[74] In den Fällen des § 154 StPO ist eine Wiederaufnahme bzw. Wiedereinbeziehung nach dessen Abs. 4 und 5 möglich.[75]

Hinweis: Die Frage, ob eine Gesetzesverletzung mit der Sach- oder der Verfahrensrüge zu beanstanden ist, lässt sich in den meisten Fällen mithilfe der jeweiligen Kommentierung zu dem verletzten Gesetz bei *Meyer-Goßner/Schmitt* beantworten. Dort ist in der Regel in einer der letzten Randnummern ausgeführt, welche Rüge zu erheben ist und was im Fall einer Verfahrensrüge in der Revisionsbegründung vorgetragen werden muss. 95
Im Zweifel wird man (neben der allgemeinen Sachrüge) eine Verfahrensrüge erheben. Nach der Rechtsprechung ist eine fehlerhafte Qualifikation der Rüge als Verfahrensrüge bzw. als Sachrüge unschädlich. Dh, das Revisionsgericht prüft eine Rüge auch dann in der Sache, wenn der Revisionsführer seine Rüge fehlerhaft als Verfahrensrüge verortet, das Revisionsgericht aber die Frage als solche der Sachrüge qualifiziert, und umgekehrt. Aber: Glaubt der Revisionsführer, eine Rüge sei mit der Sachrüge geltend zu machen, während das Revisionsgericht die Frage als Verfahrensrüge behandelt, wird es im Rahmen der Darstellung der Rüge regelmäßig am ordnungsgemäßen Vortrag aller Tatsachen im Sinne von § 344 II 2 StPO fehlen.
Der Prüfling sollte in der Klausur für die Frage der Verfahrens- oder der Sachrüge der im Kommentar angegebenen Rechtsprechung folgen.

---

72 Eines förmlichen Beschlusses bedarf es bei § 154a III StPO in der Hauptverhandlung (anders als bei § 154 V StPO) nicht. Ein Beschluss scheint aber ratsam. In jedem Fall muss die Wiedereinbeziehung deutlich gemacht werden, vgl. auch Meyer-Goßner/Schmitt/*Schmitt* StPO § 154a Rn. 24.
73 BGH NStZ 1996, 241; aA (Sachrüge) BGH NStZ 1995, 540 (541); vgl. auch Meyer-Goßner/Schmitt/*Schmitt* StPO § 154a Rn. 27; zur allseitigen Kognitionspflicht des Gerichts vgl. Meyer-Goßner/Schmitt/*Meyer-Goßner* StPO § 264 Rn. 10.
74 Meyer-Goßner/Schmitt/*Schmitt* StPO § 154a Rn. 28 f., dort auch zu der Frage, ob es bei irriger Anwendung von § 154 (statt § 154a) StPO für die zutreffende Sachbehandlung auf die rechtlich zutreffende Lage (so BGH BeckRS 2005, 04996) oder auf die angewandte Norm (so noch BGH NStZ 2014, 46 bei einem Beschluss nach § 154 II StPO, aufgegeben in BGH NJW 2015, 181) ankommt.
75 Meyer-Goßner/Schmitt/*Schmitt* StPO § 154 Rn. 21 ff.

II. Beruhen des Urteils auf der Gesetzesverletzung

96 Nicht jeder Gesetzesverstoß begründet die Revision. Vielmehr ist auch erforderlich, dass das Urteil auf diesem Fehler beruht (§ 337 I StPO).

Während sich bei sachlich-rechtlichen Mängeln (zur Sachrüge → Rn. 309 ff.) das Beruhen regelmäßig ohne Weiteres aus dem Urteil ergibt,[76] ist bei Verfahrensfehlern danach zu unterscheiden, ob es sich um einen **relativen** oder einen **absoluten** Revisionsgrund handelt (dazu → Rn. 125 ff.).

- Bei den in § 338 StPO abschließend aufgezählten absoluten Revisionsgründen wird das Beruhen des Urteils unwiderlegbar vermutet, wenn eine der in § 338 Nr. 1–7 StPO (zu § 338 Nr. 8 StPO → Rn. 160) bezeichneten Verfahrensbestimmungen verletzt ist. Wurde bspw. die Öffentlichkeit unberechtigt ausgeschlossen (vgl. §§ 169 ff. GVG; dazu im Einzelnen → Rn. 154 ff.) und erhebt der Revisionsführer eine zulässige Verfahrensrüge, kommt das angegriffene Urteil auch dann zu Fall (vgl. § 338 Nr. 6 StPO), wenn es »an sich« inhaltlich richtig ist. Von einer Urteilsaufhebung sieht die Rechtsprechung ausnahmsweise nur dann ab, wenn ein Beruhen denkgesetzlich ausgeschlossen werden kann. Beispiel: Der Angeklagte kann sich nicht darauf berufen, dass im Fall einer notwendigen Verteidigung der Mitangeklagte nicht gesetzmäßig verteidigt war.[77]

> **Hinweis:** Verletzt ist nicht § 338 StPO, sondern die § 338 StPO zugrunde liegende Norm (zB § 230 I StPO im Falle des § 338 Nr. 5 StPO oder § 169 S. 1 GVG im Falle des § 338 Nr. 6 StPO). § 338 StPO regelt nur die Frage des Beruhens.

- Dagegen ist bei einem relativen Revisionsgrund zu prüfen, ob ein rechtsfehlerfreies Verfahren **möglicherweise** zu einem anderen Ergebnis geführt hätte; das Urteil beruht auch dann auf einem Verfahrensfehler, wenn ein ursächlicher Zusammenhang nicht ausgeschlossen werden kann.[78]

97 **Fall:** Das Landgericht hat den Angeklagten wegen Vergewaltigung und sexuellen Missbrauchs seiner Tochter zu einer mehrjährigen Gesamtfreiheitsstrafe verurteilt. Die Tochter wurde in der Hauptverhandlung als Zeugin vernommen und anschließend vereidigt, ohne dass sie zuvor auf das ihr nach § 61 iVm § 52 I Nr. 3 StPO zustehende Eidesverweigerungsrecht hingewiesen wurde. Das Landgericht stützte seine Verurteilung auf die eidliche Aussage. Kann die Revision dies mit Aussicht auf Erfolg rügen?

> **Lösung:** Die Revision hat Aussicht auf Erfolg. Der Verstoß gegen die Belehrungspflicht des § 61 Hs. 2 StPO ist kein absoluter, sondern »nur« ein relativer Revisionsgrund. Das Urteil wird aufgehoben, wenn es im Fall einer ordnungsgemäß durchgeführten Belehrung möglicherweise anders ausgefallen wäre. Hierfür ist entscheidend, ob das Landgericht die Glaubhaftigkeit der Angaben der Zeugin anders beurteilt hätte, wenn diese nach erfolgter Belehrung die Eidesleistung verweigert hätte. Nach dem mitgeteilten Sachverhalt lässt sich eine andere Beurteilung des Aussageverhaltens durch das Tatgericht bereits deshalb nicht ausschließen, da bei einer Verweigerung der Eidesleistung ein zunächst nicht vorhandener, überraschender Unsicherheitsfaktor für die Beurteilung des Aussageverhaltens geschaffen worden wäre.[79]

---

[76] Vgl. Meyer-Goßner/Schmitt/*Meyer-Goßner* StPO § 337 Rn. 40.
[77] Meyer-Goßner/Schmitt/*Meyer-Goßner* StPO § 338 Rn. 2.
[78] Meyer-Goßner/Schmitt/*Meyer-Goßner* StPO § 337 Rn. 37 f.
[79] Vgl. BGH NStZ 2008, 171; allerdings konnte der BGH im Ausgangsfall aufgrund besonderer Umstände ausschließen, dass die Zeugin nach erfolgter Belehrung die Eidesleistung verweigert hätte.

D. Rügearten

Bei der Prüfung des Beruhens sind noch folgende Punkte von Bedeutung: 98

- Das Beruhen auf einem Verfahrensfehler ist ausgeschlossen, wenn dieser durch die fehlerfreie Wiederholung des betreffenden Verfahrensabschnitts »geheilt« wurde[80] oder wenn die Verfahrensweise unzweifelhaft »im Ergebnis« richtig war, etwa weil ein vom Tatrichter im Urteil mit fehlerhafter Begründung beschiedener **Hilfs**beweisantrag mit rechtsfehlerfreier Begründung abgelehnt werden konnte und ein tragfähiger anderer Ablehnungsgrund entweder offenkundig ist oder sich aus den Urteilsgründen selbst ergibt.[81]

  Zu beachten ist allerdings: Zieht das Gericht den Fehler erst im Urteil gerade (zB indem es eine eidliche Zeugeneinvernahme, die unter Verstoß gegen ein Vereidigungsverbot zustande gekommen ist, im Rahmen der Beweiswürdigung nur als uneidlich verwertet), fehlt es an einem regelmäßig erforderlichen entsprechenden Hinweis nach § 265 StPO an die Prozessbeteiligten, die deshalb ihr Verhalten im Verfahren nicht auf die neue Situation einstellen konnten. Dies gilt freilich nicht für Hilfsbeweisanträge, die ohnehin erst im Urteil verbeschieden werden.[82]

- Bei der Beruhensprüfung ist ferner zu beachten, dass bei Aburteilung mehrerer Taten ein Rechtsfehler nur eine oder einen Teil dieser Taten oder nur das Strafmaß (zB bei einem Verstoß gegen § 265 II StPO) betreffen kann. Da dann das Urteil regelmäßig nur insoweit auf der Gesetzesverletzung beruht, wird die Revision zumeist auch nur bezüglich dieser Tat(en) bzw. des Strafmaßes Erfolg haben.[83]

- Ein Beruhen ist ferner ausgeschlossen, wenn es sich um eine bloße Ordnungsvorschrift handelt (zB Aufruf zur Sache, Präsenzfeststellung) oder wenn die verletzte Vorschrift nicht dem Schutz des Revisionsführers dienen soll (Rechtskreistheorie). Klassisches Beispiel ist ein Verstoß gegen die Belehrungspflicht des Zeugen nach § 55 StPO. Nach hM soll diese Vorschrift allein dem Schutz des Zeugen vor Strafverfolgung dienen. Der Angeklagte kann daher in seiner Revision nicht § 55 StPO rügen, selbst wenn gegen § 55 StPO verstoßen worden ist. Für die Revision der Staatsanwaltschaft gilt § 339 StPO, wonach die Staatsanwaltschaft eine Revision zuungunsten des Angeklagten nicht auf eine Verletzung von Verfahrensvorschriften stützen kann, die ausschließlich dem Schutz des Angeklagten dienen. In Klausuren ist daher in diesen Fällen zu erörtern, ob die Vorschrift jeweils **ausschließlich** dem Schutz des Angeklagten dient (angenommen bspw. für §§ 136 I 2, 243 V 1, 247 S. 4, 258 II Hs. 2 StPO, abgelehnt aber für §§ 230 I, 243 III 1 StPO, § 169 S. 1 GVG). § 339 StPO gilt für die Revision des Privatklägers und des Nebenklägers entsprechend.[84]

III. Ausschluss von Verfahrensrügen; Rügeverlust

Die Geltendmachung von Verfahrensfehlern ist in einigen Fällen in der Strafprozessordnung 99
an bestimmte Fristen gebunden, zB bei Beanstandung der gesetzeswidrigen Besetzung der Richterbank (vgl. dazu §§ 222a; 222b; 338 Nr. 1 StPO sowie → Rn. 126), die Rüge der örtlichen oder der funktionellen Unzuständigkeit des Gerichts bzw. der Kammer (vgl. §§ 6a, 16, 338 Nr. 4 StPO) oder das Verlangen einer Aussetzung der Verhandlung, wenn die Ladungsfrist nicht eingehalten wurde (§ 217 II StPO). Erfolgt keine rechtzeitige Beanstandung, können etwaige Fehler im Revisionsverfahren nicht mehr gerügt werden.

In einigen (auch besonders klausurrelevanten) Fällen verlangt die Rechtsprechung, dass ein 100
Prozessbeteiligter einer Maßnahme rechtzeitig »widersprochen« hat (sog. **Widerspruchs-**

---

[80] Meyer-Goßner/Schmitt/*Meyer-Goßner* StPO § 337 Rn. 39; dann sind im Übrigen auch absolute Revisionsgründe nicht gegeben, vgl. Meyer-Goßner/Schmitt/*Meyer-Goßner* StPO § 338 Rn. 3 mwN.
[81] BGH NStZ 2008, 116; Meyer-Goßner/Schmitt/*Meyer-Goßner* StPO § 244 Rn. 86 und allgemein bei § 337 Rn. 38.
[82] Anders bei »normalen« Beweisanträgen, die durch Beschluss in der Hauptverhandlung verbeschieden werden müssen, § 244 VI StPO. Bei ihnen ist es dem Revisionsgericht deshalb idR auch verwehrt, den Ablehnungsgrund auszutauschen (→ Rn. 276).
[83] Vgl. (auch zu Ausnahmen) Meyer-Goßner/Schmitt/*Meyer-Goßner* StPO § 353 Rn. 6 f.; zum Aufhebungsumfang bei mehreren Tatvorwürfen und Vorliegen eines absoluten Revisionsgrundes: BGH NStZ 2003, 218.
[84] Meyer-Goßner/Schmitt/*Meyer-Goßner* StPO § 339 Rn. 2, 4 f.

3. Kapitel. Inhalt der Revisionsbegründung

lösung der Rechtsprechung); anderenfalls droht ein »Rügeverlust durch Schweigen«. Will etwa der Angeklagte in der Revision geltend machen, bei der ersten Beschuldigtenvernehmung durch Beamte des Polizeidienstes sei er nicht ordnungsgemäß nach §§ 163a IV 2, 136 I 2 StPO belehrt worden, sein seinerzeitiges Geständnis sei daher unverwertbar, so muss sein Verteidiger in der Hauptverhandlung nach Vernehmung des Beamten als Verhörperson **spätestens bis zu dem in § 257 StPO genannten Zeitpunkt**[85] der Verwertung widersprechen. Unterbleibt ein solcher Widerspruch, geht das Recht verloren, sich auf ein Verwertungsverbot zu berufen (dazu → Rn. 172; zur Erforderlichkeit eines Widerspruchs bei rechtswidrigen Erkenntnissen aus dem Einsatz eines Verdeckten Ermittlers → Rn. 198; zum Widerspruch bei Überwachung der Telekommunikation → Rn. 181).[86] Die Rechtsprechung begründet die – im Gesetz so nicht vorgesehene – Widerspruchslösung damit, dass es der besonderen Verantwortung des Verteidigers und seinen Fähigkeiten entspreche, derartige Verfahrensmängel aufzudecken und zu erkennen, ob die Geltendmachung des Verwertungsverbots einer sinnvollen Verteidigung diene.[87] Sie hat die Widerspruchslösung auf mehr und mehr Fallgruppen ausgeweitet. Der 2. Strafsenat[88] hat allerdings jüngst die Erstreckung der Widerspruchslösung auf die Verwertung von durch Durchsuchung und Beschlagnahme erlangten Beweismitteln abgelehnt (dazu → Rn. 187a). Staatsexamenskandidaten sind gut beraten, diese Rechtsprechung zu verfolgen. Sie gilt allerdings nur bei **verteidigten** Angeklagten bzw. bei unverteidigten Angeklagten, wenn sie vom Gericht auf die Möglichkeit eines Widerspruchs hingewiesen wurden.

Bei Erhebung einer Verfahrensrüge (vgl. dazu im Einzelnen → Rn. 105 ff.) **gem. § 344 II 2 StPO muss vorgetragen werden, dass rechtzeitig widersprochen wurde.**[89]

101 Eine Revision kann auf einen Verfahrensverstoß auch nicht gestützt werden, wenn durch ausdrückliche Erklärung oder schlüssiges Handeln auf die Einhaltung einer Prozessvorschrift verzichtet worden ist. Ein solcher Rügeverzicht ist jedoch nur in engen Grenzen möglich, da grundsätzlich nicht erlaubt werden kann, dass die gesetzliche Verfahrensordnung durch das Gericht und die Prozessbeteiligten für den Einzelfall abgeändert wird.[90]

102 Ferner können sich im Hinblick auf ein von der Rechtsprechung auch im Strafprozess anerkanntes »allgemeines Missbrauchsverbot«[91] Einschränkungen für das Revisionsverfahren ergeben. Nach der Rechtsprechung ist ein Missbrauch prozessualer Rechte »dann anzunehmen, wenn ein Verfahrensbeteiligter die ihm durch die Strafprozessordnung eingeräumten Möglichkeiten zur Wahrung seiner verfahrensrechtlichen Belange benutzt, um gezielt verfahrensfremde oder verfahrenswidrige Zwecke zu verfolgen« (BGH NStZ 2007, 49 f.). So hat der BGH in einem Fall eine erhobene Verfahrensrüge als rechtsmissbräuchlich und unzulässig angesehen, in dem der Revisionsführer bewusst wahrheitswidrig einen Verfahrensverstoß behauptet und sich zum Beweis auf ein von ihm als unrichtig erkanntes Hauptverhandlungsprotokoll berufen hat (vgl. auch zur Möglichkeit einer nachträglichen Protokollberichtigung → Rn. 121).[92]

---

85 Der 2. Strafsenat (NJW 2017, 1332) hat in einer zu Durchsuchungen ergangenen Entscheidung – auf die er allerdings die Widerspruchslösung insgesamt nicht anwenden möchte – ausgeführt, es müsse genügen, wenn der Widerspruch so rechtzeitig erfolge, dass er im Rahmen der Beweisaufnahme Berücksichtigung finden könne. Es bleibt abzuwarten, ob der 2. Strafsenat damit die tradierte Rechtsprechung zur Rechtzeitigkeit der Widerspruchslösung insgesamt in Zweifel ziehen will.
86 Vgl. etwa BGHSt 38, 214 (225) = NJW 1992, 1463; BGHSt 51, 1 (3) = NJW 2006, 1361; zur Anwendung der »Widerspruchslösung« bei einem Verstoß gegen den Richtervorbehalt wegen Anordnung der Blutprobenentnahme → Rn. 194c.
87 BGH NJW 1992, 1463.
88 BGH NJW 2017, 1332.
89 BGH NStZ-RR 2002, 110; vgl. auch BGH NJW 1996, 2239, wonach es zur Vermeidung unüberschaubarer Prozesslagen für die nachfolgenden Beweiserhebungen und Prozesshandlungen nicht unklar bleiben dürfe, ob die vorherige Beweisaufnahme nach dem Willen des Widerspruchsberechtigten verwertbar ist oder nicht.
90 Vgl. Meyer-Goßner/Schmitt/*Meyer-Goßner* StPO § 337 Rn. 43–46.
91 Vgl. BGHSt 38, 111 (112 f.) = NJW 1992, 1245 bei Missbrauch des Beweisantragsrechts zur Verfahrensverzögerung.
92 BGH NStZ 2007, 49 (51); vgl. auch BGH NStZ 2008, 475 zur Unzulässigkeit einer Besetzungsrüge wegen widersprüchlichen Prozessverhaltens.

D. Rügearten

Unter dem Gesichtspunkt eines arglistigen (rechtsmissbräuchlichen) Vorgehens kommt ferner die Unzulässigkeit einer Verfahrensrüge in Betracht, wenn beim Tatrichter gezielt in einer dem Angeklagten zurechenbaren Weise ein Verfahrensfehler zur Schaffung eines Revisionsgrundes herbeigeführt wurde.[93] Dabei wird dem Angeklagten an sich ein arglistiges Verhalten seines Verteidigers nicht zugerechnet. Gleichwohl hat der BGH »Verwirkung« angenommen, als ein Verteidiger den absoluten Revisionsgrund des § 338 Nr. 5 StPO geltend gemacht hat, nachdem er sich eigenmächtig während der Urteilsverkündung aus dem Sitzungssaal entfernt hatte.[94]

103

Die Verwirkung einer Verfahrensrüge kommt grundsätzlich nicht bereits deshalb in Betracht, weil ein Verfahrensbeteiligter einen »unverzichtbaren« Verfahrensfehler (zu »verzichtbaren« Verfahrensverstößen → Rn. 101) des Gerichts erkannt und diesen lediglich schweigend hingenommen hat.[95] Eine Verwirkung kommt nach der Rechtsprechung aber dann in Betracht, wenn der Revisionsführer nach einer Sachleitungsanordnung des Vorsitzenden in der Hauptverhandlung vom Zwischenrechtsbehelf des § 238 II StPO[96] keinen Gebrauch gemacht und eine förmliche Entscheidung des Gerichts begehrt hat. Der BGH führt zum Zweck dieser Vorschrift aus: »Zweck des § 238 II StPO ist es, die Gesamtverantwortung des Spruchkörpers für die Rechtsförmigkeit der Verhandlung zu aktivieren, hierdurch die Möglichkeit zu eröffnen, Fehler des Vorsitzenden im Rahmen der Instanz zu korrigieren und damit Revisionen zu vermeiden ... Dieser Zweck würde verfehlt, wenn es im unbeschränkten Belieben des um die Möglichkeit des § 238 II StPO wissenden Verfahrensbeteiligten stünde, ob er eine für unzulässig erachtete verhandlungsleitende Maßnahme des Vorsitzenden über den Rechtsbehelf nach § 238 II StPO zu beseitigen sucht oder statt dessen hierauf im Falle eines ihm nachteiligen Urteils in der Revision eine Verfahrensrüge stützen will.« (BGH NStZ 2007, 230). Aufgrund des Schutzzwecks der Vorschrift, Revisionen zu vermeiden, findet sie auch bei Entscheidungen des Strafrichters beim Amtsgericht Anwendung, obwohl in diesem Fall der oder die Vorsitzende mit dem Gericht identisch ist.[97] Unterbleibt der in § 238 II StPO vorgesehene Zwischenrechtsbehelf, folgt aus dieser zentralen Zwecksetzung für Anordnungen, die der Vorsitzende in Ausübung eines ihm vom Gesetz eingeräumten Beurteilungs- oder Ermessensspielraums trifft, die Unzulässigkeit einer auf diese Anordnung/Maßnahme gestützte Verfahrensrüge.

104

Diese Rechtsprechung zum Zwischenrechtsbehelf nach § 238 II StPO als Voraussetzung für eine Rüge der verletzten Vorschrift in der Revision findet aber nur Anwendung, wenn

- der Angeklagte verteidigt ist (gleichstehen dürfte der Angeklagte, der auf die Möglichkeit des Zwischenrechtsbehelfs hingewiesen wurde),
- die Maßnahme nicht in einem Unterlassen besteht und
- die Maßnahme des Vorsitzenden sich über eine Verfahrensvorschrift hinwegsetzt, die Ermessensspielraum zulässt (denn nur dann, wenn die Verfahrensnorm einen gewissen Ermessens- oder Beurteilungsspielraum zulässt, kann es zur Vermeidung überflüssiger Revisionen angehen, die grundsätzlich in der alleinigen Sphäre des Gerichts liegende Verantwortlichkeit für die korrekte Verfahrensgestaltung der Hauptverhandlung auf die übrigen Prozessbeteiligten zu verlagern). Aus diesem Grunde bedarf es bspw. vor der Erhebung einer Rüge der Verletzung des § 252 StPO keines Zwischenrechtsbehelfs, wohl aber

---

93 Vgl. dazu BGH NStZ 1993, 198.
94 BGH NStZ 1998, 209; vgl. auch BGH NStZ 1998, 267; Meyer-Goßner/Schmitt/*Meyer-Goßner* StPO § 337 Rn. 47.
95 Meyer-Goßner/Schmitt/*Meyer-Goßner* StPO § 337 Rn. 47; vgl. aber zur Verwirkung des Rügerechts bei rechtsfehlerhafter Ablehnung eines Beweisantrages, wenn die unzutreffende Auslegung des Beweisantrages auf einer missverständlichen Formulierung des Antragstellers beruht und dieser das Missverständnis nicht ausräumt: BGH NStZ 2009, 171 (173).
96 Ebenso verlangt § 273 III 2 StPO die Anrufung des Gerichts, wenn der Vorsitzende die Aufnahme einer Maßnahme in das Protokoll oder wörtliche Protokollierung ablehnt. Allerdings dürfte – unbeschadet der Obliegenheit zur Ergreifung des Zwischenrechtsbehelfs – eine Rüge des § 273 StPO regelmäßig auf eine unbehelfliche Protokollrüge (→ Rn. 115) hinauslaufen.
97 Meyer-Goßner/Schmitt/*Meyer-Goßner* StPO § 238 Rn. 18.

bedarf es des Zwischenrechtsbehelfs vor der Erhebung der Rüge des Entzugs des Fragerechts durch den Vorsitzenden nach § 241 StPO.[98]

Der Vortrag zum Zwischenrechtsbehelf nach § 238 II StPO ist notwendiges Vorbringen im Rahmen des § 344 II 2 StPO.

Hinweis: Ob die Rechtsprechung einen rechtzeitigen Widerspruch oder die Ergreifung eines Zwischenrechtsbehelfs verlangt, ist regelmäßig dem Kommentar zu entnehmen (im Abschnitt Revision, oft in der letzten Randnummer).

E. Einzelheiten zur Verfahrensrüge

I. Grundsätze

105 Zur Erhebung einer Verfahrensrüge genügt nach § 344 II StPO nicht die allgemeine Beanstandung des Verfahrens, der Revisionsführer muss vielmehr eine bestimmte Gesetzesverletzung aufzeigen und die diesen Mangel belegenden Tatsachen angeben.

106 Im Einzelnen ergeben sich daraus folgende Anforderungen:

- In der Revisionsbegründung genügt es nicht, entsprechend der allgemeinen Sachrüge nur pauschal um die Überprüfung des Verfahrens zu bitten oder bloße Vermutungen zu äußern (zB: »Das Gericht hat möglicherweise das letzte Wort nicht gewährt« oder »Es ist zu überprüfen, ob die Regelungen der §§ 244 ff. StPO beachtet wurden«). Vielmehr muss ein bestimmter Verfahrensfehler, dh eine konkrete Gesetzesverletzung, behauptet werden.[99] Hilfsweise erhobene Verfahrensrügen sind nicht zulässig.[100]

107
- Der behauptete Verfahrensfehler muss durch Tatsachen belegt werden (§ 344 II 2 StPO). Dies erfordert die Darlegung der den Mangel begründenden Umstände im Einzelnen und zwar so genau und vollständig, dass das Revisionsgericht ohne Durchsicht der Akten allein auf der Grundlage der Revisionsbegründung prüfen kann, ob der Fehler vorliegt, wenn die mitgeteilten Tatsachen zutreffen (»Schlüssigkeitsprüfung«).[101] Ein etwaiger Widerspruch bzw. ein Zwischenrechtsbehelf und sein Ergebnis (Gerichtsbeschluss) sind ebenfalls mitzuteilen.

  Schriftstücke, insbes. das Hauptverhandlungsprotokoll (dazu nachfolgend → Rn. 112 ff.), müssen hierfür regelmäßig wörtlich – zumindest aber in ihrem wesentlichen Inhalt – wiedergegeben werden, soweit sie für die Gesetzesverletzung relevante Tatsachen enthalten.[102] Wird in dem Schriftstück auf weitere Unterlagen verwiesen, müssen auch diese – im Wortlaut oder ihrem wesentlichen Inhalt – mitgeteilt werden.[103] **Bezugnahmen auf Anlagen oder Fundstellen in den Akten reichen grundsätzlich nicht aus.**[104]

108
- Sogar sog. Negativtatsachen müssen in der Revisionsbegründung vorgetragen werden. § 344 II 2 StPO verpflichtet nach der Rechtsprechung nämlich den Revisionsführer auch zum Vortrag von nicht geschehenen Umständen, die – wären sie gegeben – gegen sein Vorbringen sprechen würden, diesem also die Grundlage entziehen würden.[105] Hierzu zählt etwa die Heilung von Verfahrensverstößen.[106]

---

98 Vgl. Meyer-Goßner/Schmitt/*Meyer-Goßner* StPO § 238 Rn. 22.
99 Vgl. Meyer-Goßner/Schmitt/*Meyer-Goßner* StPO § 344 Rn. 20, 24, 25 mwN.
100 Meyer-Goßner/Schmitt/*Meyer-Goßner* StPO § 344 Rn. 12.
101 Meyer-Goßner/Schmitt/*Meyer-Goßner* StPO § 344 Rn. 21–24.
102 Meyer-Goßner/Schmitt/*Meyer-Goßner* StPO § 344 Rn. 22.
103 BGH NStZ 2015, 98.
104 Meyer-Goßner/Schmitt/*Meyer-Goßner* StPO § 344 Rn. 21.
105 Meyer-Goßner/Schmitt/*Meyer-Goßner* StPO § 344 Rn. 24.
106 Vgl. BGH StV 2004, 305 (zur Rüge nach §§ 247, 338 Nr. 5 StPO bei einer mehrfachen, teilweise in Anwesenheit des Angeklagten durchgeführten Zeugenvernehmung); einschränkend BGH NStZ 2007, 717: kein Vortrag nötig, wenn eine Heilung tatsächlich nicht erfolgt ist; Meyer-Goßner/Schmitt/*Meyer-Goßner* StPO § 344 Rn. 24.

Unter Negativtatsachen sind aber auch Tatsachen zu einem nahe liegenden alternativen 109
Verfahrensablauf zu verstehen, bei dem die behauptete Gesetzesverletzung nicht vorliegen
würde. Vom BVerfG wurde (als Beispiel hierfür) die Behandlung einer Verfahrensrüge als
nicht § 344 II 2 StPO entsprechend und daher unzulässig gebilligt, wobei im Urteil eine
Urkunde verwertet wurde, deren Einführung in die Hauptverhandlung sich nicht aus dem
Protokoll ergab (behaupteter Verstoß gegen § 261 StPO).[107] Hierzu hatte der Rechtsmittelführer in der Revision zwar mitgeteilt, dass in der Hauptverhandlung ein entsprechender Urkundenbeweis nicht erhoben worden war; den Vortrag, dass diese Urkunde
auch nicht auf anderem Weg, nämlich insbes. durch einen (weil keine wesentliche Förmlichkeit iSd § 273 I 1 StPO darstellenden)[108] nicht protokollierungsbedürftigen Vorhalt, in
die Hauptverhandlung eingeführt worden war, hatte er jedoch unterlassen (zur Erkundigungspflicht eines in der Tatsacheninstanz noch nicht tätigen Verteidigers bzw. Rechtsanwalts, der die Revisionsbegründung fertigt: → Rn. 118).

- Ferner müssen auch diejenigen Tatsachen vorgetragen werden, die dem Revisionsgericht 110
bei relativen Revisionsgründen die Beruhensprüfung ermöglichen.[109] Ansonsten sind Ausführungen zum Beruhen zweckmäßig, aber nicht geboten;[110] in einer Examensklausur sind
sie jedoch Pflicht. Ist ein absoluter Revisionsgrund gegeben, so genügt insofern der Hinweis auf die betreffende Regelung in § 338 StPO (zB: »Ein Beruhen des Urteils auf dem
Verstoß wird unwiderleglich vermutet, § 338 Nr. 5 StPO.«).
- Nicht notwendig – regelmäßig aber zweckmäßig (auch → Rn. 118), in der Examensklausur 111
verpflichtend – ist die Angabe von Beweismitteln.[111]

II. Protokoll und Freibeweisverfahren beim Vortrag und Nachweis von Verfahrensfehlern

Das über die Hauptverhandlung aufgenommene Protokoll hat für das Rechtsmittelverfahren 112
erhebliche Bedeutung. Dies ergibt sich daraus, dass zur Urteilsgrundlage nur gemacht werden darf, was »Inbegriff der Verhandlung« war (§ 261 StPO), die wesentlichen Förmlichkeiten der Verhandlung aber in das Protokoll aufgenommen werden müssen (§ 273 I 1 StPO)
und grundsätzlich **ausschließlich durch das Protokoll** bewiesen werden können (§ 274
StPO).

Das bedeutet für die Revisionsbegründung und daher für den Revisionsführer, dass zumin- 113
dest ein Teil derjenigen Tatsachen, die nach § 344 II 2 StPO vorgetragen werden müssen,
positiv (die im Protokoll beurkundeten wesentlichen Förmlichkeiten der Hauptverhandlung
gelten als geschehen, selbst wenn sie nicht stattgefunden haben = sog. positive Beweiskraft)
oder negativ (was im Protokoll nicht beurkundet ist, gilt als nicht geschehen = sog. negative
Beweiskraft) im Protokoll enthalten sein müssen. Das Protokoll teilt also (insofern) bereits
selbst die nach § 344 II 2 StPO erforderlichen Tatsachen mit; sie müssen vom Revisionsführer nur noch in die Revisionsbegründung übernommen (abgeschrieben) werden (vgl. das
Beispiel bei → Rn. 123).

Hinweis: Das Protokoll ermöglicht dem Revisionsführer den nach § 344 II 2 StPO erforderlichen Tatsachenvortrag, soweit es um wesentliche Förmlichkeiten der Hauptverhandlung geht. 114
Dem Revisionsgericht ist gem. § 274 StPO ein Beweisverfahren zum Nachweis dieser Verfahrenstatsachen erspart. Genau darin liegt der Zweck des Protokolls.
Was wesentliche Förmlichkeiten sind, finden Sie in Meyer-Goßner/Schmitt/*Meyer-Goßner* StPO
§ 273 Rn. 7 ff. kommentiert.

---

107 BVerfG NJW 2005, 1999 (2001 f. mwN); Meyer-Goßner/Schmitt/*Meyer-Goßner*, StPO § 249 Rn. 30.
108 Vgl. BGH NStZ 2007, 117; vgl. Meyer-Goßner/Schmitt/*Meyer-Goßner* StPO § 249 Rn. 28.
109 Meyer-Goßner/Schmitt/*Meyer-Goßner* StPO § 344 Rn. 27.
110 BGH NStZ NStZ 2013, 536; Meyer-Goßner/Schmitt/*Meyer-Goßner* StPO § 344 Rn. 27; vgl. auch BVerfG NStZ 2004, 215.
111 BGH NStZ 2007, 235; Meyer-Goßner/Schmitt/*Meyer-Goßner* StPO § 344 Rn. 23.

115 Zu beachten ist in diesem Zusammenhang, dass das Protokoll nur dazu verwendet werden darf, den für die Revisionsrüge erforderlichen Tatsachenvortrag zu belegen. Dagegen ist die **sog. Protokollrüge** stets erfolglos. Darunter versteht man die Beanstandung, dass das Protokoll unrichtig ist. Allein ein fehlender oder fehlerhafter Eintrag in der Sitzungsniederschrift ist für die Revision aber unerheblich, weil auf der bloßen Unrichtigkeit des (regelmäßig erst nach Urteilserlass fertiggestellten) Protokolls das Urteil nicht beruhen kann.

Zu Besonderheiten bei der Verständigung → Rn. 303.

116 **Fall:** Das Landgericht hat den Angeklagten verurteilt und in den Gründen – der Beweiswürdigung – ausgeführt, dass sich der Angeklagte in der Hauptverhandlung in bestimmter Weise eingelassen habe, dass diese Angaben aber widerlegt seien. In seiner Revisionsbegründung trägt der Verteidiger nur vor, dass das Protokoll keine Einlassung des Angeklagten zur Sache ausweise, vielmehr sei dort festgehalten, dass er hierzu keine Angaben gemacht habe. Wird die Revision Erfolg haben?

Lösung: Die Revision wird mit dieser Beanstandung keinen Erfolg haben, da der Verteidiger lediglich eine Protokollrüge erhoben hat. Die Revisionsbegründung enthält nicht eine bestimmte Tatsachenbehauptung, sondern gibt ausschließlich den Protokollinhalt wieder. Auf dem Umstand, dass die Sitzungsniederschrift eine Einlassung des Angeklagten zur Sache nicht mitteilt, kann das Urteil aber nicht beruhen, weil es nicht aufgrund von Einträgen im Protokoll ergeht, sondern das Gericht nach seiner »aus dem Inbegriff der Verhandlung geschöpften Überzeugung« entscheidet (§ 261 StPO; dazu auch → Rn. 324 ff.). Allerdings kann der für die Verfahrensrüge erforderliche bestimmte Tatsachenvortrag, dass sich der Angeklagte in der Hauptverhandlung nicht zur Sache geäußert hat, mithilfe des Protokolls erfolgen (→ Rn. 123 zur Formulierung einer Verfahrensrüge).[112] Entsprechend lässt sich die (von einem Rechtskundigen erhobene) Rüge jedoch weder auslegen noch umdeuten.

Beachten Sie noch Folgendes: Protokollierungspflichtig ist beim Landgericht als wesentliche Förmlichkeit nur die Tatsache, dass eine oder dass keine Einlassung zur Sache erfolgte, nicht aber der Inhalt der Einlassung.

117 Ergeben sich aus dem Protokoll nicht alle für den behaupteten Verfahrensfehler bedeutsamen Tatsachen, was regelmäßig der Fall sein wird, wenn sich die eigentliche Gesetzesverletzung im Ermittlungsverfahren ereignet hat, so müssen auch diese Tatsachen in die Revisionsbegründung aufgenommen werden (Beispiel zu § 136 I 2 StPO bei → Rn. 174). Der Rechtsmittelführer muss die Ereignisse und sonstigen Tatsachen zu dem Verfahrensfehler in der Revisionsbegründung so vortragen, dass dem Revisionsgericht mit dieser die für die Prüfung der Gesetzesverletzung relevante Tatsachengrundlage vollständig (!) und aus sich heraus verständlich unterbreitet wird (→ Rn. 107).

118 Nach der Rechtsprechung geht die Verpflichtung zum vollständigen Tatsachenvortrag sogar so weit, dass der Verteidiger oder Rechtsanwalt, der die Revisionsbegründung fertigt, sich zu Verfahrensabschnitten, an denen er nicht beteiligt war (»Verteidigerwechsel«), nach den gem. § 344 II 2 StPO relevanten Tatsachen erkundigen muss, um sie mit der Revision vortragen zu können.[113] In solchen Fällen ist es zweckmäßig, dass – obwohl der Rechtsmittelführer zur Vorlage von Beweismitteln nicht verpflichtet ist (→ Rn. 111) – der Rechtsanwalt oder Verteidiger sich von der Person, die ihm die Auskunft erteilt, eine entsprechende anwaltliche Versicherung oder ein sonstiges Freibeweismittel übergeben lässt und er diese mit der Revisionsbegründung vorlegt.[114] Zu ihm nicht zugänglichen Verfahrenstatsachen – etwa weil der in der früheren Hauptverhandlung anwesende Verteidiger zu sachdienlichen Angaben

---

112 Meyer-Goßner/Schmitt/*Meyer-Goßner* StPO § 344 Rn. 26; vgl. auch BGH StraFo 2009, 23, wonach die zusätzliche Mitteilung des Protokolls nicht notwendig ist, sofern der Revisionsführer die den Mangel begründenden Tatsachen vollständig vorträgt.
113 BGH NStZ 2005, 283 (284); vgl. Meyer-Goßner/Schmitt/*Meyer-Goßner* StPO § 344 Rn. 22.
114 Vgl. auch *Ventzke* StV 2004, 302 sowie BGH NStZ 2004, 632 (633) (Erklärung eines Verteidigers zur Frage nach dem zerrütteten Vertrauensverhältnis zum Angeklagten).

nicht in der Lage oder nicht willens ist – muss der Revisionsführer dagegen nicht vortragen.¹¹⁵

> **Hinweis:** Vor allem bei Verfahrensfehlern, die ihren Ursprung im Ermittlungsverfahren haben, reicht allein die Wiedergabe des betreffenden Abschnitts des Hauptverhandlungsprotokolls regelmäßig nicht aus, um den sich aus § 344 II 2 StPO ergebenden Anforderungen zu genügen. Dann müssen zudem die entsprechenden Tatsachen aus dem Ermittlungsverfahren mitgeteilt werden. Auch hierbei haben Protokolle – etwa polizeiliche oder ermittlungsrichterliche Vernehmungsniederschriften – erhebliche Bedeutung, da Protokolle dazu aufgenommen werden, Tatsachen (etwa dass der Beschuldigte belehrt wurde oder ein Zeuge in bestimmter Weise ausgesagt hat) festzuhalten. Daneben sind Tatsachen iSd § 344 II 2 StPO aber auch sonstige »Geschehnisse«, etwa ein Durchsuchungsbeschluss oder die Aufzeichnungen aus einer Wohnraumüberwachung.

119

Geht es um solche »Tatsachen« aus dem Ermittlungsverfahren, um sonstige Geschehnisse außerhalb der Hauptverhandlung sowie (allgemein) um nicht iSd § 273 I 1 StPO wesentliche Förmlichkeiten der Verhandlung oder hat das Hauptverhandlungsprotokoll insbes. wegen Lücken oder Widersprüchen nicht die Beweiskraft des § 274 StPO,¹¹⁶ so überprüft das Revisionsgericht die Richtigkeit des Tatsachenvortrags des Revisionsführers zu der Verfahrensrüge im Freibeweisverfahren, bspw. durch Erholung dienstlicher Stellungnahmen (vgl. die Beispiele bei → Rn. 158, 216, 223, 298).¹¹⁷

120

Mittlerweile ist eine Protokollierung der Erfüllung der Belehrungspflichten des Beschuldigten nicht nur bei richterlichen Vernehmungen (§ 168a I 1 StPO), sondern auch bei Vernehmungen durch Staatsanwaltschaft und Polizei (§ 168b III StPO) gesetzlich vorgeschrieben. Wie aber bereits ausgeführt, gilt für diese außerhalb einer Hauptverhandlung aufgenommenen Protokolle § 274 StPO nicht.

Auch ein bereits fertiggestelltes Protokoll darf auf Antrag oder von Amts wegen geändert werden, wenn Vorsitzender und Urkundsbeamter¹¹⁸ als Urkundspersonen (vgl. § 271 I 1 StPO) darin übereinstimmen, dass das Protokoll unrichtig ist.¹¹⁹ Dies gilt seit dem Beschluss des Großen Senats für Strafsachen v. 23.4.2007 – GSSt 1/06 (Aufgabe der Rechtsprechung zum sog. Verbot der Rügeverkümmerung), selbst dann, wenn durch die Berichtigung einer bereits erhobenen Verfahrensrüge der Boden entzogen wird.¹²⁰ Der BGH führt zur Begründung aus, dass es keinen Vertrauensschutz dahingehend gebe, sich auf einen Verfahrensfehler zu berufen, der nicht stattgefunden habe. Voraussetzung ist jedoch, dass beide Urkundspersonen über eine »sichere Erinnerung« verfügen; eine Protokollberichtigung scheidet demnach aus, wenn sich auch nur eine Urkundsperson nicht mehr sicher ist. Vor der beabsichtigten Protokollberichtigung ist darüber hinaus zunächst der Revisionsführer anzuhören. Widerspricht dieser der beabsichtigten Berichtigung substantiiert, sind erforderlichenfalls weitere Verfahrensbeteiligte zu befragen. Halten die Urkundspersonen trotz des Widerspruchs an der Protokollberichtigung fest, ist ihre Entscheidung mit Gründen zu versehen.¹²¹ Dem so berichtigten Teil des Protokolls kommt allerdings die formelle Beweiskraft des § 274 StPO

121

---

115 BVerfG StraFo 2005, 512.
116 Dazu Meyer-Goßner/Schmitt/*Meyer-Goßner* StPO § 274 Rn. 15 ff.; zur Sonderproblematik bei der Verständigung nach § 257c StPO: → Rn. 303 (Fall Buchst. f) und → Rn. 304.
117 Meyer-Goßner/Schmitt/*Meyer-Goßner* StPO § 274 Rn. 18, § 337 Rn. 11.
118 Bei Strafrichtersitzungen kann von der Zuziehung eines Urkundsbeamten abgesehen werden, § 226 II 1 StPO. Im Ermittlungsverfahren kann der Ermittlungsrichter von der Zuziehung eines Urkundsbeamten ebenfalls absehen, § 168 S. 2 StPO.
119 Vgl. Meyer-Goßner/Schmitt/*Meyer-Goßner* StPO § 271 Rn. 23 mwN.
120 Unberührt bleibt die Rechtsprechung, dass eine Verfahrensrüge rechtsmissbräuchlich und daher unzulässig ist, wenn sich der Revisionsführer auf ein als unrichtig erkanntes Protokoll beruft (selbst wenn diese Kenntnis nachträglich erlangt ist und er gleichwohl die Rüge weiterverfolgt, → Rn. 102).
121 BGH (GSSt) NStZ 2007, 661; vgl. auch BVerfG NJW 2009, 1469, wonach die neue Rechtsprechung des BGH zur Frage der Rügeverkümmerung im Strafverfahren die verfassungsrechtlichen Grenzen der richterlichen Rechtsfindung wahrt; krit. Meyer-Goßner/Schmitt/*Meyer-Goßner* StPO § 271 Rn. 26; vgl. auch *Bertheau* NJW 2010, 973 ff.

nicht zu; das Revisionsgericht kann vielmehr im Freibeweisverfahren aufklären, ob die Berichtigung zu Recht erfolgt ist.[122]

122 **Hinweis:** Das Revisionsgericht überprüft die Vollständigkeit und Richtigkeit des Tatsachenvortrags des Revisionsführers zu dem behaupteten Verfahrensverstoß. Dabei kommt ihm bezüglich der wesentlichen Förmlichkeiten der Hauptverhandlung § 274 StPO zugute. Geht es um andere »Förmlichkeiten«, klärt das Revisionsgericht die Richtigkeit des Tatsachenvortrags im Freibeweisverfahren. In solchen Fällen verbleiben gelegentlich Zweifel am Vorliegen eines Verfahrensverstoßes; diese gehen grundsätzlich zulasten des Rechtsmittelführers, der »In-Dubio«-Grundsatz gilt hier also nicht.[123]

Beispiel für die Formulierung einer Verfahrensrüge:[124]

123   Rechtsanwalt   80335 München, 9.5.2017
Dr. Hans Müller   Karlsplatz 5

An das
Landgericht
München I

– Schwurgericht –

Aktenzeichen: 1 Ks 115 Js 54321/16

In der Strafsache gegen
Gerhart Schmied, geb. am 15.9.1970, zurzeit in Untersuchungshaft in der JVA München-Stadelheim
wegen Mordes
stelle ich zu der am 18.4.2017 gegen das Urteil des Landgerichts München I – Schwurgericht – vom 14.4.2017 eingelegten Revision folgenden Antrag:
Auf die Revision des Angeklagten wird das Urteil des Landgerichts München I – Schwurgericht – vom 14.4.2017 mit den Feststellungen aufgehoben und die Sache zur neuen Verhandlung und Entscheidung an eine andere als Schwurgericht zuständige Strafkammer des Landgerichts München I zurückverwiesen.
Diesen Antrag begründe ich wie folgt:
I. Gerügt wird die Verletzung formellen Rechts.
1. Gerügt wird eine Verletzung des § 258 II Hs. 2, III StPO (Nichtgewährung des letzten Wortes).
a) Das Gericht hat sich nach der Beweisaufnahme, dem Plädoyer des Vertreters der Staatsanwaltschaft und dem Plädoyer des Verteidigers zur Beratung zurückgezogen und das Urteil verkündet, ohne zuvor dem Angeklagten das letzte Wort zu gewähren.
b) Beweis: Protokoll der Hauptverhandlung vom 14.4.2017 (Bl. ... d. A.)
c) Damit hat das Gericht gegen § 258 II Hs. 2, III StPO verstoßen, wonach das Gericht vor der Urteilsberatung und Urteilsverkündung dem Angeklagten das letzte Wort einzuräumen hat.
d) Auf diesem Verfahrensverstoß beruht das Urteil (§ 337 I StPO). Es ist nicht auszuschließen, dass, wäre dem – wie sich aus den schriftlichen Urteilsgründen ergibt – die Tatbegehung bestreitenden Angeklagten das letzte Wort gewährt worden, er weitere entlastende Umstände vorgebracht hätte. Damit besteht die Möglichkeit, dass die Entscheidung ohne die Gesetzesverletzung anders ausgefallen wäre.
... [Es folgen weitere Revisionsrügen.]

---

122 BGH NStZ 2007, 661 (663); Meyer-Goßner/Schmitt/*Meyer-Goßner* StPO § 271 Rn. 26b; vgl. auch BGH NStZ 2011, 168 (169), wonach eine freibeweisliche Aufklärung des tatgerichtlichen Verfahrensablaufs allein unter Berücksichtigung abgegebener dienstlicher Erklärungen und damit unter geringeren Anforderungen als in dem die Verfahrenswahrheit sichernden »Protokollberichtigungsverfahren« nach erhobener Verfahrensrüge und zum Nachteil des Angeklagten nicht in Betracht kommt.
123 BGH NStZ-RR 2004, 237 (238); vgl. weiter – auch zu Ausnahmen – Meyer-Goßner/Schmitt/*Meyer-Goßner* StPO § 337 Rn. 12 mwN.
124 Muster auch bei *Kroiß/Neurauter* Formularsammlung Nr. 42.

E. Einzelheiten zur Verfahrensrüge

[Unterschrift]
Dr. Hans Müller
Rechtsanwalt

Hinweis: Wird eine Verfahrensrüge erhoben, müssen alle für die behauptete Gesetzesverletzung relevanten Tatsachen vorgetragen werden. Zwar können Unklarheiten in der Begründung durch eine am Erfolg des Rechtsmittels orientierte Auslegung behoben werden (vgl. §§ 300, 352 II StPO);[125] Maßstab bei § 344 II 2 StPO ist aber stets, dass das Revisionsgericht allein aufgrund der Revisionsbegründung – also ohne weiteren Blick in die Akten – prüfen können muss, ob – die Richtigkeit des Vortrags unterstellt – ein Verfahrensfehler vorliegt.
Ein sorgfältig arbeitender Revisionsführer wird sich nicht darauf verlassen, dass das Revisionsgericht sich den für eine Verfahrensrüge erforderlichen Tatsachenvortrag aus dem ihm aufgrund einer von Amts wegen vorzunehmenden Prüfung (insbes. der Prozessvoraussetzungen) bekannten Akteninhalt,[126] aus dem Sachvortrag zu einer anderen, zulässig erhobenen Verfahrensrüge[127] oder – bei zugleich erhobener Sachrüge – aus dem Urteil[128] zusammensucht.

124

III. Verfahrensrüge bei absoluten Revisionsgründen

1. Verstoß gegen das Gebot des gesetzlichen Richters (§ 338 Nr. 1 StPO)

§ 338 Nr. 1 StPO sichert das Recht auf den gesetzlichen Richter (Art. 101 I 2 GG; § 16 S. 2 GVG). Unter »Richter« ist nicht nur das Gericht als solches, sondern auch der jeweilige Spruchkörper in seiner konkreten Zusammensetzung zu verstehen. Erforderlich ist, dass innerhalb der Gerichte – und bei Überbesetzung auch innerhalb der einzelnen Spruchkörper – Geschäftsverteilungspläne aufgestellt werden, die auf der Grundlage der Regelungen des GVG (vor allem §§ 21e, 21g) nach allgemeinen Kriterien festlegen, welcher Spruchkörper innerhalb des Gerichts die Sache zu bearbeiten hat (gerichtsinterner Geschäftsverteilungsplan) und wie dieser zusammengesetzt ist (kammer- oder senatsinterner Geschäftsverteilungsplan).[129] Ist der Geschäftsverteilungsplan nicht gesetzesgemäß aufgestellt oder wird jedenfalls willkürlich[130] von ihm abgewichen, kann gegen das Gebot des gesetzlichen Richters verstoßen sein und der absolute Revisionsgrund des § 338 Nr. 1 StPO vorliegen.[131] Beanstandet werden mit diesem Revisionsgrund aber auch bestimmte Fehler in Zusammenhang mit der Wahl, der Auslosung oder der Verteilung der Schöffen.[132]

125

Hinweis: In Examensklausuren hat § 338 Nr. 1 StPO bislang nur eine geringe Rolle gespielt. Von Bedeutung könnte die Vorschrift vor allem dann sein, wenn eine große Strafkammer beim Landgericht nur mit zwei Berufsrichtern verhandelt hat, dies jedoch entgegen § 76 II 1 GVG nicht beschlossen hatte, gegen § 76 II 3 Nr. 1 und 2 GVG verstößt oder die Anordnung

126

---

125 BVerfG StV 2006, 57 (58).
126 Meyer-Goßner/Schmitt/*Meyer-Goßner* StPO § 344 Rn. 20.
127 Vgl. Meyer-Goßner/Schmitt/*Meyer-Goßner* StPO § 344 Rn. 20; ablehnend BGH NStZ 2005, 463.
128 Dazu BGH StraFo 2005, 245; Meyer-Goßner/Schmitt/*Meyer-Goßner* StPO § 344 Rn. 20.
129 Meyer-Goßner/Schmitt/*Schmitt* GVG § 16 Rn. 4, § 21e Rn. 2, 5, § 21g Rn. 4.
130 Der genaue Maßstab ist streitig: Eine nicht mehr nachvollziehbare und damit willkürliche Abweichung vom Geschäftsverteilungsplan kann unstreitig gerügt werden (BGH NStZ-RR 2013, 166). Jedenfalls bei einer unterjährigen Änderung des Geschäftsverteilungsplans nach § 21e III GVG darf sich das Revisionsgericht nicht auf eine Willkürkontrolle beschränken (BGH NJW 2010, 625 [627], Meyer-Goßner/Schmitt/*Schmitt* GVG § 21e Rn. 25). Meyer-Goßner/Schmitt/*Meyer-Goßner* StPO § 338 Rn. 6 verlangt generell eine umfassende Rechtmäßigkeitsprüfung durch das Revisionsgericht.
131 Einzelheiten dazu bei Meyer-Goßner/Schmitt/*Meyer-Goßner* StPO § 338 Rn. 6 f. und Meyer-Goßner/Schmitt/*Schmitt* GVG § 21e Rn. 25, § 21g Rn. 11.
132 Vgl. dazu Meyer-Goßner/Schmitt/*Meyer-Goßner* StPO § 338 Rn. 9 und die Kommentierung zu §§ 32 ff. GVG. Im Hinblick auf die bloße Soll-Vorschrift des § 34 Nr. 6 GVG ist eine kopftuchtragende Schöffin nicht ausgeschlossen (KG Berlin NStZ-RR 2013, 156). Bayern beabsichtigt ein Kopftuchverbot auch für ehrenamtliche Richterinnen (Art. 15 S. 3 iVm Art. 11 II BayRiStAG). Die Entscheidung über die Entbindung eines Schöffen (zB wegen Erkrankung) durch den Vorsitzenden des Schöffengerichts bzw. der Strafkammer (§ 77 III 3 GVG) ist unanfechtbar, § 54 III 1 GVG, und damit nicht revisibel (§ 336 S. 2 StPO).

3. Kapitel. Inhalt der Revisionsbegründung

> reduzierter Besetzung nach § 76 II 3 Nr. 3 iVm III GVG auch unter Berücksichtigung des weiten Beurteilungsspielraums des Gerichts objektiv willkürlich war.[133] In diesen Fällen ist – wie allgemein bei der Besetzungsrüge – zu beachten,[134] dass in erstinstanzlichen Verfahren vor dem LG oder dem OLG ein Rügeverlust (§ 338 Nr. 1b StPO) eintreten kann, wenn die fehlerhafte Besetzung des Gerichts nicht schon im tatrichterlichen Verfahren beanstandet wurde (§ 222b I StPO jedenfalls analog). Eine solche Beanstandung ist jedenfalls dann erforderlich, wenn die fehlerhafte Besetzung objektiv erkennbar war.[135]

127 Von Bedeutung ist § 338 Nr. 1 StPO ferner, wenn ein erkennender Richter oder Schöffe während der Hauptverhandlung abwesend war oder ein vergleichbarer »Mangel« (zB: Verhandlungsunfähigkeit) vorlag. Die Rechtsprechung subsumiert diese Fälle nämlich nicht – was nahe liegen könnte – unter § 338 Nr. 5 StPO, also die Verletzung von Anwesenheitspflichten, sondern unter § 338 Nr. 1 StPO.[136]

128 **Hinweis:** Die Mitwirkung eines blinden, stummen oder tauben Berufsrichters oder Schöffen, der schlafende oder der unaufmerksame Tatrichter stellen Gesetzesverletzungen – in letzteren Fällen regelmäßig Verstöße gegen § 226 StPO – dar, die nach der Rechtsprechung zum absoluten Revisionsgrund des § 338 Nr. 1 StPO führen.[137] Beim unaufmerksamen oder schlafenden Richter erfordert die (Verfahrens-)Rüge auch die Bezeichnung des Verhandlungsteils nach Zeitpunkt sowie Dauer, während dessen der Richter geschlafen hat oder unaufmerksam war, und es muss mitgeteilt werden, welche Vorgänge während seiner »Abwesenheit« stattfanden. Erfolg kann die Rüge nämlich nur haben, wenn die »Abwesenheit« einen wesentlichen Teil der Hauptverhandlung betraf.[138] Einer Beanstandung gem. § 222b StPO bedarf es in diesen – nicht den Geschäftsverteilungsplan, sondern die Person des erkennenden Richters betreffenden – Fällen dagegen nicht.[139]
Auch die Mitwirkung einer Richterin im – zwingenden – Mutterschutz nach der Entbindung (vorher ist der Mutterschutz verzichtbar) kann gerügt werden.[140]

2. Mitwirkung eines ausgeschlossenen oder befangenen Richters (§ 338 Nr. 2, 3 StPO)

129 Der absolute Revisionsgrund des § 338 Nr. 2 StPO liegt – unabhängig von einer Beanstandung gegenüber dem Tatrichter – vor, wenn an dem Urteil ein kraft Gesetzes ausgeschlossener Richter (auch Schöffe, vgl. § 31 I StPO) mitgewirkt hat. Wann ein Richter ausgeschlossen ist, ergibt sich vor allem aus den §§ 22, 23, 148a II 1 StPO. Problematisch ist dort insbes. § 22 Nr. 5 StPO. Ist ein Richter »in der Sache« (nicht notwendigerweise in demselben Verfahren)[141] bereits als Zeuge vernommen worden, ist er gem. § 22 Nr. 5 StPO kraft Gesetzes ausgeschlossen. Eine Zeugenvernehmung liegt jedoch noch nicht vor, wenn sich der Richter durch Abgabe einer dienstlichen Erklärung nur über **prozessual** relevante Umstände geäußert hat.[142]

---

133 BGH NJW 2010, 3045; Meyer-Goßner/Schmitt/*Schmitt* GVG § 76 Rn. 3 ff.; vgl. auch BGH NStZ 2009, 53, wonach eine – zunächst versehentlich unterbliebene – Beschlussfassung gem. § 76 II 1 GVG nach Eröffnung des Hauptverfahrens nicht möglich ist; § 76 II 2 GVG soll nach der Gesetzesbegründung (BT-Drs. 17/6905, 9 f.) insbes. den Fall betreffen, dass ein Verfahren vom Rechtsmittelgericht eröffnet wird oder eine Verweisung vom Amtsgericht an das Landgericht erfolgt. Eine Verhandlung in Dreier-Besetzung dürfte die Revision nicht begründen (KK-StPO/*Diemer* GVG § 76 Rn. 5; aA *Schuster/Weitner* StPO-Fallrepetitorium Rn. 508).
134 BGH StV 2005, 204; Meyer-Goßner/Schmitt/*Meyer-Goßner* StPO § 222b Rn. 3a.
135 BGH NStZ 2004, 98 (99); 1996, 48; vgl. auch Meyer-Goßner/Schmitt/*Meyer-Goßner* StPO § 338 Rn. 16 f.
136 Meyer-Goßner/Schmitt/*Meyer-Goßner* StPO § 338 Rn. 10 ff.
137 Meyer-Goßner/Schmitt/*Meyer-Goßner* StPO § 338 Rn. 11 ff.
138 Vgl. Meyer-Goßner/Schmitt/*Meyer-Goßner* StPO § 338 Rn. 21.
139 Meyer-Goßner/Schmitt/*Meyer-Goßner* StPO § 338 Rn. 16a.
140 BGH NJW 2017, 745.
141 BGH NStZ 2007, 711.
142 Vgl. Meyer-Goßner/Schmitt/*Schmitt* StPO § 22 Rn. 20 mwN.

E. Einzelheiten zur Verfahrensrüge

Wegen einer Mitwirkung an einer früheren Entscheidung in derselben Sache oder einer Tätigkeit in anderer Funktion ist ein Richter grundsätzlich nur ausgeschlossen, wenn einer der in §§ 22 Nr. 4, 23, 148a II 1 StPO ausdrücklich geregelten Fälle gegeben ist; im Übrigen gilt, »dass der Richter auch dann unvoreingenommen an die Beurteilung einer Sache herantritt, wenn er sich schon früher über denselben Sachverhalt ein Urteil gebildet hat«[143], zB der Richter bereits an der Verurteilung eines Mittäters mitgewirkt hat, er gegen den Angeklagten einen Haftbefehl oder er den Eröffnungsbeschluss erlassen hat.[144]

130

Anders als bei dem kraft Gesetzes eintretenden Ausschluss setzt der Revisionsgrund des § 338 Nr. 3 StPO einen Antrag[145] voraus und erfordert zudem, dass ein Richter oder Schöffe[146] an dem Urteil mitgewirkt hat, obwohl einem Befangenheitsantrag gegen ihn stattgegeben oder ein Befangenheitsantrag gegen ihn zu Unrecht abgelehnt worden ist. Der einem Befangenheitsantrag stattgebende Beschluss, der zum Ausscheiden des betreffenden Richters geführt hat, ist dagegen unanfechtbar und auch mit der Revision nicht angreifbar (§ 336 S. 2 iVm § 28 I StPO). Für die Revision ist ferner von Bedeutung, dass nach § 28 II 1 StPO an sich die sofortige Beschwerde das »richtige« Rechtsmittel gegen einen Zurückweisungs- oder Verwerfungsbeschluss ist. Beim erkennenden Richter, also den »Hauptsacherichtern«, kann die fehlerhafte Zurückweisung oder Verwerfung eines Befangenheitsantrags aber nur zusammen mit dem Urteil, im Fall der Revision also mit dieser, geltend gemacht werden (§ 28 II 2 StPO).

131

Fall: Dem Angeklagten wird unter anderem sexuelle Nötigung eines zwölfjährigen Mädchens zur Last gelegt. Nachdem der Angeklagte am ersten Verhandlungstag die Tatbegehung bestritten hatte, wurde das Mädchen als Zeugin vernommen; sie belastete den Angeklagten schwer. Zu Beginn des nächsten Verhandlungstages – zwei Tage später – stellte der Verteidiger des Angeklagten einen Befangenheitsantrag gegen die drei Berufsrichter, den er damit begründete, dass diese nach dem Ende des ersten Sitzungstages mit der Betreuerin des Mädchens gesprochen und sich danach erkundigt hätten, ob sich die Geschädigte »bereits in Therapie befinde, da eine intensive Behandlung dringend erforderlich sei, da das Mädchen diese belastenden Geschehnisse sonst überhaupt nicht verarbeiten könne«. Aus den daraufhin abgegebenen dienstlichen Stellungnahmen der Richter sowie der schriftlichen Erklärung der Betreuerin des Kindes ergab sich, dass das Gespräch nur zwischen der Vorsitzenden und der Betreuerin geführt wurde (die anderen Richter befanden sich mit den Schöffen im Beratungszimmer), dass der Inhalt aber richtig wiedergegeben ist. Kurz darauf lehnte die mit den Vertretern der Berufsrichter besetzte Kammer den Antrag als unbegründet ab. Wird die Revision, mit der der Verteidiger des Angeklagten diesen Sachverhalt vorträgt, Erfolg haben?

132

Lösung: Die Revision wird Erfolg haben, auch wenn in der ersten Instanz letztlich nur bezüglich der Vorsitzenden rechtsfehlerhaft vorgegangen wurde.

- Das Zusammenwirken von sofortiger Beschwerde und Revision bei der Befangenheitsrüge bedeutet, dass die zu Unrecht erfolgte Ablehnung eines Befangenheitsantrags gegen einen erkennenden Richter mit der Revision gegen das Urteil – und zwar als Verfahrensrüge (§ 344 II 2 StPO) in einer ordnungsgemäßen Revisionsbegründung (§ 345 I, II StPO) – geltend gemacht werden muss. Der Einlegung einer (gesonderten) Beschwerde bedarf es nicht, jedoch müsste diese statthaft sein (vgl. zB § 304 IV 2 StPO), weil das Rechtsmittel seiner Natur nach immer noch eine sofortige Beschwerde ist. Ist die Verfahrensrüge zulässig erhoben, so prüft das Revisionsgericht deren Erfolg nach Beschwerdegrundsätzen. Kommt es dabei zu dem Ergebnis, dass sie (auch) begründet ist, liegt der absolute Revisionsgrund des § 338 Nr. 3 StPO vor.[147]

---

143 BVerfGE 30, 149 (153) = NJW 1971, 1029.
144 BGH NJW 2014, 2372; Meyer-Goßner/Schmitt/*Schmitt* StPO § 24 Rn. 12 ff.
145 Zu § 30 StPO: Meyer-Goßner/Schmitt/*Schmitt* StPO § 30 Rn. 9.
146 Auf den Staatsanwalt finden die §§ 22 ff. StPO nach der Rechtsprechung jedenfalls keine unmittelbare Anwendung; vgl. BGH NStZ-RR 2001, 107; Meyer-Goßner/Schmitt/*Schmitt* StPO Vor § 22 Rn. 3 ff., dort auch zu der Frage, ob sich hieraus ausnahmsweise ein Revisionsgrund ergeben kann.
147 Vgl. Meyer-Goßner/Schmitt/*Schmitt* StPO § 28 Rn. 8, 10, Meyer-Goßner/Schmitt/*Meyer-Goßner* StPO § 338 Rn. 25 ff.

3. Kapitel. Inhalt der Revisionsbegründung

- Prüfung nach Beschwerdegrundsätzen bedeutet, dass das Revisionsgericht selbstständig und ohne Beschränkung auf Rechtsfragen festzustellen hat, ob das Ablehnungsgesuch zulässig und sachlich gerechtfertigt war. Anders als bei der Tätigkeit als Revisionsgericht, bei der es – nach einer zulässigen Revision bzw. Rüge – nur um die Überprüfung der Richtigkeit der angegriffenen Entscheidung im Rahmen einer Rechtskontrolle geht, ist das Revisionsgericht hier grundsätzlich zu einer eigenen *Sach*entscheidung verpflichtet (§ 309 II StPO).[148] Dabei kann bspw. der Ablehnungsgrund von »Unzulässigkeit« in »Unbegründetheit« geändert werden, sofern es sich nicht um eine willkürliche Entscheidung nach § 26a StPO gehandelt hat (vgl. dazu näher → Rn. 133).[149]

- Im vorliegenden Fall war die Strafkammer, die über die Ablehnungsanträge entschieden hat, richtig besetzt.
  Wird ein Ablehnungsgesuch – wie hier – zugleich gegen mehrere erkennende Richter gestellt, so ist eine einheitliche Entscheidung jedenfalls dann geboten, wenn die Ablehnungsgründe übereinstimmen oder zumindest in Verbindung zueinander stehen. In einem solchen Fall – und hier also richtig – wird in einem einzigen Beschluss durch die geschäftsplanmäßig bestimmten Vertreter der abgelehnten Richter (vgl. § 27 II StPO) entschieden.[150] Bei nacheinander gestellten und unterschiedlich begründeten Ablehnungsanträgen müsste dagegen auch sukzessive entschieden werden, sodass bei Erfolglosigkeit des ersten Antrags der dort vergebens abgelehnte Richter »nachrückt«, also bei der Entscheidung über den zweiten Befangenheitsantrag wieder mitwirken muss.

- Im Hinblick auf die Prüfungspflicht nach Beschwerdegrundsätzen muss das Revisionsgericht auch feststellen, ob der in erster Instanz als unbegründet abgelehnte Befangenheitsantrag überhaupt zulässig war. Insofern steht im vorliegenden Fall infrage, ob er unverzüglich iSd § 25 II 1 Nr. 2 StPO gestellt wurde, weil er vom Verteidiger erst zwei Tage nach Kenntnis der Tatsachen zur möglichen Befangenheit der Richter angebracht worden war.
  Bei der hierbei gebotenen Prüfung ist zwar ein strenger Maßstab anzulegen, weil das Gericht in die Lage versetzt werden soll, so zeitnah als möglich nach dem behaupteten Ablehnungsgrund die erforderlichen Stellungnahmen einzuholen und zu entscheiden; daher kann der Antragsteller auch verpflichtet sein, sein Ablehnungsgesuch außerhalb der Hauptverhandlung zu stellen.[151] Andererseits bedeutet »unverzüglich« nicht »sofort«, sondern »ohne schuldhaftes Zögern«, mithin ohne unnötige, durch die Sachlage nicht begründete Verzögerungen. Dies schließt jedoch nicht aus, dem Antragsteller eine gewisse Zeit zum Überlegen und zum Abfassen des Antrags einzuräumen. In der vorliegenden Konstellation hat der BGH diese Voraussetzungen als gewahrt angesehen, das Gesuch also als »noch rechtzeitig« gestellt behandelt.[152]

- In der Sache war die Entscheidung über den Befangenheitsantrag dagegen falsch, soweit sie die Vorsitzende betraf; insofern liegt daher der absolute Revisionsgrund des § 338 Nr. 3 StPO vor, das Urteil wird aufgehoben werden.
  Ein Ablehnungsgrund ist nach § 24 I, II StPO die auf bestimmte Tatsachen gegründete Besorgnis, der Richter könne nicht mehr unvoreingenommen entscheiden. Dies muss aus der Sicht des Antragstellers geprüft werden, für ihn muss also ein vernünftiger Grund vorliegen, der von seinem Standpunkt aus – insofern allerdings bei objektiver Betrachtung – befürchten lässt, der Richter könne nicht mehr unparteiisch entscheiden.[153] Zu beachten ist hierbei allerdings, dass der Verteidiger – wie § 24 III StPO zeigt – kein eigenes Ablehnungsrecht hat, sondern ein von ihm gestelltes Ablehnungsgesuch als im Namen des Angeklagten angebracht anzusehen ist,[154] sodass es – wie hier – auf die Sicht des Angeklagten ankommt.
  Legt man diese Maßstäbe im vorliegenden Fall zugrunde, so hatte der Angeklagte durchaus Anlass, an der Unparteilichkeit der Vorsitzenden zu zweifeln. Entscheidend hierfür ist indes

---

148 Meyer-Goßner/Schmitt/*Meyer-Goßner* StPO § 338 Rn. 27, 28.
149 Vgl. BGH NStZ 2007, 161.
150 BGHSt 44, 26 = NJW 1998, 2458; Meyer-Goßner/Schmitt/*Schmitt* StPO § 27 Rn. 4.
151 BGH NStZ 1996, 47; 1993, 141; Meyer-Goßner/Schmitt/*Schmitt* StPO § 25 Rn. 8.
152 BGH NStZ 1999, 629.
153 Vgl. BGH NJW 2006, 708; Meyer-Goßner/Schmitt/*Schmitt* StPO § 24 Rn. 6, 8.
154 Vgl. Meyer-Goßner/Schmitt/*Schmitt* StPO § 24 Rn. 20.

nicht, dass diese mit der Betreuerin über die Erforderlichkeit einer Therapie gesprochen hatte, denn diese kann unabhängig davon bestehen, ob die Vorsitzende von der Schuld des *Angeklagten* überzeugt ist. Maßgeblich ist vielmehr, dass sie die Notwendigkeit der Therapie auf »diese belastenden Geschehnisse« zurückgeführt hat, womit schon aufgrund des zeitlichen Zusammenhangs mit der Hauptverhandlung – aus der Sicht des Angeklagten – nur das diesem in der Anklage zur Last gelegte Geschehen gemeint gewesen sein kann. Die Vorsitzende – mangels Anwesenheit aber nicht die anderen Berufsrichter – hat somit zu erkennen gegeben, dass sie die Anklagevorwürfe für erwiesen hält, sie hatte sich ersichtlich schon vor der Urteilsberatung eine abschließende Meinung zur Schuldfrage gebildet.[155]

132a Zwei Beispiele aus der jüngeren Rechtsprechung mögen Befangenheitsgründe illustrieren:

- Ein Strafkammervorsitzender hatte auf seinem Facebookprofil ein Bild von sich mit Bierglas gepostet, auf dem er mit einem T-Shirt zu sehen war, auf dem »Wir geben ihrer Zukunft ein Zuhause: JVA« unter Angabe der Strafkammer gedruckt war. Beigefügt war der Kommentar: »Das ist mein ›Wenn Du raus kommst, bin ich in Rente‹-Blick«. Dieses öffentlich zugängliche Foto dokumentiere eine innere Einstellung des Vorsitzenden, die dahin verstanden werden könne, dass er eine Lust an der Verhängung hoher Strafen habe und sich über Angeklagte lustig mache. (Jedenfalls) Aufgrund des Hinweises auf die Strafkammer könne auch nicht von einer rein privaten Natur des Posts ausgegangen werden.[156]
- Die Benutzung eines Mobiltelefons während der Sitzung zu privaten Zwecken (hier: Organisation der Kinderbetreuung wegen der länger dauernden Sitzung) zeigt die Bereitschaft, privaten Belangen den Vorrang vor dem Sitzungsbetrieb einzuräumen, und begründet daher – trotz kurzer Dauer und im Unterschied zu sonstigem kurzem Abgelenkt-Sein – die Befangenheit.[157]

133 Verwirft das Gericht ein Ablehnungsgesuch als unzulässig (vgl. § 26a I StPO), entscheidet es darüber, ohne dass der abgelehnte Richter ausscheidet (vgl. einerseits § 26a II 1 StPO, andererseits § 27 StPO). Erfolgt die Verwerfung als unzulässig zu Unrecht und wurde dabei das Recht auf den gesetzlichen Richter nach Art. 101 I 2 GG verletzt, besteht – entgegen früherer Rechtsprechung – unabhängig davon, ob tatsächlich ein Ablehnungsgrund vorlag, der absolute Revisionsgrund des § 338 Nr. 3 StPO[158], »wenn diese Vorschriften willkürlich angewendet werden oder die richterliche Entscheidung Bedeutung und Tragweite der Verfassungsgarantie verkennt« (BGH NStZ 2007, 161 [162]). Liegt demgegenüber ein Fall der Willkür nicht vor, hat der über das Ablehnungsgesuch entscheidende Richter sich also nicht zum »Richter in eigener Sache« gemacht, kann und muss das Revisionsgericht bei einer »nur« fehlerhaften Anwendung der §§ 26a, 27 StPO nach Beschwerdegrundsätzen darüber entscheiden, ob tatsächlich die Besorgnis der Befangenheit bestand.[159]

134 **Hinweis:** Als absoluter Revisionsgrund gem. § 338 Nr. 3 StPO kann geltend gemacht werden, dass an dem Urteil ein Richter oder Schöffe beteiligt war, obwohl einem Befangenheitsantrag gegen ihn stattgegeben worden war (praktisch selten) oder der Befangenheitsantrag zu Unrecht keinen Erfolg hatte.

---

155 BGH NStZ 1999, 629; zur Befangenheit eines Vorsitzenden bei einer von diesem an den Angeklagten gestellten Frage, wie lange er sich das sichtbare Leiden einer jugendlichen Zeugin noch anhören wolle: BGH NStZ 2007, 711; vgl. auch die Beispiele bei Meyer-Goßner/Schmitt/*Schmitt* StPO § 24 Rn. 16 ff.
156 BGH NStZ 2016, 218.
157 BGH NJW 2015, 2986.
158 Vgl. BVerfG NJW 2006, 3129; zur fehlerhaften Anwendung des § 26a I Nr. 1 StPO vgl. OLG München NJW 2007, 449; zur fehlerhaften Anwendung des § 26a I Nr. 2 StPO vgl. BGH NStZ 2007, 161; 2008, 46; zur fehlerhaften Anwendung des § 26a I Nr. 3 StPO vgl. BGH NStZ 2008, 523.
159 BGH NStZ 2007, 161 (162); 2009, 223; vgl. auch BGH NStZ 2006, 644, wonach das Revisionsgericht nicht am Austausch des Verwerfungsgrundes innerhalb des § 26a I StPO gehindert ist.

> Ein solcher Fehler ist mit der Verfahrensrüge zu beanstanden. Diese erfordert grundsätzlich die wörtliche Wiedergabe des Ablehnungsantrags, der dienstlichen Stellungnahme des Richters und des Beschlusses, mit dem der Antrag zurückgewiesen wurde; ferner muss ggf. das tatsächliche Geschehen in Zusammenhang mit dem vermeintlichen Ablehnungsgrund mitgeteilt werden.[160] Die Richtigkeit der Ablehnung des Befangenheitsantrags stellt das Revisionsgericht nach den für die Beschwerde geltenden Grundsätzen fest.
>
> Wurde ein Ablehnungsgesuch unter Mitwirkung des abgelehnten Richters zu Unrecht als unzulässig verworfen (vgl. § 26a StPO), muss geprüft werden, ob der Ablehnungsbeschluss auf einer willkürlichen oder die Anforderungen des Art. 101 I 2 GG grundlegend verkennenden Rechtsanwendung beruht.
>
> Ein Verstoß gegen § 29 StPO führt dagegen nur zu einem relativen Revisionsgrund (§ 337 I StPO). An dem dort erforderlichen Beruhen fehlt es aber (jedenfalls), wenn das Ablehnungsgesuch im Ergebnis zu Recht als unzulässig oder unbegründet abgelehnt wurde, da dann die Hauptverhandlung von den »richtigen« Richtern durchgeführt wurde.[161]

3. Fehlende Zuständigkeit (§ 338 Nr. 4 StPO)

135 Der – nur auf eine zulässige Verfahrensrüge hin zu beachtende – absolute Revisionsgrund des § 338 Nr. 4 StPO ist gegeben, wenn das Ausgangsgericht zu Unrecht seine örtliche Zuständigkeit bejaht oder die Regelungen über die Zuständigkeit einer besonderen Strafkammer missachtet hat.[162] Die sachliche Zuständigkeit ist dagegen eine vom Revisionsgericht von Amts wegen zu beachtende Prozessvoraussetzung (dazu → Rn. 67 ff., str.).

136 Die örtliche Zuständigkeit ist in der StPO (§§ 7 ff.) geregelt; die wichtigsten Vorschriften sind dort § 7 I StPO (Tatortzuständigkeit), § 8 I StPO (Wohnsitzzuständigkeit) und § 9 StPO (Anknüpfung an den Ergreifungsort). Besteht zwischen mehreren Verfahren ein persönlicher oder sachlicher Zusammenhang iSd § 3 StPO, ist der Gerichtsstand bei jedem Gericht gegeben, das für eine der Sachen zuständig ist (§ 13 I StPO). Geprüft wird die örtliche Zuständigkeit von Amts wegen bis zur Eröffnung des Hauptverfahrens, danach nur bei Rüge des Angeklagten, längstens jedoch bis zu dessen Vernehmung zur Sache (§ 16 StPO).

137 **Hinweis:** Mit der Revision kann der Angeklagte die örtliche Unzuständigkeit des Gerichts nur dann erfolgreich beanstanden, wenn er in der Hauptverhandlung rechtzeitig, also vor seiner Vernehmung zur Sache, die Zuständigkeitsrüge nach § 16 StPO erhoben hatte. Dies muss der Angeklagte mit seiner Verfahrensrüge vortragen, ferner muss er die auf die Beanstandung hin ergangene Entscheidung des Gerichts und in der Regel die für die örtliche Zuständigkeit relevanten Umstände mitteilen.[163] Die Staatsanwaltschaft kann die örtliche Unzuständigkeit des Gerichts wegen § 16 S. 2 StPO in der Revision nicht zuungunsten des Angeklagten beanstanden.[164]

138 Die Zuständigkeit der besonderen Strafkammern betrifft die vom GVG mit bestimmten Aufgabenbereichen bedachten Strafkammern eines Landgerichts. Innerhalb der großen Strafkammern, also der erstinstanzlichen Zuständigkeit des Landgerichts, wird nämlich unterschieden zwischen den besonderen und den allgemeinen Strafkammern. Besondere Strafkammern sind – in dieser Rangfolge (§ 74e GVG) – das Schwurgericht (§ 74 II GVG), die Wirtschaftsstrafkammer (§ 74c GVG) und die Staatsschutzkammer (§ 74a GVG); die übrigen Strafkammern sind allgemeine Strafkammern, selbst wenn ihnen im Geschäftsver-

---

160 BGH NStZ 2000, 325; vgl. auch *Sander* NStZ-RR 2005, 1, 6 sowie Meyer-Goßner/Schmitt/*Meyer-Goßner* StPO § 338 Rn. 29.
161 Vgl. BGH NStZ 2003, 668; Meyer-Goßner/Schmitt/*Schmitt* StPO § 29 Rn. 16.
162 Meyer-Goßner/Schmitt/*Meyer-Goßner* StPO § 338 Rn. 30 ff.
163 Vgl. OLG Köln StV 2004, 314 (zur Anklage gegen mehrere Beschuldigte); Meyer-Goßner/Schmitt/*Meyer-Goßner* StPO § 338 Rn. 34a (auch zur Abtrennung).
164 KK-StPO/*Scheuten* § 16 Rn. 9.

teilungsplan bestimmte Aufgabenbereiche (zB BtM- oder Straßenverkehrssachen) zugewiesen sind. Die Zuständigkeit der besonderen Strafkammern prüft das Gericht von Amts wegen bis zur Verfahrenseröffnung, danach lediglich bei einer entsprechenden Rüge des Angeklagten, die längstens bis zu dessen Vernehmung zur Sache erhoben werden kann (§ 6a StPO). Eine spätere Verweisung nach § 270 StGB ohne rechtzeitige Rüge wäre rechtswidrig.[165] Bei der Rüge der Verletzung der Zuständigkeit der Jugendkammer gilt diese Einschränkung nicht.

Ein sonstiger Verstoß gegen den Geschäftsverteilungsplan führt demgegenüber zu einem Verstoß gegen § 338 Nr. 1 StPO, → Rn. 125 f.

> **Hinweis:** Wird in der Revision die funktionelle Unzuständigkeit des erkennenden Gerichts beanstandet, so gelten die Ausführungen zur Rüge der örtlichen Unzuständigkeit (→ Rn. 137) entsprechend.[166]

139

4. Verletzung von Anwesenheitsvorschriften (§ 338 Nr. 5 StPO)

Der absolute Revisionsgrund des § 338 Nr. 5 StPO ist gegeben, wenn eine Person, die nach dem Gesetz – vor allem der StPO oder dem GVG – in der Hauptverhandlung anwesend sein musste, dort während eines wesentlichen Teils nicht anwesend war. Ist jedoch ein Richter oder ein Schöffe abwesend gewesen, wird dies von der Rechtsprechung als Fall des § 338 Nr. 1 StPO behandelt (→ Rn. 127 f.). Daher wird im Folgenden nur die Abwesenheit des Staatsanwalts, des Protokollführers, des Angeklagten oder seines Verteidigers erörtert. Sonstige Beteiligte müssen – abgesehen vom Privatkläger (vgl. § 391 II StPO) und unter Umständen dem Dolmetscher (→ Rn. 208 f.) – nicht während der gesamten Hauptverhandlung anwesend sein (zum Nebenkläger: → Rn. 359).[167]

140

a) Abwesenheit des Staatsanwalts oder des Urkundsbeamten

Bei Durchführung eines wesentlichen Teils der Hauptverhandlung in Abwesenheit des – auswechselbaren (vgl. auch § 227 StPO) - Staatsanwalts oder (vorbehaltlich § 226 II StPO) des Protokollführers liegt der absolute Revisionsgrund des § 338 Nr. 5 StPO vor; verletzt ist in diesem Fall § 226 StPO. Praktisch wird die völlige Abwesenheit dieser Personen selten vorkommen, da sie von jedermann bemerkt wird. Gegen § 226 StPO ist aber bspw. auch dann verstoßen, wenn während der Zeugenvernehmung des Staatsanwalts[168] kein Kollege die Sitzungsvertretung übernommen hatte. Abwesend iSd § 338 Nr. 5 StPO ist der Staatsanwalt ferner, wenn der anwesende Staatsanwalt sachlich unzuständig war (vgl. §§ 142, 142a GVG). Die fehlende örtliche Zuständigkeit (vgl. § 143 GVG), die Weigerung des Staatsanwalts, den Schlussvortrag zu halten, oder die weitere Sitzungsvertretung nach der Vernehmung als Zeuge, insbes. die Würdigung der eigenen Aussage im Schlussvortrag, können dagegen nur als relative Revisionsgründe beanstandet werden.[169]

141

b) Verhandeln ohne den Angeklagten

Der in der Praxis und auch im Examen bedeutsamste Fall des § 338 Nr. 5 StPO ist der des ganz oder zeitweise abwesenden Angeklagten.

142

---

165 BGH NStZ 2009, 404.
166 Meyer-Goßner/Schmitt/*Schmitt* StPO § 6a Rn. 16, Meyer-Goßner/Schmitt/*Meyer-Goßner* StPO § 338 Rn. 33.
167 Vgl. Meyer-Goßner/Schmitt/*Meyer-Goßner* StPO § 338 Rn. 39 ff.
168 Dazu Meyer-Goßner/Schmitt/*Schmitt* StPO Vor § 48 Rn. 17.
169 Vgl. Meyer-Goßner/Schmitt/*Meyer-Goßner* StPO § 338 Rn. 39; Meyer-Goßner/Schmitt/*Schmitt* StPO Vor § 48 Rn. 17; zum Revisionsvortrag, wenn der Staatsanwalt im Schlussvortrag seine eigenen zeugenschaftlichen Bekundungen gewürdigt hat: BGH NStZ 2007, 419 (420); zu Bedenken gegen die bisherige Rechtsprechung, wonach ein als Zeuge in der Hauptverhandlung vernommener Staatsanwalt auch für den Rest der Hauptverhandlung an der Wahrnehmung der Aufgaben des Sitzungsvertreters gehindert sein kann: BGH NStZ 2008, 353.

143 Übersicht: Verhandeln ohne den Angeklagten

Grundsatz (§§ 230 I, 285 I 1 StPO): Der Angeklagte muss körperlich und geistig (Verhandlungsfähigkeit) anwesend sein.[170]

Ausnahmen:

Das Verhandeln zur Sache in Abwesenheit des Angeklagten ist möglich bei

- eigenmächtiger Abwesenheit (§ 231 II StPO),
- Ausschluss aus sitzungspolizeilichen Gründen (§ 231b StPO)[171],
- Freistellung nach § 231c StPO
- Strafsachen von geringer Bedeutung (§§ 232, 233 StPO).

- schuldhaft herbeigeführter Verhandlungsunfähigkeit (§ 231a StPO).[172] Die fehlerhafte Anwendung des § 231a StPO kann nach § 336 S. 2 StPO die Revision aber nicht begründen, da die sofortige Beschwerde statthaft ist (§ 231a III 3 StPO).

- Ausschließung des Angeklagten nach § 247 StPO bei Wahrheitsgefährdung oder zum Schutz von Zeugen oder des Angeklagten.

- Vertretung nach Einspruch gegen Strafbefehl (§ 411 II 1 StPO, wirkt in der Berufung fort),
- Vertretung in der Verhandlung über die Berufung des Angeklagten (§ 329 II 1 StPO),
- Ausbleiben in der Verhandlung über eine Berufung der Staatsanwaltschaft (§ 329 II 1 StPO).

144 Die Anforderungen an die Revisionsbegründung im Falle des Verhandelns ohne den Angeklagten und die Erfolgsaussichten einer mit der Verletzung des § 230 I StPO begründeten Revision sollen an folgendem Beispiel erörtert werden:

> **Fall:** Dem auf freiem Fuß befindlichen Angeklagten wird Vergewaltigung zur Last gelegt. Am ersten Verhandlungstag wurde die Hauptverhandlung nach dem Schlussvortrag des Staatsanwalts unterbrochen, am zweiten Verhandlungstag plädierte der Verteidiger, anschließend wurde das Urteil verkündet. An diesem zweiten Verhandlungstag war der Angeklagte nicht erschienen, das Gericht hat daher die Verhandlung gem. § 231 II StPO ohne ihn zu Ende geführt. Kann der Angeklagte dies mit der Revision beanstanden, wenn er an dem zweiten Verhandlungstag nicht erschienen ist, weil er in anderer Sache verhaftet worden war? Wie muss er die Rüge ggf. formulieren?

> **Lösung:** Der Verteidiger des Angeklagten wird eine Verfahrensrüge mit folgendem Inhalt erheben:[173]
> »Gerügt wird die Verletzung des § 230 I StPO. Das Gericht hat die Hauptverhandlung während eines wesentlichen Teils[174], nämlich insbes. als das letzte Wort zu gewähren war, in Abwesenheit des Angeklagten durchgeführt. Hierfür bestand keine gesetzliche Grundlage; denn der Angeklagte befand sich während des ohne ihn durchgeführten Teils der Hauptverhandlung in anderer Sache in Untersuchungshaft, aus der er hätte vorgeführt werden können und müssen.
>
> a) Der insoweit maßgebliche Ablauf der Hauptverhandlung und die Verfahrensweise des Gerichts hierzu ergeben sich im Einzelnen aus dem Sitzungsprotokoll vom ..., das insoweit

---

170 Zur Bedeutung dieses Grundsatzes auch EGMR NJW 2001, 2387; 1999, 2353; zum Beweissicherungsverfahren gegen einen abwesenden Beschuldigten: §§ 285 ff. StPO.
171 Selbst bei einem rechtmäßigen Ausschluss muss regelmäßig der Versuch unternommen werden, den Angeklagten zu seinem letzten Wort wieder hinzuzuziehen, vgl. Meyer-Goßner/Schmitt/*Meyer-Goßner* StPO § 258 Rn. 20.
172 Grundlegend hierzu (Verhandlungsunfähigkeit bei verweigerter Operation): BVerfG NStZ 1993, 598 mAnm *Meurer*.
173 BGH NStZ 1997, 295; Meyer-Goßner/Schmitt/*Meyer-Goßner* StPO § 231 Rn. 15.
174 Die Abwesenheit bei unwesentlichen Teilen (zB bei Verkündung der Urteilsgründe) wäre dagegen unschädlich, weil das Urteil hierauf denkgesetzlich nicht beruhen kann, folglich auch der absolute (!) Revisionsgrund nicht greift.

folgenden Eintrag enthält: >...< [Mitteilung des Ausbleibens des Angeklagten, der Entscheidung des Gerichts über das Verhandeln ohne den Angeklagten und des Verhandlungsteils, der während der Abwesenheit des Angeklagten stattgefunden hat.]

b) Diese Verfahrensweise war fehlerhaft.[175]

Das Gesetz schreibt die Anwesenheit des Angeklagten während der gesamten Dauer der Hauptverhandlung zwingend vor (§ 230 I StPO), sofern es nicht ausdrücklich hiervon Ausnahmen zulässt.

Eine solche Ausnahme lag mit der Inhaftierung des Angeklagten nicht vor, insbes. fehlte es an der in § 231 II StPO vorausgesetzten Eigenmächtigkeit. Diese erfordert nämlich, dass der Angeklagte seine Anwesenheitspflicht ohne Rechtfertigungs- oder Entschuldigungsgrund wissentlich missachtet.[176] Ein in Haft befindlicher Angeklagter besitzt jedoch nicht die Macht, aus freien Stücken der Hauptverhandlung fernzubleiben, weil er jederzeit auch gegen seinen Willen vorgeführt werden kann. Dass dem Tatrichter der Grund des Ausbleibens des Angeklagten nicht bekannt war, ist dabei ohne Bedeutung, es genügt vielmehr, dass der Angeklagte an der Verhandlung tatsächlich ohne sein Verschulden nicht teilnehmen konnte.[177]

c) Das Vorliegen dieser Voraussetzungen ergibt sich aus der Anzeige über die Festnahme des Angeklagten vom ... und aus dem Haftbefehl des Amtsgerichts ... vom ... (Bl. ... d.A.). Diese haben folgenden Inhalt: >...< [Mitteilung des Wortlauts von Festnahmeanzeige und Haftbefehl.]

d) Es liegt der absolute Revisionsgrund des § 338 Nr. 5 StPO vor.«

In der Praxis und auch im Examen ist das Verhandeln ohne den Angeklagten gem. § 247 StPO von erheblicher Bedeutung. Hierbei müssen folgende Grundsätze beachtet werden: **145**

- Die Verfahrensbeteiligten müssen – wie allgemein vor gerichtlichen Entscheidungen – vor dem Ausschluss des Angeklagten angehört werden. **146**

Fall: Das Landgericht hatte während der Vernehmung der jugendlichen Zeugin eines Sexualdeliktes (des Tatopfers) den Angeklagten ausgeschlossen. Dieser macht mit seiner Revision das Vorliegen des absoluten Revisionsgrundes des § 338 Nr. 5 StPO geltend und begründet diese Rüge damit, dass weder er noch sein Verteidiger ausdrücklich aufgefordert worden seien, sich zur Frage des Ausschlusses zu äußern. Wird er damit Erfolg haben?

Lösung: Vor einer gerichtlichen Entscheidung ist den Beteiligten nach § 33 StPO Gelegenheit zur Äußerung zu geben. Die Form der Anhörung steht auch in den Fällen des § 33 I StPO im Ermessen des Gerichts; einer ausdrücklichen Aufforderung bedarf es jedenfalls bei einem verteidigten Angeklagten nicht, es genügt, dass die Beteiligten erkennbar Gelegenheit zur Äußerung gehabt haben.[178] Da der Angeklagte nicht vorgetragen hat, dass ihm diese Möglichkeit nicht eingeräumt worden war, wird seine Revision erfolglos bleiben.

Eine solche Anhörung stellt im Übrigen regelmäßig keine protokollierungsbedürftige Förmlichkeit iSd § 273 I StPO dar, sodass das Schweigen des Protokolls insoweit nicht die Beweiskraft des § 274 StPO hätte; das Revisionsgericht prüft die Gewährung rechtlichen Gehörs daher im Freibeweisverfahren nach.[179]

---

175 Vgl. Meyer-Goßner/Schmitt/*Meyer-Goßner* StPO § 230 Rn. 2, § 231 Rn. 15; eine Belehrung über die Möglichkeit der Verhandlung in Abwesenheit des Angeklagten ist im Übrigen – anders als etwa bei § 232 StPO – bei § 231 StPO nicht erforderlich; vgl. BGHSt 46, 81 = NJW 2000, 2830 = JR 2001, 337 mAnm *Keiser*.
176 BGH NStZ 2010, 585; Meyer-Goßner/Schmitt/*Meyer-Goßner* StPO § 231 Rn. 10.
177 BGH NStZ 2003, 561 (562); aA BGH wistra 2008, 110 für den Fall, dass sich der Angeklagte ins Ausland und dort in eine Situation mit »hohem Verhaftungsrisiko« begibt; vgl. auch Meyer-Goßner/Schmitt/*Meyer-Goßner* StPO § 231 Rn. 15 f.
178 BGH NStZ 1993, 500; Meyer-Goßner/Schmitt/*Schmitt* StPO § 33 Rn. 6.
179 BGH NStZ 1993, 500; aA Meyer-Goßner/Schmitt/*Schmitt* StPO § 33 Rn. 8 mwN.

147 • Der Ausschluss wird durch zu begründenden Beschluss des Gerichts angeordnet (nicht durch Verfügung des Vorsitzenden).[180] Fehlt der Beschluss über den zeitweiligen Ausschluss des Angeklagten, ist der zwingende Aufhebungsgrund des § 338 Nr. 5 StPO gegeben.[181] Die Revision ist auch dann begründet, wenn während der Abwesenheit des Angeklagten Verfahrensvorgänge stattgefunden haben, die nicht zur Vernehmung gehören (zB Verlesung von Urkunden oder Inaugenscheinnahme).[182]

148 • Nach der Entscheidung des Großen Senats für Strafsachen vom 21.4.2010 (GSSt 1/09) ist die Verhandlung über die Entlassung eines Zeugen (vgl. § 248 S. 2 StPO) kein Teil der Vernehmung mehr iSv § 247 StPO; da es sich hierbei grundsätzlich um einen **wesentlichen** Teil der Hauptverhandlung handelt – es handelt sich um die letzte Möglichkeit des Angeklagten, von einem Fragerecht Gebrauch zu machen –, ist eine fortdauernde Abwesenheit des nach § 247 S. 1 oder 2 StPO entfernten Angeklagten regelmäßig geeignet, den absoluten Revisionsgrund des § 338 Nr. 5 StPO zu begründen.[183] Dagegen liegt im Fall der verspäteten bzw. unterlassenen Unterrichtung des wieder zugelassenen Angeklagten über das Geschehen während seiner Abwesenheit (Verstoß gegen § 247 S. 4 StPO) nur ein relativer Revisionsgrund vor.[184]

149 **Fall:** Dem Angeklagten wird die versuchte Tötung seiner Tochter zur Last gelegt. Während der Vernehmung des Opfers wurde der Angeklagte auf seinen Antrag hin gem. § 247 StPO ausgeschlossen, zumal die Zeugin angekündigt hatte, bei Anwesenheit des Angeklagten von ihrem Zeugnisverweigerungsrecht Gebrauch zu machen. Nachdem die Zeugin zu einem Teil des Tatgeschehens angehört und Lichtbilder vom Tatort in Augenschein genommen worden waren, musste die Vernehmung wegen des psychischen Zustandes der Zeugin unterbrochen werden, und es wurde die Vernehmung des Arztes zu den Verletzungen des Opfers »eingeschoben«. Dafür wurde der Angeklagte in den Sitzungssaal geholt. Anschließend wurde die Vernehmung der Zeugin – wiederum ohne den Angeklagten – fortgesetzt. Nach dem Abschluss der Aussage wurde der Angeklagte wieder zugelassen und über den Inhalt der gesamten Aussage der Zeugin unterrichtet. War diese Verfahrensweise des Gerichts in Ordnung und wie wird der Verteidiger sie ggf. mit der Revision beanstanden?

Lösung: Der Verteidiger wird zum einen mit der Revision die Verletzung des § 230 I StPO rügen und den absoluten Revisionsgrund des § 338 Nr. 5 StPO geltend machen. Dabei muss er allerdings berücksichtigen, dass der Ausschluss des Angeklagten an sich zulässig war, da ein Ausschließungsgrund – nämlich der der Wahrheitsgefährdung (§ 247 S. 1 StPO) – auch dann vorliegt, wenn ein Zeuge ankündigt, bei Anwesenheit des Angeklagten von seinem Zeugnisverweigerungsrecht Gebrauch zu machen.[185] Der Verteidiger wird die Rüge daher folgendermaßen formulieren:

»Gerügt wird die Verletzung des § 230 I StPO.

a) Der Angeklagte wurde durch Gerichtsbeschluss gem. § 247 StPO während der Vernehmung der Zeugin ... ausgeschlossen. Sein Ausschluss dauerte jedoch über diese Vernehmung hinaus auch während der Einnahme eines Augenscheins über am vermeintlichen Tatort gefertigte Lichtbilder an.

Die Tatsachen und der Verfahrensgang hierzu ergeben sich im Einzelnen aus dem Sitzungsprotokoll vom ... (Bl. ... d. A.), das insoweit folgenden Ablauf belegt: ›...‹ [Mitteilung des Protokolls vom Ausschließungsantrag bis zur Wiederzulassung.]

---

180 Vgl. BGH NStZ 2002, 44; Meyer-Goßner/Schmitt/*Meyer-Goßner* StPO § 247 Rn. 14.
181 Vgl. Meyer-Goßner/Schmitt/*Meyer-Goßner* StPO § 247 Rn. 19 mwN.
182 Vgl. Meyer-Goßner/Schmitt/*Meyer-Goßner* StPO § 247 Rn. 20.
183 Vgl. BGH (GSSt) NJW 2010, 2450 ff.; vgl. aber auch BGHSt 51, 81 (83), wonach die – nicht kontrovers erörterte – Entscheidung des Vorsitzenden, dass ein Zeuge entsprechend § 59 StPO nicht vereidigt werden soll, kein wesentlicher Teil der Hauptverhandlung ist.
184 Vgl. Meyer-Goßner/Schmitt/*Meyer-Goßner* StPO § 247 Rn. 22.
185 BGHSt 46, 143 = JR 2001, 340 mAnm *Eisenberg/Schüler* = JZ 2001, 414 mAnm *Meier*; Meyer-Goßner/Schmitt/*Meyer-Goßner* StPO § 247 Rn. 4; ebenso bei angekündigter (umfassender) Auskunftsverweigerung gem. § 55 StPO: BGH NStZ-RR 2004, 116.

E. Einzelheiten zur Verfahrensrüge

Die Einnahme des Augenscheins, die – wie sich aus dem Eintrag im Protokoll ergibt – nicht lediglich als Vernehmungsbehelf, sondern als förmliche Beweisaufnahme erfolgte, wurde später (in Anwesenheit des Angeklagten) auch nicht wiederholt. Dies ergibt sich aus folgendem weiteren Eintrag im Protokoll: ›...‹ [Mitteilung des weiteren Protokolls].

b) Diese Verfahrensweise verstieß gegen § 230 I StPO, da § 247 StPO den Ausschluss des Angeklagten nur für die Dauer der Vernehmung der Zeugin ermöglicht hat. Dazu gehörte aber nicht eine weitere Beweisaufnahme, wie hier die im Strengbeweisverfahren erfolgte Einnahme eines Augenscheins.[186]

c) Daher liegt der absolute Revisionsgrund des § 338 Nr. 5 StPO vor. Hierfür ist unerheblich, dass der Angeklagte auf seinen Wunsch hin ausgeschlossen wurde. Der Grundsatz der Verhandlung nur bei Anwesenheit des Angeklagten ist unverzichtbar; seine Verletzung kann daher auch dann gerügt werden, wenn die Abwesenheit auf einen ausdrücklichen Antrag des Angeklagten zurückging. [Dies gilt zumindest dann, wenn – wie hier – keine Anhaltspunkte dafür vorliegen, dass absichtlich ein Revisionsgrund geschaffen werden sollte.][187]«

Daneben wird der Verteidiger mit folgender Verfahrensrüge die Verletzung von § 247 S. 4 StPO[188] beanstanden, die jedoch nur einem relativen Revisionsgrund[189] führt:

»Gerügt wird ferner die Verletzung des § 247 S. 4 StPO.

a) Der Angeklagte wurde durch Beschluss des Gerichts während der Vernehmung der Zeugin ... gem. § 247 StPO ausgeschlossen. Die Vernehmung dieser Zeugin wurde jedoch zur Vernehmung eines weiteren Zeugen, nämlich eines Arztes, unterbrochen. Während dieser weiteren Zeugenvernehmung war der Angeklagte zwar wieder zur Hauptverhandlung zugelassen worden, der Vorsitzende hatte es jedoch unterlassen, den Angeklagten nach Abschluss des ersten Teils der Vernehmung vom Inhalt der Aussage der Zeugin ... zu unterrichten. Dies erfolgte vielmehr erst, nachdem die Vernehmung der Zeugin ..., die im Anschluss an die Anhörung des Arztes wiederum ohne den Angeklagten fortgesetzt wurde, beendet worden war.

Diese Verfahrensweise und die Tatsachen hierzu ergeben sich aus dem Sitzungsprotokoll vom ... (Bl. ... d. A.), das insofern folgenden Eintrag enthält: ›...‹ [Wiedergabe des Hauptverhandlungsprotokolls vom Ausschließungsantrag bis zur Unterrichtung des Angeklagten.]

b) Das Gericht hat damit gegen § 247 S. 4 StPO verstoßen. Sinn dieser Regelung ist, dass der Angeklagte so gestellt werden soll, als sei er während der Zeugenvernehmung dabei gewesen.[190] Maßgebend für die Unterrichtung und vor allem deren Zeitpunkt ist daher nicht der des Abschlusses der Zeugenvernehmung, sondern der der Wiederzulassung des Angeklagten. Daher war hier die Unterrichtung des Angeklagten über den Inhalt der Zeugenaussage schon geboten, als er zur Vernehmung des Arztes in den Sitzungssaal geholt worden war.

Die Verletzung des § 247 S. 4 StPO begründet die Revision auch ohne Anrufung des Gerichts nach § 238 II StPO; denn die Unterrichtung des Angeklagten ist vom Gesetz zwingend vorgeschrieben und unverzichtbar.

c) Das Urteil beruht auch auf dem Verstoß gegen § 247 S. 4 StPO, weil nicht auszuschließen ist, dass der Angeklagte zu der bisherigen Aussage der Zeugin ... Stellung genommen und so die weitere Beweisaufnahme – insbes. die Vernehmung des Arztes – beeinflusst hätte. Daher besteht die Möglichkeit, dass das Urteil ohne die Gesetzesverletzung anders ausgefallen wäre.«

---

186 BGH NStZ 2011, 51; vgl. auch Meyer-Goßner/Schmitt/*Meyer-Goßner* StPO § 247 Rn. 7, 20a; vgl. auch BGH NJW 2010, 1010 (1011) zur Heilung eines Verstoßes bei Besichtigung des Augenscheinsobjekts durch den Angeklagten während seiner Unterrichtung gem. § 247 S. 4 StPO.

187 BGH NStZ 2002, 44 (45); 1993, 198; einschränkend: BGH NStZ 2001, 48; vgl. auch Meyer-Goßner/Schmitt/*Meyer-Goßner* StPO § 247 Rn. 20d.

188 Vgl. BGHSt 38, 260.

189 Vgl. Meyer-Goßner/Schmitt/*Meyer-Goßner* StPO § 247 Rn. 22 mwN.

190 Nach Ansicht des BGH ist die Unterrichtung sogar dann geboten, wenn der während einer Zeugenvernehmung ausgeschlossene Angeklagte die Aussage mittels einer – zweckmäßigen (vgl. Meyer-Goßner/Schmitt/*Meyer-Goßner* StPO § 247 Rn. 14a), in der StPO jedoch nicht vorgesehen (vgl. BGH NStZ 2009, 582) – Videoübertragung verfolgen konnte: BGH NStZ 2006, 116; aA BGH NJW 2007, 709 sofern der Vorsitzende sich vergewissert hat, dass die Videoübertragung nicht durch technische Störungen beeinträchtigt wurde.

150 **Hinweis:** Wird in Abwesenheit des Angeklagten verhandelt, so ist gegen § 230 I StPO verstoßen, wenn keiner der Ausschlussgründe der §§ 231 II ff., 247 StPO vorlag. Diese Gesetzesverletzung stellt einen absoluten Revisionsgrund (§ 338 Nr. 5 StPO) dar, sofern die Abwesenheit des Angeklagten einen wesentlichen Teil der Hauptverhandlung betraf.[191] Sie ist mit der Verfahrensrüge geltend zu machen.[192] Dagegen liegt im Fall der unterlassenen bzw. verspäteten Unterrichtung des Angeklagten (Verstoß gegen § 247 S. 4 StPO) nur ein relativer Revisionsgrund (§ 337 I StPO) vor. Auch diese Gesetzesverletzung ist mit einer Verfahrensrüge zu beanstanden.

c) Verhandeln ohne den Verteidiger

151 War der Verteidiger des Angeklagten während der Hauptverhandlung ganz oder in einem wesentlichen Teil nicht anwesend, kann dies die Revision regelmäßig nur begründen, wenn es sich um einen Fall der notwendigen Verteidigung gehandelt hat; dann liegt der absolute Revisionsgrund des § 338 Nr. 5 StPO vor (zu Fehlern bei der Pflichtverteidigerbestellung: → Rn. 165). War dagegen die Verteidigung nicht notwendig, musste der Angeklagte also schon gar nicht anwaltlich vertreten sein, so kann die Abwesenheit des Verteidigers nur ausnahmsweise einen – dann in der Regel relativen – Revisionsgrund darstellen (vgl. aber § 338 Nr. 8 StPO), etwa wenn das Gericht entgegen seiner Zusage, den Termin zu verlegen, doch verhandelt hat oder der Wahlverteidiger zu der Hauptverhandlung gar nicht geladen wurde.[193]

152 **Übersicht zu den Fällen der notwendigen Verteidigung**

Im Einzelnen geregelte Fälle:

- erstinstanzliches Verfahren vor dem LG oder dem OLG (§ 140 I Nr. 1 StPO),
- Vorwurf eines Verbrechens (§ 140 I Nr. 2 StPO),
- Sicherungsverfahren nach §§ 413 ff. StPO; Anordnung einer psychiatrischen Untersuchung nach § 81 StPO, drohendes Berufsverbot (§ 140 I Nr. 3, 6, 7 StPO),
- ab Beginn der Untersuchungshaft[194] oder einstweiligen Unterbringung und für deren Dauer (§ 140 I Nr. 4; III 2 StPO),
- dreimonatige Anstaltsunterbringung (§ 140 I Nr. 5; III 1 StPO),
- Ausschluss des gewählten Verteidigers (§ 140 I Nr. 8 StPO),
- Bestellung eines Opferanwalts nach §§ 397a, 406 III, IV StPO (§ 140 I Nr. 9 StPO),
- hör- oder sprachbehinderter Beschuldigter (auf Antrag; § 140 II 2 StPO),
- zur notwendigen Verteidigung im Strafbefehlsverfahren: § 408b StPO, im beschleunigten Verfahren: § 418 IV StPO (unten: → Rn. 363, 370).

Generalklausel:
Die Generalklausel des § 140 II 1 StPO ist – wegen Abs. 1 Nr. 1 – nur für das erstinstanzliche Verfahren vor dem Amtsgericht, das Berufungs- und das Revisionsverfahren (vgl. dort auch § 350 III StPO) von Bedeutung.
Voraussetzungen sind:

- Schwere der Tat: Sie wird vorrangig auf der Grundlage der zu erwartenden Rechtsfolgen bestimmt (zB mehr als 1 Jahr Freiheitsstrafe, drohender Bewährungswiderruf).
- Schwierige Sach- oder Rechtslage: Maßstab sind hier die persönlichen Kenntnisse und Fähigkeiten des Angeklagten, gemessen vor allem am Umfang des Verfahrensstoffs oder der Schwierigkeit der relevanten Rechtsfragen.
- Verteidigungsunfähigkeit (die nach Ansicht des BGH bei sprachunkundigen Ausländern nicht ohne Weiteres vorliegt, weil diese einen Anspruch auf Zuziehung eines Dolmetschers haben).[195]

---

191 Beispiele zum wesentlichen Teil der Hauptverhandlung bei Meyer-Goßner/Schmitt/*Meyer-Goßner* StPO § 338 Rn. 37 f.
192 Zu den Anforderungen an den dortigen Vortrag: BGH NStZ 2001, 48; 2000, 328; vgl. auch Meyer-Goßner/Schmitt/*Meyer-Goßner* StPO § 230 Rn. 26.
193 Vgl. OLG Köln NStZ-RR 2001, 140 (141); Meyer-Goßner/Schmitt/*Meyer-Goßner* StPO § 338 Rn. 41.
194 Die Verteidigerbestellung ist dann in allen Verfahren geboten, auch wenn wegen dieses Verfahrens Untersuchungshaft nicht angeordnet wurde, Meyer-Goßner/Schmitt/*Schmitt* StPO § 140 Rn. 14.
195 BGHSt 46, 178 = NJW 2001, 309; vgl. auch Meyer-Goßner/Schmitt/*Schmitt* StPO § 140 Rn. 30a mwN.

Hinweis: Die Anwesenheit des Verteidigers während der Hauptverhandlung ist eine wesentliche Förmlichkeit, die nach § 272 Nr. 4 StPO zu protokollieren ist. Hatte ein Angeklagter, obwohl ein Fall der notwendigen Verteidigung vorlag, weder einen Pflicht- noch einen Wahlverteidiger, so liegt die Gesetzesverletzung regelmäßig in einem Verstoß gegen § 141 I, II StPO (vgl. auch Art. 6 IIIc EMRK). War dagegen ein solcher (notwendiger) Verteidiger vorhanden, aber in der Hauptverhandlung ganz oder zeitweise abwesend oder verhandlungsunfähig,[196] ist in der Regel gegen § 145 I StPO verstoßen. In beiden Fällen führt die Gesetzesverletzung zum Vorliegen des absoluten Revisionsgrundes des § 338 Nr. 5 StPO.[197] Fehler in Zusammenhang mit dem bei der Pflichtverteidigerbestellung zu beachtenden Verfahren können dagegen grundsätzlich nur einen relativen Revisionsgrund ergeben (dazu → Rn. 165).

153

5. Verletzung des Grundsatzes der Öffentlichkeit (§ 338 Nr. 6 StPO)

Die Verhandlungen vor dem erkennenden Gericht sind grundsätzlich öffentlich (§ 169 S. 1 GVG) – aber nicht medienöffentlich –[198], sofern sich das Verfahren nicht gegen einen Jugendlichen richtet (§§ 48 I, 109 I 4 JGG). Öffentlich ist grundsätzlich auch ein während der Hauptverhandlung eingenommener Augenschein, ein Ortstermin jedoch nur, soweit dies unter den gegebenen Umständen tatsächlich und rechtlich möglich ist, also bspw. der Hausrechtsinhaber der Öffentlichkeit den Zutritt gestattet.[199] Nicht öffentlich ist unter anderem eine Beweisaufnahme im Ermittlungsverfahren oder durch den beauftragten oder ersuchten Richter. Während der Hauptverhandlung muss die Öffentlichkeit ferner für solche Abschnitte nicht gewährleistet sein, die – wie etwa die Erörterung eines Befangenheitsantrags oder bei Haftentscheidungen – auch außerhalb der Verhandlung durchgeführt werden könnten.[200]

154

Übersicht zu Verfahren und Entscheidung bei Ausschluss der Öffentlichkeit[201]

155

Der Ausschluss der Öffentlichkeit erfolgt durch Beschluss (§ 174 I 2 GVG), im Falle des Ausschlusses zum Schutz der Privatsphäre jedoch nicht gegen den Willen des Betroffenen (§ 171b IV GVG). Einzelne Personen können vom Ausschluss ausgenommen werden (§ 175 II 1 GVG).	Die Verhandlung über den Ausschluss der Öffentlichkeit kann bereits nicht öffentlich sein (§ 174 I 1 GVG); die Verkündung des Ausschließungsbeschlusses ist jedoch grundsätzlich öffentlich (§ 174 I 2 GVG), ebenso die Urteilsverkündung (§ 173 I GVG).	Der Ausschluss der Öffentlichkeit steht in den Fällen der §§ 171a, 172 GVG im Ermessen des Gerichts; bei § 171b GVG muss die Öffentlichkeit ausgeschlossen werden, wenn dessen Voraussetzungen vorliegen und der Betroffene dies beantragt (§ 171b III 1 GVG).	Die Öffentlichkeit ist wiederherzustellen, wenn die Gründe für den Ausschluss entfallen sind oder sobald der Verhandlungsteil, während dessen der Ausschluss erfolgte, abgeschlossen ist. Sowohl die Öffentlichkeit als auch die Nichtöffentlichkeit der Verhandlung sind zu protokollieren (§ 272 Nr. 5 StPO).

Fall: Dem Angeklagten, einem Armenier, wird zur Last gelegt, unmittelbar nach dem Besuch einer Spielhalle eine Frau, die ebenfalls dort gewesen sein soll, vergewaltigt zu haben. Zu Beginn der Vernehmung des Angeklagten erließ das Gericht einen Beschluss, wonach »alle Armenier« aus dem Sitzungssaal verwiesen werden, da sie als Zeugen in Betracht kommen; denn das

156

---

196 Zum nicht sachkundigen Verteidiger: BGH wistra 2000, 146; Meyer-Goßner/Schmitt/*Meyer-Goßner* StPO § 338 Rn. 41; zum nicht mehr zugelassenen Rechtsanwalt: BGH bei *Becker* NStZ-RR 2008, 67.
197 Zu beachten ist allerdings, dass bei eigenmächtigem Sichentfernen des Verteidigers Verwirkung eintreten kann, vgl. → Rn. 103 und Meyer-Goßner/Schmitt/*Meyer-Goßner* StPO § 338 Rn. 41 aE.
198 Zu Urteilsverkündungen des BGH vgl. § 169 III GVG idF ab 18.4.18.
199 Zu tatsächlichen Grenzen: BGH NJW 2006, 1220 (schmales Treppenhaus); zum Hausrecht: BGHSt 40, 191 = NJW 1994, 2773; vgl. ferner Meyer-Goßner/Schmitt/*Meyer-Goßner* GVG § 169 Rn. 5f.
200 BGH NStZ 2002, 106 (107); Meyer-Goßner/Schmitt/*Meyer-Goßner* GVG § 169 Rn. 1 aE.
201 Vgl. Meyer-Goßner/Schmitt/*Meyer-Goßner* StPO § 338 Rn. 48, GVG § 174 Rn. 8, 21; zur Bitte des Vorsitzenden, den Saal zu verlassen: BGH NStZ 1999, 426.

3. Kapitel. Inhalt der Revisionsbegründung

> Tatopfer habe im Ermittlungsverfahren angegeben, dass alle in der Stadt X wohnhaften Armenier vor der Tat in der Spielhalle gewesen seien. Daraufhin verließen sechs Personen den Sitzungssaal. Nach Abschluss der Vernehmung des Angeklagten und der Zeugen wurde der Beschluss über den Ausschluss der Armenier aufgehoben. Kurz darauf ordnete das Gericht die Inaugenscheinnahme eines vom Angeklagten während der Tat gefertigten Video-Films an. Zugleich beschloss das Gericht, dass »während der Inaugenscheinnahme des Films die Öffentlichkeit erneut auszuschließen« sei; eine (weitere) Begründung enthielt die Entscheidung nicht. Entsprechend diesem Beschluss wurde auch verfahren. Kann der Verteidiger des Angeklagten daraus einen Revisionsgrund herleiten?

Lösung: Aussicht auf Erfolg hätte die Rüge, mit dem Verweisen der Armenier aus dem Sitzungssaal sei gegen § 169 S. 1 GVG verstoßen worden, weshalb der absolute Revisionsgrund des § 338 Nr. 6 StPO vorliege.[202]

- Der Grundsatz der Öffentlichkeit ist nicht nur dann berührt, wenn die Öffentlichkeit insgesamt ohne gesetzlichen Grund ausgeschlossen wird, sondern schon dann, wenn nur eine einzige Person in einer nicht dem Gesetz entsprechenden Weise aus dem Sitzungssaal entfernt wurde.
- Dabei ließ sich der Ausschluss der armenischen Zuhörer hier nicht auf §§ 171a ff. GVG stützen, da die Voraussetzungen dieser Vorschriften ersichtlich nicht gegeben waren.
- Auch § 58 I StPO ließ das Verweisen aller anwesenden Armenier aus dem Sitzungssaal nicht zu. Nach dem Sinn und Zweck dieser Vorschrift ist es zwar zulässig, Personen zum Verlassen des Sitzungssaales aufzufordern, sobald sie möglicherweise als Zeugen in Betracht kommen.[203] Dies setzt jedoch voraus, dass tatsächliche Anhaltspunkte dafür vorliegen, dass jeder einzelne von der Maßnahme Betroffene Sachdienliches zur Aufklärung beitragen kann und deshalb als potentieller Zeuge in Betracht kommt. Bezüglich »aller Armenier« war dies jedoch auch auf der Grundlage der Angaben des Tatopfers im Ermittlungsverfahren nicht der Fall, da die Zeugin dort die Gruppe der in der Spielhalle anwesenden Armenier schon auf diejenigen beschränkt hatte, die in der Stadt X wohnen. Das Gericht hätte deshalb die anwesenden Zuhörer zunächst informell befragen müssen, ob es sich um in der Stadt X wohnhafte Armenier handelt; erst anschließend hätten diese Personen als mögliche Zeugen solange aus dem Sitzungssaal verwiesen werden dürfen, bis sie als Zeugen vernommen wurden oder sich die Entbehrlichkeit einer solchen Vernehmung ergeben hätte.

Keine Aussicht auf Erfolg hätte dagegen nach der Rechtsprechung des BGH die Rüge, die Öffentlichkeit hätte während der Inaugenscheinnahme des Videos nicht ausgeschlossen werden dürfen.

- Grundsätzlich kann zwar der absolute Revisionsgrund des § 338 Nr. 6 StPO auch dann vorliegen, wenn dem Gericht im Ausschließungsverfahren Fehler unterlaufen sind, etwa weil gegen die Begründungspflicht gem. § 174 I 3 GVG verstoßen wurde.[204]
Bezüglich dieser Begründungspflicht ist der BGH bislang ferner davon ausgegangen, dass wegen des Zwecks des § 174 I 3 GVG (Kontrolle des Verfahrensgangs durch die Allgemeinheit,[205] Selbstkontrolle des Gerichts, Nachprüfbarkeit der Entscheidung) eine Begründung des Ausschließungsbeschlusses selbst dann erforderlich ist, wenn der Grund für die Nichtöffentlichkeit auf der Hand liegt.
- Im vorliegenden Fall wollte der 1. Strafsenat des BGH den absoluten Revisionsgrund des § 338 Nr. 6 StPO jedoch nicht bejahen. Er hat deshalb ein Anfrageverfahren (§ 132 III GVG) bei den anderen Strafsenaten durchgeführt, ob diese an ihrer bisherigen – entgegenstehenden – Rechtsprechung festhalten, was diese teilweise bejaht haben. Gleichwohl haben alle Strafsenate im vorliegenden Fall einer Verwerfung der Revision zugestimmt.

---

[202] BGH NStZ 2004, 453; zum auf § 176 GVG (Sitzungspolizei) gestützten Ausschluss einzelner Zuhörer: BGH NStZ 2004, 220; Meyer-Goßner/Schmitt/*Meyer-Goßner* GVG § 176 Rn. 16.
[203] Vgl. auch Meyer-Goßner/Schmitt/*Schmitt* StPO § 58 Rn. 5 mwN.
[204] Vgl. Meyer-Goßner/Schmitt/*Meyer-Goßner* StPO § 338 Rn. 48.
[205] BVerfG NJW 2002, 814; BGH NStZ 2002, 106 (107); kritisch insofern Meyer-Goßner/Schmitt/*Meyer-Goßner* GVG § 169 Rn. 1.

Das hat der 1. Strafsenat auch getan und dies mit den besonderen Umständen begründet, nach denen im zu entscheidenden Fall der oben dargestellte Schutzzweck des § 174 I 3 GVG (noch) gewahrt ist. Denn nach dem Verlauf der Hauptverhandlung, wie er aus dem Sitzungsprotokoll ersichtlich wurde, war für das Tatgericht, die Öffentlichkeit und auch für das Revisionsgericht klar, dass es sich bei dem Film, der unter Ausschluss der Öffentlichkeit in Augenschein genommen werden sollte und wurde, um den vom Angeklagten gefertigten Tatfilm handelte. Im Hinblick auf den Anklagevorwurf und die Aussage der Zeugin war ferner offensichtlich, dass die Rechtsgrundlage für den Ausschluss der Öffentlichkeit zum einen der Schutz der Privatsphäre des Opfers (§ 171b GVG), zum anderen aber auch die Gefährdung der Sittlichkeit (§ 172 Nr. 1 GVG) war; die Voraussetzungen beider Vorschriften lagen auch ohne Weiteres vor.

Nach Ansicht des BGH ist also in Fällen wie dem vorliegenden, bei denen die Richtigkeit der Entscheidung nicht infrage steht, sondern nur die Verletzung einer Verfahrensvorschrift – einer bloßen Förmlichkeit –, trotz der Gesetzesverletzung der absolute Revisionsgrund des § 338 Nr. 6 StPO ausnahmsweise nicht gegeben.[206]

- Im Schrifttum ist die Entscheidung auf Ablehnung gestoßen. Kritisiert wurde vor allem, dass das Revisionsgericht bei absoluten Revisionsgründen gerade keine Beruhensprüfung vornehmen darf, dass hier aber letztlich mit der Verneinung des Beruhens der Misserfolg der Revision begründet wurde.[207] Entgegenhalten lässt sich dem, dass der BGH schon bisher das Vorliegen eines absoluten Revisionsgrundes abgelehnt hat, wenn das Beruhen des Urteils auf der Gesetzesverletzung »denkgesetzlich ausgeschlossen« ist.[208]

Hinweis: Der absolute Revisionsgrund des § 338 Nr. 6 StPO liegt nur in den Fällen der ungesetzlichen Beschränkung der Öffentlichkeit vor, weil die Vorschrift die Öffentlichkeit gewährleisten (schützen) will. Dies kann zum einen gegeben sein, wenn gegen § 169 S. 1 GVG verstoßen wurde, vor allem weil das Gericht zu Unrecht einen Ausschlussgrund angenommen hat. Beim Ausschlussgrund des § 171b GVG ist aber dessen Abs. 5 zu beachten, der in Verbindung mit § 336 S. 2 StPO die Revision bei seiner fehlerhaften Anwendung regelmäßig ausschließt.[209] Zum anderen kann die Gesetzesverletzung auch in einem Verstoß gegen Vorschriften über das Ausschließungsverfahren (§ 174 GVG) liegen. Die Rechtsprechung bejaht den Revisionsgrund nur dann, wenn dem Gericht ein Verschulden zur Last fällt.[210]
Die ungesetzliche Erweiterung der Öffentlichkeit, also das öffentliche Verhandeln trotz Vorliegens eines Ausschlussgrundes, stellt dagegen nur einen relativen Revisionsgrund dar, der nach den Regeln, die für die Aufklärungsrüge gelten (→ Rn. 268 ff.), beanstandet werden muss.[211] Auf der Gesetzesverletzung wird das Urteil aber regelmäßig nicht beruhen, weil zumeist nicht festgestellt werden kann, welche zusätzlichen Erkenntnisse bei nichtöffentlicher Verhandlung gewonnen worden wären.[212]
In allen Fällen ist die Gesetzesverletzung mit einer Verfahrensrüge zu beanstanden, in der insbes. die Entscheidung des Gerichts über den (Nicht-)Ausschluss sowie der (nicht-)öffentlich durchgeführte Teil der Hauptverhandlung mitzuteilen sind.

157

6. Fehlende oder verspätete Urteilsgründe (§ 338 Nr. 7 StPO)

Der absolute Revisionsgrund des § 338 Nr. 7 StPO ist gegeben, wenn das Urteil keine Entscheidungsgründe enthält oder wenn es unter Missachtung von § 275 I 2 StPO verspätet oder gar nicht zu den Akten gebracht worden und die Verspätung nicht gem. § 275 I 4 StPO

158

---

206 BGH NStZ 1999, 474; ähnlich BGH NStZ-RR 2002, 263; 2004, 235; vgl. auch Meyer-Goßner/Schmitt/*Meyer-Goßner* GVG § 174 Rn. 9.
207 So *Gössel* NStZ 2000, 181; auch *Rieß* JR 2000, 253.
208 Vgl. BGH NStZ 2007, 352 f.; vgl. Meyer-Goßner/Schmitt/*Meyer-Goßner* StPO § 338 Rn. 2.
209 Vgl. BGH NJW 2007, 709; Meyer-Goßner/Schmitt/*Schmitt* GVG § 171b Rn. 15 f.; vgl. aber auch – für den Fall, dass keine Gerichtsentscheidung, sondern nur eine Entscheidung des Vorsitzenden vorliegt –: BGH NAZ 2015, 181.
210 Meyer/Goßner/Schmitt/*Meyer-Goßner* StPO § 338 Rn. 49 ff.
211 BGH NStZ 1998, 586; Anm. *Foth* NStZ 1999, 373; s. auch Meyer-Goßner/Schmitt/*Meyer-Goßner* StPO § 338 Rn. 47.
212 BGH NStZ 1998, 586; Meyer-Goßner/Schmitt/*Meyer-Goßner* GVG § 171a Rn. 4.

entschuldigt ist.²¹³ Zu den Akten gebracht ist das Urteil, wenn es von den (Berufs-)Richtern gem. § 275 II StPO unterschrieben wurde (beachte hierzu die Möglichkeit der Anbringung eines Verhinderungsvermerks²¹⁴) und auf dem Weg zur Geschäftsstelle ist. Dieser Zeitpunkt lässt sich durch eine dienstliche Stellungnahme des Richters bestimmen, der als Letzter unterschrieben hat, zumeist wird die Fristwahrung aber durch einen entsprechenden Eingangsvermerk der Geschäftsstelle auf der ersten Seite des Urteils nachgewiesen.

159 **Hinweis:** Die Verletzung des § 275 I 2 StPO führt zum absoluten Revisionsgrund des § 338 Nr. 7 StPO. Dieser ist mit der Verfahrensrüge geltend zu machen, in der mitgeteilt werden muss, wann das Urteil verkündet und wann es zu den Akten gebracht wurde; ferner ist die Zahl der Verhandlungstage anzugeben. Zu bedenken ist dieser Revisionsgrund, wenn der Eingangsvermerk auf dem Urteil später als fünf Wochen nach der Verkündung angebracht wurde oder das Urteil nicht mit allen Unterschriften der Richter versehen ist.
Die Verletzung der Pflicht, das Urteil *unverzüglich* zu den Akten zu bringen (§ 275 I 1 StPO), führt nicht zu § 338 Nr. 7 StPO; sie rechtfertigt die Revision auch nicht als relativer Revisionsgrund, da das Urteil darauf nicht beruhen kann.²¹⁵

7. Unzulässige Beschränkung der Verteidigung (§ 338 Nr. 8 StPO)

160 Der absolute Revisionsgrund des § 338 Nr. 8 StPO liegt nach der Rechtsprechung nur vor, wenn durch einen in der Hauptverhandlung ergangenen **Beschluss** des Gerichts aufgrund besonderer Verfahrensvorschriften geschützte Verteidigungsmöglichkeiten des Angeklagten unzulässig beschränkt wurden. Diese Beschränkung muss zudem einen wesentlichen Punkt betreffen; als »wesentlich« werden aber nur solche Beeinträchtigungen verstanden, die ihrem Gewicht nach den anderen absoluten Revisionsgründen gleichstehen und bei denen die **konkrete Möglichkeit eines kausalen Zusammenhangs zwischen dem Verfahrensverstoß und dem Urteil** bzw. einem für die Entscheidung wesentlichen Punkt besteht.²¹⁶ Faktisch führt die Prüfung einer wesentlichen Beeinträchtigung zu einer Beruhensprüfung (wie bei einem relativen Revisionsgrund), sodass § 338 Nr. 8 StPO jedenfalls nicht als unbedingter Revisionsgrund angesehen werden kann.²¹⁷ Eine solch wesentliche Beeinträchtigung kommt vor allem dann in Betracht, wenn das verletzte Gesetz die Fürsorgepflicht des Gerichts gegenüber dem Angeklagten regelt oder das Gebot des fairen Verfahrens sichern soll. Beispiele hierfür sind die erhebliche Einschränkung der Verteidigungsmöglichkeiten ohne (ausreichenden) sachlichen Grund,²¹⁸ etwa durch die Verweigerung von Akteneinsicht für den Verteidiger oder die Ablehnung von Beweisanträgen des Angeklagten ohne jede inhaltliche Prüfung.²¹⁹

161 **Fall:** Der Angeklagte wurde wegen schweren Raubes zu einer mehrjährigen Freiheitsstrafe verurteilt. In seiner Revisionsbegründungsschrift trägt der Pflichtverteidiger des Angeklagten – ordnungsgemäß (§§ 344, 345 StPO) – vor, das Gericht hätte seinen in der Hauptverhandlung gestellten Unterbrechungsantrag zur Vorbereitung einer sachgerechten Verteidigung nicht ablehnen dürfen, nachdem er erst in der Hauptverhandlung – noch vor Eintritt in die Beweisaufnahme – im Zuge eines Verteidigerwechsels als neuer Pflichtverteidiger bestellt worden sei. Hat das Rechtsmittel Aussicht auf Erfolg?

---

213 Eine auch erhebliche Belastung der Richter durch anderweitige Hauptverhandlungen gilt nicht als nicht voraussehbarer unabwendbarer Umstand iSd § 275 I 4 StPO: BGH NStZ 2008, 55.
214 Zu den Unterschriften und zum Verhinderungsvermerk: BGH NJW 2001, 838 (dort auch zur Abgrenzung zur Sachrüge); Meyer-Goßner/Schmitt/*Meyer-Goßner* StPO § 275 Rn. 19 ff., § 338 Rn. 54 f.
215 BGH NStZ-RR 1999, 46; Meyer-Goßner/Schmitt/*Meyer-Goßner* StPO § 275 Rn. 28; ob unter besonderen Umständen bei einer mit rechtsstaatlichen Grundsätzen unvereinbaren unvertretbaren Verzögerung des Verfahrensabschlusses etwas anderes gilt, wird von BGH NStZ 2006, 463 offen gelassen.
216 Vgl. BGH NStZ 2000, 212 (213); NStZ-RR 2004, 50; vgl. auch Meyer-Goßner/Schmitt/*Meyer-Goßner* StPO § 338 Rn. 59 f. mwN.
217 Meyer-Goßner/Schmitt/*Meyer-Goßner* StPO § 338 Rn. 58.
218 BGH wistra 2004, 188 (zur Ablehnung eines Unterbrechungsantrags des neu gewählten Verteidigers).
219 Vgl. BGH StV 2005, 423 (424 ff.); weitere Beispiele bei Meyer-Goßner/Schmitt/*Meyer-Goßner* StPO § 338 Rn. 59; Übersicht bei *Weiler* NStZ 1999, 105.

Lösung: Die Revision wird Erfolg haben. Es liegt ein Verstoß gegen § 145 III StPO vor, der zum absoluten Revisionsgrund des § 338 Nr. 8 StPO führt.[220] Liegen die Voraussetzungen von § 145 III StPO vor, hat das Gericht bei der Entscheidung über die Unterbrechung bzw. die Aussetzung des Verfahrens sowohl nach dem Wortlaut der Vorschrift als auch nach deren Sinn und Zweck eine sachgerechte Verteidigung zu ermöglichen, kein Ermessen. Ein Ermessen hat der Tatrichter nur insoweit, als es um die Frage geht, ob die Aussetzung der Verhandlung anzuordnen ist oder eine Unterbrechung genügt.[221]

Die Ablehnung des Unterbrechungsantrags führt daher zum absoluten Revisionsgrund des § 338 Nr. 8 StPO. Denn der Angeklagte wurde durch einen in der Hauptverhandlung gefassten Beschluss des Gerichts (die Ablehnung der Unterbrechung) in seinen Verteidigungsrechten wesentlich beeinträchtigt; auch die für § 338 Nr. 8 StPO erforderliche »konkret-kausale« Beziehung zwischen Gesetzesverletzung und Urteil ist ohne Weiteres zu bejahen.[222]

IV. Fehler außerhalb der Hauptverhandlung, vor allem im Ermittlungs- und im Zwischenverfahren

1. Gesetzesverletzungen durch das Gericht

Für fehlerhafte gerichtliche Entscheidungen, die dem Urteil vorausgegangen sind, trifft § 336 StPO eine besondere Regelung. Sie können die Revision nur begründen, wenn das Urteil auf ihnen beruht, sie sich also im Urteil »fortgesetzt« haben (§ 336 S. 1 StPO). Auch in einem solchen Fall kann die Revision nach § 336 S. 2 StPO aber auf eine Gesetzesverletzung nicht gestützt werden, wenn die fehlerhafte Entscheidung kraft Gesetzes unanfechtbar ist oder nur mit der sofortigen Beschwerde angreifbar war. Ein Beispiel für die erste Alternative ist die Entscheidung über den Ausschluss der Öffentlichkeit nach § 171b GVG (vgl. dessen Abs. 5), für die zweite Alternative die Anordnung der Unterbringung nach § 81 StPO (vgl. dessen Abs. 4).[223] Das bedeutsamste Beispiel ist indes der Eröffnungsbeschluss; dieser ist nach § 210 I, II StPO für den Angeklagten gar nicht und für die Staatsanwaltschaft nur mit der sofortigen Beschwerde anfechtbar und daher nach § 336 S. 2 StPO einer Überprüfung in der Revision grundsätzlich entzogen (aber → Rn. 76). 162

Um § 336 StPO richtig verstehen zu können, muss man vor allem das Verhältnis zu § 305 S. 1 StPO sehen. Zweck dieser beiden Regelungen ist es, Verfahrensverzögerungen und doppelte Prüfungen in und mit der Beschwerde bzw. der Revision zu vermeiden. Diejenigen gerichtlichen Entscheidungen, auf denen das Urteil beruht, die also in sachlichem Zusammenhang mit ihm stehen, sollen (ausschließlich) in der Revision (mit)überprüft werden, die anderen Entscheidungen dagegen (ausschließlich) in der Beschwerde. Der Ausschluss der Beschwerde in § 305 S. 1 StPO bedeutet daher auch keine Unanfechtbarkeit iSd § 336 S. 2 StPO.[224] 163

Von Bedeutung für das Verständnis von § 336 StPO ist ferner, dass die Rechtsprechung den Eröffnungsbeschluss als die »alleinige Grundlage« des Hauptverfahrens ansieht und daraus folgert, dass davor liegende gerichtliche Entscheidungen in der Revision grundsätzlich nicht überprüft werden. Hiervon macht man indes wiederum Ausnahmen, wenn die Wirkungen solcher Entscheidungen (möglicherweise) noch bis zum Urteil andauern.[225] 164

---

220 Vgl. Meyer-Goßner/Schmitt/*Meyer-Goßner* StPO § 338 Rn. 59 f.
221 BGH NStZ 2000, 212 (213); Meyer-Goßner/Schmitt/*Schmitt* StPO § 145 Rn. 11 f., der allerdings den Fall den relativen Revisionsgründen zuordnet, vgl. dort Rn. 26; zur Abgrenzung von Aussetzung und Unterbrechung: §§ 228 f. StPO.
222 Vgl. BGH NStZ 2000, 212; s. ferner Meyer-Goßner/Schmitt/*Schmitt* StPO § 147 Rn. 42.
223 Besonderheiten gelten für die Befangenheit: Wird einem Befangenheitsantrag stattgegeben, ist dies unanfechtbar, § 28 I StPO. Die Ablehnung ist vor Eröffnung des Hauptverfahrens mit der sofortigen Beschwerde anfechtbar und damit der Revision entzogen (§ 28 II 1 StPO). Nach diesem Zeitpunkt findet zwar keine sofortige Beschwerde mehr statt (§ 28 II 2 StPO); gleichwohl stellt die fehlerhafte Ablehnung der Befangenheit einen (absoluten) Revisionsgrund dar, § 338 Nr. 3 StPO (vgl. → Rn. 131 ff.).
224 Meyer-Goßner/Schmitt/*Meyer-Goßner* StPO § 305 Rn. 1 und § 336 Rn. 6.
225 Meyer-Goßner/Schmitt/*Meyer-Goßner* StPO § 336 Rn. 3.

3. Kapitel. Inhalt der Revisionsbegründung

165 **Fall:** Der wegen Vergewaltigung zu einer mehrjährigen Freiheitsstrafe verurteilte Angeklagte macht (erst) in der Revision Fehler in Zusammenhang mit der Bestellung seines Pflichtverteidigers geltend. Hierzu trägt der Verteidiger – ordnungsgemäß (§§ 344, 345 StPO) – Folgendes vor: Das Landgericht habe die Verurteilung entscheidend auf die Bekundungen der Geschädigten vor dem Ermittlungsrichter gestützt. Dieser sei – gegen den Widerspruch der Verteidigung – als Zeuge gehört worden, nachdem die Geschädigte in der Hauptverhandlung von ihrem Zeugnisverweigerungsrecht Gebrauch gemacht habe. Vor der zum Zwecke der Beweissicherung durchgeführten ermittlungsrichterlichen Vernehmung hätte jedoch bereits ein Pflichtverteidiger bestellt werden müssen, da der Angeklagte an dieser Vernehmung nicht habe teilnehmen dürfen (vgl. § 168c III StPO).

Lösung: Die Revision des Angeklagten könnte Erfolg haben[226].
Ausgangspunkt der Rüge (Unterlassen der Pflichtverteidigerbestellung vor der ermittlungsrichterlichen Zeugenvernehmung) ist § 141 III StPO. Danach kann auch außerhalb von Fällen der Untersuchungshaft – allerdings grundsätzlich nur auf Antrag der Staatsanwaltschaft – ein Pflichtverteidiger im Ermittlungsverfahren bestellt werden, wenn ein Fall der notwendigen Verteidigung vorliegt. Vor einer ermittlungsrichterlichen Vernehmung kann gem. § 141 III 4 StPO nF auch amtswegig ein Pflichtverteidiger bestellt werden. Diese Bestimmung ist in Fällen der vorliegenden Art im Lichte des Art. 6 IIId EMRK auszulegen, der dem Angeklagten das Recht einräumt, Fragen an Belastungszeugen zu stellen oder stellen zu lassen. Dies erfordert, dass dem Beschuldigten vor der aus Gründen der Beweissicherung erfolgten ermittlungsrichterlichen Vernehmung des zentralen Belastungszeugen **jedenfalls** dann ein Verteidiger bestellt werden muss, wenn der Beschuldigte selbst an der Vernehmung nicht teilnehmen darf, ein Fall der notwendigen Verteidigung vorliegt und der Beschuldigte noch nicht anderweitig verteidigt ist. Ansonsten wäre nämlich sein Recht auf »konfrontative Befragung« der Geschädigten verletzt. Nach der Neuregelung im Gesetz und im Lichte der Rechtsprechung des EGMR wird man die Frage aufwerfen müssen, ob die Pflichtverteidigerstellung wirklich von der Frage abhängen kann, ob ein Fall der notwendigen Verteidigung vorliegt. Das Recht auf eine konfrontative Befragung – jedenfalls wesentlicher Belastungszeugen – kann nicht von der Schwere des Tatvorwurfs abhängen. Die unterlassene Pflichtverteidigerbestellung (und das dadurch beeinträchtigte Fragerecht; zum Anwesenheitsrecht des Verteidigers, vgl. § 168c II StPO) führt nach der Rechtsprechung zwar nicht zu einem Verwertungsverbot. Das Versäumnis mindert aber den Beweiswert des Vernehmungsergebnisses.
Daher kann bei einer – der Justiz zuzurechnenden – unterbliebenen »konfrontativen Befragung« des Geschädigten eine Verurteilung auf dessen Angaben nur gestützt werden, wenn diese durch andere gewichtige Gesichtspunkte außerhalb der Aussage bestätigt werden.[227]
Ob diese Voraussetzung im vorliegenden Fall erfüllt war, lässt sich aufgrund des mitgeteilten Sachverhalts nicht beurteilen.

166 Im Übrigen wird das Urteil auf Fehlern des Gerichts, die sich außerhalb der Hauptverhandlung ereignet haben, nur selten beruhen, weil Grundlage des Urteils nur die Geschehnisse in der Hauptverhandlung sein dürfen (§ 261 StPO). Hingewiesen sei aber auf folgende Problemfälle:

166a • Der fehlende oder unwirksame Eröffnungsbeschluss ist als Verfahrenshindernis von Amts wegen zu beachten (im Einzelnen → Rn. 76).

167 • Die fehlerhafte Ablehnung eines Beweisantrages oder einer Einwendung iSd § 201 I StPO kann die Revision nicht begründen, weil diese Entscheidungen unanfechtbar sind (§§ 201

---

226 Vgl. auch → Rn. 459 f.
227 Vgl. zur »Beweiswürdigungslösung« BGHSt 46, 93 (105, 106) = NJW 2000, 3505; BGH NJW 2007, 237 (239); vgl. auch BVerfG NJW 2010, 925, wonach die vom BGH entwickelten Leitlinien zur Handhabung des Beschuldigtenrechts auf konfrontative Befragung von Belastungszeugen und zur Verwertbarkeit nicht konfrontierter Aussagen bei der Urteilsfindung verfassungsrechtlich nicht zu beanstanden seien; vgl. aber auch zur Rechtsprechung des EGMR Meyer-Goßner/Schmitt/*Schmitt* StPO § 168c Rn. 4, 9, MRK Art. 6 Rn. 22 e ff.

II 2, 336 S. 2 StPO); auf Fehlern bei der Verbescheidung eines Beweisantrages nach § 219 I StPO beruht das Urteil nicht (§ 336 S. 1 StPO). In beiden Fällen kann eine Gesetzesverletzung regelmäßig nur mit einer Aufklärungsrüge geltend gemacht werden (dazu → Rn. 268 ff.).[228]

- Die Bestimmung des Termins zur Hauptverhandlung (§ 213 StPO) unterliegt als solche nicht der Überprüfung in der Revision. In Einzelfällen kann jedoch mit einer Verfahrensrüge die Ablehnung einer Terminsverlegung – etwa wegen Verhinderung eines von mehreren Verteidigern – geltend gemacht werden.[229] Über Anträge auf Verlegung eines Termins hat der Vorsitzende nämlich unter Berücksichtigung der eigenen Terminsplanung, der Gesamtbelastung des Spruchkörpers, des Gebots der Verfahrensbeschleunigung und – bei Fortsetzungsterminen – der Frist des § 229 I StPO sowie der berechtigten Interessen der Prozessbeteiligten zu entscheiden.[230] **168**

- Im Fall des Ausbleibens des Angeklagten nach einer nicht ordnungsgemäßen Ladung darf regelmäßig nicht ohne diesen verhandelt werden (§ 230 I StPO).[231] Wird hiergegen verstoßen, liegt der absolute Revisionsgrund des § 338 Nr. 5 StPO vor (→ Rn. 142 ff.). Ist der Angeklagte dagegen trotz einer nicht ordnungsgemäßen Ladung erschienen, so kann die Revision (weil es ansonsten am Beruhen fehlt) auf den Ladungsmangel – etwa die Nichtwahrung der Ladungsfrist des § 217 I StPO – nur dann gestützt werden, wenn der Angeklagte den Fehler in der Hauptverhandlung geltend gemacht und einen Aussetzungsantrag gestellt hatte, der zu Unrecht abgelehnt wurde. Das gilt selbst dann, wenn Belehrung über das Recht, eine Aussetzung zu verlangen, § 228 III StPO, unterblieben ist.[232] Ebenso ist revisibel, wenn der Verteidiger nicht geladen wurde und auch sonst keine zuverlässige Kenntnis erlangt hat (§ 218 StPO). **169**

2. Gesetzesverletzungen durch Ermittlungsbehörden

Für Fehler der Ermittlungsbehörden, insbes. des Staatsanwalts oder der Polizei, gilt § 336 StPO nicht;[233] sie können jedoch über § 337 I StPO zum Erfolg einer Revision führen. Da danach aber das Urteil auf der Gesetzesverletzung beruhen muss, das Urteil jedoch von den erkennenden Richtern aufgrund der Hauptverhandlung gesprochen wird, kann allein die Gesetzeswidrigkeit des Handelns eines Ermittlungsorgans die Revision nicht begründen. **170**

> **Hinweis:** Eine Gesetzesverletzung durch Ermittlungsbehörden kann in der Revision grundsätzlich nur dann beanstandet werden, wenn sie zu einem Verfahrenshindernis geführt hat oder vom Gericht »übernommen« wurde; dies ist regelmäßig dann der Fall, wenn sie zu einem Verwertungsverbot geführt hat, das vom erkennenden Gericht missachtet wurde. Der Gesetzesverstoß, der zum Erfolg der Revision führt, ist in einem solchen Fall also nicht die Rechtsverletzung durch die Ermittlungsbehörde selbst, weil allein darauf das Urteil nicht beruhen kann, sondern dass das Gericht im Urteil einen infolge der Gesetzesverletzung durch ein Ermittlungsorgan nicht verwertbaren Umstand zum Nachteil des Rechtsmittelführers berücksichtigt hat.[234] **171**

---

228 Vgl. BGH NStZ-RR 2002, 110; Meyer-Goßner/Schmitt/*Meyer-Goßner* StPO § 219 Rn. 7, § 201 Rn. 10.
229 Meyer-Goßner/Schmitt/*Meyer-Goßner* StPO § 213 Rn. 9; zu den Anforderungen an die Verfahrensrüge in einem solchen Fall: BGH StV 2004, 304 (§ 338 Nr. 8 StPO).
230 Meyer-Goßner/Schmitt/*Meyer-Goßner* StPO § 213 Rn. 6 f.; vgl. auch Meyer-Goßner/Schmitt/*Meyer-Goßner* StPO § 229 Rn. 15, wonach bei einem Verstoß gegen § 229 StPO das Urteil idR auf diesem Verfahrensmangel beruht.
231 Zu Sanktionen bei Ausbleiben: § 230 II StPO. Zu Ausnahmen von der Anwesenheitspflicht: → Rn. 143.
232 Meyer-Goßner/Schmitt/*Meyer-Goßner* StPO § 216 Rn. 9, § 217 Rn. 12.
233 Meyer-Goßner/Schmitt/*Meyer-Goßner* StPO § 336 Rn. 2; vgl. auch → Rn. 163 f.
234 Diesen Aspekt bringen manche dadurch zum Ausdruck, dass sie als verletzte Norm nicht nur die von der Polizei/der Staatsanwaltschaft verletzte Norm des Ermittlungsverfahrens anführen (zB § 136 I 2 StPO), sondern **zusätzlich** § 261 StPO, denn das Gericht habe einen fehlerhaften Inbegriff der Hauptverhandlung dem Urteil zugrunde gelegt. Diese Ansicht ist sehr gut vertretbar, wenngleich es nicht zwingend erscheint, § 261 StPO ergänzend zu zitieren.

a) Verwertungsverbote in Zusammenhang mit Fehlern bei der Beschuldigtenvernehmung

172 Vor der ersten Vernehmung ist der Beschuldigte über sein Schweigerecht zu belehren (§ 136 I 2 iVm § 163a III 2, IV 2 StPO). Ein Verstoß führt zu einem Verwertungsverbot. Zwar ordnet die StPO nicht explizit ein Verwertungsverbot an und kennt auch kein generelles Verwertungsverbot bei rechtswidrig erlangten Erkenntnissen. Ob ein Verwertungsverbot besteht, ergibt sich aus einer Abwägung der betroffenen Belange. Einerseits ist das Interesse an einer effektiven Strafrechtspflege und das hieraus resultierende Aufklärungsinteresse zu berücksichtigen, insbes. ob es sich um ein schweres Delikt handelt; auf der anderen Seite ist das Gewicht des Verstoßes (Grundrechtsrelevanz? Absichtlicher/fahrlässiger Verstoß?) zu bewerten. Bei der Belehrung über das Schweigerecht handelt es sich um ein Fundamentalrecht des Beschuldigten. Daher ist im Falle eines Verstoßes gegen § 136 I 2 StPO ein Verwertungsverbot zu bejahen. Dies gilt ausnahmsweise dann nicht, wenn der Beschuldigte sein Schweigerecht kannte; dies darf auch bei einem Vorbestraften – anders als bei einem schon vor der Vernehmung anwaltlich Vertretenen – nicht ohne Weiteres angenommen werden.[235] Die Rechtsprechung wendet bei verteidigten (bzw. entsprechend belehrten) Angeklagten die **Widerspruchslösung** an (dazu → Rn. 100), dh, der Angeklagte muss der Verwertung bis zum Zeitpunkt des § 257 StPO widersprechen, will er ein Verwertungsverbot geltend machen. Der Widerspruch kann zurückgenommen werden.[236]

173 **Fall:** Dem Beschuldigten wird mehrfache Brandstiftung zur Last gelegt. Nach seiner Festnahme wurde er von den Polizeibeamten ordnungsgemäß belehrt und gestand die Taten. Im weiteren Verlauf des Verfahrens ergaben sich Anhaltspunkte dafür, dass er geisteskrank ist und deshalb die Belehrung nicht verstanden hatte. Es wurde ein entsprechendes Gutachten erholt, das dies bestätigte. Bereits vor der Hauptverhandlung hatte der Beschuldigte sein Geständnis widerrufen; auch in der Hauptverhandlung bestritt er die Tatbegehung. Das Gericht verurteilte den Angeklagten dennoch, wobei es sich – trotz des rechtzeitigen Widerspruchs des Verteidigers in der Hauptverhandlung – im Wesentlichen auf die Aussage des Polizeibeamten über die Angaben des Beschuldigten bei dessen erster Vernehmung gestützt hat. Wie kann der Verteidiger dies mit der Revision beanstanden?

Lösung: Der Verteidiger wird eine Verfahrensrüge mit folgendem Inhalt erheben:[237]
»Gerügt wird, dass das Gericht ein Geständnis des Angeklagten verwertet hat, obwohl dieses tatsächlich unverwertbar war.

a) Der Angeklagte war vor seiner ersten polizeilichen Vernehmung am … zwar über sein Schweigerecht belehrt worden, er hat diese Belehrung jedoch infolge einer Geisteskrankheit nicht verstanden. Gleichwohl hat das Gericht über die damalige Aussage des Beschuldigten, der in dieser Vernehmung ein Geständnis abgelegt hatte, durch Vernehmung des Polizeibeamten … Beweis erhoben. Allein über diese Vernehmung wurden die damaligen Angaben des Beschuldigten in die Hauptverhandlung eingeführt. Der Berücksichtigung dieser Aussage zum Nachteil des Angeklagten hatte der Verteidiger des Angeklagten unmittelbar nach der Vernehmung des Polizeibeamten widersprochen; damit war dessen Aussage aber unverwertbar.
Die Tatsachen und der Verfahrensgang hierzu ergeben sich im Einzelnen aus: … [Es folgt der Hinweis auf die Abschnitte des Urteils, die den obigen Hergang belegen. Dabei genügt ein Hinweis, die betreffenden Ausführungen des Urteils müssen – jedenfalls bei zusätzlich erhobener Sachrüge – nicht im Wortlaut wiedergegeben werden. Sollte das Urteil auf diesen Hergang nicht (vollständig) eingehen, sind die jeweiligen Teile aus den Akten (erste Beschuldigtenvernehmung im Wortlaut, Beleg für die Geisteskrankheit, Hauptverhandlungsprotokoll bezüglich der Aussage des Polizeibeamten und des Widerspruchs des Verteidigers) vollständig mitzuteilen.]

---

235 Vgl. BGHSt 38, 214 (225) = NJW 1992, 1463.
236 BGHSt 38, 214 (225) = NJW 1992, 1463; zur »Widerspruchslösung« – vom BVerfG gebilligt (NJW 2012, 907, 911) – vgl. auch Meyer-Goßner/Schmitt/*Schmitt* StPO § 136 Rn. 20, 25 f.
237 BGHSt 39, 349 = NJW 1994, 333 = JZ 1994, 686 mAnm *Fezer*; Meyer-Goßner/Schmitt/*Meyer-Goßner* StPO § 136 Rn. 20.

b) Die Angaben des Beschuldigten unterlagen einem Verwertungsverbot, das zur Folge hat, dass auch die Aussage des Polizeibeamten ... nicht zum Nachteil des Angeklagten berücksichtigt werden durfte. Zwar war die Vernehmung des Beschuldigten nicht fehlerhaft. Zum einen darf nämlich auch einem Geisteskranken nicht die Möglichkeit abgeschnitten werden, zu seinen Gunsten sprechende Umstände vorzutragen. Zum anderen stellt sich – wie auch hier – regelmäßig erst im weiteren Verlauf des Verfahrens heraus, ob tatsächlich eine Geisteskrankheit besteht. Entscheidend für die Frage der Verwertbarkeit der früheren Aussage muss aber sein, ob der Beschuldigte infolge seiner Krankheit gehindert war, die Belehrung und die ihm damit zustehende Wahlmöglichkeit zwischen Aussage und Schweigen zu verstehen. Dies beurteilt sich entsprechend den zur Verhandlungsfähigkeit entwickelten Grundsätzen. Maßgeblich ist also, ob schwere körperliche oder seelische Mängel bzw. Krankheiten vorlagen, die ausgeschlossen haben, dass der Beschuldigte die Belehrung inhaltlich verstehen konnte. Dies war hier der Fall. Hat der Beschuldigte aber die Belehrung nicht verstanden, so steht er einem nicht belehrten Beschuldigten gleich; deshalb liegt ein Verstoß gegen § 163a IV 2 iVm § 136 I 2 StPO vor.
Aus dem Verstoß folgt zugleich ein Verwertungsverbot. Zwar ordnet § 136 I 2 StPO – anders als § 136a III StPO – ein solches nicht an. Auch kennt die StPO kein grundsätzliches Verwertungsverbot für rechtswidrig erlangte Erkenntnisse. Ob ein Verwertungsverbot besteht, ist vielmehr eine Frage der Abwägung der betroffenen Belange. Angesichts der Tatsache jedoch, dass es sich beim Schweigerecht des Beschuldigten um ein fundamentales Schutzrecht des Beschuldigten handelt, muss im Rahmen der Abwägung der Interessen des Staates an einer effektiven Strafrechtspflege mit dem Gewicht des Verstoßes Ersteres zurücktreten. Die Vernehmung ist daher unverwertbar.

c) Auf diesem Gesetzesverstoß beruht das Urteil (§ 337 I StPO). [Es folgt der Hinweis auf den Urteilsabschnitt, in dem das Gericht seine Überzeugung von der Täterschaft des Angeklagten mit dem Inhalt seiner polizeilichen Aussage begründet.]«

174 Einem Verwertungsverbot unterliegen nicht solche Äußerungen, die der »spätere« Beschuldigte in einer Zeugenvernehmung – eine ggf. nach § 55 II StPO erforderliche Belehrung unterstellt – oder bei einer lediglich informatorischen Befragung in einem zunächst nicht gegen ihn geführten Ermittlungsverfahren getätigt hat. Abgrenzungsprobleme können jedoch auftreten, wenn eine der Tat bereits verdächtige Person befragt wurde. In diesem Fall stellt sich die Frage, ob diese bereits den Status eines Beschuldigten erlangt hatte und daher nach § 136 I 2 StPO zu belehren gewesen wäre; eine Belehrung nach § 55 StPO ersetzt die Beschuldigtenbelehrung nicht. Hierzu führt der BGH aus:

»Der § 136 StPO zu Grunde liegende Beschuldigtenbegriff vereinigt subjektive und objektive Elemente. Die Beschuldigteneigenschaft setzt – subjektiv – den Verfolgungswillen der Strafverfolgungsbehörden voraus, der sich – objektiv – in einem Willensakt manifestiert.«[238]

Ohne Weiteres ergibt sich danach die Beschuldigteneigenschaft und die Belehrungspflicht des § 136 I 2 StPO, wenn ein Ermittlungsverfahren förmlich eingeleitet worden ist oder strafprozessuale Maßnahmen ergriffen werden, die nur gegenüber einem Beschuldigten zulässig sind.[239] Liegen diese Voraussetzungen nicht vor und wird eine Person informatorisch befragt oder formal als Zeuge vernommen, obwohl die Strafverfolgungsbehörden zu diesem Zeitpunkt bereits einen Tatverdacht haben, muss geprüft werden, ob unter dem Gesichtspunkt der Umgehung der Beschuldigtenrechte ein Verstoß gegen die Belehrungspflicht nach § 136 I 2 StPO vorliegt. Den Strafverfolgungsbehörden wird hierbei ein Beurteilungsspielraum eingeräumt; erfolgt jedoch keine Beschuldigtenbelehrung,[240] obwohl

---

238 BGH NStZ 2007, 653.
239 BGH NStZ 2015, 291.
240 Sofern tatsächliche Anhaltspunkte bestehen, dass der Hinweis versäumt worden ist, muss dies im Freibeweisverfahren geklärt werden; lässt sich nicht klären, ob der Hinweis gegeben worden ist oder nicht, darf nach BGHSt 38, 214 (224) = NJW 1992, 1463 der Inhalt der Vernehmung verwertet werden; einschränkend aber BGH StV 2007, 65 (66) (nur) für den Fall, dass es **keine Anhaltspunkte für eine Belehrung** gibt (im konkreten Fall hatten die Polizeibeamten keine konkrete Erinnerung an eine Belehrung; eine solche war auch nicht aktenkundig gemacht worden), bekräftigt in BGH StraFo 2012, 63. Nunmehr ist in § 168b III StPO für alle Ermittlungsbehörden eine Protokollierung der Belehrung gesetzlich vorgeschrieben. Dem Fehlen der Protokollierung einer Belehrung dürfte daher – unbeschadet des Ergebnisses des sonstigen Freibeweisverfahrens – Beweiswert zukommen (für das richterliche Protokoll: → Rn. 223).

der Tatverdacht so stark ist, dass die Grenzen dieses Beurteilungsspielraums willkürlich überschritten werden, liegt ein Verstoß gegen die Belehrungspflicht nach § 136 I 2 StPO vor.[241]

175 Wurde der Beschuldigte zunächst unter Verstoß gegen die Belehrungspflicht (→ Rn. 172 f.) vernommen, ist er bei einer nachfolgenden Vernehmung nicht nur nach § 136 I 2 StPO zu belehren; vielmehr ist er nach der neueren Rechtsprechung des BGH[242] auch darauf hinzuweisen, dass die zuvor gemachten Angaben wegen der bis dahin unterbliebenen Belehrung unverwertbar sind. Unterbleibt – bei ansonsten ordnungsgemäßer Belehrung nach § 136 I 2 StPO – eine solche »qualifizierte Belehrung« vor einer weiteren Aussage, ist – bei rechtzeitigem Widerspruch – deren Verwertbarkeit durch Abwägung im Einzelfall zu ermitteln. Hierbei sind einerseits die Interessen an der Sachaufklärung, andererseits das Gewicht des Verfahrensverstoßes zu berücksichtigen. Danach kommt eine Verwertung etwa dann in Betracht, wenn eine bewusste Umgehung der Belehrungspflichten nicht ersichtlich ist und nichts dafür spricht, dass der Beschuldigte zum Zeitpunkt der Belehrung über seine Rechte als Beschuldigter annahm, von seinen anfänglich gemachten Angaben nicht mehr abrücken zu können.[243] Insofern ist maßgebliches Indiz, ob sich die weitere Vernehmung als bloße Wiederholung oder Fortsetzung der ersten Vernehmung darstellt.

176 Ebenso zieht eine unterbliebene Belehrung über die Befugnis, einen Verteidiger beauftragen[244] und befragen zu können (§§ 136 I 2, 163a III 2, IV 2 StPO) – bei Widerspruch – ein Beweisverwertungsverbot nach sich.[245] Gleiches gilt trotz Belehrung, wenn dem Beschuldigten die von ihm gewünschte Befragung seines gewählten Verteidigers verwehrt worden ist (Verstoß gegen § 137 I 1 StPO). Mittlerweile kodifiziert ist die Verpflichtung zur Hilfestellung bei der Kontaktaufnahme mit einem Verteidiger, insbesondere zu einem Hinweis auf bestehende Notdienste (§ 136 I 3, 4 StPO). Dagegen führt ein Verstoß gegen § 136 I 5, 6, II, III StPO nicht zu einem Beweisverwertungsverbot, eine rechtsfehlerhafte Belehrung über den Tatvorwurf nach § 136 I 1 StPO jedenfalls dann nicht, wenn das Aussageverhalten des Beschuldigten hierdurch nicht beeinflusst wurde.[246]

177 **Hinweis:** Verstöße gegen §§ 136 I, 137 I StPO sind in der Revision mit der Verfahrensrüge geltend zu machen. In dieser muss behauptet und belegt werden, dass eine notwendige Belehrung unterblieben ist bzw. eine Verteidigerkonsultation verweigert wurde, welchen Inhalt die daraufhin erfolgte Aussage hatte, wie sie in die Hauptverhandlung eingeführt wurde und dass der Angeklagte oder sein Verteidiger der Verwertung rechtzeitig widersprochen haben. Im Rahmen der Ausführungen zum Beruhen sollte im Falle des Verstoßes gegen Belehrungspflichten mitgeteilt werden, dass der Beschuldigte damals seine Rechte nicht kannte.

---

241 BGH NStR-RR 2012, 49; NStZ 2008, 48; 2007, 653 (654); vgl. auch Meyer-Goßner/Schmitt/*Meyer-Goßner* Einl. Rn. 77 und Meyer-Goßner/Schmitt/*Schmitt* StPO § 163a Rn. 4a.
242 Vgl. BGH NStZ 2009, 281; 2009, 702.
243 Vgl. BGH NStZ 2009, 281; 2009, 702; der Verstoß habe nicht dasselbe Gewicht wie die vollständig unterbliebene Belehrung; vgl. auch Meyer-Goßner/Schmitt/*Schmitt* StPO § 136 Rn. 9.
244 Bei einem verhafteten Angeklagten besteht die Pflicht zur unverzüglichen (Pflicht-)Verteidigerbestellung gemäß § 140 I Nr. 4 StPO erst nach der Haftentscheidung des Richters (BGH NStZ 2014, 272). Allerdings erwägt der BGH ein Verwertungsverbot, wenn die Polizeibeamten nicht eine sofortige Vorführung veranlassen, § 115 StPO, sondern diese zunächst zugunsten einer polizeilichen Vernehmung aufschieben. Bei einem Verstoß hiergegen wird ein Verwertungsverbot im Rahmen der Abwägung regelmäßig daran scheitern, dass die Polizeibeamten nicht bewusst die Pflichtverteidigerbestellung hintertreiben (sondern – praxisnah – eine adäquate Grundlage für die Haftentscheidung schaffen) wollen.
245 Der Verteidiger hat nunmehr ein Anwesenheitsrecht auch bei polizeilichen Beschuldigtenvernehmungen; er ist über die Vernehmung zu benachrichtigen, § 163a IV 3 iVm § 168c I, V StPO.
246 Vgl. BGHSt 47, 172 = NJW 2002, 975; BGH NJW 1993, 338 (339); NStZ 2012, 581; OLG Köln JR 2016, 264 (zu § 236 I 5 Alt. 2 StPO nF); Meyer-Goßner/Schmitt/*Schmitt* StPO § 136 Rn. 21; zum Verstoß gegen eine Benachrichtigungspflicht nach Art. 36 I b S. 2 WÜK: Meyer-Goßner/Schmitt/*Schmitt* StPO § 136 Rn. 21a; BVerfG NJW 2011, 207; BGH StV 2011, 603.

E. Einzelheiten zur Verfahrensrüge

Dagegen kann ein Angeklagter nicht rügen, dass die Vernehmung eines Mitbeschuldigten zu seinen Lasten verwendet wird, die unter Verletzung des § 136 I 1, 2 StPO zustandegekommen ist (Rechtskreistheorie, ähnlich bei § 55 StPO).[247]

Revisionsrügen können aber auch damit begründet werden, dass bei der Vernehmung andere Verfahrensfehler zu einem Verwertungsverbot geführt haben, das vom Gericht in seinem Urteil missachtet wurde. Von besonderer Bedeutung ist dabei § 136a StPO. Aussagen, die unter Verletzung dieser Vorschrift, also unter Einsatz verbotener Vernehmungsmethoden, zustande gekommen sind, dürfen nämlich nicht verwertet werden (§ 136a III 2 StPO). 178

Fall: Nach dem Verschwinden eines Kleinkindes war der Beschuldigte vorläufig festgenommen und von der Staatsanwältin wegen des Verdachts eines Tötungsdeliktes vernommen worden. Dabei hatte die Staatsanwältin wahrheitswidrig vorgegeben, dass die Kindesleiche schon gefunden worden sei. Der Beschuldigte gestand daraufhin die Tat und wiederholte dieses Geständnis in der noch am selben Tag durchgeführten ermittlungsrichterlichen Vernehmung. Später machte er keine Angaben mehr. Auf die Geständnisse, die durch die Vernehmung der jeweiligen Verhörpersonen in die Hauptverhandlung eingeführt worden waren, stützte das Schwurgericht die Verurteilung wegen Mordes. Hat die Revision des Angeklagten Aussicht auf Erfolg? 179

Lösung: Die Revision hat Aussicht auf Erfolg. Denn das im Urteil verwertete Geständnis des Beschuldigten gegenüber der Staatsanwältin wurde von dieser durch eine Täuschung erwirkt, also durch eine Irreführung, die bewusst darauf abzielte, den Beschuldigten zu einer Aussage zu veranlassen. Dieses Geständnis ist nach §§ 136a III 2, 163a III 2 StPO nicht verwertbar (eine »Widerspruchspflicht« – → Rn. 100 – besteht hier nicht). Unverwertbar nach dieser Vorschrift sind auch die Angaben gegenüber dem Ermittlungsrichter. Zwar macht ein Verstoß gegen § 136a StPO grundsätzlich nur die davon betroffene Aussage unverwertbar;[248] eine »Fortwirkung« kommt aber in Betracht, wenn sich die verbotene Vernehmungsmethode auf eine spätere Aussage ausgewirkt hat. Hiervon kann aufgrund des engen zeitlichen Zusammenhangs bei der noch am selben Tag durchgeführten ermittlungsrichterlichen Vernehmung ausgegangen werden.[249] Danach kann dahin stehen, ob die Angaben gegenüber dem Ermittlungsrichter auch unter dem Gesichtspunkt einer unterbliebenen »qualifizierten Belehrung« (dazu → Rn. 175) unverwertbar sind.[250]

Hinweis: Hat das Tatgericht zu Unrecht ein Verwertungsverbot nach Anwendung verbotener Vernehmungsmethoden verneint, ist dies in der Revision mit einer Verfahrensrüge geltend zu machen. Verstoßen wurde dann gegen § 136a III 2 StPO. Nahm dagegen das Tatgericht zu Unrecht ein Verwertungsverbot nach dieser Vorschrift an, ist dies in der Revision als Verletzung der gerichtlichen Aufklärungspflicht (Verstoß gegen §§ 244 II StPO) bzw. wegen fehlerhafter Ablehnung eines Beweisantrags (§ 244 III–VI StPO bzw. – bei präsenten Beweismitteln – § 245 StPO) – ebenfalls mit einer Verfahrensrüge – geltend zu machen (wie im Beispiel bei → Rn. 272). 180
Die Rüge erfordert in jedem Fall die vollständige Wiedergabe der Angaben der Person, die dem Verwertungsverbot unterliegen sollen, sowie der Tatsachen, aus denen sich der (Nicht-)Verstoß gegen § 136a StPO ergibt. Eines Widerspruchs bedarf es – angesichts des gesetzlich angeordneten Beweisverwertungsverbots, § 136a III 2 StPO – nicht. Wird beanstandet, dass ein Ver-

---

247 BGH NStZ-RR 2016, 377.
248 Vgl. BGH NStZ 2001, 551; vgl. auch Meyer-Goßner/Schmitt/*Schmitt* StPO § 136a Rn. 30.
249 Vgl. BGH NStZ 1996, 290.
250 Vgl. Meyer-Goßner/Schmitt/*Schmitt* StPO § 136a Rn. 30, wonach – wie bei § 136 StPO – zu verlangen sei, dass der Beschuldigte dahin belehrt wird, dass die vorangegangenen Angaben nicht verwertet werden dürfen; offen gelassen von BGH NStZ 2009, 281 (282).

> wertungsverbot in Bezug auf spätere Aussagen des Beschuldigten (nicht) bestanden hat, ist ferner zu belegen, dass der Verstoß gegen § 136a StPO (nicht) fortgewirkt hat.[251]

b) Verwertungsverbote in Zusammenhang mit Fehlern bei der Überwachung der Telekommunikation (§§ 100a, 100d, 100e StPO)

181 Ein ausdrückliches Verwertungsverbot – auch als Spurenansatz – ist in § 100d II 2 StPO in Bezug auf »Erkenntnisse aus dem Kernbereich privater Lebensgestaltung« geregelt.[252] Die Anordnung an sich ist dagegen nur rechtswidrig, wenn allein derartige Erkenntnisse zu erwarten sind, § 100d I StPO.

Auch sonst können Erkenntnisse, die aus einer rechtswidrigen Überwachung der Telekommunikation (zB Festanschlüsse, Mobilfunk, E-Mail-Verkehr)[253] herrühren, einem Verwertungsverbot unterliegen; die Rechtsprechung wendet die **Widerspruchslösung** an[254] (dazu → Rn. 100). Ein solches Verwertungsverbot besteht bspw., wenn die Erkenntnisse aus einer Überwachung der Telekommunikation unter Umgehung des § 100e I 1 StPO ohne richterliche oder staatsanwaltschaftliche Anordnung erlangt wurden.[255] Gleiches gilt, wenn die Staatsanwaltschaft eine Maßnahme nach § 100a I StPO anordnet und dabei gegen den Richtervorbehalt in § 100e I 1 StPO verstößt, indem sie willkürlich Gefahr in Verzug bejaht.[256]

Ein Verwertungsverbot kann ferner vorliegen, wenn die sachlichen Voraussetzungen einer Anordnung nach § 100a I 1 StPO von Anfang an gefehlt haben, etwa weil von vornherein kein Verdacht einer Katalogtat nach § 100a II StPO bestanden hat[257] oder der Subsidiaritätsgrundsatz (vgl. § 100a I 1 Nr. 3 StPO) missachtet worden ist. Kein Verwertungsverbot besteht dagegen, wenn von einer im Übrigen ordnungsgemäßen Überwachungsmaßnahme Personen betroffen sind, denen nach § 52 StPO ein Zeugnisverweigerungsrecht zusteht.[258] Der Schutz von Zeugnisverweigerungsberechtigten iSd §§ 53 f. StPO richtet sich nach § 160a StPO.

Gesetzlich geregelt ist nunmehr die Zulässigkeit der sog. Quellen-TKÜ (§ 100a I 2, 3, V StPO). Bei der Internettelefonie standen die Strafverfolgungsbehörden vor dem Problem, dass es ihnen technisch nicht möglich war, den Inhalt der Kommunikation während des Übertragungsvorgangs abzufangen, weil dieser verschlüsselt übermittelt wird. Die Neuregelung erlaubt nunmehr ausdrücklich – die Rechtsprechung hatte dies schon vorher für zulässig erachtet[259] –, heimlich von extern auf das Sendegerät zuzugreifen, um den Inhalt der Telefo-

---

251 Vgl. BGH wistra 2003, 141; Meyer-Goßner/Schmitt/*Schmitt* StPO § 136a Rn. 30 aE, 33.
252 BVerfG NJW 20012, 833 (838); Meyer-Goßner/Schmitt/*Schmitt* StPO § 100a Rn. 25; vgl. zum »Kernbereich« § 100c Rn. 15.
253 Vgl. Meyer-Goßner/Schmitt/*Schmitt* StPO § 100a Rn. 6b, wonach für das Absenden der Nachricht bis zum Ankommen im Speicher des Providers und für das Abrufen der Nachricht durch den Empfänger § 100a StPO gilt; vgl. aber → Rn. 194 auch zur rechtlichen Behandlung der auf dem Mailserver des Providers zwischen- oder endgespeicherten E-Mails.
254 Vgl. BGH StV 2016, 771; StraFo 2014, 20; vgl. auch Meyer-Goßner/Schmitt/*Schmitt* StPO § 100a Rn. 39.
255 BGHSt 31, 304 (306) = NJW 1983, 1570; BGHSt 35, 32 (34) = NJW 1988, 1223; vgl. auch Meyer-Goßner/Schmitt/*Schmitt* StPO § 100a Rn. 35.
256 Meyer-Goßner/Schmitt/*Schmitt* StPO § 100a Rn. 35; vgl. auch § 94 Rn. 21 und § 98 Rn. 7.
257 Nach BGHSt 48, 240 = NJW 2003, 1880 ist die Auswechslung der im Überwachungsbeschluss unzutreffend angenommenen Katalogtat durch eine andere in den Grenzen der vom Ermittlungsrichter geprüften Verdachtslage möglich; vgl. aber auch BVerfG NJW 2007, 2749 (2750), wonach eine Auswechslung des Beschuldigten und der Zielrichtung des Eingriffs nicht möglich ist; vgl. auch BGH StV 2008, 63 (64), wonach eine ungenügende Fassung der richterlichen oder staatsanwaltschaftlichen Anordnungen der Überwachung der Telekommunikation »nicht per se die Rechtswidrigkeit dieser Maßnahmen mit der Folge der Unverwertbarkeit der hieraus gewonnenen Ergebnisse« begründet; zum Prüfungsumfang vgl. auch Meyer-Goßner/Schmitt/*Schmitt* StPO § 100a Rn. 39.
258 Vgl. Meyer-Goßner/Schmitt/*Schmitt* StPO § 100a Rn. 18; Rn. 35; zur – zulässigen – Verwertung von »Hintergrundgesprächen« bei der Telefonüberwachung vgl. BGH NStZ 2008, 473.
259 BVerfG NJW 2008, 822 (826); zur bisherigen Rechtslage: Meyer-Goßner/Schmitt/*Schmitt* StPO § 100a Rn. 7b.

E. Einzelheiten zur Verfahrensrüge

nie vor einer Verschlüsselung abzugreifen. Ein sonstiges Auslesen des Rechners, auf den zugegriffen wird, ist nach dieser Norm nicht gestattet. Einschlägige – mit höheren Hürden versehene – Rechtsgrundlage hierfür ist § 100b StPO.

Fall: Das Landgericht hat den Angeklagten wegen unerlaubten Handeltreibens mit Betäubungsmitteln in nicht geringer Menge (vgl. § 29a I Nr. 2 BtMG) zu einer mehrjährigen Freiheitsstrafe verurteilt. Die Verurteilung stützt sich im Wesentlichen auf Zufallserkenntnisse, die anlässlich der Überwachung und Aufzeichnung der Telekommunikation beim gesondert Verfolgten A in dem gegen diesen geführten Ermittlungsverfahren gewonnen wurden. Gegen A hatte der zuständige Ermittlungsrichter nach §§ 100a, 100e I StPO mit Beschluss Telekommunikations-Überwachungsmaßnahmen wegen des Verdachts des gewerbsmäßigen unerlaubten Handeltreibens mit Betäubungsmitteln (§ 29 I 1 Nr. 1, III 2 Nr. 1 BtMG) angeordnet. Der diesem Beschluss zugrunde liegende Verdacht gegen A gründete sich auf Erkenntnissen einer weiteren Telekommunikations-Überwachungsmaßnahme beim gesondert Verfolgten B. Gegen diesen hatte der zuständige Ermittlungsrichter Telekommunikations-Überwachungsmaßnahmen nach §§ 100a, 100e I StPO angeordnet; die den Verdacht gegen B begründenden Erkenntnisse entstammten ihrerseits einer Telekommunikations-Überwachungsmaßnahme beim gesondert Verfolgten C.
Der Verteidiger hat in der Hauptverhandlung rechtzeitig der Verwertung der Zufallserkenntnisse aus der Überwachungsmaßnahme gegen A widersprochen. Mit einer Verfahrensrüge rügt er die Verwertung der Zufallserkenntnisse; er führt aus, das Gericht habe nur den gegen A erlassenen Beschluss, nicht jedoch die gegen B und C ergangenen Beschlüsse einer näheren Überprüfung unterzogen. Aussichten der Revision?

182

Lösung: Die Revision hat keine Aussicht auf Erfolg.
Da der Verteidiger der Verwertung der Zufallserkenntnisse widersprochen hat, ist zu prüfen, ob ein Verwertungsverbot vorlag. Insoweit gilt Folgendes:
Die Zufallserkenntnisse durften grundsätzlich gem. § 477 II 2 StPO verwertet werden, da sie sich auf eine Katalogtat nach § 100a II Nr. 7a oder b StPO beziehen.[260]
Eine Verwertung auch von Zufallserkenntnissen wäre nur dann ausgeschlossen gewesen, wenn wesentliche sachliche Voraussetzungen (bspw. Unvertretbarkeit der ermittlungsrichterlichen Entscheidung wegen fehlenden Verdachts einer Katalogtat) für die Anordnung der Überwachungsmaßnahme gegen A gefehlt hätten. Hierfür liegen laut Sachverhalt keine Anhaltspunkte vor.
Das Gericht musste sich auch nicht mit der Rechtmäßigkeit der gegen B und C ergangenen Beschlüsse auseinandersetzen. Der BGH führt dazu aus: »Im Fall einer Kette von aufeinander beruhenden Überwachungsmaßnahmen ist die Überprüfung der Rechtmäßigkeit auf die Anordnung der Telekommunikations-Überwachungsmaßnahme beschränkt, der die verwerteten Erkenntnisse unmittelbar entstammen. Eine Fernwirkung durch die Rechtswidrigkeit nur einer vorgelagerten, für das Verfahren selbst nicht unmittelbar beweiserheblichen Telekommunikations-Überwachungsmaßnahme ergibt sich nicht.« (BGHSt 51, 1 [7] = NJW 2006, 1361)
Der BGH begründet dies unter Hinweis auf das unabweisbare Bedürfnis einer wirksamen Strafverfolgung damit, dass anderenfalls das gesamte Strafverfahren »lahmgelegt« werden könnte.[261]

Hinweis: In der Revision ist mit einer Verfahrensrüge geltend zu machen, dass der Tatrichter zu Unrecht Aufzeichnungen aus einer Überwachung der Telekommunikation verwertet hat. Dabei entspricht die Kontrolle durch das Revisionsgericht der des Tatrichters, der über die Verwertbarkeit der Aufzeichnungen zu befinden hatte; sie beschränkt sich also weitgehend auf die Prüfung der Vertretbarkeit der Anordnung durch den Ermittlungsrichter oder den Staatsanwalt.

183

---

260 Vgl. dazu Meyer-Goßner/Schmitt/*Schmitt* StPO § 477 Rn. 5 ff. Dem Gesetzeswortlaut »zu Beweiszwecken« ist zugleich zu entnehmen, dass eine Verwendung als »Spurenansatz« – sprich: als Anlass für weitere Ermittlungsmaßnahmen – auch bei Nicht-Katalogtaten nicht verboten ist. Geht es um die Verwertung von präventiv-polizeilich erlangten Erkenntnissen, richtet sich dies nach § 161 II, III StPO.
261 BGHSt 51, 1 (8) = NJW 2006, 1361; vgl. zur Fernwirkung auch Meyer-Goßner/Schmitt/*Schmitt* StPO § 100a Rn. 38 und Meyer-Goßner/Schmitt/*Meyer-Goßner* Einl. Rn. 57.

3. Kapitel. Inhalt der Revisionsbegründung

Mitzuteilen sind in der Verfahrensrüge der Anordnungsbeschluss des Richters, ggf. die entsprechende Verfügung der Staatsanwaltschaft, der Inhalt der Aufzeichnungen (soweit er sich bei zusätzlich erhobener Sachrüge nicht aus dem Urteil ergibt), die rechtzeitige Erhebung des Widerspruchs (gegen die Verwertung) und den diesen zurückweisenden Beschluss sowie alle weiteren für die Entscheidung relevanten Umstände, etwa die Mitteilung der Verdachtslage und der übrigen Eingriffsvoraussetzungen zum Zeitpunkt des Erlasses der beanstandeten Entscheidung.[262]

184 **Fall:** Dem Angeklagten wird zur Last gelegt, er habe F Schmuck im Wert von 10.000 EUR gewaltsam abgenommen. Um ihn überführen zu können, bat der ermittelnde Polizeibeamte den F, vom Dienstapparat aus beim Beschuldigten anzurufen. Tatsächlich ließ sich der Angeklagte in dem Telefongespräch, das der Polizeibeamte an einem Zweithörer mithörte, so ein, dass hierauf seine Verurteilung gestützt werden konnte. Kann der Verteidiger die Revision darauf stützen, dass die Aussage des Polizeibeamten, der über den Inhalt des Telefongesprächs vernommen wurde, nicht verwertet werden durfte?

Lösung: Das Telefongespräch (sog. **Hörfalle**) war nach Ansicht des BGH verwertbar; folgt man dem, hätte die Revision des Verteidigers daher keinen Erfolg.[263]

- Ein Verstoß gegen §§ 100a, 100e I StPO ist nicht gegeben, da der Schutzbereich des Art. 10 I GG nicht berührt wird, wenn einer der Fernsprechteilnehmer einem (privaten) Dritten die Möglichkeit des Mithörens einräumt.
- Gegen die sich aus § 163a IV 2 iVm § 136 I 2 StPO ergebenden Belehrungspflichten wurde nicht verstoßen, da diese Vorschrift auf den vorliegenden Fall weder unmittelbar noch entsprechend anzuwenden ist. Eine Vernehmung im Sinne dieser Vorschrift liegt nämlich nur vor, wenn der Vernehmende der Auskunftsperson in amtlicher Funktion gegenübertritt. Das war aber nicht der Fall, das Gespräch mit dem Beschuldigten führte vielmehr das Opfer, der Polizeibeamte ist gegenüber dem Beschuldigten nicht aufgetreten. Auch eine Erweiterung des Vernehmungsbegriffs oder eine entsprechende Anwendung des § 136 I 2 StPO ist hier nicht geboten. Denn wenn der Beschuldigte davon ausgeht, er unterhalte sich mit einer Privatperson, so weiß er auch, dass er dieser gegenüber nicht zu Angaben verpflichtet ist.
- Auch gegen § 163a IV 2 iVm § 136a StPO wurde nicht verstoßen. Zum einen handelte es sich nicht um eine Vernehmung im Sinne dieser Vorschrift, weil sich der Beschuldigte bei einem Privatgespräch nicht durch die »polizeiliche Autorität« des Befragenden zu einer Aussage veranlasst sah.[264] Zum anderen fehlt es auch an einer Täuschung iSd Vorschrift; denn das bloße Ausnutzen eines Irrtums ist keine Täuschung, sondern eine – auch nach § 136a StPO – erlaubte List.[265]
- Allerdings leitet der BGH aus dem Nemo-tenetur-Grundsatz, dem Rechtsstaatsprinzip und dem daraus hervorgegangenen Grundsatz des fairen Verfahrens ab, dass Maßnahmen, die ihren Schwerpunkt in der Heimlichkeit der Ausforschung des Beschuldigten haben, nicht uneingeschränkt zulässig sind. Vielmehr ergibt eine Abwägung dieser Werte einerseits mit der ebenfalls im Verfassungsrang stehenden Pflicht des Rechtsstaats zur effektiven Strafverfolgung andererseits, dass eine solche Maßnahme nur dann zulässig ist, wenn es sich bei der den Gegenstand der Verfolgung bildenden Tat um eine Straftat von erheblicher Bedeutung (vgl. hierzu die nicht abschließende Aufzählung der Katalogstraftaten in §§ 98a, 100a, 110a StPO) handelt und der Einsatz anderer Ermittlungsmethoden erheblich weniger erfolgversprechend oder wesentlich erschwert wäre.

---

262 BGH StV 2008, 63 (65); vgl. auch BGH NStZ 2007, 117 sowie Meyer-Goßner/Schmitt/*Schmitt* StPO § 100a Rn. 39.
263 BGHSt 42, 139 (154) = NJW 1996, 2940.
264 Vgl. Meyer-Goßner/Schmitt/*Schmitt* StPO § 136a Rn. 4; vgl. aber andererseits den Fall, dass sich die Ermittlungsbehörde eine in § 136 I StPO umschriebene Verhaltensweise einer Privatperson »zurechnen« lassen muss, etwa weil sie einem Mithäftling den Auftrag erteilt hat, einen anderen Gefangenen auszuforschen, und diesen hierzu in die Haftzelle des Beschuldigten verlegt hat (→ Rn. 262).
265 Ähnlich (heimliche Stimmprobe): BGHSt 40, 66 (70 ff.) = NJW 1994, 1807; dazu auch Meyer-Goßner/Schmitt/*Schmitt* StPO § 136a Rn. 15 ff., vgl. aber auch § 136a Rn. 4a.

- Fraglich ist jedoch, ob dem Urteil des BGH im Hinblick auf die Rechtsprechung des BVerfG zur Verwertbarkeit von Zeugenaussagen über den Inhalt von Telefongesprächen in vollem Umfang gefolgt werden kann.[266] Das BVerfG sieht in einem Mithörenlassen ebenfalls keinen Verstoß gegen Art. 10 I GG, in der Erhebung und Verwertung einer solchen Zeugenaussage jedoch einen Eingriff in den Schutzbereich des Rechts am gesprochenen Wort als Ausprägung des allgemeinen Persönlichkeitsrechts (Art. 2 I GG), wenn der andere Gesprächsteilnehmer in das Mithören weder ausdrücklich noch konkludent eingewilligt hat. Unter welchen Umständen ein solcher Eingriff in das allgemeine Persönlichkeitsrecht gerechtfertigt ist, hat das BVerfG nicht konkret ausgeführt. Es hat jedoch betont, dass eine solche Rechtfertigung im Strafrecht zur Aufklärung »besonders schwerer Straftaten« in Betracht kommt. Ob dies mit dem vom BGH verwendeten Begriff einer Straftat von »erheblicher Bedeutung« übereinstimmt, hat das BVerfG offen gelassen.
- Hat allerdings der Beschuldigte zuvor von seinem Schweigerecht Gebrauch gemacht und wird die Hörfalle zur Umgehung dieses Schweigerechts eingesetzt, spricht Vieles für die Annahme eines Verwertungsverbotes. Die genauen Grenzen scheinen freilich noch ungeklärt.[267]

c) Verwertungsverbote bei der Wohnraumüberwachung und beim Abhören außerhalb von Wohnungen

185 Für das Bestehen von Verwertungsverboten nach einem »kleinen«[268] (vgl. § 100f StPO) oder »großen«[269] (vgl. § 100c StPO) Lauschangriff gelten weitgehend die zur Überwachung der Telekommunikation entwickelten Grundsätze entsprechend. Daher kommt eine Unverwertbarkeit von Aufzeichnungen beim »großen« Lauschangriff etwa dann in Betracht, wenn die Bejahung des Verdachts einer Katalogtat iSv § 100c I Nr. 1 iVm § 100b II StPO oder die Wahrung des Subsidiaritätsgrundsatzes (vgl. § 100c I Nr. 4 StPO) durch den Anordnenden (§ 100e II StPO) nicht vertretbar war.[270]

186 Ausdrücklich ausgeschlossen – auch als Spurenansatz – (§ 100d II 1 StPO) ist eine Verwertung von Aufzeichnungen aus einer Wohnraumüberwachung, die dem »Kernbereich privater Lebensgestaltung« zuzurechnen sind.[271]

Daneben ist gem. § 100d V StPO eine Wohnraumüberwachung unzulässig bei nach § 53 I StPO zeugnisverweigerungsberechtigten Personen. Stellt sich erst während der Wohnraumüberwachung oder nachträglich heraus, dass ein Fall des § 53 I StPO vorliegt, müssen diese Aufzeichnungen gelöscht werden; eine Verwertung ist verboten (vgl. § 100d V 1 Hs. 2, II StPO).[272] Dagegen sind Angehörige (vgl. § 52 I StPO) vor der Maßnahme grundsätzlich nicht sicher; ob Erkenntnisse aus einer Wohnraumüberwachung verwertet werden dürfen, folgt aus einer Abwägung (§ 100d V 2 StPO).

186a Selbstgespräche unterfallen nach der Rechtsprechung dem Kernbereich der Persönlichkeitsentfaltung. Argumente sind die Eindimensionalität der Selbstäußerung, die mögliche Unbe-

---

266 BVerfG NJW 2002, 3619 (zum Zivilrecht).
267 Meyer-Goßner/Schmitt/*Schmitt* StPO § 136a Rn. 4a mwN. Der BGH hat in BGHSt 52, 11 = NJW 2007, 3138 ein Verwertungsverbot bejaht, wenn sich der Beschuldigte auf sein Schweigerecht berufen hat und dann ein Verdeckter Ermittler ein Vertrauensverhältnis zum Beschuldigten aufgebaut und den auf Hafturlaub befindlichen Beschuldigten gezielt ausgehorcht hat.
268 ZB Überwachung des Autos. Auch der Besuchsraum einer Haftanstalt ist keine Wohnung iSd Art. 13 GG, sodass eine Abhörmaßnahme auf der Grundlage des § 100f StPO in Betracht kommt; vgl. aber auch BGH NJW 2009, 2463, wonach die heimliche akustische Überwachung eines Ehegattengesprächs im Besucherraum einer U-Haftanstalt sich als Verletzung des Rechts auf ein faires Verfahren (Art. 20 III GG iVm Art. 2 I GG) mit der Folge eines Beweisverwertungsverbotes darstellt, wenn ein Gespräch in einem gesonderten Besucherraum initiiert wird, um bewusst eine Vertraulichkeit des Gesprächs zu suggerieren.
269 Dazu zählt auch ein Einzelzimmer im Krankenhaus: BGH NJW 2005, 3295.
270 Vgl. Meyer-Goßner/Schmitt/*Schmitt* StPO § 100c Rn. 25; § 100f Rn. 20; § 100a Rn. 35.
271 Die Verwendung der Erkenntnisse aus einem großen Lauschangriff zur Verfolgung anderer Taten richtet sich nach § 100e VI Nr. 1 StPO.
272 Besteht aber der Verdacht der Teilnahme an der Tat, an einer Begünstigung, Strafvereitelung oder Hehlerei, ist die akustische Wohnraumüberwachung zulässig (vgl. § 100d V 3 iVm § 160a IV StPO); zu Ausnahmen beim Verteidiger vgl. aber auch Meyer-Goßner/Schmitt/*Schmitt* StPO § 100c Rn. 24; § 100a Rn. 21.

wusstheit der Äußerung und ihre Identität mit inneren Gedanken bei Nicht-Öffentlichkeit der Äußerung sowie die Flüchtigkeit des gesprochenen Wortes. Sie sind damit unverwertbar (entschieden sowohl für Selbstgespräche in einem Krankenzimmer[273] als auch für Selbstgespräche in einem – grundsätzlich rechtmäßig nach § 100f StPO überwachten – Auto[274]).

d) Verwertungsverbote in Zusammenhang mit Fehlern bei Durchsuchung und Beschlagnahme; Online-Durchsuchung

187 Beweismittel, die aufgrund einer rechtsfehlerhaften Durchsuchung erlangt worden sind, können insbes. bei Missachtung des Richtervorbehalts (vgl. § 105 I StPO) ein Verwertungsverbot zur Folge haben. Allerdings führt nach der oben unter → Rn. 172 dargestellten Abwägungslehre nicht jeglicher rechtlicher oder tatsächlicher Irrtum über das Vorliegen einer »Gefahr im Verzug«[275] – einem unbestimmten Rechtsbegriff ohne Beurteilungsspielraum der Ermittlungsbehörden – zur Unverwertbarkeit der aufgefundenen Beweismittel. Wurde jedoch der **Richtervorbehalt bewusst ignoriert** oder liegt eine gleichgewichtig **gröbliche Missachtung** vor, unterliegen die bei der Durchsuchung sichergestellten Gegenstände einem Verwertungsverbot.[276] Eine solche gröbliche Missachtung liegt bspw. vor, wenn mit der Antragstellung zugewartet wird, bis Gefahr im Verzug vorliegt. Grundsätzlich muss der Ermittlungsbeamte bzw. der Staatsanwalt zunächst **versuchen, den Ermittlungsrichter zu erreichen**. Die Umstände, die den Beamten veranlasst haben, Gefahr im Verzug anzunehmen, sind zu **dokumentieren** (ein Verstoß gegen die Dokumentationspflicht macht die Maßnahme aber noch nicht per se unverwertbar).[277]

Haben die Ermittlungspersonen eine Sache einem Ermittlungsrichter zur Entscheidung vorgelegt – und damit Gefahr im Verzug verneint –, fällt die Entscheidungskompetenz nicht wieder an die Ermittlungspersonen zurück, auch wenn der Ermittlungsrichter eine zeitnahe Entscheidung ablehnt. Anders kann dies nur sein, wenn neue Erkenntnisse gewonnen werden, die eine Neubewertung der Dringlichkeit begründen.[278]

Bei gröblicher Missachtung des Richtervorbehalts kommt auch dem Gesichtspunkt eines »möglichen hypothetischen rechtmäßigen Ermittlungsverlaufs« keine Bedeutung zu, da anderenfalls die Einhaltung der durch Art. 13 II GG und § 105 I 1 StPO festgelegten Kompetenzregelung stets unterlaufen und der Richtervorbehalt sinnlos werden könnte.

Nach der Rechtsprechung des 2. Strafsenats des BGH erfordert die Geltendmachung eines Beweisverwertungsverbotes nicht die Erhebung eines Widerspruchs durch den Verteidiger.[279] Der Senat begründet seine Entscheidung damit, dass es sich – anders als bei Beweismitteln, die das Aussageverhalten des Angeklagten betreffen – um ein sächliches Beweismittel handelt, das nicht der Disposition des Angeklagten unterliegen könne. Die Argumentation erscheint durchaus zweifelhaft: Gerade bei einer Durchsuchung beim Beschuldigten steht es diesem frei, den Besitz eines Gegenstandes einzuräumen. Die sonstigen Argumente, die für die Widerspruchslösung ins Felde geführt werden, beanspruchen ebenfalls Geltung: Wie bei gesetzwidrig erlangten Aussagen ist es möglich, dass die Durchsuchung nicht nur Be-, sondern auch Entlastendes zu Tage gefördert hat. Insofern mag die Verteidigung ein Interesse daran haben, das Durchsuchungsergebnis – das anderenfalls in Gänze gesperrt ist – in die Verhandlung einzuführen. Insofern ist der Verteidiger die am besten geeignete Person, über das Beweisverwertungsverbot zu disponieren. Im Übrigen stellt sich die Frage, ob sich diese

---

273 BGH NJW 2005, 3295.
274 BGHSt 57, 71 = NJW 2012, 945; mangels Kernbereichsregelung in der StPO bei Überwachungen nach § 100f StPO muss das Beweisverwertungsverbot unmittelbar aus dem Kernbereich des Allgemeinen Persönlichkeitsrechts hergeleitet werden.
275 Die Gefahr im Verzug muss **mit Tatsachen begründet** werden, die auf den Einzelfall bezogen sind; fallunabhängige Vermutungen reichen nicht aus: vgl. Meyer-Goßner/Schmitt/*Schmitt* StPO § 98 Rn. 7 mwN.
276 BGH NJW 2007, 2269 (2272) = NStZ 2007, 601 (603) mAnm *Roxin* NStZ 2007, 616; vgl. auch Meyer-Goßner/Schmitt/*Schmitt* StPO § 105 Rn. 18 f; § 94 Rn. 21. Zum nächtlichen richterlichen Bereitschaftsdienst: → Rn. 194c.
277 Meyer-Goßner/Schmitt/*Schmitt* StPO § 105 Rn. 21.
278 BVerfG NJW 2015, 2787; BGH NJW 2017, 1332.
279 BGH NJW 2017, 1332 (noch offen gelassen in BGH NJW 2007, 2269).

E. Einzelheiten zur Verfahrensrüge

Rechtsprechung bruchlos in die Rechtsprechung zu verdeckten Ermittlern (hier verlangt der BGH den Widerspruch[280]) und zu Blutentnahmen (soweit ersichtlich allerdings nur Rechtsprechung der Oberlandesgerichte) einfügt.

Wenig konsistent erscheinen auch die Ausführungen, wonach der Widerspruch jedenfalls nicht bis zum Zeitpunkt des § 257 StPO erhoben sein muss, sondern lediglich so rechtzeitig, dass er in der Beweisaufnahme noch Berücksichtigung finden kann. Damit aber stellt der 2. Strafsenat die tradierte Rechtsprechung zum Zeitpunkt des Widerspruchs insgesamt in Frage – denn ein Grund, die Frage des Zeitpunktes in Abhängigkeit vom jeweils betroffenen Beweismittel zu bestimmen, ist nicht ersichtlich.

Grundsätzlich zieht ein rechtswidrig erlangtes Beweismittel keine Fernwirkung hinsichtlich anderer Beweismittel nach sich. Gesteht jedoch ein Beschuldigter – ordnungsgemäß belehrt – unter dem Eindruck einer (krass) rechtswidrig wegen Gefahr im Verzug angeordneten und daher unverwertbaren Durchsuchung noch vor Ort (im konkreten Fall wurde eine Marihuana-Plantage entdeckt), zieht dies jedoch **ausnahmsweise** wegen engen zeitlichen, räumlichen und situativen Zusammenhangs ein Beweisverwertungsverbot auch der Aussage nach sich, weil sich eine getrennte Beurteilung des Beweisverwertungsverbotes verbietet.[281] **187a**

Handelt die Polizei sowohl repressiv als auch präventiv (zB zwecks Sicherstellung einer nicht unerheblichen Menge von Betäubungsmitteln), so ist es ihr unbenommen, auf Grundlage der Polizeigesetze zu handeln (auch bei laufendem Ermittlungsverfahren) und auf dieser Grundlage eine Durchsuchung beispielsweise eines Fahrzeugs zu veranlassen. Das Ergebnis ist nach § 161 II 1 StPO im Strafverfahren verwertbar, wenn die materiellen Voraussetzungen für einen Durchsuchungsbeschluss vorlagen. Dass die Maßnahme nach den Polizeigesetzen nicht dem Richtervorbehalt unterlag, ist irrelevant.[282] **187b**

Verwertungsverbote können auch aus einem Beschlagnahmeverbot resultieren. So hat der Verstoß gegen das in § 97 I Nr. 1 StPO enthaltene Verbot der Beschlagnahme schriftlicher Mitteilungen zwischen dem Beschuldigten und seinen in § 52 I StPO genannten Angehörigen ein Verwertungsverbot zur Folge.[283] Dagegen ist bei dem an das Zeugnisverweigerungsrecht der Berufsgeheimnisträger (§ 53 StPO) anknüpfenden Beschlagnahmeverbot (§ 97 I Nr. 1–3 StPO) zu unterscheiden zwischen den in § 53 I 1 Nr. 1, 2, 4 StPO genannten Personen (einschließlich Rechtsanwälten) und den Angehörigen der in § 53 I 1 Nr. 3–3b oder Nr. 5 StPO genannten Beratungs- und Heilberufe sowie der Medien. Im ersten Fall folgt das Verwertungsverbot aus § 160a I 2 StPO. Im zweiten Fall hängt die Verwertbarkeit von Erkenntnissen von einer Prüfung der Verhältnismäßigkeit im Einzelfall ab (§ 160a II 3 iVm II 1 StPO); dem steht der Vorrang, der § 97 StPO nach § 160a V StPO zukommt, nicht entgegen, da § 97 StPO hinsichtlich der Verwertung von beschlagnahmefreien Gegenstände keine ausdrückliche Regelung trifft.[284] **188**

Fall: Dem Beschuldigten wird Totschlag vorgeworfen, er wurde jedoch vom Schwurgericht freigesprochen. Hiergegen legte die Staatsanwaltschaft Revision ein, die sie auf eine Aufklärungspflichtverletzung stützte; denn das Gericht hätte beim Beschuldigten selbst sichergestellten Unterlagen verwerten müssen. Hierzu trägt die Staatsanwaltschaft im Einzelnen vor, dass in der Haftzelle des Beschuldigten von diesem herrührende, handschriftliche Unterlagen sichergestellt wurden, die Darstellungen zum Sachverhalt, zu den in Betracht kommenden Strafvorschriften und zur weiteren Verteidigungsstrategie enthielten. Wird die Revision der Staatsanwaltschaft Erfolg haben? **189**

Lösung: Die Revision der Staatsanwaltschaft wird keinen Erfolg haben; das Gericht hat seine Aufklärungspflicht (ausführlich dazu bei → Rn. 268 ff.) nicht verletzt, da die beschlagnahmten Unterlagen nicht verwertet werden durften.

---

280 BGH NStZ 1997, 249.
281 OLG Düsseldorf StV 2017, 12.
282 BGH NJW 2017, 3173 zu einer solchen legendierten Polizeikontrolle.
283 Vgl. Meyer-Goßner/Schmitt/*Schmitt* StPO § 97 Rn. 46a.
284 Meyer-Goßner/Schmitt/*Schmitt* StPO § 97 Rn. 50; § 160a Rn. 17.

> Bei den in der Haftzelle des Beschuldigten beschlagnahmten Aufzeichnungen handelte es sich um Unterlagen, die der Beschuldigte erkennbar zu seiner Verteidigung angefertigt hat. Das durch Art. 6 III EMRK geschützte Recht auf eine geordnete und effektive Verteidigung ist für diesen aber von so grundlegender Bedeutung, dass es – trotz der Pflicht des Gerichts zur Wahrheitserforschung und dem staatlichen Interesse an einer funktionierenden Strafrechtspflege – bei Verstößen durch ein Verwertungsverbot geschützt werden muss. Dies ergibt sich (auch) aus der Heranziehung des Nemo-tenetur-Grundsatzes und einer entsprechenden Anwendung von § 97 I StPO sowie den von der Rechtsprechung hierzu entwickelten Grundsätzen und ist unabhängig davon, ob es sich um Unterlagen handelt, die der Beschuldigte für sich oder für seinen Verteidiger bestimmt hat.[285]

190 Verwertungsverbote bezüglich beschlagnahmter Gegenstände können sich auch aus verfassungsrechtlichen Bestimmungen ergeben:

> **Fall:** Der Angeklagte wurde von der Strafkammer wegen mehrfachen sexuellen Missbrauchs einer Schutzbefohlenen zu einer Freiheitsstrafe verurteilt. In seiner Revision macht er mit einer Verfahrensrüge geltend, dass das Tatgericht zu Unrecht Tagebuchaufzeichnungen des zwischenzeitlich verstorbenen Opfers über das Tatgeschehen als wesentliches Schuldindiz zu seinen Lasten verwertet habe. Wird das Rechtsmittel Erfolg haben?
>
> **Lösung:** Die Revision des Angeklagten wird keinen Erfolg haben.[286]
> Tagebuchaufzeichnungen sind zwar nicht durch ein (ausdrückliches) strafprozessuales Beschlagnahme- oder Verwertungsverbot geschützt, sie unterfallen aber dem Schutz des Persönlichkeitsrechts ihres Verfassers (Art. 2 I, 1 I GG), an das auch die Strafverfolgungsbehörden und die Gerichte gebunden sind. Für dieses Grundrecht hat das BVerfG einen unantastbaren Kernbereich privater Lebensgestaltung anerkannt, der dem Zugriff öffentlicher Gewalt schlechthin entzogen ist. Zu diesem absolut geschützten Bereich des Persönlichkeitsrechts zählen die hier verlesenen Tagebuchaufzeichnungen indes nicht; sie befassen sich zwar mit einem Geschehen, das aufgrund seiner Sexualbezogenheit der Intimsphäre der Verfasserin zuzurechnen ist, sie beschränken sich dort aber – zumindest soweit sie im Urteil verwertet wurden – auf eine Schilderung des äußeren Tatgeschehens.[287] Außerhalb des Kernbereichs der Art. 2 I, 1 I GG dürfen jedoch – auch nach der Rechtsprechung des BVerfG – Tagebuchaufzeichnungen (sowohl des Beschuldigten als auch von Zeugen) verwertet werden, wenn bei einer Abwägung dem allgemeinen Erfordernis an einer effektiven Strafrechtspflege gegenüber dem Persönlichkeitsrecht des Verfassers das größere Gewicht zukommt. Dies ist im vorliegenden Fall zu bejahen; zum einen handelt es sich nämlich bei den dem Angeklagten zur Last gelegten Sexualdelikten um Straftaten von erheblichem Gewicht, zum anderen war durch den Tod der Zeugin eine Aufklärung durch andere Beweismittel nahezu ausgeschlossen. Das Tagebuch war als Beweismittel somit von beträchtlicher Bedeutung. Schließlich war auch zu berücksichtigen, dass sich infolge des Todes des Tatopfers das Persönlichkeitsrecht verändert hat; es wurde in ein – gegenüber dem Schutz eines Lebenden geringer gewichtiges – Recht auf Abwehr von Angriffen gegen einen aus der Menschenwürde herzuleitenden Achtungsanspruch umgewandelt.
> Offengelassen hat der BGH im Übrigen, ob sich der Angeklagte überhaupt auf eine Verletzung des Persönlichkeitsrechts eines Dritten berufen kann.

191 Besondere Probleme können sich in Zusammenhang mit der Auswertung von Datenträgern – vor allem Speichermedien aus Computern, aber bspw. auch aus Mobiltelefonen – ergeben. So kann eine verdeckte »Online-Durchsuchung« nicht auf § 102 iVm § 110 StPO gestützt werden, da eine solche nicht dem Bild der StPO von einer klassischen Durchsuchung ent-

---

285 BGH NStZ 1998, 309; Meyer-Goßner/Schmitt/*Schmitt* StPO § 97 Rn. 37, 50.
286 BGH NStZ 1998, 635; 2000, 383 mAnm *Jahn*; BVerfG StraFo 2008, 421 – Nichtannahmebeschluss; vgl. auch Meyer-Goßner/Schmitt/*Meyer-Goßner* Einl. Rn. 56, 56a; eine ähnliche Problematik besteht beim Abschiedsbrief: dazu → Rn. 227.
287 So auch die Wertung des Gesetzgebers in § 100c IV 3 StPO aF, der zwischenzeitlich ersatzlos gestrichen wurde. Der Gesetzgeber geht nunmehr davon aus, dass die Frage des Kernbereichs eine Frage des Einzelfalls ist (vgl. dazu BT-Drs. 18/12785, 57).

spricht, wonach Ermittlungsbeamte am Ort der Durchsuchung körperlich anwesend sind und die Ermittlungen offen legen.[288] Wird ein Datenträger (zB im Rahmen einer offen ausgeführten Wohnungsdurchsuchung) beschlagnahmt, richtet sich diese Maßnahme zwar hinsichtlich Anordnung und Durchführung zunächst nach den allgemeinen Vorschriften (§§ 94 ff.; 102 ff. StPO).[289]

Zu beachten sind aber folgende Besonderheiten:

- Die Beschlagnahme des gesamten Datenbestandes kann und wird – etwa wenn es sich um die Festplatte eines Computers handelt – häufig gegen das durch Art. 2 I, 1 I GG verbürgte Recht auf informationelle Selbstbestimmung verstoßen.[290] Die für einen solchen Eingriff erforderliche gesetzliche Grundlage lässt sich zwar (allgemein) in den §§ 94 ff., 102 ff. StPO finden, jedoch erfordert die besondere Eingriffsintensität (Zugriff auf eine Vielzahl auch verfahrensunerheblicher Daten, zumindest mögliche Betroffenheit tatunbeteiligter Dritter) »im jeweiligen Einzelfall einer regulierenden Beschränkung« (BVerfG NJW 2005, 1917 [1920]). Grundsätzlich muss die entsprechend § 110 StPO[291] erfolgende Durchsicht des Datenbestandes, die der Beschlagnahme des Datenträgers vorgelagert ist, im Rahmen des Vertretbaren versuchen, die verfahrenserheblichen von den verfahrensunerheblichen Daten zu trennen, sodass die Beschlagnahme nach Möglichkeit nur verfahrensrelevante und verwertbare Daten erfasst.[292] Daneben muss der Grundsatz der Verhältnismäßigkeit gewahrt sein.[293] »Zumindest bei schwerwiegenden, bewussten oder willkürlichen Verfahrensverstößen, in denen die Beschränkung auf den Ermittlungszweck der Datenträgerbeschlagnahme planmäßig oder systematisch außer Acht gelassen wird, ist ein Beweisverwertungsverbot als Folge einer fehlerhaften Durchsuchung und Beschlagnahme von Datenträgern und der darauf vorhandenen Daten geboten.« (BVerfG NJW 2005, 1917 [1923]). Allerdings wird diese erste Sichtung vor Ort in manchen Fällen nicht möglich sein. Das BVerfG hat daher die vorläufige Sicherstellung/Beschlagnahme zwecks Durchsicht gebilligt.[294] 192
- Die Beschlagnahme eines Mobiltelefons und das »Auslesen« der dort gespeicherten Verkehrsdaten[295] verstößt nicht gegen Art. 10 I GG, da der Schutz des Fernmeldegeheimnisses mit dem Abschluss des Übertragungsvorgangs endet.[296] Die Erhebung von Verkehrsdaten aus dem Speicher eines beschlagnahmten Mobiltelefons nach Abschluss des Kommunikationsvorgangs (vgl. § 100g III StPO) setzt im Übrigen nicht voraus, dass es um die Aufklärung einer Straftat von erheblicher Bedeutung iSd § 100g I 1 Nr. 1 StPO geht.[297] Die Daten werden aber ebenfalls durch das Recht auf informationelle Selbstbestimmung geschützt.[298] Für die Beschlagnahme eines Mobiltelefons gelten daher die (→ Rn. 192) ausgeführten Grundsätze. 193
- Für die Beschlagnahme von E-Mails, SMS oder ähnlichem, die nach Abschluss des Übermittlungsvorgangs bereits im Endgerät gespeichert sind, gelten ebenfalls die obigen (→ Rn. 192 f.) Ausführungen.[299] Die Regelungen der §§ 94 ff. StPO ermöglichen grundsätzlich auch die (offene) Sicherstellung und Beschlagnahme von E-Mails, die nach Been- 194

---

288 BGH NStZ 2007, 279; vgl. auch Meyer-Goßner/Schmitt/*Schmitt* StPO § 100a Rn. 7c (allerdings zur alten Rechtslage).
289 BVerfG NJW 2006, 976; 2005, 1917 (1919 ff.); Meyer-Goßner/Schmitt/*Schmitt* StPO § 94 Rn. 4, 16a.
290 BVerfG NJW 2005, 1917 (1918).
291 Vgl. dazu BVerfG NJW 2003, 2669 (2670); 3761; 2005, 1917 (1921 f.); Meyer-Goßner/Schmitt/*Schmitt* StPO § 110 Rn. 1.
292 BVerfG NJW 2005, 1917 (1921); Meyer-Goßner/Schmitt/*Schmitt* StPO § 94 Rn. 18a.
293 BVerfG NJW 2005, 1917 (1922).
294 BVerfG NJW 2014, 3085; BGH NStZ 2010, 345; Meyer-Goßner/Schmitt/*Schmitt* StPO § 110 Rn. 2a.
295 Vgl. § 96 I TKG, zB Nummer oder Kennung der beteiligten Anschlüsse; Beginn und das Ende der jeweiligen Verbindung nach Datum und Uhrzeit.
296 BVerfG NJW 2006, 976; weitergehend noch BVerfG NJW 2005, 1637 (1639).
297 BVerfG NJW 2006, 976.
298 BVerfG NJW 2006, 976.
299 Vgl. auch BVerfG NJW 2009, 2431 (2434), wonach die Eingriffsbefugnisse gem. §§ 94 ff. StPO zwar ursprünglich auf körperliche Gegenstände zugeschnitten seien, der Wortsinn des § 94 StPO es jedoch gestatte, als »Gegenstand« des Zugriffs auch nichtkörperliche Gegenstände zu verstehen.

digung des Übertragungsvorgangs (zur Behandlung von E-Mails im Übrigen vgl. → Rn. 181) auf dem Mailserver des Providers zwischen- und endgespeichert sind.[300]

194a • Bei der Beschlagnahme der auf dem Mailserver eines Providers gespeicherten Daten handelt es sich um eine offene Maßnahme im Sinne der StPO. Ihre Anordnung ist den Verfahrensbeteiligten bekanntzumachen (§§ 33 III, IV, 35 StPO). Eine Zurückstellung der Benachrichtigung ist – anders als bei heimlichen Maßnahmen, § 101a V StPO – nicht vorgesehen. Ein Beweisverwertungsverbot resultiert hieraus jedoch nicht (jedenfalls dann nicht, wenn die Zurückstellung nicht bewusst erfolgt, um weitere Ermittlungsmaßnahmen durchführen zu können).[301]

194b Neben der offenen Durchsuchung, bei der Ermittlungspersonen vor Ort und damit für die Betroffenen sichtbar handeln, hat der Gesetzgeber nunmehr eine gesetzliche Grundlage auch für die (heimliche) **Online-Durchsuchung** geschaffen, bei der der Rechner durch externen Zugriff – vom Betroffenen unbemerkt – ausgelesen wird.[302] Die Anforderungen, § 100b StPO, entsprechen im Wesentlichen denen der akustischen Wohnraumüberwachung. Das erscheint sachgerecht.

e) Verwertungsverbote in Zusammenhang mit Fehlern bei der Blutentnahme

194c Auch im Zusammenhang mit der Anordnung der Blutentnahme stellt sich die Frage nach der Fehlerfolge, wenn der Richtervorbehalt des § 81a II 1 StPO nicht gewahrt ist. Ein Beweisverwertungsverbot ist gesetzlich nicht angeordnet. Nach der Abwägungslehre kommt **grundsätzlich einer effektiven Strafrechtspflege Vorrang** zu, wenn die Maßnahme – wie regelmäßig – materiell nicht zu beanstanden ist. Etwas anderes muss (**ausnahmsweise**) gelten, wenn der Ermittlungsbeamte bewusst den (hier allerdings nicht verfassungsrechtlich verbürgten) Richtervorbehalt umgeht oder **willkürlich** Gefahr im Verzug bejaht. Auch im Rahmen des § 81a StPO muss der Ermittlungsbeamte zunächst versuchen, den Ermittlungsrichter zu erreichen; außerdem muss er die Gründe für die Annahme von Gefahr im Verzug dokumentieren. Letzteres führt aber nicht zu einem Verwertungsverbot. Nicht jede fehlerhafte Bejahung von Gefahr im Verzug begründet jedoch Willkür und damit ein Beweisverwertungsverbot. Die Rüge in der Revision setzt überdies voraus, dass rechtzeitig Widerspruch erhoben wurde.[303]

Die Problematik hat allerdings deutlich an Bedeutung verloren, weil der Gesetzgeber den Richtervorbehalt für bestimmte Verkehrsdelikte – und damit für die Masse der Fälle – aufgehoben hat (§ 81a II 2 StPO).[304] Nur noch in der Übergangsphase von Bedeutung erscheint daher die Rechtsprechung, wonach **allein** der fortschreitende körpereigene Abbau von Alkohol oder Drogen für eine Bejahung von Gefahr im Verzug nicht ausreichen sollte. Anders ist es bei einem unklaren und komplexen Ermittlungsbild (zB bei Nähe zum Schwellenwert 1,1 Promille, Verdacht von Nachtrunk).[305]

---

300 Vgl. BVerfG NJW 2009, 2431 (2433); vgl. auch Meyer-Goßner/Schmitt/*Schmitt* StPO § 100a Rn. 6b; vgl. aber auch BGH NJW 2010, 1297, wonach die Anordnung der Beschlagnahme des gesamten auf dem Mailserver des Providers gespeicherten E-Mail-Bestandes eines Beschuldigten regelmäßig gegen das Übermaßverbot verstößt.
301 BGH NStZ 2015, 704.
302 Zur präventiven Online-Durchsuchung: § 20k BKAG, vom BVerfG in dieser Form für unvereinbar mit dem GG erklärt, NJW 2016, 1781.
303 Meyer-Goßner/Schmitt/*Schmitt* StPO § 81a Rn. 34 mwN. Ob daran im Hinblick auf die Rechtsprechung des 2. Strafsenats zur Durchsuchung festgehalten werden kann, bleibt abzuwarten.
304 Die Gesetzesbegründung (BT-Drs. 18/12785, 46) hält fest, dass in diesen Fällen die Anordnungskompetenz von Staatsanwaltschaft und Polizei gleichrangig ist, es also keiner »Regelanfrage« der Polizei bei der Staatsanwaltschaft bedarf.
305 Zum Ganzen: Meyer-Goßner/Schmitt/*Schmitt* StPO § 81a Rn. 25 a ff., 32 f. mwN; BVerfG NJW 2008, 3053; 2010, 2864; zum nächtlichen Bereitschaftsdienst: das BVerfG verlangt einen richterlichen Bereitschaftsdienst auch außerhalb üblicher Geschäftszeiten, zu Nachtzeiten aber nur bei praktischem Bedarf: BVerfG NJW 2004, 1442; 2005, 1637; einen solchen Bedarf verneinen bspw.: OLG Bamberg NZV 2010, 310, und OLG Sachsen-Anhalt BeckRS 2011, 04396, während OLG Hamm NJW 2009, 3109 ihn bejaht.

f) Verwertungsverbote in Zusammenhang mit Fehlern bei Zeugenvernehmungen

Rechtsfehler treten bei Zeugenvernehmungen insbes. in Zusammenhang mit den nach §§ 52 III, 55 II StPO notwendigen Belehrungen auf. Schwierigkeiten können sich hier bei der Prüfung der Frage ergeben, ob ein Aussage- oder ein Auskunftsverweigerungsrecht besteht und wie ggf. darüber zu belehren ist (dazu → Rn. 241 ff.; zur Frage, ob eine bestimmte Person als Zeuge oder als Beschuldigter zu vernehmen und ggf. über das Schweigerecht zu belehren ist, → Rn. 173).

195

Für Rechtsfehler bei einer Zeugenvernehmung im Ermittlungsverfahren ist – wie allgemein bei Gesetzesverletzungen in diesem Verfahrensabschnitt – zu beachten, dass sie eine Revision regelmäßig nur dann begründen, wenn die fehlerhafte Zeugenvernehmung trotz eines infolge des Fehlers bestehenden Verwertungsverbots in die Hauptverhandlung eingeführt und im Urteil verwertet wurde, das Urteil mithin auf der Gesetzesverletzung beruht (§ 337 I StPO; → Rn. 162 f., 171). Zudem hängt das Bestehen eines Verwertungsverbots hier in vielen Fallgestaltungen von einem rechtzeitigen Widerspruch des Angeklagten oder seines Verteidigers ab (vgl. das Beispiel bei → Rn. 232).

196

g) Verwertungsverbote in Zusammenhang mit Fehlern beim Einsatz eines Verdeckten Ermittlers oder eines V-Mannes

Verdeckte Ermittler sind Beamte des Polizeidienstes, die unter einer Legende ermitteln (§ 110a II StPO),[306] ein Informant ist eine nicht dem Polizeidienst angehörende Person, der im Einzelfall Vertraulichkeit zugesichert wurde, ein V-Mann ist ein Informant, der längere Zeit mit der Strafverfolgungsbehörde zusammenarbeitet und dessen Identität grundsätzlich geheim gehalten wird (vgl. I Nr. 2 der Anlage D zur RiStBV).[307] Ebenfalls kein Verdeckter Ermittler ist ein Polizeibeamter, der ohne Legende gelegentlich verdeckt auftritt (sog. NoeP – nicht offen ermittelnde Polizeibeamte). Ausdrücklich ist im Gesetz nur die Tätigkeit Verdeckter Ermittler geregelt (§§ 110a ff. StPO). Die Zulässigkeit des Einsatzes von NoePs, Informanten und V-Männern wird aus allgemeinen Regeln (§§ 161 I 1, 163 I StPO) hergeleitet; die §§ 110a ff. StPO sind auf sie nicht anwendbar, ihr Einsatz ist zur Verhinderung oder Aufdeckung besonders gefährlicher und schwer aufklärbarer Straftaten nach der Rechtsprechung erlaubt.[308]

197

Fall: Der Angeklagte wurde unter anderem wegen unerlaubten Handeltreibens mit BtM zu einer Freiheitsstrafe verurteilt. Im Rahmen der Strafzumessungserwägungen führte das Landgericht aus, dass strafmildernd berücksichtigt werde, »dass die Tat durch den direkten Einsatz eines Verdeckten Ermittlers ohne die gesetzlich erforderliche richterliche Genehmigung gefördert« worden sei, da »nur« der Staatsanwalt mündlich dem Einsatz des Polizeibeamten als Scheinaufkäufer zugestimmt habe. Kann die Staatsanwaltschaft diese Erwägung mit der Revision beanstanden?

198

Lösung: Die Revision der Staatsanwaltschaft kann zum Rechtsfolgenausspruch Erfolg haben; dies hängt allerdings von den näheren Umständen des Falls ab.
Einer richterlichen Genehmigung der Tätigkeit des Polizeibeamten als Scheinaufkäufer bedurfte es – wie § 110b II 1 StPO zeigt – nur, wenn er als Verdeckter Ermittler aufgetreten war. Dies setzt voraus, dass er als Beamter des Polizeidienstes **auf Dauer** unter einer Legende ermittelt hat (§ 110a II StPO). Dabei kommt es indes nicht auf zeitliche Mindestgrenzen an; entscheidend ist vielmehr, ob sein Ermittlungsauftrag über einzelne, konkret bestimmte Ermittlungshandlungen hinausging, ob es erforderlich war, eine unbestimmte Vielzahl von Personen über seine wahre Identität zu täuschen und ob im Hinblick auf Art und Umfang des Auftrags abzusehen

---

306 Die Identität des Verdeckten Ermittlers kann auch nach Beendigung des Einsatzes geheim gehalten werden (§ 110b III 1 StPO); vgl. dazu Meyer-Goßner/Schmitt/*Schmitt* StPO § 110b Rn. 8.
307 Abgedruckt bei Meyer-Goßner/Schmitt Anh 12.
308 Vgl. BGH NJW 2000, 1123; s. auch Meyer-Goßner/Schmitt/*Schmitt* StPO § 110a Rn. 4a; § 163 Rn. 34a mwN.

> war, dass die Identität des Beamten längere Zeit geheim gehalten werden muss.[309] Bei einem Polizeibeamten, der lediglich einmal (wenn auch unter Falschnamen) als Scheinaufkäufer verdeckt aufgetreten ist, ist das Vorliegen dieser Voraussetzungen zumindest zweifelhaft.
>
> Es könnte jedoch – wiederum abhängig von den Umständen des Falles – dahingestellt bleiben, ob diese Voraussetzungen hier gegeben sind. Denn auch die Nichteinholung einer richterlichen Zustimmung für den Einsatz als Verdeckter Ermittler würde das Auftreten des Scheinaufkäufers nicht ohne weiteres rechtswidrig machen.[310] Die Handlung des Polizeibeamten könnte nämlich durch die Zustimmung der Staatsanwaltschaft nach § 110b II 2 StPO – bei Gefahr im Verzug – gedeckt und damit rechtmäßig gewesen sein. Insoweit ist zunächst ohne Bedeutung, dass die Staatsanwaltschaft entgegen § 110b I 3 StPO lediglich mündlich zugestimmt hatte; der Verstoß gegen diese Formvorschrift begründet nämlich kein Verwertungsverbot. Rechtswidrig könnte der Einsatz des Polizeibeamten aber geworden sein, wenn er erfolgt ist, nachdem gem. § 110b II 4 StPO die staatsanwaltschaftliche Eilgenehmigung wegen der fehlenden richterlichen Zustimmung außer Kraft getreten war; dies teilt der Sachverhalt jedoch nicht mit. § 110b II 4 StPO hat also nicht zur Folge, dass auch der bis dahin erfolgte Einsatz rechtswidrig wird, vielmehr sind lediglich künftige Handlungen des Verdeckten Ermittlers unzulässig. Es kommt im vorliegenden Fall also zum einen darauf an, ob der Polizeibeamte überhaupt als Verdeckter Ermittler eingesetzt war; sollte dies bejaht werden, wäre entscheidend, ob er seine Tätigkeit innerhalb von drei Tagen nach der Eilanordnung der Staatsanwaltschaft abgeschlossen hatte.
>
> Auch dann ist aber der Erfolg der Staatsanwaltsrevision nicht garantiert, da sogar der rechtmäßige Einsatz eines Verdeckten Ermittlers strafmildernd zu berücksichtigen ist, wenn durch ihn der Angeklagte gezielt zur Begehung einer Straftat provoziert wurde.[311] Diese Rechtsprechung kann auf den Einsatz von Lockspitzeln übertragen werden. Sollte dagegen materiell eine rechtsstaatswidrige Tatprovokation vorliegen, wäre sogar zu fragen, ob die Gewährung nur eines Strafrabatts ausreichend ist oder ob nicht vielmehr das Verfahren gänzlich einzustellen wäre. Zu dieser – examensrelevanten – Frage: vgl. → Rn. 64a.
>
> Hätte sich der Angeklagte auf die Unverwertbarkeit rechtswidriger Erkenntnisse aus dem Einsatz eines Verdeckten Ermittlers berufen, etwa weil schon ein Anfangsverdacht iSd § 110a StPO nicht bestanden habe, so hätte er zudem der Verwertung innerhalb der sich aus § 257 StPO ergebenden zeitlichen Grenzen widersprechen müssen.[312]

199 Aus dem Wesen des von der StPO zugelassenen Einsatzes von Verdeckten Ermittlern folgt, dass dieser nicht gehalten ist, den Beschuldigten, gegen den er eingesetzt ist, über sein Schweigerecht zu belehren, wenn dieser dazu ansetzt, über die Tat zu berichten. Ein Verstoß gegen den Nemo-tenetur-Grundsatz soll jedoch vorliegen, wenn ein Verdeckter Ermittler unter Ausnutzung eines geschaffenen Vertrauensverhältnisses den Beschuldigten beharrlich zu einer Aussage drängt und ihm in einer vernehmungsähnlichen Befragung Äußerungen zum Tatgeschehen entlockt, obwohl dieser sich bereits gegenüber einem Polizeibeamten auf sein Schweigerecht berufen hatte; eine solche Beweisgewinnung hat regelmäßig ein Beweisverwertungsverbot zur Folge.[313]

---

309 BGH NStZ 1996, 450 mAnm *Rogall*; BGH NStZ 1995, 516 mAnm *Krey/Jaeger*; Meyer-Goßner/Schmitt/*Schmitt* StPO § 110a Rn. 2.
310 BGH NStZ 1997, 294; *Schneider* NStZ 2004, 359 (363); Meyer-Goßner/Schmitt/*Schmitt* StPO § 110b Rn. 11.
311 BGH NStZ 1995, 516 mAnm *Krey/Jaeger*; s. auch Meyer-Goßner/Schmitt/*Meyer-Goßner* Einl. Rn. 148a; *Fischer* StGB § 46 Rn. 67.
312 Zur tat- und revisionsgerichtlichen Überprüfung, ob der den Einsatz eines Verdeckten Ermittlers rechtfertigende Verdacht einer Katalogtat bestand: BGH NStZ 1997, 249 mAnm *Bernsmann*; zur Erforderlichkeit eines Widerspruchs: BGH bei *Becker* NStZ-RR 2001, 260; ablehnend: Meyer-Goßner/Schmitt/*Schmitt* StPO § 110b Rn. 11 mwN.
313 Vgl. BGH NJW 2007, 3138 mAnm *Meyer-Mews* sowie BGH NStZ 2009, 343. ME zweifelhaft, denn es besteht gerade keine vernehmungsähnliche Situation. In der Praxis leistet diese Rechtsprechung dem schnelleren Einsatz heimlicher Ermittlungsmethoden Vorschub, da es die Ermittlungsbehörden nicht auf eine offene Vernehmungssituation ankommen lassen werden, wenn dies sie am späteren Einsatz des Verdeckten Ermittlers hindert.

V. Fehler in der Hauptverhandlung[314]

1. Unterlassene oder fehlerhafte Feststellung der Personalien des Angeklagten

Die Vernehmung des Angeklagten zur Person (vgl. § 243 II 2 StPO) dient der Feststellung seiner Identität. Zu Angaben hierüber ist der Angeklagte verpflichtet (vgl. § 111 OWiG); Zwangsmittel sieht das Gesetz nicht vor. 200

> **Hinweis:** Ist die Feststellung der Personalien des Angeklagten unterlassen oder unzureichend vorgenommen worden, kann dies die Revision grundsätzlich nicht begründen, da das Urteil darauf nicht beruhen kann.[315] Die Feststellung der Personalien darf aber mit der Feststellung der persönlichen Verhältnisse (insbes. Werdegang, familiäre und wirtschaftliche Verhältnisse und Vorstrafen) nur verbunden werden, wenn der Angeklagte zuvor nach § 243 V 1 StPO belehrt wurde (zu den Folgen eines Verstoßes gegen diese Belehrungspflicht: → Rn. 207). 201

2. Unterlassene Verlesung der Anklage

Die Verlesung des Anklagesatzes gehört zu den wesentlichen Förmlichkeiten iSd § 273 I 1 StPO, deren Einhaltung gem. § 274 StPO grundsätzlich nur durch das Protokoll bewiesen werden kann.[316] Ein Verstoß gegen § 243 III 1 StPO führt nicht zum Vorliegen eines absoluten Revisionsgrundes, auf ihm wird das Urteil indes häufig beruhen (§ 337 I StPO). Ausnahmen, in denen es am Beruhen fehlt, sind möglich in Fällen, in denen der Zweck der Verlesung nicht beeinträchtigt wurde. Dieser Zweck besteht vor allem darin, den Schöffen, denen der Inhalt der Anklage nicht bekannt ist, den geschichtlichen Vorgang mitzuteilen, auf den sich das Verfahren bezieht. Dadurch soll es ihnen ermöglicht werden, ihr Augenmerk auf die für die Urteilsfindung wesentlichen Umstände zu richten. Die Verlesung soll aber auch dazu dienen, dem Angeklagten nochmals (ihm wurde die Anklage ja bereits zugestellt, vgl. § 201 I StPO) deutlich zu machen, worüber verhandelt wird.[317] Zumindest mittelbar sichert die Vorschrift die Information der Öffentlichkeit über den Gegenstand des Verfahrens. 202

> **Hinweis:** Die unterlassene Verlesung des Anklagesatzes führt als Verstoß gegen § 243 III 1 StPO zu einem relativen Revisionsgrund, der als Verfahrensrüge geltend zu machen ist. Auf dem Fehler wird das Urteil regelmäßig beruhen, es sei denn, es handelte sich um einen einfach gelagerten Sachverhalt oder einen sonstigen Fall, in dem sich aufgrund besonderer Umstände ausschließen lässt, dass sich das Nichtverlesen des Anklagesatzes auf das Verhandlungsergebnis ausgewirkt hat.[318] 203

Nicht verlesen werden muss allerdings, wenn die Anklage eine Vielzahl von gleichförmigen Taten oder Tateinzelakten enthält, solange die gleichförmige Tatausführung, die die Merkmale der Straftat erkennen lässt, die Gesamtzahl der Taten, der Tatzeitraum und (bei entsprechenden Delikten) der Gesamtschaden gesondert angegeben und diese Merkmale verlesen werden. Der BGH argumentiert, dass nur dieser Teil wörtlich verlesen werden müsse, und rechtfertigt dies mit einer teleologischen Reduktion des Wortes »verlesen«. Er trägt damit einem Bedürfnis der Praxis Rechnung, die sich bislang gezwungen sah, stunden-, ja tagelang Tabellen verlesen zu lassen.[319] In diesem Sonderfall wird also – entgegen dem Wortlaut des Gesetzes – nur ein Teil des Anklagesatzes verlesen. 204

---

314 Soweit Gesetzesverletzungen in der Hauptverhandlung zum Vorliegen absoluter Revisionsgründe führen, sind sie bei → Rn. 125 ff. behandelt.
315 Meyer-Goßner/Schmitt/*Meyer-Goßner* StPO § 243 Rn. 37.
316 Zu einer Protokollberichtigung: vgl. → Rn. 121.
317 Meyer-Goßner/Schmitt/*Meyer-Goßner* StPO § 243 Rn. 13.
318 Vgl. Meyer-Goßner/Schmitt/*Meyer-Goßner* StPO § 243 Rn. 38.
319 BGH NJW 2011, 1687. Zur Notwendigkeit, die Tabellen in den Anklagesatz aufzunehmen: → Rn. 75a.

205 Wird die Anklage ihrer Umgrenzungsfunktion nicht gerecht, ist sie aber wirksam, weil die notwendigen ergänzenden Angaben im Wesentlichen Ergebnis der Ermittlungen vorhanden sind (dazu → Rn. 71a ff.), begründet die Verlesung eines seiner Funktion nicht gerecht werdenden unzureichenden Anklagesatzes nach der Rechtsprechung ebenfalls die Rüge des § 243 III 1 StPO.[320] Dies gilt ungeachtet der Tatsache, dass formaliter der Anklagesatz vollständig verlesen wurde.

3. Unterlassene Mitteilung über verständigungsvorbereitende Gespräche, § 243 IV StPO

205a Hierzu wird auf → Rn. 303 verwiesen.

4. Unterlassene oder fehlerhafte Belehrung des Angeklagten über seine Rechte

206 Nach der Verlesung des Anklagesatzes – jedenfalls vor dem Beginn der Beweisaufnahme – ist der Angeklagte über sein Schweigerecht zu belehren (§ 243 V 1 StPO).

207 **Hinweis:** Eine Verletzung dieser Belehrungspflicht begründet die Revision, wenn der Angeklagte sein Schweigerecht nicht kannte oder dies zumindest nicht auszuschließen ist. Bei einem im Zeitpunkt der Vernehmung verteidigten Angeklagten kann man jedoch grundsätzlich davon ausgehen, dass er über das Schweigerecht schon von seinem Rechtsanwalt unterrichtet wurde, dass er dieses also kannte (auch → Rn. 173). Der Gesetzesverstoß ist mit einer Verfahrensrüge geltend zu machen, in der mitgeteilt werden muss, dass keine Belehrung erfolgt ist. Bewiesen wird dies durch das Protokoll (§ 274 StPO). Ob der Angeklagte neben der Verletzung des § 243 V 1 StPO auch darlegen muss, dass er von seinem Schweigerecht nicht wusste, ist im Hinblick darauf umstritten,[321] dass er zu Ausführungen über das Beruhen an sich nicht verpflichtet ist. Vorsorglich sollte der Verteidiger des Angeklagten dazu in der Revisionsbegründung aber Stellung nehmen.

5. Fehler bei der Mitwirkung eines Dolmetschers

208 Ist eine der an der Hauptverhandlung beteiligten Personen nicht (ausreichend) der deutschen Sprache mächtig, ist ein Dolmetscher zuzuziehen (§§ 185 I 1, 187 I 1 GVG)[322], der entsprechend §§ 57, 72 StPO über seine Pflicht zu belehren und nach § 189 I GVG (vorbehaltlich Abs. 2) **zwingend** zu vereidigen ist; Letzteres kann durch die Berufung auf seinen allgemeinen Eid ersetzt werden, § 189 II GVG.[323]

209 **Hinweis:** Ein Dolmetscher muss während der gesamten Verhandlung anwesend sein und übersetzen, wenn der Angeklagte der deutschen Sprache nicht mächtig ist (§ 185 I GVG, § 259 I StPO). Seine zeitweilige Abwesenheit oder sein Fehlen führt daher zum absoluten Revisionsgrund des § 338 Nr. 5 StPO. Fehler in Zusammenhang mit der Vereidigung des Dolmetschers stehen der Abwesenheit nicht gleich, können aber grundsätzlich die Revision nach § 337 StPO begründen. Auf einer unterlassenen Vereidigung wird das Urteil regelmäßig beruhen, auf einer nur fehlerhaft vorgenommenen in der Regel nicht (vgl. dazu auch das Beispiel bei → Rn. 223). Auch im Übrigen, also vor allem bei nicht der deutschen Sprache mächtigen Zeugen, kann nur ein relativer Revisionsgrund gegeben sein. In allen Fällen sind die Gesetzesverletzungen mit einer Verfahrensrüge geltend zu machen.[324] Die Beanstandung, der Dolmetscher habe nicht

---

320 BGH NStZ 2006, 649. Nach Ansicht des Verfassers ließe sich ebenso (und sogar schlüssiger) vertreten, dass in dieser Fallkonstellation § 243 III StPO gewahrt ist (der nur auf das formale Verlesen des Anklagesatzes abstellt), aber Hinweispflichten des Gerichts zum Ausgleich der Defizite der Anklage entsprechend § 265 StPO verletzt sind.
321 Vgl. Meyer-Goßner/Schmitt/*Meyer-Goßner* StPO § 243 Rn. 39.
322 Für das Ermittlungsverfahren ergibt sich die Anwendung des § 187 I GVG aus § 163a V StPO. Auf die Zeugenvernehmung findet § 185 I GVG über § 163 VII bzw. § 161a V StPO Anwendung.
323 Zur Aufnahme ins Protokoll (Anlass, Zuziehung, Vereidigung und Tätigkeit) nach §§ 272 Nr. 2, 273 I 1 StPO: vgl. BGH wistra 2005, 272.
324 Vgl. BGH NStZ 2002, 275; zum Ganzen: Meyer-Goßner/Schmitt/*Meyer-Goßner* StPO § 338 Rn. 44 und Meyer-Goßner/Schmitt/*Schmitt* GVG § 185 Rn. 10, § 189 Rn. 3.

richtig übersetzt, kann in der Revision nicht mit Aussicht auf Erfolg erhoben werden, weil diese Behauptung regelmäßig nicht bewiesen werden kann.

6. Fehler bei der Vernehmung des Angeklagten zur Sache

Eine nicht erschöpfende Vernehmung des Angeklagten, für die dieselben Grundsätze wie beim Zeugen gelten (dazu → Rn. 249 f.), kann in der Revision nur mittels einer Aufklärungsrüge (dazu → Rn. 268 ff.) beanstandet werden. Diese ist jedoch – wie auch beim Zeugen – regelmäßig erfolglos, wenn lediglich behauptet wird, dem Angeklagten seien bestimmte Fragen nicht gestellt worden.[325] Denn der Revisionsführer hatte im tatgerichtlichen Verfahren selbst ausreichend Gelegenheit, das Beweismittel, zu dem – im weiten Sinne – auch der Angeklagte zählt, »auszuschöpfen«. Dagegen macht das völlige Unterlassen der Anhörung den Angeklagten zum Objekt des Strafverfahrens und wird die Revision mit der Verfahrensrüge regelmäßig begründen. Die gegenseitige Befragung durch Mitangeklagte ist nicht zulässig (§ 240 II 2 StPO).   210

> **Hinweis:** Werden bestimmte Fragen an den Angeklagten nicht zugelassen (§ 241 II StPO), kann dies in der Revision beanstandet werden, wenn das Gericht – nicht nur der Vorsitzende – die Frage durch Beschluss zurückgewiesen hat oder wenn gegen eine entsprechende Anordnung des Vorsitzenden ein Gerichtsbeschluss gem. §§ 238 II, 242 StPO herbeigeführt wurde und die Frage tatsächlich zulässig war. Eine solche Gesetzesverletzung, also der Verstoß gegen §§ 240 II 1, 241 StPO, ist mit der Verfahrensrüge geltend zu machen, deren Tatsachenvortrag dem einer Aufklärungsrüge entspricht (zu dieser → Rn. 268 ff.).   211

Nach § 243 V 2 iVm § 136 II StPO erfolgt die Vernehmung des Angeklagten zur Sache grundsätzlich durch mündliche Befragung und mündliche Antwort.[326] Problematisch sind daher die in der Praxis zunehmenden Fälle, in denen der Angeklagte (oder sein Verteidiger) nur eine vorbereitete Erklärung verliest, er (oder sein Verteidiger) eine solche Erklärung dem Gericht übergibt, ohne dass sich der Angeklagte zur Sache äußert, oder lediglich der Verteidiger für den schweigenden Angeklagten eine Erklärung abgibt. Hier gilt Folgendes: 212

- Verliest der Angeklagte oder sein Verteidiger eine Erklärung zur Sache, wird der entsprechende mündliche Vortrag und ggf. die Erklärung des Angeklagten, dass er sich den Inhalt der vom Verteidiger verlesenen Erklärung zu eigen mache, Gegenstand der Hauptverhandlung und muss im Rahmen der Beweiswürdigung im erforderlichen Umfang berücksichtigt werden.[327] Ein formeller Urkundsbeweis liegt darin nicht. Revisionsrechtlich bedeutsam ist dies deshalb, weil der Angeklagte nicht rügen kann, das Gericht habe in Widerspruch zur schriftlich verlesenen Stellungnahme eine hiervon abweichende Einlassung des Angeklagten seiner Beweiswürdigung zugrunde gelegt (§ 261 StPO; dazu → Rn. 325).   213

- Will der Angeklagte zum Tatvorwurf mündlich keine Angaben machen und legt er stattdessen eine schriftliche Stellungnahme dem Gericht vor, handelt es sich zwar um eine grundsätzlich verlesbare Urkunde, da das Gesetz eine Verlesung nicht ausschließt.[328] Das Gericht, wiewohl verpflichtet, eine schriftliche Erklärung des Angeklagten zur Kenntnis   214

---

325 BGH NStZ 2000, 156 (157); 1997, 450; Meyer-Goßner/Schmitt/*Meyer-Goßner* StPO § 243 Rn. 40, § 244 Rn. 82.
326 Vgl. BGH NStZ 2004, 163 (164); 2008, 527; zu einem (unbegründeten) Befangenheitsantrag, nachdem das Tatgericht die Verlesung einer Erklärung durch den Verteidiger abgelehnt hatte: BGH NStZ 2008, 349 mAnm *Schlösser* NStZ 2008, 310.
327 BGH NStZ 2004, 163; zum geminderten Beweiswert einer vom Verteidiger verlesenen schriftlichen Einlassung des Angeklagten, wenn Nachfragen nicht zugelassen wurden: BGH NStZ 2008, 476 (477); vgl. auch BGH NStZ 2009, 173, wonach eine schriftlich vorbereitete Erklärung nicht dadurch zum Bestandteil des Hauptverhandlungsprotokolls wird, dass der Verteidiger diese im Einverständnis des Angeklagten oder seiner Billigung abgibt und sie sodann (unnötigerweise) vom Gericht entgegengenommen wird; vgl. weiter Meyer-Goßner/Schmitt/*Meyer-Goßner* StPO § 261 Rn. 16a sowie § 243 Rn. 30.
328 Vgl. BGH NStZ 2008, 527 (528).

zu nehmen,[329] ist aber regelmäßig nicht verpflichtet, »die schriftliche Einlassung eines Angeklagten als Urkunde zu verlesen, da seine mündliche Vernehmung nicht durch die gerichtliche Verlesung einer schriftlichen Erklärung ersetzt werden kann« (BGH NStZ 2007, 349).[330] Die Verlesung einer vor der Hauptverhandlung abgegebenen schriftlichen Stellungnahme des Angeklagten[331] zum Tatgeschehen als Urkunde wird aber in Betracht kommen, wenn eine Divergenz zur mündlichen Einlassung des Angeklagten in der Hauptverhandlung besteht und das Gericht hieraus Rückschlüsse auf die Glaubhaftigkeit der mündlichen Einlassung ziehen will; ebenso kommt die Einführung eines schriftlichen Geständnisses des Angeklagten im formellen Urkundsbeweis in Betracht, wenn das Gericht dieses als Grundlage (vgl. § 261 StPO) für sein Urteil heranziehen will.[332] Im Übrigen – das übergebene Schreiben ist Aktenbestandteil geworden – ist das Gericht unter Aufklärungsgesichtspunkten (vgl. § 244 II StPO) verpflichtet, »die Beweisaufnahme auf alle nach dem Inhalt des Schreibens sich aufdrängenden Tatsachen und Beweismittel zu erstrecken.«[333]

214a • In besonders umfangreichen Verfahren vor dem Land- bzw. Oberlandesgericht gibt die StPO nunmehr dem Verteidiger das Recht zu einer Eröffnungserklärung (§ 243 V 3 StPO); der Verteidigung kann – wenn die Erklärung das Verfahren verzögert – die schriftliche Einreichung aufgegeben werden (§ 243 V 4 StPO).

215 • Fraglich ist, unter welchen Voraussetzungen Erklärungen des Verteidigers, die dieser zum Tatvorwurf in Anwesenheit des schweigenden Angeklagten abgibt, als Einlassung des Angeklagten verwertet (vgl. § 261 StPO) werden dürfen. Da der Verteidiger – abgesehen von Ausnahmefällen (vgl. § 234 StPO) – grundsätzlich nicht (allgemeiner) Vertreter des Beschuldigten, sondern dessen Beistand ist,[334] ist eine solche Verteidigererklärung als Einlassung des Angeklagten nur verwertbar (vgl. § 261 StPO), wenn der Angeklagte seinen Verteidiger ausdrücklich zur Abgabe einer solchen Erklärung bevollmächtigt oder diese nachträglich genehmigt hat.[335] Das gilt auch für Erklärungen nach § 243 V 3, 4 StPO.

7. Fehler in Zusammenhang mit der durchgeführten Beweisaufnahme

a) Fehler bei der Einnahme eines Augenscheins

216 Die Einnahme eines Augenscheins ist eine weitgehend unproblematische Beweiserhebung (zur Abgrenzung zum Urkundenbeweis: → Rn. 219). Aus revisionsrechtlicher Sicht ist zu beachten, dass der Eintrag im Protokoll, nach dem etwa ein Lichtbild »zum Gegenstand der Verhandlung« gemacht wurde, die Einnahme eines Augenscheins nicht nachweist, da dieselbe Formulierung auch bei einem bloßen Vorhalt (dazu → Rn. 235 f.) verwendet werden kann. Hilft in solchen Fällen auch die Auslegung des Protokolls nicht weiter, so ist es unklar und ihm kommt nicht die Beweiswirkung des § 274 StPO zu; das Revisionsgericht wird dann versuchen, den tatsächlichen Hergang im Freibeweisverfahren zu klären.[336] Bleiben auch dann noch Zweifel daran, ob ein Augenschein oder ein Vorhalt erfolgt ist, kommt eine Auslegung zugunsten des Angeklagten nicht in Betracht; Verfahrensfehler müssen nachgewiesen sein.[337]

---

329 BGH NStZ 2013, 59 (dort hatte der Vorsitzende die Erklärung zerrissen; gleichwohl blieb die Revision ohne Erfolg, weil der BGH ausschließen konnte, dass die – in der Revision vorgetragene – Erklärung das Verfahren oder Urteil beeinflusst hätte).
330 Vgl. auch BGH NStZ 2008, 527 zur Behandlung hierauf gerichteter Beweisanträge; vgl. aber auch Meyer-Goßner/Schmitt/*Meyer-Goßner* StPO § 243 Rn. 30 aE, der bei gänzlich fehlender mündlicher Sachäußerung eine Verlesung für erforderlich hält.
331 Zu schriftsätzlichen Ausführungen des Verteidigers vgl. BGHSt 39, 305 = NJW 1993, 3337.
332 BGH NStZ 2008, 527 (528).
333 BGH NStZ 2008, 527 (528); vgl. zur Aufklärungsrüge → Rn. 268 ff.
334 Vgl. Meyer-Goßner/Schmitt/*Schmitt* StPO Vor § 137 Rn. 1 mwN; Meyer-Goßner/Schmitt/*Meyer-Goßner* StPO § 234 Rn. 10; § 243 Rn. 27.
335 BGH NStZ 2005, 703; vgl. aber auch BGH StV 1998, 59; zum Meinungsstand Meyer-Goßner/Schmitt/ *Meyer-Goßner* StPO § 261 Rn. 16a.
336 Vgl. BGH NStZ-RR 2004, 237.
337 Relevant werden kann dies bspw. in Fällen eines »Augenscheins«, der während einer Zeugenvernehmung erfolgte, bei der der Angeklagte nach § 247 StPO ausgeschlossen war; vgl. BGH NStZ-RR 2004, 237 und → Rn. 149.

E. Einzelheiten zur Verfahrensrüge

Ein besonderer Augenschein[338] – nämlich zugleich ein Vernehmungssurrogat bzw. eine Vernehmungsergänzung – ist das Abspielen einer Videoaufzeichnung einer früher (im Ermittlungsverfahren, vgl. § 58a StPO) durchgeführten Zeugenvernehmung gem. § 255a StPO. Die Vorführung einer solchen Bild-Ton-Aufzeichnung ist zum einen unter den Voraussetzungen der §§ 251 ff. StPO zulässig (§ 255a I StPO). Zum anderen kann sie in den § 255a II StPO aufgeführten Fällen erfolgen; Voraussetzung ist dann aber, dass es sich um eine richterliche Vernehmung handelte und der Angeklagte *und* sein Verteidiger die Möglichkeit hatten, an dieser mitzuwirken. War der Beschuldigte daher bspw. von der Teilnahme an der aufgezeichneten Zeugenvernehmung nach § 168c III StPO ausgeschlossen, scheidet deren Vorführung in der Hauptverhandlung selbst dann aus, wenn sein Verteidiger an dieser Vernehmung teilgenommen hat.[339] Macht der Zeuge nachträglich von seinem Zeugnisverweigerungsrecht Gebrauch, darf – wie der Hinweis auf § 252 StPO in § 255a I StPO zeigt – die Videoaufzeichnung nicht in die Hauptverhandlung eingeführt werden; in den Fällen des § 255a II StPO ist das Einführen und Verwerten der Aufzeichnung dagegen trotz einer nachträglichen Aussageverweigerung durch den Zeugen möglich, da es sich um vorverlagerten Teil der Hauptverhandlung handeln soll.[340]

217

Nach jeder Beweiserhebung haben Angeklagter, Verteidiger und Staatsanwalt Gelegenheit, zu dieser eine Erklärung abzugeben (§ 257 I, II StPO).[341] Auf dieses Recht kann der Angeklagte bereits (und nur) zu Beginn der Beweisaufnahme hingewiesen werden; auf einen einzelnen Verstoß gegen § 257 StPO kann die Revision zwar grundsätzlich gestützt werden, allerdings wird das Urteil hierauf regelmäßig nicht beruhen.[342] Bedeutung hat § 257 StPO auch und vor allem für die jeweilige Beweiserhebung betreffende Verwertungsverbote (spätester Zeitpunkt des Widerspruchs, vgl. zB → Rn. 172, 176).

218

b) Fehler bei der Verlesung von Urkunden

aa) Allgemeines

Urkunden können als Gegenstand eines Augenscheins oder als Mittel eines Urkundenbeweises in die Hauptverhandlung eingeführt und im Urteil verwertet werden. Der Urkundenbeweis ist zu erheben, wenn es auf den gedanklichen Inhalt des Schriftstücks ankommt, ein Augenschein wird eingenommen, wenn dessen äußere Beschaffenheit von Bedeutung ist.[343] Die Erhebung des Urkundenbeweises erfolgt grundsätzlich durch Verlesen (§ 249 I 1 StPO; aber § 249 II StPO).[344] Soll eine Fotokopie verlesen und als Urkunde verwertet werden, muss das Gericht die Übereinstimmung mit dem Original im Strengbeweisverfahren feststellen.[345] Elektronische Dokumente stehen Urkunden gleich (§ 249 I 2 StPO).

219

---

338 BGH NStZ 2004, 348; Anm. *Kölbel* NStZ 2005, 220; Meyer-Goßner/Schmitt/*Meyer-Goßner* StPO § 255a Rn. 1.
339 BGH NJW 2004, 1605; Meyer-Goßner/Schmitt/*Meyer-Goßner* StPO § 255a Rn. 8a.
340 BGH NJW 2004, 1605; Meyer-Goßner/Schmitt/*Meyer-Goßner* StPO § 255a Rn. 3, 8 (str.).
341 Zu weiteren Äußerungsberechtigten: Meyer-Goßner/Schmitt/*Meyer-Goßner* StPO § 257 Rn. 3, 6.
342 BGH BeckRS 2016, 16539; Meyer-Goßner/Schmitt/*Meyer-Goßner* StPO § 257 Rn. 2, 9 mwN; vgl. zu den Anforderungen an eine Verfahrensrüge, die Befugnis des Verteidigers, sich nach einer Beweiserhebung zu äußern, sei verletzt worden: BGH NStZ 2007, 234 f.
343 Meyer-Goßner/Schmitt/*Meyer-Goßner* StPO § 249 Rn. 1, 7.
344 Zur Durchführung und Protokollierung des Selbstleseverfahrens: Meyer-Goßner/Schmitt/*Meyer-Goßner* StPO § 249 Rn. 16 ff.; zur Einführung einer Urkunde durch einen Vorhalt: unten → Rn. 235 f.; zum Selbstleseverfahren: *Schuster/Weitner* StPO-Fallrepetitorium Rn. 284 ff.
345 BGH NStZ-RR 1999, 176; Meyer-Goßner/Schmitt/*Meyer-Goßner* StPO § 249 Rn. 6.

220 Übersicht: Verlesbarkeit von Urkunden

Grundsatz: Urkunden dürfen zur Feststellung ihres Inhalts verlesen werden (§ 249 I 1 StPO)

⇓

Ausnahme: Urkunden, die Niederschriften über Wahrnehmungen eines Zeugen oder eines Sachverständigen enthalten, dürfen nicht verlesen werden; hier ist die Zeugen- oder Sachverständigenvernehmung vorrangig (§ 250 StPO).

⇓

Verlesen werden dürfen trotz § 250 StPO

Vernehmungsniederschriften in den Fällen der §§ 251, 253 I StPO, es sei denn, der vernommene Zeuge macht in der Hauptverhandlung von seinem Aussageverweigerungsrecht Gebrauch (§ 252 StPO).	Richterliche Vernehmungsniederschriften über ein Geständnis des Beschuldigten (§ 254 I StPO) oder Protokolle über frühere Aussagen – auch eines Zeugen (vgl. § 253 II StPO) – zur Feststellung oder Behebung eines in der Hauptverhandlung hervortretenden Widerspruchs (vgl. § 254 II StPO).	Erklärungen von Behörden, Sachverständigen oder Ärzten in den Fällen des § 256 StPO.

bb) Urkundenbeweis und Verwertungsverbote in Bezug auf frühere Aussagen des Beschuldigten

221 Polizeiliche und staatsanwaltschaftliche Protokolle über Vernehmungen des Beschuldigten dürfen nicht zum Zweck der Beweisaufnahme über ihren Inhalt verlesen werden; § 254 StPO begründet insoweit ein Verwertungsverbot[346] (Ausnahme: Niederschriften über Vernehmungen von Mitbeschuldigten können nach § 251 I, II StPO verlesbar sein). Ein weitergehendes Beweis- oder Verwertungsverbot enthält § 254 StPO aber nicht, der lediglich der (regelmäßig nicht wörtlichen) Protokollierung durch Ermittlungspersonen kein hinreichendes Vertrauen schenkt. Deshalb dürfen (und müssen) bspw. Polizeibeamte, die den Beschuldigten vernommen haben, als Zeugen über den Inhalt dieser Vernehmung gehört werden (im Einzelnen → Rn. 255 ff.).[347] Diese Besorgnis besteht aber nicht, wenn eine Bild-Ton-Aufzeichnung vorliegt. Diese darf daher – wie das Gesetz nunmehr ausdrücklich regelt – auch dann zum Nachweis eines Geständnisses verwertet werden, wenn es sich um eine nicht-richterliche Vernehmung handelt.

222 Das Protokoll bzw. die Aufzeichnung einer Vernehmung des Beschuldigten darf nach § 254 I StPO nur dann verlesen bzw. verwertet werden, wenn die Vernehmung ordnungsgemäß durchgeführt und protokolliert wurde.[348] Zu beachten ist hierbei aber, dass die Rechtsprechung Verwertungsverbote in Zusammenhang mit nicht ordnungsgemäßen Beschuldigtenvernehmungen – etwa im Fall der unterbliebenen Belehrung des Beschuldigten über sein Schweigerecht (→ Rn. 172 ff.) oder aber im Falle der Verletzung einer Benachrichtigungspflicht gegenüber dem Verteidiger nach § 168c V 1 StPO (der jetzt auch für polizeiliche

---

346 Vgl. Meyer-Goßner/Schmitt/*Meyer-Goßner* StPO § 254 Rn. 6.
347 Das Protokoll darf vorgehalten werden, entscheidend ist aber, an was sich die Verhörsperson erinnert. § 253 I StPO findet insoweit keine Anwendung, weil es sich nicht um das Protokoll einer Vernehmung der Verhörsperson handelt (BGH StraFo 2013, 286).
348 Meyer-Goßner/Schmitt/*Meyer-Goßner* StPO § 254 Rn. 4; zu Vernehmungen, die im Ausland durchgeführt wurden, vgl. Meyer-Goßner/Schmitt/*Meyer-Goßner* StPO § 251 Rn. 33 ff.

E. Einzelheiten zur Verfahrensrüge

Vernehmungen gilt, § 163a IV 3 StPO nF)[349] – regelmäßig nur dann annimmt, wenn der Beschuldigte oder sein Verteidiger der Verwertung bis zum Zeitpunkt des § 257 StPO widersprochen hat.

Darüber hinaus erlaubt das Gesetz die Verlesung von nicht-richterlichen Protokollen zur **Bestätigung** eines Geständnisses, wenn Staatsanwaltschaft und (auch nicht verteidigter) Angeklagter zustimmen, § 251 I Nr. 2 StPO. 222a

Fall: Dem Angeklagten wird schwerer Raub zur Last gelegt. Er hatte den Tatvorwurf zunächst bestritten, anlässlich seiner zweiten ermittlungsrichterlichen Vernehmung die Tat aber gestanden. Bei dieser Vernehmung war ein Dolmetscher zugezogen, der nach dem Protokoll weder vereidigt worden war noch sich auf eine allgemeine Vereidigung berufen hatte. Später machte der Angeklagte keine Angaben zur Sache mehr. Das Gericht hat das Protokoll der zweiten ermittlungsrichterlichen Vernehmung trotz des Widerspruchs des Verteidigers verlesen und auch verwertet. Kann sich der Verteidiger dagegen mit der Revision wenden und wie muss er dies ggf. tun? 223

Lösung: Der Verteidiger wird eine Verfahrensrüge mit folgendem Inhalt erheben:
»Gerügt wird die Verletzung des § 254 I StPO.

a) Das Gericht hat in der Hauptverhandlung trotz des Widerspruchs des Verteidigers eine richterliche Vernehmungsniederschrift über ein Geständnis des Angeklagten verlesen und dieses im Urteil auch verwertet.
Im Einzelnen ergibt sich der Ablauf hierzu aus dem Protokoll über die Hauptverhandlung vom … (Bl. … d. A.), das insoweit folgende Eintragungen enthält: ›…‹ [Wiedergabe der Verlesungsanordnung des Vorsitzenden, des Widerspruchs des Verteidigers und der Durchführung der Verlesung].
Die Vernehmungsniederschrift war indes nicht ordnungsgemäß zustande gekommen, da der zugezogene Dolmetscher nicht vereidigt worden war. Dies wird durch das Protokoll über die verlesene Vernehmung des Beschuldigten vom … (Bl. … d. A.) bewiesen, das folgenden Inhalt hat: ›…‹ [vollständige Wiedergabe der verlesenen Vernehmungsniederschrift].

b) Damit ist gegen § 254 I StPO verstoßen. Nach dieser Vorschrift darf ein Protokoll nämlich nur verlesen werden, wenn die Vernehmung ordnungsgemäß durchgeführt wurde. Hier wurde jedoch § 189 GVG nicht beachtet, sodass die Verlesung und damit auch die Verwertung der Niederschrift unzulässig waren.[350]

c) Auf diesem Fehler beruht das Urteil (§ 337 I StPO). Wie sich aus den Entscheidungsgründen (UA …) ergibt, wurde die Verurteilung auf das frühere Geständnis des Beschuldigten gestützt, dessen ordnungsgemäße Übersetzung indes nicht gewährleistet war.«[351]

Ob hier die für richterliche Untersuchungshandlungen vorgeschriebenen Förmlichkeiten beachtet wurden, hat das Revisionsgericht im Freibeweisverfahren festzustellen. § 274 StPO gilt nämlich für solche außerhalb der Hauptverhandlung aufgenommen Protokolle nicht (vgl. Wortlaut und Stellung des § 274 StPO). Das Revisionsgericht wird daher dienstliche Stellungnahmen des Ermittlungsrichters und des Protokollführers sowie eine Erklärung des Dolmetschers erholen; daneben kommt aber auch dem Schweigen des Protokolls wegen § 168a I StPO Beweiswert zu, sodass sich der Verteidiger – da ihm die anderen Freibeweismittel gegenwärtig noch nicht zur Verfügung stehen – allein auf dieses Protokoll berufen darf.[352]

Hinweis: § 254 I StPO regelt nur den Urkundenbeweis, aus ihm wird kein über seinen Wortlaut hinausgehendes Verwertungsverbot hergeleitet. Über eine frühere Aussage des Beschuldigten darf daher insbes. durch die Vernehmung der Verhörperson, also mittels eines Zeugen, Beweis 224

---

349 Für staatsanwaltschaftliche Vernehmungen galt er schon früher: vgl. § 163a III 2 StPO.
350 Allerdings führt nicht jeder Formfehler zu einem Verwertungsverbot, vgl. BVerfG NStZ 2006, 46 (47).
351 Meyer-Goßner/Schmitt/*Schmitt* GVG § 189 Rn. 3.
352 Meyer-Goßner/Schmitt/*Meyer-Goßner* StPO § 274 Rn. 4; Meyer-Goßner/Schmitt/*Schmitt* StPO § 168a Rn. 12.

> erhoben werden. Verlesen werden darf – abgesehen von der Feststellung von Widersprüchen –
> nur ein Geständnis und auch dieses lediglich dann, wenn es im Rahmen einer richterlichen
> Vernehmung abgelegt und die Niederschrift ordnungsgemäß aufgenommen wurde (zur Verwertbarkeit und der Erforderlichkeit eines Widerspruchs: → Rn. 222). Des Weiteren kann jede
> Ton-Bild-Aufnahme einer Vernehmung des Beschuldigten verwertet werden; bei einer bloßen
> Bestätigung eines Geständnisses gilt die Erleichterung des § 251 I Nr. 2 StPO.
> Ein Verstoß gegen § 254 I StPO muss in der Revision mit einer Verfahrensrüge geltend
> gemacht werden (relativer Revisionsgrund). Dort ist die Gesetzesverletzung nicht nur durch
> den auf die Verlesung entfallenden Teil des Hauptverhandlungsprotokolls, sondern auch durch
> die vollständige Wiedergabe der verlesenen Vernehmungsniederschrift vorzutragen (§ 344 II 2
> StPO).
> Das Unterlassen der Verlesung eines den Anforderungen des § 254 I StPO entsprechenden
> Geständnisses kann nur mit der Aufklärungsrüge beanstandet werden (dazu → Rn. 268 ff.), es
> sei denn, das Gericht hat zu Unrecht einen entsprechenden Beweisantrag abgelehnt (dazu
> → Rn. 273 ff.).

cc) Urkundenbeweis und Verwertungsverbote in Bezug auf sonstige schriftliche Erklärungen des Beschuldigten

225 Schriftliche Erklärungen, die der Angeklagte im Ermittlungs- oder im Strafverfahren abgegeben hat, sind grundsätzlich verlesbar, selbst wenn der Angeklagte später oder im Übrigen keine Angaben mehr macht (auch → Rn. 214). Dies gilt jedoch nur für solche Schriftstücke, die von ihm selbst herrühren. Hat der Beschuldigte sich gegenüber einem Dritten (zB einem Polizeibeamten) mündlich erklärt und hat dieser die Äußerungen schriftlich festgehalten und dem Gericht mitgeteilt, so handelt es sich um eine Erklärung dieser Person. Geht es um den Inhalt der Äußerungen des Angeklagten diesem Dritten gegenüber, so ist der Dritte als Zeuge zu vernehmen, nicht das Niedergeschriebene zu verlesen (Unmittelbarkeitsprinzip, § 250 StPO).[353]

Allerdings verbietet § 250 S. 2 StPO nur die **Ersetzung**, nicht die **Ergänzung** einer Vernehmung durch Verlesung des Protokolls.[354] Die genaue Reichweite der zulässigen Ergänzung ist streitig. Der BGH hat beispielsweise in einer älteren Entscheidung die Verlesung einer schriftlichen Erklärung eines Zeugen zugelassen, obwohl dieser sich auf sein Auskunftsverweigerungsrecht nach § 55 StPO berufen, allerdings bestätigt hatte, dass die Erklärung (mit einem Geständnis) von ihm stamme.[355] Dagegen hat sich der 2. Strafsenat gegen die Verlesung eines Berichts eines Arztes ausgesprochen, der sich insoweit auf sein Zeugnisverweigerungsrecht nach § 53 StPO berufen hatte (allerdings Angaben zur Befindlichkeit des Angeklagten bei der damaligen Untersuchung gemacht hatte).[356] Erklärt ein Zeuge, er erinnere sich nicht, kann das Protokoll seiner Vernehmung schon nach § 253 I StPO verlesen werden.[357]

226 Schriftliche Erklärungen des Angeklagten, die nicht in Bezug auf das Strafverfahren verfasst wurden, können verlesen und verwertet werden, wenn sie zulässig als Beweismittel gewonnen wurden und ihrer Verwertung insbes. verfassungsrechtliche Bestimmungen nicht entgegenstehen.

---

353 Vgl. für die Erklärung eines Polizeibeamten: BGH NStZ 1992, 48; ferner Meyer-Goßner/Schmitt/*Meyer-Goßner* StPO § 250 Rn. 8, 9.
354 Dazu Meyer-Goßner/Schmitt/*Meyer-Goßner* StPO § 250 Rn. 12; *Mosbacher* NStZ 2014, 2; zur Zulässigkeit einer »vernehmungsergänzenden« Verlesung gem. § 251 I Nr. 3 StPO im Falle einer in der Hauptverhandlung eingetretenen Vernehmungsunfähigkeit eines Zeugen: BGH NStZ 2008, 50 (51 f.); vgl. auch *Schuster/Weitner* StPO-Fallrepetitorium Rn. 194 ff.
355 BGH NJW 1987, 1093.
356 BGH NStZ 2016, 428.
357 Diese Norm ist allerdings nicht einschlägig, wenn die Verhörperson als Zeuge vernommen wird und sich nicht mehr erinnert. Denn es geht dann nicht um »ihre frühere Vernehmung«, sondern um eine frühere Vernehmung durch sie.

E. Einzelheiten zur Verfahrensrüge

Fall: Dem Angeklagten wird zur Last gelegt, seine frühere Freundin getötet zu haben. Das Schwurgericht stützt die Verurteilung wegen Mordes im Wesentlichen auf den Inhalt eines in der Hauptverhandlung verlesenen Abschiedsbriefs des Angeklagten, der nach der Tat versucht hatte, sich selbst zu töten. Dort hatte der Angeklagte die Tatbegehung eingeräumt und die Tatausführung geschildert. Kann der Verteidiger die Verwertung dieses Briefs in der Revision mit Aussicht auf Erfolg rügen? 227

Lösung: Die Verfahrensrüge wird nicht durchgreifen, da das sichergestellte Abschiedsschreiben keinem Verwertungsverbot unterliegt. Der Brief war als Äußerung an Dritte nicht dem durch Art. 2 I, 1 I GG absolut geschützten Kernbereich persönlicher Lebensgestaltung zuzurechnen. Ein Verwertungsverbot könnte sich daher allenfalls aufgrund einer Abwägung zwischen dem durch diese Grundrechte geschützten Interesse des Angeklagten am Schutz persönlicher Äußerungen und dem Interesse des Staates an der Verfolgung von Straftaten ergeben. Diesen Belangen der Strafrechtspflege war hier aber der Vorrang einzuräumen; denn gegenüber dem Interesse an der Aufklärung einer schwerwiegenden Straftat muss der Eingriff in die Persönlichkeitsrechte des Angeklagten vor allem dann zurücktreten, wenn sich – wie ersichtlich hier – der verwertete Teil des Abschiedsbriefs lediglich auf das Tatgeschehen betreffende Äußerungen bezog.[358]

dd) Urkundenbeweis und Verwertungsverbote in Bezug auf frühere Aussagen von Zeugen

Die Verlesung und Verwertung von Vernehmungsniederschriften über Zeugenaussagen ist grundsätzlich unzulässig, vielmehr ist in solchen Fällen der Zeuge selbst zu vernehmen (§ 250 StPO; zur Verlesung eines vom Zeugen herrührenden Schriftstücks: → Rn. 190, 234). Ist allerdings die Aussage eines Zeugen in einem Urteil wiedergegeben, so darf dieses verlesen werden, ohne dass damit gegen § 250 StPO verstoßen wird; jedoch gilt auch dann § 252 StPO.[359] Die Rechtsprechung findet ihre Ratio in § 249 I 2 StPO aF, wonach Strafurteile verlesen werden durften. Hieraus schloss man auf einen Vorrang von § 249 I 2 StPO vor § 250 StPO. Mit der Streichung der Norm beabsichtigte der Gesetzgeber keine sachliche Änderung der Rechtslage.[360] 228

Eine Ausnahme vom Verlesungsverbot des § 250 StPO begründet ferner § 251 StPO. Dabei behandelt § 251 I StPO insbes. die polizeilichen und staatsanwaltschaftlichen Protokolle, Abs. 2 **erweitert** die Möglichkeit der Verlesung richterlicher Vernehmungsniederschriften. Für das Strafbefehlsverfahren und das beschleunigte Verfahren sind §§ 411 II 2, 420 StPO, für das Berufungsverfahren ist § 325 StPO zu beachten. 229

Die Anordnung der Verlesung bedarf in den Fällen des § 251 StPO eines mit Begründung versehenen **Gerichtsbeschlusses**, nicht nur einer entsprechenden Verfügung des Vorsitzenden (§ 251 IV 1, 2 StPO). Ein fehlender Beschluss oder ein Mangel in der Begründung kann die Revision begründen. War aber allen Beteiligten der Grund der Verlesung klar, wird das Urteil nicht auf dem Verstoß beruhen.[361] Bei einer Anordnung nur durch den Vorsitzenden muss hinzukommen, dass eine persönliche Vernehmung der Person, deren Vernehmung durch die Verlesung ersetzt wird, keine bessere Aufklärung ergeben hätte.[362] 230

Hinweis: Soll in der Hauptverhandlung oder der Revision ein Mangel der verlesenen Vernehmung und damit ein Verwertungsverbot geltend gemacht werden, bedarf es häufig eines bis zum Zeitpunkt des § 257 StPO erklärten Widerspruchs.[363] Der Verstoß (nur) gegen § 251 StPO, bei dem letztlich die Gesetzesverletzung in einer Missachtung von § 250 StPO liegt 231

---

358 BGH NStZ 1995, 79; Meyer-Goßner/Schmitt/*Meyer-Goßner* Einl. Rn. 56a, § 250 Rn. 8; zum Tagebuch → Rn. 190.
359 BGH NStZ 2003, 217 (zu § 252 StPO); zur Verlesung von Feststellungen aus einem früheren Urteil: BGH NStZ-RR 2001, 138 (139); vgl. auch Meyer-Goßner/Schmitt/*Meyer-Goßner* StPO § 249 Rn. 9.
360 BT-Drs. 18/9416, 63.
361 Vgl. Meyer-Goßner/Schmitt/*Meyer-Goßner* StPO § 251 Rn. 45.
362 BGH NStZ 2016, 117.
363 Vgl. etwa BGH NStZ 1992, 394; weiteres Beispiel für einen notwendigen Widerspruch: Meyer-Goßner/Schmitt/*Meyer-Goßner* StPO § 224 Rn. 12.

3. Kapitel. Inhalt der Revisionsbegründung

(→ Rn. 220), kann in der Revision dagegen auch ohne Widerspruch in der tatrichterlichen Verhandlung gerügt werden.[364]

232 **Fall:** Der Angeklagte wurde wegen gemeinschaftlich begangenen schweren Raubes verurteilt. Diese Entscheidung stützt sich auch auf ein in der Hauptverhandlung trotz Widerspruchs des Angeklagten gem. § 251 II StPO verlesenes Protokoll über die ermittlungsrichterliche Vernehmung des in der Hauptverhandlung unerreichbaren Zeugen T (der Zeuge ist ins Ausland gezogen; sein Aufenthaltsort konnte nicht ermittelt werden). Von dieser Vernehmung war der Angeklagte versehentlich nicht benachrichtigt worden. Kann der Angeklagte dies in der Revision mit Aussicht auf Erfolg beanstanden?

Lösung: Die Verfahrensrüge würde im Ergebnis durchdringen; das Rechtsmittel hätte Erfolg.
Nach § 168c V 1 StPO muss der Beschuldigte von einer ermittlungsrichterlichen Zeugenvernehmung grundsätzlich benachrichtigt werden (vgl. aber § 168c V 2 StPO); eine Benachrichtigung ist grundsätzlich auch dann erforderlich, wenn er von der Teilnahme an der Vernehmung gem. § 168c III StPO ausgeschlossen wurde, weil gerade dies für ihn Anlass sein kann, einen Verteidiger, der diesen Termin wahrnehmen soll, zu beauftragen (zur Erforderlichkeit einer Pflichtverteidigerbestellung: → Rn. 152, 165) oder einen schon bestellten oder gewählten Verteidiger anzuhalten, den Termin auch wahrzunehmen. Wurde gegen diese Benachrichtigungspflicht verstoßen,[365] so folgt daraus ein Beweisverwertungsverbot, wenn im Rahmen des Äußerungsrechts nach § 257 StPO der Verwertung widersprochen worden ist.[366]

- Das Protokoll über die fehlerhafte (Verstoß gegen § 168c V 1 StPO) Vernehmung des T durfte jedoch nach § 251 I StPO verlesen und verwertet werden.[367] Es leidet nämlich nur daran, dass dem Beschuldigten infolge der unterlassenen Benachrichtigung eine Teilnahme an dieser Vernehmung nicht möglich war. Da der Beschuldigte bei einer nichtrichterlichen Vernehmung aber gar kein Anwesenheitsrecht gehabt hätte (vgl. § 161a StPO), steht die insofern fehlerhafte richterliche Vernehmung einer ordnungsgemäßen Vernehmung durch die Staatsanwaltschaft oder die Polizei zumindest gleich; sie durfte daher – die Voraussetzungen von § 251 I Nr. 3 StPO lagen vor (vgl. zur Unerreichbarkeit auch → Rn. 278) – verlesen und verwertet werden.

Jedoch hat eine verlesene nichtrichterliche Vernehmung einen geringeren Beweiswert als eine richterliche; dies ergibt sich schon aus den in § 168c II StPO erweiterten Anwesenheitsrechten, aber auch aus der nur bei richterlichen Vernehmungen möglichen Strafbarkeit von Falschaussagen des Zeugen nach §§ 153, 154 StGB. Aus diesem geringeren Beweiswert hat der BGH hergeleitet, dass der Tatrichter den Angeklagten darauf hinweisen muss, dass er eine nach § 251 II StPO vorgenommene Verlesung nur wie die eines nichtrichterlichen Protokolls würdigen darf und will. Die Gesetzesverletzung, die der Revision des Angeklagten zum Erfolg verhelfen wird, ist also ein Verstoß gegen die entsprechend § 265 StPO bestehende Hinweispflicht, nicht die Verletzung von § 168c V StPO und nicht die Missachtung eines nach einem solchen Gesetzesverstoß bestehenden Verwertungsverbots.[368]

233 Die früheren Bekundungen in **Vernehmungen** eines in der Hauptverhandlung berechtigt die Aussage verweigernden Zeugen dürfen – auch wenn die Voraussetzungen des § 251 StPO

---

364 Vgl. Meyer-Goßner/Schmitt/*Meyer-Goßner* StPO § 251 Rn. 45.
365 Hatte der Beschuldigte einen Verteidiger und wurde dieser benachrichtigt, erwägt der BGH (NStZ 2015, 98) Vortrag dazu zu verlangen, dass der Beschuldigte nicht vom Verteidiger über die Vernehmung unterrichtet worden ist.
366 Vgl. dazu auch BGH NStZ 1996, 595 (597) mAnm *Puppe*; *Park* StV 2000, 218 (219); Meyer-Goßner/Schmitt/ *Schmitt* StPO § 168c Rn. 9; vgl. aber auch BGHSt 53, 191 = NJW 2009, 1619, wonach der Verstoß gegen die Benachrichtigungspflicht nicht zu einem Verwertungsverbot hinsichtlich eines Mitbeschuldigten führt.
367 Meyer-Goßner/Schmitt/*Schmitt* StPO § 168c Rn. 6; Meyer-Goßner/Schmitt/*Meyer-Goßner* StPO § 251 Rn. 15; vgl. auch BGHSt 51, 150 (156) = NJW 2007, 237, wonach es für den Rechtsverstoß keinen Unterschied macht, ob die erforderliche Benachrichtigung absichtlich, versehentlich oder unter Verkennung der gesetzlichen Voraussetzungen unterblieben ist.
368 BGH NStZ 1998, 312 mAnm *Wönne*; Meyer-Goßner/Schmitt/*Meyer-Goßner* StPO § 251 Rn. 15.

E. Einzelheiten zur Verfahrensrüge

vorliegen – nicht verlesen werden (§ 252 StPO). Die Aussage darf dann – abgesehen von der Vernehmung der richterlichen Verhörperson (ausführlich dazu bei → Rn. 255 ff.) – auch nicht auf andere Weise in die Hauptverhandlung eingeführt und verwertet werden, wobei der Verwertung weder vom Angeklagten noch vom Verteidiger widersprochen werden muss (die »Widerspruchslösung« gilt hier also nicht).[369] Für das *Verlesungs*verbot gem. § 252 StPO spielt es – anders als beim *Zeugen*beweis – keine Rolle, ob es sich um eine richterliche oder nichtrichterliche Vernehmung gehandelt hat; ebenso ist – allerdings nur im Fall des § 52 StPO, nicht bei §§ 53, 53a StPO – gleichgültig, ob das Zeugnisverweigerungsrecht im Zeitpunkt der früheren Vernehmung schon bestanden hat.[370] § 252 StPO findet aber keine Anwendung, wenn dem Zeugen kein Aussage-, sondern »nur« das Auskunftsverweigerungsrecht gem. § 55 StPO zusteht.[371]

Fall: Dem Angeklagten wird die versuchte Tötung seiner Tochter zur Last gelegt. Das Mädchen hatte – jeweils nach ordnungsgemäßer Belehrung gem. § 52 StPO – den Beschuldigten im Ermittlungsverfahren sowohl bei einer richterlichen Vernehmung als auch in Gesprächen mit der Sachverständigen (Glaubwürdigkeitsgutachten) belastet. Ferner hatte die Zeugin anlässlich einer polizeilichen Vernehmung einen Bericht über den Tathergang übergeben, den sie in einer mehrstündigen Anhörung erläuterte. In der Hauptverhandlung hat sie dagegen unter Berufung auf ihr Zeugnisverweigerungsrecht keine Angaben mehr gemacht. Das Schwurgericht hat die Verurteilung des Angeklagten – obwohl der Verteidiger der Beweiserhebung jeweils unverzüglich widersprochen hatte – auf die verlesenen Protokolle über die ermittlungsrichterliche und polizeiliche Vernehmung sowie die Bekundungen der Sachverständigen über die Angaben des Mädchens gestützt. Ferner hat es den ebenfalls verlesenen Bericht der Zeugin zum Nachteil des Angeklagten berücksichtigt. Kann der Angeklagte dies mit der Revision beanstanden?

234

Lösung: Die Revision des Angeklagten wird Erfolg haben, sofern er jeweils zulässige Verfahrensrügen erhebt.

- Die Verlesung und Verwertung der richterlichen und polizeilichen Protokolle waren nicht zulässig. Dies ergibt sich schon aus § 250 StPO, der den Vorrang des Personalbeweises gegenüber dem Sachbeweis regelt; dass dieser Zeugenbeweis infolge der Aussageverweigerung letztlich nicht gelungen ist, ändert daran nichts, § 250 StPO verbietet jede Verlesung, die eine Vernehmung ersetzt.[372]
Zudem lag auch kein Verlesungsgrund nach § 251 I, II StPO vor; denn eine berechtigte Zeugnisverweigerung ist kein Grund, der dem Erscheinen und der Vernehmung eines Zeugen iSd § 251 I Nr. 3, II Nr. 1 StPO entgegensteht, hierunter fallen nämlich solche rechtlichen Hindernisse nicht.[373]
Schließlich war die Verlesung und Verwertung auch noch nach § 252 StPO verboten. Erlaubt gewesen wäre allein die Vernehmung des Ermittlungsrichters als Zeuge (→ Rn. 255 ff.).
- Unzulässig waren ferner die Verlesung und die Verwertung des von der Zeugin der Polizei übergebenen Berichts. Das folgt aus § 250 S. 2 StPO, weil diese Vorschrift auch Schriftstücke eines Zeugen erfasst, die zu Beweiszwecken angefertigt worden sind.[374]
Ferner folgt die Unverwertbarkeit auch hier zusätzlich aus § 252 StPO. Zwar handelte es sich nicht – wie diese Vorschrift voraussetzt – um eine Vernehmungsniederschrift im eigentlichen Sinn, jedoch stand der Bericht der Zeugin einer solchen Niederschrift gleich. Die Zeugin hatte ihn nämlich anlässlich einer Vernehmung gefertigt sowie übergeben und anschließend in dieser seinen Inhalt erläutert. Dann ist die Sachlage aber nicht anders, als

---

369 BGH NStZ-RR 2012, 212; Meyer-Goßner/Schmitt/*Schmitt* StPO § 252 Rn. 12.
370 Vgl. Meyer-Goßner/Schmitt/*Schmitt* StPO § 252 Rn. 2, 3 mwN.
371 BGH NJW 2002, 309; Meyer-Goßner/Schmitt/*Schmitt* StPO § 252 Rn. 5.
372 Vgl. Meyer-Goßner/Schmitt/*Meyer-Goßner* StPO § 250 Rn. 12.
373 Str., vgl. Meyer-Goßner/Schmitt/*Meyer-Goßner* StPO § 251 Rn. 11, 24 jeweils mwN; gegen eine auf § 251 I Nr. 3 StPO gestützte Verlesung, wenn der Zeuge in der Hauptverhandlung nicht vernommen wurde, weil er sich vorab auf ein umfassendes Auskunftsverweigerungsrecht nach § 55 StPO berufen hat: BGH NJW 2007, 2195.
374 Meyer-Goßner/Schmitt/*Meyer-Goßner* StPO § 250 Rn. 8.

wenn sie den Inhalt des Schriftstücks nur mündlich mitgeteilt hätte, sodass § 252 StPO anzuwenden ist.[375]

- Entsprechend § 252 StPO war auch die Verwertung der Aussage der Sachverständigen über die Angaben des Mädchens ausgeschlossen; denn Mitteilungen eines aussageverweigerungsberechtigten Zeugen gegenüber einem Sachverständigen über den Tathergang – also sog. Zusatztatsachen (→ Rn. 266) – stehen einer nichtrichterlichen Vernehmung iSd § 252 StPO gleich. Sie durften infolge der Aussageverweigerung des Mädchens gegenüber dem erkennenden Gericht weder durch die Vernehmung der Sachverständigen noch durch die Verlesung etwa des Gutachtens zum Gegenstand der Hauptverhandlung gemacht und dementsprechend im Urteil auch nicht verwertet werden.[376]

ee) Vorhalte

235 Bei den Vorhalten muss unterschieden werden zwischen dem »einfachen« Vorhalt und dem nach §§ 253, 254 II StPO. Angeklagten, Zeugen und auch Sachverständigen können nämlich bei ihrer Vernehmung in der Hauptverhandlung Niederschriften von früheren Vernehmungen, Aussagen anderer Zeugen oder Gutachten – auch durch Verlesen – vorgehalten werden. Ein solcher »einfacher« Vorhalt ist allerdings kein Urkundenbeweis, sondern ein Vernehmungsbehelf. Zu Beweiszwecken darf daher nur das verwertet werden, was der Vernommene auf den Vorhalt hin erklärt hat, nicht aber der Inhalt der vorgehaltenen Aussage oder des vorgehaltenen Schriftstücks.[377]

236 Der Vorhalt gem. §§ 253, 254 II StPO ist demgegenüber ein Urkundenbeweis, mit dem der Inhalt der früheren Aussage zum Gegenstand der Hauptverhandlung wird. Zulässig ist ein solcher Vorhalt nur zur Gedächtnisstütze (§ 253 I StPO) oder – als subsidiäres Beweismittel (also etwa nach einem einfachen Vorhalt und Vernehmung der früheren Verhörperson) – zum Aufdecken von Widersprüchen (§§ 253 II, 254 II StPO).[378]

ff) Urkundenbeweis in Bezug auf Erklärungen von Behörden, Sachverständigen oder Ärzten (§ 256 StPO)

237 Die nach § 256 StPO verlesbaren Erklärungen von Behörden, Sachverständigen oder Ärzten sind dort im Einzelnen aufgeführt. Sollen andere Gutachten oder Erklärungen im Urteil verwertet werden, ist der Sachverständige oder der Zeuge in der Hauptverhandlung anzuhören (dazu → Rn. 263 ff.), sofern nicht die Voraussetzungen von § 251 I, II StPO vorliegen.

238 Hat das Gericht nach § 256 StPO an sich zulässig ein Gutachten oder eine Erklärung verlesen, war jedoch die persönliche Anhörung des Sachverständigen oder des Zeugen geboten, etwa weil der Angeklagte begründete Einwände gegen die Richtigkeit des Gutachtens erhoben hat, so muss dies in der Revision mit einer Aufklärungsrüge (dazu → Rn. 268 ff.) vorgetragen werden.[379]

239 **Fall:** Dem Angeklagten wird räuberischer Diebstahl zur Last gelegt. Der den Angeklagten belastende Zeuge hatte den Täter nach dem Diebstahl verfolgt und war von diesem verletzt worden. Der Tatrichter hat die Verurteilung unter anderem darauf gestützt, dass die Aussage dieses Zeugen durch ein verlesenes ärztliches Attest über seine festgestellten Verletzungen bestätigt worden sei. Kann der Verteidiger des Angeklagten die Verwertung des Attestes in der Revision beanstanden?

---

375 BGH StV 2005, 536; KK-StPO/*Diemer* § 252 Rn. 3; vgl. auch BGH NStZ-RR 2005, 268 (269); vgl. aber auch: Meyer-Goßner/Schmitt/*Schmitt* StPO § 252 Rn. 9, ebenso zu einem anlässlich einer Vernehmung übergebenen Tonband: BGH NStZ 2013, 247; zum Handy-Video, insbes. zum notwendigen Vortrag: BGH NStZ 2013, 725.
376 BGH StV 2007, 68; vgl. auch Meyer-Goßner/Schmitt/*Schmitt* StPO § 79 Rn. 11, § 252 Rn. 10.
377 Meyer-Goßner/Schmitt/*Meyer-Goßner* StPO § 249 Rn. 28.
378 Meyer-Goßner/Schmitt/*Meyer-Goßner* StPO § 253 Rn. 1, 6, § 254 Rn. 3.
379 Vgl. BGH NStZ 1993, 397 (für ein älteres nervenärztliches Gutachten des Gesundheitsamtes); Meyer-Goßner/Schmitt/*Meyer-Goßner* StPO § 256 Rn. 30.

Lösung: Der Verteidiger kann nach neuer Rechtslage die entsprechende Verfahrensrüge nicht mehr mit Aussicht auf Erfolg erheben. § 256 I Nr. 2 StPO nF erlaubt nämlich nunmehr uneingeschränkt die Verlesung ärztlicher Atteste über Körperverletzungen. Dies gilt ausdrücklich unabhängig vom Tatvorwurf. Damit darf das Attest auch zum Nachweis des räuberischen Diebstahls verwendet werden.

c) Fehler in Zusammenhang mit Zeugenvernehmungen

aa) Fehler bei der allgemeinen Zeugenbelehrung

Das Unterlassen oder die Unvollständigkeit der allgemeinen Zeugenbelehrung nach § 57 S. 1, 2 StPO kann nach der Rechtsprechung die Revision nicht begründen, da diese Regelung nur eine Ordnungsvorschrift im Interesse des Zeugen darstellt, deren Verletzung den Rechtskreis des Angeklagten nicht berührt.[380] 240

bb) Fehler in Zusammenhang mit Aussageverweigerungsrechten

Übersicht zu den Aussageverweigerungsrechten 241

Ein Zeugnisverweigerungsrecht haben die in § 52 I StPO bezeichneten Angehörigen; sie sind nicht zu einer Aussage verpflichtet, sondern können frei entscheiden, ob sie aussagen wollen oder nicht. Die Zeugnisverweigerungsberechtigten sind über dieses Recht zu belehren (§ 52 III 1 StPO).	Zeugnisverweigerungsrechte haben ferner die Angehörigen bestimmter Berufsgruppen (§§ 53, 53a StPO). Sie müssen über dieses Recht grundsätzlich nicht belehrt werden.	Ein Vernehmungsverbot besteht nach § 54 StPO für Mitarbeiter des öffentlichen Dienstes. Sie dürfen nur vernommen werden, wenn das Gericht (vgl. Nr. 66 I RiStBV) zuvor die Aussagegenehmigung des Dienstvorgesetzten eingeholt hat. Eine Belehrung der Zeugen ist nicht erforderlich; die Missachtung von § 54 StPO kann grundsätzlich die Revision nicht begründen (Rechtskreistheorie).

Fall: Dem Angeklagten wird versuchter Totschlag an seiner Ehefrau zur Last gelegt. In der Hauptverhandlung, in der diese das Zeugnis verweigert hat, wurde der Arzt vernommen, der das Opfer nach der Tat im Krankenhaus behandelt und demgegenüber die Frau den Tathergang geschildert hatte. Diesen Arzt hatte die Frau im Ermittlungsverfahren zwar zunächst von seiner Schweigepflicht entbunden, sie hatte diese Schweigepflichtentbindung aber später – noch vor der Zeugenvernehmung des Arztes – widerrufen. Gleichwohl hatte der Vorsitzende des Schwurgerichts den Arzt darauf hingewiesen, dass er von der Schweigepflicht befreit sei. Vor allem auf die Aussage des Arztes hat das Schwurgericht die Verurteilung des Angeklagten gestützt. Kann der Angeklagte dies in der Revision mit Aussicht auf Erfolg beanstanden? 242

Lösung: Die Revision wird Erfolg haben.[381] Ein Patient, der den ihn behandelnden Arzt von der Schweigepflicht befreit hat, kann diese Erklärung nämlich jederzeit widerrufen, sodass dem Arzt dann wieder das Zeugnisverweigerungsrecht gem. § 53 I Nr. 3 StPO zusteht. Das war hier der Fall, jedoch kann allein daraus ein Gesetzesverstoß noch nicht hergeleitet werden. Denn auch wenn der Arzt nunmehr wieder ein Zeugnisverweigerungsrecht hatte, so oblag es seiner freien Entscheidung, ob er aussagt oder nicht.[382] Diese Entscheidungsfreiheit durfte das Gericht jedoch nicht durch falsche Hinweise beeinflussen, was hier aber mit der fehlerhaften Auskunft des Vorsitzenden über die Schweigepflichtentbindung erfolgt war, da der Arzt infolge dieses Hinweises davon ausgehen musste, zur Aussage verpflichtet zu sein (vgl. § 53 II StPO). Folge

---

380 Meyer-Goßner/Schmitt/*Schmitt* StPO § 57 Rn. 7.
381 Vgl. BGHSt 42, 73 = NJW 1996, 2435; Meyer-Goßner/Schmitt/*Schmitt* StPO § 53 Rn. 50; zur Möglichkeit des Widerrufs der Schweigepflichtentbindung: Meyer-Goßner/Schmitt/*Schmitt* StPO § 53 Rn. 49.
382 Meyer-Goßner/Schmitt/*Schmitt* StPO § 53 Rn. 45; zum Verhältnis zu § 203 StGB: Meyer-Goßner/Schmitt/*Schmitt* StPO § 53 Rn. 4 ff.

> hiervon ist – nach Ansicht des BGH – ein Verwertungsverbot, weil die unzulässige Einflussnahme des Gerichts auf die Entschließung des Arztes zur Aussage das Recht des Angeklagten auf ein prozessordnungsgemäßes Verfahren verletzte; dabei sind – so der BGH weiter – die aus der »Rechtskreistheorie« beim Verstoß gegen andere Verfahrensnormen, namentlich des § 55 StPO (dazu → Rn. 247), hergeleiteten Erwägungen für eine Einschränkung der prozessualen Befugnisse des Angeklagten auf den Regelungsbereich des § 53 StPO nicht übertragbar. Einer Beanstandung gem. § 238 II StPO bedurfte es im Übrigen (laut BGH) nicht, weil sich der Vorsitzende über Verfahrensvorschriften hinweggesetzt hat, die keinen Entscheidungsspielraum zulassen.

243 Zweifelsfälle können sich auch – und vor allem – ergeben, wenn es um die Pflicht zur Belehrung von Angehörigen geht (§ 52 III 1 StPO). Wurde ein Zeuge über ein ihm zustehendes Zeugnisverweigerungsrecht nicht belehrt – wobei die Belehrung grundsätzlich vor jeder Vernehmung erfolgen muss[383] – und hat er Angaben gemacht, so kann der Verstoß gegen § 52 III 1 StPO in der Revision mit der Verfahrensrüge sogar dann geltend gemacht werden,[384] wenn das Gericht von der Angehörigenstellung des Zeugen gar nichts wusste.[385] Voraussetzung für den Erfolg der Revision ist aber, dass das Urteil auf der Verwertung dieser Angaben beruht (§ 337 I StPO). Dies wird bei einer Angeklagtenrevision regelmäßig zu bejahen sein, wenn die Aussage im Urteil zu seinem Nachteil berücksichtigt wurde. Nur in besonders gelagerten Fällen, etwa wenn feststeht, dass der Zeuge auch ohne die Belehrung sein Aussageverweigerungsrecht kannte und davon bei einer ordnungsgemäßen Belehrung keinen Gebrauch gemacht hätte, kann ein Beruhen trotz der Verwertung im Urteil ausgeschlossen sein.[386] Wurde dagegen ein Zeuge nach § 52 III 1 StPO belehrt, obwohl ihm ein Aussageverweigerungsrecht nicht zustand, und hat er daraufhin keine Angaben gemacht, hat das Gericht gegen § 245 I StPO verstoßen oder seine Aufklärungspflicht (§ 244 II StPO) verletzt (Beispiel dazu bei → Rn. 272).

244 **Fall:** Die Zeugin ist die Schwester eines Beschuldigten, der mit einem anderen eine Straftat begangen haben soll. Muss sie nach § 52 III 1 StPO belehrt werden,

- wenn sie in dem Verfahren gegen ihren Bruder sowie dessen Mittäter aussagen soll?
- wenn sie (nur) in dem Verfahren gegen den (nicht-angehörigen) Mittäter aussagen soll?

Lösung: In der ersten Alternative liegt eindeutig ein Fall von § 52 III 1 StPO vor, die Zeugin muss also über ihr Aussageverweigerungsrecht belehrt werden.
In der zweiten Alternative kommt es dagegen auf die näheren Umstände des Falls an:

- Nach der bisherigen Rechtsprechung des BGH ist zunächst entscheidend, ob die Verfahren gegen den Bruder der Zeugin und gegen dessen Mittäter jemals – und sei es auch nur während des Ermittlungsverfahrens – gemeinsam geführt wurden.
Sollte dies nicht der Fall gewesen sein, so steht – zumindest nach der bisherigen Rechtsprechung – der Zeugin in der Hauptverhandlung gegen den Mittäter kein Aussageverweigerungsrecht zu, sie ist daher auch nicht nach § 52 III 1 StPO zu belehren.[387] »Geschützt« wird die Zeugin dann nur durch § 55 StPO (dazu → Rn. 246 ff.).

---

383 Meyer-Goßner/Schmitt/*Schmitt* StPO § 52 Rn. 29. Zum Vortrag: BGH StV 2015, 758.
384 Dagegen lehnt die Rechtsprechung eine Fernwirkung des Verstoßes gegen die Belehrungspflicht ab: BGH NStZ-RR 2016, 216.
385 Meyer-Goßner/Schmitt/*Schmitt* StPO § 52 Rn. 34; für den Fall des Verlöbnisses offen gelassen von BGH NJW 2003, 2619 (2621). Das Gericht kann eine Glaubhaftmachung des Zeugnisverweigerungsrechtes verlangen, § 56 StPO. Stellt der Vorsitzende fest, er gehe nicht von einem Verlöbnis aus, muss der Angeklagte den Zwischenrechtsbehelf des § 238 II StPO ergreifen, wenn er sich die Chance wahren will, die unterbliebene Belehrung nach § 52 StPO in der Revision zu rügen, BGH NJW 2010, 1824. Hintergrund ist, dass bezüglich der Annahme eines Verlöbnisses dem Tatgericht ein Beurteilungsspielraum zukommt.
386 BGH wistra 2004, 349 (Aussage des Zeugen im Ermittlungsverfahren mit Belehrung nach § 52 StPO und Anschluss des Zeugen als Nebenkläger); ähnlich BGH NStZ 1998, 583, 584; anders bei bloßer polizeilicher Vernehmung mit Belehrung gem. § 52 StPO: BGH BeckRS 2004, 04560; vgl. auch Meyer-Goßner/Schmitt/*Schmitt* StPO § 52 Rn. 32, 34.
387 Vgl. BGH NStZ 1998, 583; Meyer-Goßner/Schmitt/*Schmitt* StPO § 52 Rn. 11.

- Sollten die Verfahren irgendwann gemeinsam geführt worden sein, so besteht nach der Rechtsprechung das Aussageverweigerungsrecht der Zeugin nach der Trennung weiter – auch in dem Verfahren gegen den Mittäter; dann müsste sie also in diesem Verfahren nach § 52 III 1 StPO belehrt werden. Voraussetzung hierfür ist allerdings, dass hinsichtlich des dem Angehörigen und dem Mittäter zur Last gelegten Geschehens Tatidentität iSd § 264 StPO besteht.[388]

  Hintergrund dieser Rechtsprechung ist zum einen, dass die Konfliktlage der Zeugin, durch eine wahrheitsgemäße Aussage ggf. einen Angehörigen belasten und der strafrechtlichen Verfolgung aussetzen zu müssen, von der Trennung nicht berührt wird. Zum anderen sollen Missbrauchsmöglichkeiten unterbunden werden.

  Von obiger Grundregel gibt es jedoch eine Ausnahme, nämlich wenn das Verfahren gegen den Angehörigen im Zeitpunkt der Zeugenaussage bereits endgültig abgeschlossen ist; dann besteht für den Zeugen die der Regelung in § 52 StPO zugrunde liegende Konfliktlage nicht mehr. Dementsprechend hat der BGH eine Belehrungspflicht gem. § 52 III 1 StPO in dem Verfahren gegen den Mittäter verneint, wenn das Verfahren gegen den Angehörigen rechtskräftig abgeschlossen[389], wenn der Angehörige verstorben ist[390] oder – wegen stark eingeschränkter Wiederaufnahmemöglichkeiten – bei einer Einstellung nach § 154 I oder II StPO im Hinblick auf eine rechtskräftige Verurteilung,[391] anders bei einer Einstellung nach § 170 II StPO (bei der das Verfahren jederzeit ohne besondere Gründe wieder aufgenommen werden kann).[392]

- Der BGH hat allerdings eine Abkehr von dieser eher Zufälligkeiten produzierenden Rechtsprechung erwogen. Erwogen wird, allein darauf abzustellen, ob sich im Zeitpunkt der Entscheidung über das Zeugnisverweigerungsrecht das Verfahren noch gegen den Angehörigen richtet. Anderenfalls komme der nicht-angehörige Mitbeschuldigte in den Genuss eines nicht verdienten Rechtsreflexes.[393]

Ist der Zeuge nicht oder nur beschränkt geschäftsfähig, so ist bezüglich der Belehrungspflicht maßgeblich, ob er die erforderliche Verstandesreife hat, um beurteilen zu können, ob er aussagen will oder nicht und welche Folgen sein Verhalten ggf. hat. Ist er dazu in der Lage, was der Vorsitzende nach pflichtgemäßem Ermessen zu beurteilen hat, so entscheidet der Zeuge selbst – also ohne seinen gesetzlichen Vertreter – über die Ausübung seines Schweigerechts; dementsprechend ist auch nur er zu belehren. Ist er dazu nicht in der Lage, sind – trotz der fehlenden Verstandesreife – der Zeuge selbst *und* sein gesetzlicher Vertreter zu belehren (§ 52 II 1, III 1 StPO).[394] Ist der oder einer der gesetzlichen Vertreter selbst der Beschuldigte, muss ein Ergänzungspfleger bestellt werden (vgl. § 52 II 2 StPO, § 1909 I 1 BGB). Auch dann sind bei mangelnder Verstandesreife des Zeugen dieser und der Ergänzungspfleger zu belehren.[395]

cc) Fehler in Zusammenhang mit Auskunftsverweigerungsrechten

Ein Zeuge, der durch die wahrheitsgemäße Beantwortung einer Frage sich selbst oder einen Angehörigen der Gefahr strafrechtlicher Verfolgung aussetzen würde, hat ein Auskunftsverweigerungsrecht (§ 55 I StPO).

Fall: Dem Angeklagten wird Steuerhinterziehung zur Last gelegt. In der Hauptverhandlung wurde ein möglicherweise an dieser Tat beteiligter Zeuge vernommen. Dieser machte zunächst ohne Belehrung gem. § 55 StPO Angaben, verweigerte aber – nachdem er belehrt worden war –

---

388 Zur Unteilbarkeit des Zeugnisverweigerungsrechts: Meyer-Goßner/Schmitt/*Schmitt* StPO § 52 Rn. 12.
389 Für den Fall der Verurteilung: BGH NStZ 1992, 195 mAnm *Widmaier*; für den Fall des Freispruchs: BGH NStZ 1993, 500; zum dann allerdings bestehenden Auskunftsverweigerungsrecht nach § 55 StPO, wenn eine Wiederaufnahme möglich ist: Meyer-Goßner/Schmitt/*Schmitt* StPO § 55 Rn. 9.
390 BGH NStZ 1992, 291.
391 Vgl. BGH NStZ 2009, 515 (516).
392 BGH NStZ 2012, 221; für § 153a StPO offen gelassen von BGH NStZ 1998, 583; zum Ganzen Meyer-Goßner/Schmitt/*Schmitt* StPO § 52 Rn. 11.
393 BGH NStZ 2012, 221; Meyer-Goßner/Schmitt/*Schmitt* StPO § 52 Rn. 11a.
394 BGH NStZ 1999, 91; Meyer-Goßner/Schmitt/*Schmitt* StPO § 52 Rn. 19, 28.
395 BGH NStZ-RR 2000, 210 (211); vgl. auch Meyer-Goßner/Schmitt/*Schmitt* StPO § 52 Rn. 19, 20; zu den Anforderungen an die Verfahrensrüge in einem solchen Fall: BGH NStZ 1997, 145.

alle Antworten auf die ihm gestellten Fragen. In seiner Verurteilung stützt sich das Gericht auf die zunächst gemachte Aussage des Zeugen. Kann der Angeklagte dies mit der Revision beanstanden?

Lösung: Die Revision des Angeklagten wird keinen Erfolg haben. Dem Zeugen stand zwar von Anfang an das Auskunftsverweigerungsrecht gem. § 55 I StPO zu, zumal hierfür genügt, dass aus seiner wahrheitsgemäßen Aussage Tatsachen entnommen werden *können*, die den für die Einleitung eines Ermittlungsverfahrens ausreichenden Anfangsverdacht[396] eines eigenen strafbaren Verhaltens rechtfertigen könnten, auch wenn diese Angaben lediglich »Teilstücke in einem mosaikartig zusammengesetzten Beweisgebäude« (BGH NJW 1999, 1413) betreffen würden.[397] Dieses Auskunftsverweigerungsrecht kann sich auch zu einem Aussageverweigerungsrecht verdichtet haben, wenn sich der Zeuge durch jede Aussage der Gefahr der Selbstbelastung ausgesetzt haben würde.[398] Lagen – wie ersichtlich hier – die Voraussetzungen von § 55 I StPO schon von Anfang an vor, so hätte der Zeuge bereits am Beginn seiner Vernehmung belehrt werden müssen (§ 55 II StPO). Trotz des somit zumindest wahrscheinlichen Verstoßes gegen § 55 II StPO liegt in der Verwertung der Angaben des Zeugen jedoch kein revisibler Rechtsfehler.[399] Grundlage hierfür ist, dass nach der ständigen Rechtsprechung frühere Aussagen eines nicht nach § 55 II StPO belehrten Zeugen verwertbar bleiben, weil § 55 StPO – anders als etwa §§ 52, 252 StPO – nicht dem Schutz des Angeklagten dient, sondern ausschließlich dem des Zeugen (Rechtskreistheorie).[400] Wenn aber schon die Angaben eines Zeugen verwertbar sind, die ohne Belehrung gem. § 55 II StPO zustande kamen, so muss dies auch und erst recht im Fall einer zu späten Belehrung gelten.

248 **Hinweis:** Das Unterlassen der Belehrung über das Auskunftsverweigerungsrecht nach § 55 StPO begründet die Revision des Angeklagten nicht, da diese Belehrung ausschließlich dem Schutz und den Interessen des Zeugen dient (Rechtskreistheorie). Aus der berechtigten Auskunftsverweigerung darf das Gericht sogar Schlüsse zum Nachteil des Angeklagten ziehen (→ Rn. 339). Hat sich der Zeuge dagegen auf ein tatsächlich nicht bestehendes Auskunftsverweigerungsrecht berufen und keine oder nur teilweise Angaben gemacht, kann dieser Verstoß gegen § 245 I StPO oder die Aufklärungspflicht (§ 244 II StPO) mit der Verfahrensrüge beanstandet werden (Beispiel dazu bei → Rn. 272; zur »Verwirkung« der Verfahrensrüge → Rn. 104: die Frage, ob und inwieweit einem Zeugen ein Auskunftsverweigerungsrecht nach § 55 StPO zusteht, wird von der Rechtsprechung als Frage der Sachleitungsbefugnis behandelt; der Rechtsmittelführer muss daher einen Gerichtsbeschluss nach § 238 II StPO herbeigeführt haben, will er sich die Rüge in der Revision offenhalten[401]).

dd) Fehler in Zusammenhang mit der Vernehmung des Zeugen zur Sache

249 Der Zeuge soll – wie auch der Angeklagte – die Angaben zur Sache zunächst im Zusammenhang machen (§ 69 I 1 StPO), anschließend kann er von den Prozessbeteiligten nach weiteren Einzelheiten befragt werden (§§ 69 II, 240 StPO).

250 **Hinweis:** Wie bei der Angeklagtenvernehmung (→ Rn. 210 f.) kann mit der Revision grundsätzlich nicht geltend gemacht werden, dem Zeugen seien bestimmte Fragen nicht gestellt worden. Aussicht auf Erfolg hat eine solche Verfahrensrüge nur, wenn die Verletzung des § 240 II StPO beanstandet wird, weil das Gericht (§§ 242, 238 II StPO) Fragen zu Unrecht nicht zugelassen hat. Dabei ist darauf zu achten, dass Fragen nach § 241 II StPO auch zurückgewiesen werden können, wenn sie gem. § 68a StPO nicht gestellt werden dürfen.

---

396 Zum Prüfungsumfang des Revisionsgerichts bezüglich der Verfolgungsgefahr (Beurteilungsspielraum): BGH NStZ 2006, 178.
397 BVerfG NJW 2002, 1411 (1412); 2003, 3045 (3046); zu § 55 StPO bei einem rechtskräftig abgeurteilten Zeugen: BGH StraFo 2005, 420; zu § 55 StPO bei einem erst im Schuldspruch rechtskräftig abgeurteilten Zeugen: BGH NJW 2005, 2166; s. auch unten → Rn. 339.
398 BGH StV 2002, 604; Meyer-Goßner/Schmitt/*Schmitt* StPO § 55 Rn. 2, 14 aE.
399 Vgl. BGH NStZ 1998, 312 mAnm *Wönne*.
400 BGH NStZ 2004, 442; Meyer-Goßner/Schmitt/*Schmitt* StPO § 55 Rn. 17 jew. mwN.
401 Meyer-Goßner/Schmitt/*Schmitt* StPO § 55 Rn. 16; BGH NStZ 2007, 230.

ee) Fehler in Zusammenhang mit der (Nicht-)Vereidigung von Zeugen

Gem. § 59 I 1 StPO ist die Nichtvereidigung eines Zeugen die Regel. Will das Gericht von dieser gesetzlichen Regel **abweichen**, bedarf dies einer ausdrücklichen gerichtlichen – in der Hauptverhandlung aber gem. § 59 I 2 StPO nicht zu begründenden – Entscheidung. Da es sich um eine Maßnahme der Prozessleitung (§ 238 I StPO) handelt, ist zunächst der Vorsitzende zuständig.[402]

251

Umstritten ist, ob eine ausdrückliche gerichtliche Entscheidung auch dann zu erfolgen hat, wenn das Gericht von der gesetzlichen Regel **nicht** abweichen will. Nach einer Auffassung ist eine förmliche Entscheidung für den Regelfall des § 59 StPO nicht erforderlich.[403] Nach anderer Ansicht liege in der Entlassungsverfügung (vgl. § 248 S. 1 StPO) des Vorsitzenden die (konkludente) Entscheidung, nicht zu vereidigen.[404] Nach dieser Ansicht setzt die Zulässigkeit einer Verfahrensrüge, der Vorsitzende habe rechtsfehlerhaft einen Ausnahmefall iSd § 59 I 1 StPO nicht erkannt, voraus, dass diese Entscheidung in der Hauptverhandlung beanstandet und gem. § 238 II StPO ein gerichtlicher Beschluss herbeigeführt wurde.[405] Nach wiederum anderer Ansicht bedarf auch die Entscheidung über die Nicht-Vereidigung stets einer ausdrücklichen Entscheidung, die – ebenso wie die Anordnung der Vereidigung – als wesentliche Förmlichkeit (§ 273 I 1 StPO) in das Protokoll aufzunehmen ist.[406] Unterbleibt eine solche Entscheidung, würde der Zulässigkeit einer Verfahrensrüge nicht entgegenstehen, dass keine Entscheidung des Gerichts (vgl. § 238 II StPO) herbeigeführt worden ist.[407]

252

Im Hinblick auf den weiten in der Revision nur eingeschränkt überprüfbaren Beurteilungsspielraum, den § 59 I 1 StPO dem Tatrichter eröffnet, wird auch bei Vorliegen einer Entscheidung nach § 238 II StPO eine revisible Gesetzesverletzung in Zusammenhang mit der (Nicht-)Vereidigung eines Zeugen nur selten vorliegen.[408] Zudem muss das Urteil auf der Gesetzesverletzung beruhen (§ 337 I StPO). Bei einer zu Unrecht vorgenommenen Vereidigung liegt zumindest nicht auf der Hand, dass ein Zeuge ohne die Vereidigung, mit der er seine Aussage bekräftigt und sich einer erhöhten Strafbarkeit bei Falschaussage unterwirft, anders ausgesagt hätte.[409] Soll ein Zeuge dagegen zu Unrecht nicht vereidigt worden sein, kann es am Beruhen fehlen, wenn das Revisionsgericht – in der gebotenen Einzelfallprüfung – ausschließen kann, dass der Zeuge, wäre er vereidigt worden, andere Angaben gemacht hätte und dass ggf. andere Angaben zu einer für den Angeklagten günstigeren Entscheidung geführt hätten.[410] Grundlage für eine solche Annahme kann zB die Eindeutigkeit des übrigen Beweisergebnisses oder die geringe Bedeutung der Beweisfrage sein, zu der sich der zu Unrecht nicht vereidigte Zeuge geäußert hat.[411] Ausgeschlossen ist ein Beruhen bei einer auf die Regel des § 59 I 1 StPO gestützten Nichtvereidigung eines Zeugen jedenfalls dann, wenn ein Vereidigungsverbot nach § 60 StPO bestand.[412]

253

Dagegen kommt ein revisibler Verstoß in Betracht, wenn Zeugen entgegen § 60 StPO vereidigt wurden. Eines Gerichtsbeschlusses bedarf es in diesen Fällen nicht. Erkennt das

254

---

402 BGH NStZ 2005, 340 (341); *Schuster* StV 2005, 628; Meyer-Goßner/Schmitt/*Schmitt* StPO § 59 Rn. 9.
403 BGH (2. Senat) NStZ 2006, 388.
404 BGH (1. Senat) NStZ 2009, 647.
405 Vgl. BGH NStZ 2009, 647; vgl. auch BGH NStZ 2006, 234; einschränkend aber BGH NStZ 2009, 343 für den Fall, dass erst aus den Urteilsgründen zutage trete, dass nach der Beurteilung des Gerichts die tatbestandlichen Voraussetzungen des § 59 I 1 StPO für eine Vereidigung an sich vorlagen.
406 Vgl. BGH (3. Senat) NStZ 2005, 340; Meyer-Goßner/Schmitt/*Schmitt* StPO § 59 Rn. 12; Meyer-Goßner/Schmitt/*Meyer-Goßner* StPO § 273 Rn. 7; *H. E. Müller* JR 2005, 79 f. (auch zu den Materialien).
407 Vgl. dazu Meyer-Goßner/Schmitt/*Meyer-Goßner* StPO § 59 Rn. 13 mwN.
408 BGH BeckRS 2013, 14343; vgl. zur Überprüfung von Entscheidungen mit Beurteilungsspielraum: Meyer-Goßner/Schmitt/*Meyer-Goßner* StPO § 337 Rn. 17.
409 Vgl. *Schuster* StV 2005, 628 (630) sowie *H. E. Müller* JR 2005, 79.
410 Vgl. BGH NStZ 2006, 114; vgl. aber OLG Frankfurt a. M. NStZ-RR 1999, 336; Meyer-Goßner/Schmitt/*Meyer-Goßner* StPO § 59 Rn. 13.
411 Vgl. BGH NStZ 2006, 114 mwN; in solchen Fällen kann Vortrag zum Beruhen erforderlich sein: KG StV 2000, 189 mAnm *Herdegen*.
412 Vgl. BGH NStZ 2006, 114.

Gericht erst im Urteil, dass ein Verstoß gegen § 60 StPO vorlag und wertet die Aussage (erst dort) als uneidlich, liegt idR ein Verstoß gegen die Hinweispflicht nach § 265 StPO vor, da sich die Prozessbeteiligten hierauf nicht einstellen konnten.[413]

ff) Fehler in Zusammenhang mit der Vernehmung von Verhörpersonen

255 Verhörpersonen, also insbes. Polizeibeamte, Staatsanwälte oder Ermittlungsrichter, die eine Beschuldigten- oder Zeugenvernehmung durchgeführt haben, können grundsätzlich als Zeugen über den Inhalt der damaligen Aussage des Beschuldigten bzw. des Zeugen vernommen werden. Insoweit sind sie »normale« Zeugen; ihre Anhörung widerspricht nicht dem Unmittelbarkeitsprinzip des § 250 StPO, der lediglich einen Vorrang des Personal- vor dem Sach-(Urkunden-)beweis statuiert.[414]

256 Dies gilt uneingeschränkt für Vernehmungspersonen, die über den Inhalt einer früheren Beschuldigtenvernehmung berichten sollen. Insofern besteht ein Verwertungsverbot insbes. nicht allein deshalb, weil der Angeklagte in der Hauptverhandlung keine Angaben mehr macht oder ein früheres Geständnis widerruft (zur Verlesung einer richterlichen Vernehmungsniederschrift über ein Geständnis → Rn. 222). Voraussetzung für die Verwertung der Angaben der Verhörperson ist aber, dass die Vernehmung ordnungsgemäß durchgeführt wurde bzw. – sollte dem Vernehmungsbeamten ein Fehler unterlaufen sein – der Verwertung der Angaben der Verhörperson nicht bis zum Zeitpunkt des § 257 StPO widersprochen wurde (vgl. das Beispiel bei → Rn. 174).

257 In den Fällen der berechtigten Aussageverweigerung eines Zeugen in der Hauptverhandlung (§ 252 StPO) **darf die Verhörperson dann als Zeuge vernommen werden, wenn es sich um eine ordnungsgemäße richterliche Vernehmung gehandelt hat**; Personen, die eine nichtrichterliche Vernehmung durchgeführt bzw. an einer solchen teilgenommen haben, dürfen dagegen grundsätzlich nicht vernommen werden. Jedoch kann der in der Hauptverhandlung die Aussage verweigernde Zeuge die Verwertung seiner früheren Aussage gestatten und damit die Verwertbarkeit einer auch polizeilichen Vernehmung herbeiführen.[415] Die dazu erforderliche Erklärung des Zeugen muss eindeutig sein.[416] Problematisch ist allerdings, wenn der Opferzeuge auf diese Weise die Möglichkeit unterläuft, sich einer konfrontativen Befragung durch den Angeklagten und seinen Verteidiger (Art. 6 III d EMRK) zu entziehen. Der Beweiswert der Befragung ist entsprechend reduziert; regelmäßig darf die Verurteilung dann nicht allein auf diese Vernehmung gestützt werden.[417]

Diese »Freigabeerklärung« (BGH NStZ 2008, 293) überwindet zwar das Verwertungsverbot des § 252 StPO, lässt aber den Unmittelbarkeitsgrundsatz unberührt. Das Gericht darf die Vernehmung der Verhörperson durch eine Verlesung der polizeilichen bzw. staatsanwaltschaftlichen Vernehmungsniederschrift nur ersetzen, wenn die Voraussetzungen des § 251 I StPO vorliegen.[418]

258 Gerechtfertigt wurde die Erweiterung des Verlesungsverbots des § 252 StPO auf ein Verwertungsverbot damit, dass ein aussageverweigerungsberechtigter Zeuge in der (öffentlichen) Hauptverhandlung der Konfliktsituation des Zeugen – zwischen Wahrheitspflicht und Näheverhältnis zum Beschuldigten – in größerem Umfang ausgesetzt ist als bei seiner Vernehmung im Ermittlungsverfahren. Dass die Vernehmung eines Richters über Angaben eines aussageverweigerungsberechtigten Zeugen, der in der Hauptverhandlung von seinem Schweigerecht Gebrauch macht, zulässig ist, hat die Rechtsprechung mit einer Güterabwägung gerechtfertigt. Danach gebührt angesichts der verfahrensrechtlich hervorgehobenen Situation einer richterlichen Vernehmung dem öffentlichen Interesse an der effektiven Straf-

---

413 Meyer-Goßner/Schmitt/*Schmitt* StPO § 60 Rn. 30 f., 34.
414 BGH NStZ-RR 2014, 152; Meyer-Goßner/Schmitt/*Meyer-Goßner* StPO § 250 Rn. 2, 4 f.
415 BGHSt 45, 203 (205 ff.) = NJW 2000, 596; Meyer-Goßner/Schmitt/*Schmitt* StPO § 252 Rn. 13, 14, 16a mwN.
416 Vgl. BGH NStZ 2007, 652; vgl. auch BGH NStZ 2007, 712, wonach die Erklärung nicht zwingend in der Hauptverhandlung abgegeben werden muss.
417 Meyer-Goßner/Schmitt/*Meyer-Goßner* StPO § 252 Rn. 16b mwN.
418 BGH NStZ 2008, 293; Meyer-Goßner/Schmitt/*Schmitt* StPO § 252 Rn. 16a.

verfolgung der Vorrang gegenüber dem Interesse des Zeugen, sich die Entscheidungsfreiheit über die Ausübung des Zeugnisverweigerungsrechts bis zur Hauptverhandlung erhalten zu können, zumal die höhere Bedeutung der richterlichen Vernehmung mit ihrer Sanktion der §§ 153 ff. StGB dem Zeugen erkennbar ist und auch der Gesetzgeber dem richterlichen Protokoll und damit auch einer Vernehmung durch ihn ein höheres Gewicht beimisst, wie § 251 I und II StPO zeigt.[419] Maßgeblich ist allein, an was sich der vernommene Richter – ggf. nach Vorhalt – erinnert (§ 253 I StPO ist nicht anwendbar, da es sich nicht um eine Vernehmung des Richters, sondern durch den Richter handelt). Allein die Aussage des vernommenen Richters, er habe die Aussage richtig protokolliert, ist nicht verwertbar.[420]

Die richterliche Verhörperson darf jedoch grundsätzlich dann nicht vernommen werden, wenn damals eine Belehrung nach § 52 StPO nicht erfolgt oder das ein Zeugnisverweigerungsrecht begründende Rechtsverhältnis erst später entstanden ist.[421] Probleme können hierbei insbes. dann entstehen, wenn ein (früherer) Belastungszeuge in der Hauptverhandlung behauptet, schon im Zeitpunkt der früheren Vernehmung mit dem Angeklagten verlobt gewesen zu sein. An sich darf dann die Vernehmung aus dem Ermittlungsverfahren nicht verwertet werden, auch wenn die Belehrung nach § 52 StPO unterblieben ist, weil der damals vernehmende Richter von der Angehörigenstellung des Zeugen nichts wusste oder diese damals noch nicht bestand.[422] Der BGH hat jedoch die Aussage des Richters über die früheren Angaben einer Zeugin zugelassen, die trotz entsprechender Frage des Richters das seinerzeit bereits bestehende Verlöbnis verschwiegen und in der Hauptverhandlung ihre früheren belastenden Angaben widerrufen hatte. Denn in Fällen »unlauterer Manipulation gebührt dem Grundsatz der Wahrheitserforschung ... Vorrang vor den Interessen des Zeugen, der sich pflichtwidrig durch sein Verhalten zum ›Herrn des Verfahrens‹ zu machen sucht, um durch sein Verhalten die gebotene Wahrheitsermittlung zu vereiteln.«[423] – Probleme können auch bestehen, wenn ein aussageverweigerungsberechtigter Zeuge in einer nichtrichterlichen Vernehmung nach Belehrung über sein Zeugnisverweigerungsrecht Angaben gemacht hat, der Zeuge aber in der Hauptverhandlung nicht vernommen werden kann. Nach der Rechtsprechung greift § 252 StPO regelmäßig ein, solange Ungewissheit darüber besteht, ob der Zeuge von seinem Weigerungsrecht Gebrauch macht oder darauf verzichtet.[424]

259

Nach der Rechtsprechung setzt die Vernehmung der richterlichen Verhörperson **nicht** voraus, dass diese den Zeugen **qualifiziert** belehrt hatte, ihn also über die Möglichkeit der Vernehmung der Verhörperson in der Hauptverhandlung informiert hatte. Die Rechtsprechung hatte das damit begründet, dass nicht über die Möglichkeit des Widerrufs des Verzichts auf das Zeugnisverweigerungsrecht belehrt werden müsse (vgl. § 52 III 2 StPO) und auch sonst keine Belehrung vorgeschrieben sei.[425] Der 2. Strafsenat wollte hiervon abweichen und eine qualifizierte Belehrung verlangen. Ohne qualifizierte Belehrung werde der Zeuge in Unkenntnis über die Reichweite und Endgültigkeit seines Verzichts gelassen; dies widerstreite der besonderen Bedeutung, die der Gesetzgeber der Belehrung beigemessen habe.[426] Der Große Senat[427] hält an der bisherigen Rechtsprechung fest: Selbst wenn man unterstellen wolle, dass der Zeuge bei seiner ermittlungsrichterlichen Vernehmung davon ausgehe, dass sein Zeugnisverweigerungsrecht in der Hauptverhandlung auch materiell unberührt bleibe – allein diese Annahme begegnet schon Zweifeln –, so habe der Gesetzgeber eine Belehrung

---

419 Ausführlich BGH NStZ 2014, 596.
420 BGH NStZ 2012, 521; zu § 253 I StPO: BGH StraFo 2013, 286.
421 BGH NJW 2003, 2619 (2620) mwN.
422 Vgl. BGH NJW 2003, 2619 (2621); Meyer-Goßner/Schmitt/*Schmitt* StPO § 52 Rn. 34 jeweils mwN.
423 BGH NJW 2003, 2619 (2620); vgl. auch BGH NJW 2000, 1274 bei einer »aus prozesstaktischen Gründen« herbeigeführten Angehörigeneigenschaft (Heirat).
424 Vgl. BGH NStZ-RR 2000, 210; BayObLG NStZ 2005, 468; vgl. aber zur Verlesungsmöglichkeit einer früheren Aussage eines Zeugnisverweigerungsberechtigten, wenn dessen Aufenthalt unbekannt und nicht zu ermitteln ist: KK-StPO/*Diemer* § 251 Rn. 6; zur Verlesbarkeit der Aussage eines früher nicht belehrten, vor der Hauptverhandlung verstorbenen Zeugen: Meyer-Goßner/Schmitt/*Schmitt* StPO § 52 Rn. 32 mwN.
425 BGHSt 32, 25 = NJW 1984, 621; BGH StV 1984, 326; NStZ 1985, 36.
426 BGH NStZ 2014, 596.
427 BGH GSSt NJW 2017, 94.

über solche Fernwirkungen nicht vorgesehen (s. oben zum Widerruf des Verzichts auf das Zeugnisverweigerungsrecht) und es dem Zeugen überantwortet, ggf. Rechtsrat über die Wirkungen seines Tuns einzuholen. Im Übrigen anerkenne die Rechtsprechung qualifizierte Belehrungspflichten dann, wenn zunächst eine Belehrung **rechtswidrig** unterblieben sei – diese Fallgestaltung sei aber vorliegend nicht einschlägig. Schließlich wäre zu erwarten gewesen, dass der Gesetzgeber eingeschritten wäre, hätte er die tradierte Rechtsprechung missbilligt.

260 **Fall:** Die Mutter des jetzigen Angeklagten war früher selbst (Mit-)Beschuldigte; gegen sie ist das Verfahren allerdings gem. § 170 II StPO eingestellt worden. In dem Verfahren gegen ihren Sohn verweigerte sie bei ihrer Zeugenvernehmung in der Hauptverhandlung die Aussage (zu diesem Zeitpunkt war das Verfahren gegen sie schon eingestellt). Kann der Verteidiger mit der Revision beanstanden, dass das Gericht den Ermittlungsrichter als Zeugen dazu vernommen hat, was die Mutter des Angeklagten – noch als Beschuldigte – ihm gegenüber ausgesagt hat?

Lösung: Der Verteidiger kann mit der Verfahrensrüge einen Verstoß gegen § 252 StPO geltend machen.[428] Nach der Rechtsprechung ist eine Einlassung nämlich auch dann unverwertbar, wenn ein Zeuge als früherer Beschuldigter in demselben oder einem anderen Verfahren Angaben gemacht hat und sich nunmehr auf sein Zeugnisverweigerungsrecht beruft. Auch eine Vernehmung des (Ermittlungs-)Richters scheidet dann aus. Denn die Mutter kann von diesem nicht nach § 52 StPO über ihr Zeugnisverweigerungsrecht belehrt worden sein; im Zeitpunkt der ermittlungsrichterlichen Vernehmung hatte sie das Schweigerecht als Beschuldigte, nicht das Recht einer Zeugin auf Aussageverweigerung. Im Übrigen hatte die Mutter in ihrer Beschuldigtenvernehmung nicht die gesetzliche Verpflichtung, die Wahrheit zu sagen. Es kann nicht ausgeschlossen werden, dass die Mutter unter dem Gesichtspunkt ihrer Selbstverteidigung etwas gesagt hat, was im späteren Verfahren gegen ihren Sohn diesen belastet bzw. belasten könnte. Müsste die Mutter damit rechnen, dass ihre früheren Angaben ohnehin verwertet werden, könnte sie nicht mehr frei darüber entscheiden, ob sie aussagt oder nicht. Dem hilft das aus § 252 StPO folgende Verwertungsverbot ab.

261 Hat der Zeuge die Angaben nicht bei einer Vernehmung, sondern bei einem privaten Gespräch gemacht, kann der Gesprächspartner dagegen als Zeuge vernommen und seine Aussage verwertet werden. Dasselbe gilt – weil auch dann keine Vernehmung vorliegt – für Spontanäußerungen gegenüber bspw. Polizeibeamten.[429]

262 **Fall:** Den Angeklagten wird Mord zur Last gelegt. Zur Tataufklärung hatte die Polizei Kontakt zu einer Vertrauensperson der Verdächtigen aufgenommen und diese – wie einen V-Mann – um »Ermittlung« und Weitergabe von Wahrnehmungen gebeten. Die Vertrauensperson teilte in der Hauptverhandlung unter anderem ihr gegenüber abgegebene Erklärungen einer Zeugin mit, die – ebenfalls in der Hauptverhandlung – von einem ihr nach § 52 StPO zustehenden Zeugnisverweigerungsrecht Gebrauch gemacht hatte. Dürfen diese Angaben verwertet werden? Können Angaben verwertet werden, die einer der inhaftierten Beschuldigten gegenüber einem Mitgefangenen gemacht hat?

Lösung: Die Aussagen der Vertrauensperson über die Angaben der schließlich nach § 52 StPO schweigenden Zeugin sind nach Ansicht des BGH verwertbar.[430]
§ 252 StPO verbietet zwar an sich nur die Verlesung der Aussage eines Zeugen, der erst in der Hauptverhandlung von seinem Zeugnisverweigerungsrecht Gebrauch macht. In ständiger Rechtsprechung ist das Verlesungsverbot über den Wortlaut des § 252 StPO hinaus aber dahin ausgedehnt worden, dass es dem Gericht auch verwehrt ist, die früheren Aussagen durch Anhörung eines nichtrichterlichen Vernehmungsbeamten in die Hauptverhandlung einzuführen und zu verwerten. Voraussetzung für ein auf § 252 StPO gestütztes Beweisverwertungsverbot

---

428 BGH NStZ-RR 2005, 268 (269); Meyer-Goßner/Schmitt/*Schmitt* StPO § 252 Rn. 11.
429 Meyer-Goßner/Schmitt/*Schmitt* StPO § 252 Rn. 7, 8.
430 BGHSt 40, 211 = NJW 1994, 2904; Meyer-Goßner/Schmitt/*Schmitt* StPO § 252 Rn. 8 mwN.

ist jedoch stets, dass es sich um Angaben eines Zeugen handelt, die er im Rahmen einer Vernehmung gemacht hat. Dem stehen solche Äußerungen des Zeugen gleich, die er gegenüber einem Ermittlungsbeamten während einer informatorischen Befragung oder sonst in einer vernehmungsähnlichen Situation abgegeben hat.[431] Eine Vernehmung in diesem Sinne liegt aber nur vor, wenn der Vernehmende dem Zeugen in amtlicher Funktion gegenübergetreten ist und in dieser Eigenschaft von ihm Auskunft verlangt hat[432] (der BGH hat dies allerdings selbst relativiert, weil er – unter anderem – auf eine Befragung durch den Verteidiger § 252 StPO analog angewandt hat).[433] Das ist jedoch bei V-Leuten nicht der Fall und zwar unabhängig davon, ob diese auf einen Verdächtigen »angesetzt« wurden oder zufällig die von ihnen berichteten Umstände wahrgenommen haben. Der V-Mann führt also keine Vernehmungen durch; § 252 StPO greift deshalb nicht ein.

Das BVerfG war mit dieser Entscheidung ersichtlich nicht ganz einverstanden. Es hat nämlich ausgeführt,[434] dass ein Verstoß gegen den Grundsatz des fairen Verfahrens vorliegt, wenn durch ein den Ermittlungsbehörden zuzurechnendes aktives Verhalten eines V-Mannes (zB gezieltes Nachfragen) das Vertrauensverhältnis zwischen einem Beschuldigten und einem aussageverweigerungsberechtigten Zeugen missachtet wird. Da jedoch die vom Verurteilten bzw. seinem Verteidiger erhobene Verfassungsbeschwerde schon unzulässig war, blieb die Entscheidung des BGH letztlich aber bestehen; auch hat das BVerfG keine Ausführungen dazu gemacht, ob der Verstoß gegen den Grundsatz des fairen Verfahrens zu einem Verwertungsverbot führt.

Die Angaben des Beschuldigten gegenüber dem Mitgefangenen dürften ebenfalls verwertbar sein; dies hängt indes von im Sachverhalt nicht mitgeteilten Einzelheiten ab. Hier stellt sich – anders als oben – aber nicht die Frage nach einem Verwertungsverbot gem. § 252 StPO, sondern das Problem, ob §§ 136 I 2, 136a StPO oder der Nemo-tenetur-Grundsatz verletzt wurden. Nach der Entscheidung des BGH zur »Hörfalle« (→ Rn. 184) liegt ein solcher Verstoß nicht schon allein deshalb vor, weil die Strafverfolgungsbehörden zur Aufdeckung einer erheblichen Straftat eine Privatperson veranlasst haben, mit einem Tatverdächtigen ein Gespräch zu führen, um so an Erkenntnisse zu gelangen, die zur Überführung des Täters beitragen können. Die dort angestellten Überlegungen sind indes nicht mehr tragfähig, wenn sich die Ermittlungsbehörde ein zusätzlich gegen § 136a I StPO verstoßendes Verhalten der Privatperson zurechnen lassen muss, etwa weil sie einem Mithäftling den Auftrag erteilt hat, einen anderen Gefangenen auszuforschen, und diesen hierzu in die Haftzelle des Beschuldigten verlegt hat.[435] Ob im vorliegenden Fall eine solche »Zurechnung« erfolgt und damit ein Verstoß gegen § 136a I StPO gegeben ist, hängt davon ab, ob und ggf. unter Einsatz welcher Mittel die Ermittlungsbehörde diesen auf den Beschuldigten »angesetzt« und welche Methoden der Mithäftling eingesetzt hat, um an eine Aussage des Beschuldigten zu gelangen.[436]

d) Fehler in Zusammenhang mit der Anhörung eines Sachverständigen

Die StPO sieht die Zuziehung eines Sachverständigen in einigen Fällen (zB §§ 81 I, 87, 91, 92, 246a, 275a IV StPO) zwingend vor. Im Übrigen ist die Erholung eines Sachverständigengutachtens erforderlich, wenn kein Mitglied des Spruchkörpers die erforderliche Fachkunde hat, um eine für die Urteilsfindung relevante Frage klären zu können. **263**

Wird ein Sachverständiger zugezogen, so werden dessen Erkenntnisse nach dem Unmittelbarkeitsgrundsatz (§ 250 StPO) regelmäßig durch seine Anhörung in die Hauptverhandlung **264**

---

431 Vgl. BayObLG NStZ 2005, 468; Meyer-Goßner/Schmitt/*Schmitt* StPO § 252 Rn. 7.
432 Vgl. Meyer-Goßner/Schmitt/*Schmitt* StPO § 136a Rn. 4.
433 BGH NStZ 2001, 49 mAnm *Schittenhelm*; Meyer-Goßner/Schmitt/*Schmitt* StPO § 252 Rn. 13; auch die Befragung eines Angehörigen durch einen Vertreter der Jugendgerichtshilfe wurde vom BGH als Vernehmung iSd § 252 StPO gewertet: BGH NStZ 2005, 219; Meyer-Goßner/Schmitt/*Schmitt* StPO § 252 Rn. 7.
434 BVerfG NStZ 2000, 489 mAnm *Rogall*; vgl. ferner BVerfG NJW 2010, 287; Meyer-Goßner/Schmitt/*Schmitt* StPO § 252 Rn. 8.
435 Vgl. auch EGMR StV 2003, 257 mAnm *Gaede*; zur grundsätzlichen Nicht-Geltung von § 136a StPO für Privatpersonen: Meyer-Goßner/Schmitt/*Schmitt* StPO § 136a Rn. 2, 3.
436 Vgl. BGH NStZ 1999, 147 mAnm *Roxin* = JR 1999, 346 mAnm *Hanack*; Meyer-Goßner/Schmitt/*Schmitt* StPO § 136a Rn. 2 mwN; ausführlich *Schneider* NStZ 2001, 8.

eingeführt. Die Verlesung eines schriftlich erstatteten Gutachtens ist nur in den Fällen des § 256 StPO gestattet (dazu → Rn. 237 ff.); die Verlesung der Aussage eines Sachverständigen erlaubt § 251 I, II StPO. Vor der Anhörung ist der Sachverständige zu belehren (§§ 72, 57 StPO). Seine Vereidigung (Nacheid) steht im Ermessen des Gerichts (§ 79 I StPO).

265 **Hinweis:** Hat das Gericht die Zuziehung eines Sachverständigen entgegen einer zwingenden Regelung unterlassen, führt diese Gesetzesverletzung, zB der Verstoß gegen §§ 246a S. 1, 275a IV StPO, regelmäßig zum Erfolg der Revision (§ 337 I StPO). Die unterlassene Zuziehung eines Sachverständigen in sonstigen Fällen kann dagegen nur mit der Aufklärungsrüge geltend gemacht (dazu → Rn. 268 ff.) oder darauf gestützt werden, dass das Gericht zu Unrecht einen entsprechenden Beweisantrag abgelehnt hat (dazu → Rn. 273 ff.).

266 Vor allem bei medizinischen oder psychologischen Gutachten kann die Anhörung eines Sachverständigen auch eine teilweise Zeugenvernehmung sein. Dann ist der Gutachter als Zeuge und als Sachverständiger zu belehren, auch muss über seine Vereidigung sowohl nach den §§ 59 ff. StPO als auch nach § 79 StPO entschieden werden.[437] Ob der Gutachter zugleich als Zeuge aussagt, hängt davon ab, ob seine Bekundungen nur sog. Befundtatsachen oder auch Zusatztatsachen betreffen. Befundtatsachen – insoweit wird er als Sachverständiger gehört – sind die von ihm aufgrund seiner besonderen Sachkunde festgestellten Tatsachen; Zusatztatsachen – insoweit wird er als Zeuge vernommen – sind dagegen solche Umstände, für deren Wahrnehmung keine besondere Fachkunde erforderlich war (vgl. das Beispiel bei → Rn. 234).[438] Zu beachten ist ferner, dass ein Arzt **als Sachverständiger** in dem Verfahren, in dem eine Untersuchung etwa des Beschuldigten erfolgt ist, weder der ärztlichen Schweigepflicht unterliegt noch für ihn ein Zeugnisverweigerungsrecht nach § 53 StPO besteht.[439]

267 **Hinweis:** Fehler in Zusammenhang mit der Anhörung des Sachverständigen begründen die Revision relativ selten. So kann die Revision bspw. nicht auf die unterlassene Belehrung des Sachverständigen gem. §§ 72, 57 StPO gestützt werden, da es sich hierbei nur um Ordnungsvorschriften handelt, die allein dem Schutz des Zeugen (§ 57 StPO) bzw. Sachverständigen (über § 72 StPO) und nicht den Belangen des Angeklagten dienen.[440] Auf die mangelnde Sachkunde kann die Revision gestützt werden, wenn das Urteil Anlass zu Zweifeln gibt; insoweit kommt die Erhebung einer Aufklärungsrüge (vgl. sogleich → Rn. 268 ff.) in Betracht. Hat die Ungeeignetheit des Sachverständigen im Urteil zu Feststellungen geführt, die gegen Denkgesetze oder Erfahrungssätze verstoßen, kann die Sachrüge (dazu → Rn. 328) begründet sein. Unterliegen Ausführungen des Sachverständigen einem Verwertungsverbot, etwa weil er nach § 136a StPO verbotene Vernehmungsmethoden eingesetzt hat, ist die Berücksichtigung der nicht verwertbaren Erkenntnisse im Urteil mit der Verfahrensrüge geltend zu machen. Ein Verwertungsverbot kann ferner bestehen, wenn dem Untersuchten ein Untersuchungsverweigerungsrecht zustand, über das er nicht durch die das Gutachten anordnende Person (nicht durch den Sachverständigen) belehrt wurde (vgl. dazu § 81c III StPO) oder wenn der Untersuchte in der Hauptverhandlung von seinem Zeugnisverweigerungsrecht Gebrauch gemacht hat (→ Rn. 234).

8. Verletzung der Aufklärungspflicht

268 Die Aufklärungspflicht des Gerichts (§ 244 II StPO), die auf dem im Strafprozessrecht geltenden Untersuchungsgrundsatz beruht, gebietet die »bestmögliche Aufklärung« (BVerfG NJW 2003, 2444 [2445]). Sie bezieht sich auf alle Tatsachen, die für den Schuld- und/oder den Rechtsfolgenausspruch Bedeutung haben oder haben können, bedeutet aber nicht, dass versucht werden muss, jedes Detail der Vorgeschichte oder des Randgeschehens oder etwa Teile der Lebensgeschichte von Zeugen im Hinblick auf deren Glaubwürdigkeit zu ermitteln.

---

[437] BGH NStZ 1993, 245; 1995, 44; vgl. auch Meyer-Goßner/Schmitt/*Schmitt* StPO § 79 Rn. 11, 13.
[438] Meyer-Goßner/Schmitt/*Schmitt* StPO § 79 Rn. 10 f.
[439] BGHSt 38, 369 (370) = NJW 1993, 803; Meyer-Goßner/Schmitt/*Schmitt* StPO § 53 Rn. 20.
[440] BGH NStZ 1998, 158 (159).

Aufgabe des Gerichts ist vielmehr, die Wahrheit in Bezug auf die abzuurteilende Tat zu erforschen, dabei auch die gegen eine mögliche Täterschaft des Angeklagten sprechenden Umstände aufzuklären und ggf. den Unrechtsgehalt des strafbaren Verhaltens des Beschuldigten festzustellen.[441]

Die Bedeutung der Aufklärungspflicht im konkreten Verfahren ist vielfältig; ihre Umsetzung ist stets einzelfallbezogen und vom Ablauf und der Beweislage im jeweiligen Verfahren abhängig. Allgemein gilt: Je weniger gesichert ein Beweisergebnis ist, je gewichtiger die Unsicherheitsfaktoren, je mehr Widersprüche bei der Beweiserhebung zutage getreten sind, desto größer ist der Anlass, weitere vorhandene Beweismittel zu benutzen.[442] Erschöpfend und für jeden Einzelfall gültig können die sich daraus ergebenden Anforderungen an dieser Stelle nicht dargestellt werden. Beispielhaft hingewiesen sei vielmehr lediglich darauf, dass die Aufklärungspflicht regelmäßig – sofern möglich – die Benutzung des sachnäheren Beweismittels gebietet (also etwa des unmittelbaren Zeugen statt eines Zeugen vom Hörensagen).[443] Andererseits sind beim Umfang der Beweisaufnahme aber auch Opferschutzinteressen zu berücksichtigen, ist also bspw. das Opfer vor einer rechtsstaatswidrigen Verteidigung des Angeklagten zu schützen.[444]

269

Fall: Dem Angeklagten wird ein Wohnungseinbruchdiebstahl zur Last gelegt. Das Landgericht hat seine Verurteilung darauf gestützt, dass ein Wachmann, der den Täter überrascht hatte, diesen in einer auf den Angeklagten passenden Weise beschrieben hat (Größe, Statur, Haarfarbe, Haarlänge). Ferner wurden in der Wohnung und im Pkw des Angeklagten Werkzeuge beschlagnahmt, die mit den Einbruchswerkzeugen übereinstimmende individuelle Merkmale aufwiesen. Der Angeklagte, der während des gesamten Verfahrens keine Angaben zur Sache gemacht hatte, will mit einer Aufklärungsrüge geltend machen, seine in der Hauptverhandlung nicht vernommene Ehefrau habe schon im Ermittlungsverfahren ausgesagt, dass er sich in der Tatnacht ununterbrochen zu Hause aufgehalten habe. Wird die Rüge Erfolg haben und was muss der Verteidiger vortragen?

270

Lösung: Die Aufklärungsrüge wird Erfolg haben. Vortragen muss der Verteidiger hierfür insbes., dass ein bestimmtes Beweismittel ein bestimmtes Beweisergebnis erbracht hätte und dass die Erhebung des Beweises sich dem Gericht aufgedrängt hat. Dies kann in folgender Weise geschehen:
»Gerügt wird eine Verletzung der Aufklärungspflicht.

a) Die Strafkammer hat die ihr nach § 244 II StPO obliegende Aufklärungspflicht verletzt, da sie die Ehefrau des Angeklagten, die Zeugin …, in der Hauptverhandlung nicht vernommen hat. Die Zeugin hätte ausgesagt, dass der Angeklagte, der nach den Urteilsfeststellungen den Diebstahl eigenhändig begangen haben soll, während der Tatnacht ununterbrochen zu Hause war, sodass er nicht der Täter gewesen sein kann.
Zu dieser Beweiserhebung musste sich die Strafkammer gedrängt sehen, weil die Zeugin bereits im Ermittlungsverfahren entsprechend ausgesagt hatte. Die Niederschrift über die polizeiliche Vernehmung der Zeugin vom … (Bl. … d. A.) hat folgenden Wortlaut: ›…‹ [wörtliche Wiedergabe der Vernehmungsniederschrift].
Die Zeugin hätte in der Hauptverhandlung Angaben zur Sache gemacht; sie hätte dabei ihre frühere Aussage wiederholt.

b) Die Vernehmung der Zeugin war gem. § 244 II StPO geboten. Denn das Gericht muss von Amts wegen Beweis erheben, wenn ihm aus den Akten oder aus der Verhandlung Umstände bekannt sind, die bei verständiger Würdigung der Sachlage begründete Zweifel an der Richtigkeit der aufgrund der bisherigen Beweisaufnahme erlangten Überzeugung wecken müssen. Das war hier der Fall. Die Überzeugung des Tatrichters von der Täterschaft des

---

441 Vgl. BVerfG NJW 2003, 2444 (2446); vgl. auch Meyer-Goßner/Schmitt/*Meyer-Goßner* StPO § 244 Rn. 11 bis 13a.
442 BGH NStZ-RR 2003, 205; ähnlich BVerfG NJW 2003, 2444 (2446).
443 BGH NStZ 2004, 50; vgl. auch Meyer-Goßner/Schmitt/*Meyer-Goßner* StPO § 250 Rn. 15.
444 BGH NStZ 2005, 579; vgl. auch Meyer-Goßner/Schmitt/*Schmitt* StPO § 68a Rn. 1 ff.

Angeklagten beruhte nämlich allein auf Rückschlüssen (Indizien). Jedenfalls in einem solchen Fall ist aber eine Beweiserhebung über ein mögliches Alibi des Angeklagten durchzuführen; denn je weniger gesichert ein Beweisergebnis ist und je gewichtiger die Unsicherheitsfaktoren sind, desto größer ist der Anlass für das Gericht, trotz der erlangten Überzeugung weitere erkennbare Beweismöglichkeiten zu benutzen.

c) Auf dem Verstoß gegen die Aufklärungspflicht beruht das Urteil auch (§ 337 I StPO). Es kann nämlich nicht ausgeschlossen werden, dass die Strafkammer den Angaben der Zeugin über das Alibi des Angeklagten gefolgt wäre. Dann könnte er aber zumindest nicht der Alleintäter des Diebstahls gewesen sein.«

271 **Hinweis:** Die Aufklärungsrüge ist zulässig erhoben, wenn (1) ein bestimmtes Beweismittel, (2) eine konkrete Beweistatsache und (3) das zu erwartende Beweisergebnis benannt werden. Ferner ist (4) die Darlegung der Umstände und Vorgänge erforderlich, die das Gericht zu weiteren Ermittlungen hätten drängen müssen. Schließlich ist (5) anzugeben, dass sich die nicht aufgeklärten Tatsachen zugunsten des Beschwerdeführers ausgewirkt hätten (zum Beispiel im Falle ihres Erwiesenseins [möglicherweise] der Schuldvorwurf widerlegt oder in relevanter Weise modifiziert worden wäre).[445]

Regelmäßig ist dabei auf die **Konnexität** im Sinne eines verbindenden Zusammenhangs zwischen Beweismittel und Beweistatsache (zB durch Angabe, warum der nicht vernommene Zeuge in der Lage wäre, Angaben zur nicht aufgeklärten Beweistatsache machen zu können) einzugehen, es sei denn die Konnexität liegt auf der Hand.[446]

272 **Fall:** Der Angeklagte wurde wegen Totschlags zu einer Freiheitsstrafe verurteilt. Kann die Staatsanwaltschaft mit der Revision geltend machen, dass das Gericht einem Zeugen ein tatsächlich nicht zustehendes Aussageverweigerungsrecht zugebilligt hat, wenn im Falle der Aussage des Zeugen eine Verurteilung wegen Mordes in Betracht gekommen wäre?

Lösung: Die Staatsanwaltschaft muss diese Beanstandung mit der Verfahrensrüge geltend machen und eine Verletzung der Aufklärungspflicht (§§ 244 II, 245 I StPO) rügen. In den Fällen der Zubilligung eines in Wahrheit nicht bestehenden Zeugnisverweigerungsrechts wird nämlich beanstandet, dass das Gericht ein Beweismittel nicht benutzt hat. Das stellt einen Verstoß gegen § 244 II StPO oder § 245 I StPO dar, je nachdem, ob der Zeuge zur Hauptverhandlung geladen und dort erschienen war (dann § 245 I StPO) oder ob das Gericht schon von der Ladung des Zeugen abgesehen hatte (dann § 244 II StPO).[447]

Sollte der Zeuge zur Hauptverhandlung geladen worden und dort erschienen sein, könnte die Staatsanwaltschaft ihre Verfahrensrüge wie folgt begründen:[448]

»Gerügt wird die Verletzung des § 245 I StPO.

a) Das Gericht hatte zur Hauptverhandlung den Zeugen ... geladen; dies ergibt sich aus der Ladungsverfügung des Vorsitzenden vom ... (Bl. ... d. A.) und der Zustellungsurkunde vom ... (Bl. ... d. A.), die folgenden Inhalt haben: ›...‹

Der Zeuge, der in der Hauptverhandlung auch erschienen war, wurde nach seiner Vernehmung zur Person über ein Aussageverweigerungsrecht belehrt; daraufhin machte er keine Angaben zur Sache und wurde entlassen, was das Gericht nach einer Beanstandung gem. § 238 II StPO[449] durch den Sitzungsvertreter der Staatsanwaltschaft bestätigt hat. Im

---

445 Meyer-Goßner/Schmitt/*Meyer-Goßner* StPO § 244 Rn. 81 mwN.
446 Vgl. BGH NStZ 2008, 232 (233).
447 Das Gleiche gilt, wenn das Gericht zu Unrecht verbotene Vernehmungsmethoden angenommen und deshalb das Beweismittel nicht verwertet hat: BGH NStZ 1995, 462; Meyer-Goßner/Schmitt/*Schmitt* StPO § 136a Rn. 33 aE.
448 Vgl. dazu BGH NStZ-RR 1999, 36; Meyer-Goßner/Schmitt/*Schmitt* StPO § 52 Rn. 35; Meyer-Goßner/Schmitt/*Meyer-Goßner* StPO § 245 Rn. 30.
449 Anders als beim Auskunftsverweigerungsrecht nach § 55 StPO bedarf es eines solchen Beschlusses allerdings nur ausnahmsweise (zB wenn der Vorsitzende ein wirksames Verlöbnis bejaht), da bezüglich des Aussageverweigerungsrechts dem Gericht (regelmäßig) kein Beurteilungsspielraum zusteht.

Einzelnen ergibt sich der Hergang hierzu aus dem Hauptverhandlungsprotokoll vom ... (Bl. ... d. A.), das insoweit folgenden Eintrag aufweist: ›...‹ [Wiedergabe des betreffenden Teils des Sitzungsprotokolls im Wortlaut].

b) Diese Verfahrensweise verstieß gegen § 245 I StPO. Nach dieser Vorschrift darf das Gericht von der Vernehmung eines geladenen und erschienenen Zeugen nur absehen, wenn die Beweiserhebung unzulässig ist oder die Verfahrensbeteiligten auf die Vernehmung verzichten. Beide Voraussetzungen lagen hier nicht vor. Ein Verzicht der Staatsanwaltschaft wurde – wie der wiedergegebene Auszug aus der Sitzungsniederschrift belegt – nicht erklärt. Entgegen der Ansicht des Gerichts war die Vernehmung des Zeugen zur Sache auch nicht unzulässig, da dem Zeugen das von ihm geltend gemachte Zeugnisverweigerungsrecht nicht zustand. ... [Hier muss erörtert und ggf. belegt werden, warum das Zeugnisverweigerungsrecht nicht bestand].

c) Auf diesem Verfahrensverstoß beruht das Urteil (§ 337 I StPO). Bei seiner polizeilichen Vernehmung vom ... (Bl. ... d. A.) hatte der Zeuge folgende Angaben gemacht: ›...‹ [vollständige Wiedergabe der polizeilichen Vernehmungsniederschrift].
Diese Angaben hätte der Zeuge in der Hauptverhandlung wiederholt, wenn er entsprechend seiner Pflicht zur Sache ausgesagt hätte. Auf der Grundlage dieser Aussage wäre der Angeklagte aber statt wegen Totschlags wegen Mordes zu verurteilen gewesen. ... [Es folgt die Darlegung, warum dann ein Mordmerkmal gegeben wäre.]«

9. Fehlerhafte Zurückweisung von Beweisanträgen

Für die Revision, mit der die fehlerhafte Ablehnung eines Beweisantrags gerügt werden soll, ist die Abgrenzung zwischen Beweisantrag und Beweisermittlungsantrag von erheblicher Bedeutung. Die fehlerhafte Ablehnung eines Beweisantrages verstößt gegen § 244 III–VI StPO.[450] Daneben steht allerdings die Erhebung der »bloßen« Aufklärungsrüge zur Wahl.[451] Dagegen kann die Ablehnung eines Beweisermittlungsantrages grundsätzlich selbst dann nur als Verletzung der Aufklärungspflicht nach § 244 II StPO beanstandet werden, wenn das Tatgericht ihn nach Beweisantragsgrundsätzen verbeschieden hat.[452]

273

Unter einem Beweisantrag versteht man das Begehren eines Verfahrensbeteiligten, eine bestimmte Tatsache mit einem konkreten, nach der StPO zulässigen Beweismittel festzustellen.[453] Ein Beweisermittlungsantrag liegt dagegen vor, wenn es an einer bestimmten Tatsachenbehauptung fehlt, etwa beim Ausforschungsbeweis, oder wenn es an der Konkretisierung des Beweismittels mangelt, bspw. weil der Zeuge nicht ausreichend individualisiert bezeichnet ist.[454] Zu beachten ist ferner, dass die Beweistatsache dem jeweiligen Beweismittel auch zugänglich sein muss. So darf ein Zeuge nur zu eigenen Wahrnehmungen benannt werden, nicht aber zu Wertungen oder Folgerungen, die aus der Wahrnehmung gezogen werden sollen (Beweisziel).[455] Schließlich muss – sofern sich das nicht von selbst versteht – auch dem Erfordernis der Konnexität genügt werden, also erkennbar sein, warum bspw. der benannte Zeuge zu der Beweisbehauptung überhaupt etwas bekunden können soll. Denn nur dann vermag das Gericht die Ablehnungsgründe der Bedeutungslosigkeit der Beweistatsache oder der völligen Ungeeignetheit des Beweismittels (vgl. § 244 III 2 StPO) sinnvoll zu prüfen.[456]

274

---

450 Vgl. zur rechtsfehlerhaften Behandlung eines Beweisantrags Meyer-Goßner/Schmitt/*Meyer-Goßner* StPO § 244 Rn. 83.
451 BGH NStZ 2011, 471; wohl aA Meyer-Goßner/Schmitt/*Meyer-Goßner* StPO § 244 Rn. 80.
452 BGH BeckRS 2006, 10229; vgl. *Becker* NStZ 2007, 513 (517). Will das Gericht einem Beweisermittlungsantrag nicht nachgehen, muss das Beweisersuchen entweder durch Beschluss nach § 244 VI StPO oder durch Anordnung des Vorsitzenden nach § 238 I StPO zurückgewiesen werden: BGH NStZ 2008, 109, Meyer-Goßner/Schmitt/*Meyer-Goßner* StPO § 244 Rn. 27.
453 Meyer-Goßner/Schmitt/*Meyer-Goßner* StPO § 244 Rn. 18 jeweils mwN.
454 Weitere Beispiele bei *Becker* NStZ 2007, 513 f.; *Cierniak/Pohlit* NStZ 2009, 553; zu sog. »Negativtatsachen« → Rn. 282.
455 Zur Unterscheidung zwischen Beweistatsache und Beweisziel: *Becker* NStZ 2007, 513.
456 BGH NStZ 2014, 282; zu den Anforderungen an die Konnexitätsdarlegung im Beweisantrag vgl. BGH NJW 2011, 1239; vgl. auch BGH NStZ 2009, 171 (172) zum unterschiedlichen Verständnis des Begriffs der »Konnexität« in der Rechtsprechung; zweifelnd: BGH NStZ 2015, 282.

275 Nach Beginn der Hauptverhandlung ist das Gericht bis zum Beginn der Urteilsverkündung[457] verpflichtet, Beweisanträge entgegenzunehmen (§ 246 I StPO). Ein solcher Beweisantrag muss protokolliert werden (§ 273 I 1 StPO). Jedoch kann das Gericht den Verfahrensbeteiligten auferlegen, die Anträge schriftlich einzureichen (§ 257a StPO); dann wird die Vorlage im Protokoll vermerkt.

276 Die Ablehnung eines Beweisantrages erfolgt durch Gerichtsbeschluss (§ 244 VI 1 StPO), der begründet (vgl. § 34 StPO) und grundsätzlich in der Hauptverhandlung verkündet werden muss (vgl. auch § 35 I 1 StPO; zu Besonderheiten bei bedingten Beweisanträgen: → Rn. 280 ff.).[458] Der Beschluss und seine Verkündung sind in das Protokoll aufzunehmen (§ 273 I 1 StPO). Die Begründung[459] des Ablehnungsbeschlusses soll den Antragsteller in die Lage versetzen, sich in seiner Verteidigung auf die Verfahrenslage einzustellen; daher ist das Revisionsgericht grundsätzlich gehindert, bei einem (Haupt-)Beweisantrag einen fehlerhaften Ablehnungsgrund durch einen fehlerfreien Ablehnungsgrund zu ersetzen.[460] Nunmehr hat der Gesetzgeber die Möglichkeit geschaffen, nach Abschluss der von Amts wegen durchgeführten Beweisaufnahme den Verfahrensbeteiligten eine Frist für die Stellung von Beweisanträgen zu setzen. Beweisanträge, die – obwohl eine rechtzeitige Antragstellung möglich war – erst nach Fristablauf gestellt werden, müssen nicht mehr in der Hauptverhandlung verbeschieden werden, sondern können erst im Urteil behandelt werden (§ 244 VI 2–4 StPO); ähnlich wie bei Hilfsbeweisanträgen (dazu → Rn. 280 ff.) erscheint es dann aber gerechtfertigt, dem Revisionsgericht – in Grenzen – zu erlauben, den Ablehnungsgrund auszutauschen, da das Urteil nicht auf dem Urteil beruht, wenn ein anderer zulässiger Ablehnungsgrund vorliegt.[461]

Übersicht: Gründe für die Ablehnung von Beweisanträgen
277
- Unzulässigkeit der Beweiserhebung (§ 244 III 1 StPO);
- Offenkundigkeit der Beweisbehauptung (§ 244 III 2 StPO);
- Bedeutungslosigkeit der Beweisbehauptung (§ 244 III 2 StPO);
- Erwiesenheit der Beweisbehauptung (§ 244 III 2 StPO; **nicht:** Erwiesenheit des Gegenteils);
- völlige Ungeeignetheit des Beweismittels (§ 244 III 2 StPO);
- Unerreichbarkeit des Beweismittels (§ 244 III 2 StPO);
- Prozessverschleppung (§ 244 III 2 StPO);
- Wahrunterstellung (§ 244 III 2 StPO);
- bei Augenschein zusätzlich nach Ermessen (§ 244 V 1 StPO);
- bei Auslandszeugen zusätzlich nach Ermessen (§ 244 V 2 StPO);
- Verlesung des Ausgangsdokuments bei elektronischen Dokumenten (§ 244 V 3 StPO);
- bei Sachverständigen zusätzlich wegen eigener Sachkunde (§ 244 IV 1 StPO);
- bei weiteren Sachverständigen zusätzlich wegen Erwiesenheit des Gegenteils der Beweisbehauptung (§ 244 IV 2 StPO).

278 **Fall:** Dem Angeklagten wird Mord zur Last gelegt. In der Hauptverhandlung hatte sein Verteidiger beantragt, den in Tschechien inhaftierten P als Entlastungszeugen zu im Einzelnen vorgetragenen, für die Schuldfrage bedeutsamen Tatsachen zu vernehmen. Das Schwurgericht hat diesen Beweisantrag wegen Unerreichbarkeit des Zeugen abgelehnt. Zuvor hatte es den

---
457 BGH NStZ 2007, 112 f.; zu Beweisanträgen während der Urteilsverkündung: BGH NStZ 1992, 346; Meyer-Goßner/Schmitt/*Meyer-Goßner* StPO § 244 Rn. 33.
458 BGH NStZ 2005, 395; Meyer-Goßner/Schmitt/*Meyer-Goßner* StPO § 244 Rn. 41a; zum Sinn des Begründungserfordernisses *Becker* NStZ 2007, 513 (517), dort auch zum Nachschieben von Ablehnungsgründen im Urteil.
459 Das Revisionsgericht (als reine Rechtsinstanz) prüft aber nicht nach, ob die tatsächlichen Voraussetzungen, von denen das Tatgericht bei der Verbescheidung ausgehen, zutreffen.
460 Vgl. Meyer-Goßner/Schmitt/*Meyer-Goßner* StPO § 244 Rn. 86 mwN, dort auch zur Frage, wann ein Beruhen des Urteils auf der rechtsfehlerhaften Antragsablehnung ausgeschlossen werden kann; vgl. dazu auch → Rn. 98.
461 Unberührt dürfte die Rechtsprechung bleiben, dass in der Fristversäumung ein (!) Indiz für die Absicht einer Verfahrensverschleppung gesehen werden kann (vgl. Meyer-Goßner/Schmitt/*Meyer-Goßner* StPO § 244 Rn. 69b f.).

E. Einzelheiten zur Verfahrensrüge

> Zeugen »unter Zusicherung freien Geleits« geladen, jedoch hatten die zuständigen tschechischen Behörden die Überstellung des P nach Deutschland – und sei es auch nur zu der Zeugenvernehmung – im Hinblick auf die langjährige Freiheitsstrafe, die in Tschechien gegen ihn verhängt worden war, und die hohe Fluchtgefahr abgelehnt. Die Durchführung einer kommissarischen Vernehmung des Zeugen in Tschechien wertete das Schwurgericht als unergiebig, weil »das (erkennende) Gericht den Zeugen selbst sehen müsse, um dessen Glaubwürdigkeit beurteilen zu können«. Kann der Verteidiger des Angeklagten aus der Ablehnung des Beweisantrags einen Revisionsgrund herleiten?

Lösung: Die Revision des Verteidigers würde keinen Erfolg haben, weil das Schwurgericht den Beweisantrag im Ergebnis zu Recht abgelehnt hat.

- Das Landgericht ist – zunächst – zutreffend von der Unerreichbarkeit des Zeugen ausgegangen, weil dessen Erscheinen in der Hauptverhandlung für ungewisse Zeit ein nicht zu beseitigendes Hindernis entgegenstand. Ein im Ausland aufhältlicher Zeuge kann nämlich grundsätzlich nicht dazu gezwungen werden, vor einem deutschen Gericht zu erscheinen,[462] zumal hier die (kurzzeitige) Überstellung des Zeugen von den tschechischen Behörden abgelehnt worden war.[463]
- Richtig war auch, dass das Schwurgericht anschließend die Möglichkeit einer kommissarischen Vernehmung des Zeugen geprüft hat; diese hat es rechtsfehlerfrei als ungeeignet bewertet, weil eine Zeugenvernehmung im Rechtshilfeweg ohne Beweiswert ist, wenn das Gericht die Glaubwürdigkeit des Zeugen nur beurteilen kann, sofern es sich einen persönlichen Eindruck von dem Zeugen verschafft hat.[464]
- Im Ergebnis nicht zu beanstanden ist auch, dass das Landgericht es unterlassen hat, vor der Ablehnung des Beweisantrags zu prüfen, ob eine audiovisuelle Vernehmung des Zeugen nach § 247a StPO möglich ist.[465] Hierzu wäre das Schwurgericht zwar verpflichtet gewesen, weil der Beweisantrag auf Ladung und Vernehmung des Zeugen zugleich jedes Weniger an Beweisaufnahme umfasst, sofern der Tatrichter dieses Weniger nicht als für die Wahrheitsfindung wertlos erachten darf und erachtet.[466] Auch lagen die rechtlichen Voraussetzungen von § 247a S. 1 Hs. 2 StPO vor, weil der Zeuge an sich unerreichbar iSd § 251 II Nr. 1 StPO war und – im Hinblick auf das Gewicht der in sein Wissen gestellten Entlastungstatsachen (vgl. dazu auch unten bei § 244 V 2 StPO) – seine Vernehmung zur Erforschung der Wahrheit erforderlich war. Weitere – hier ersichtlich gegebene – Voraussetzungen für eine audiovisuelle Zeugenvernehmung sind, sofern der Vernehmungsort im Ausland liegt, dass eine solche Vernehmung im Rechtshilfeweg rechtlich möglich ist und dass die Art der Durchführung einer solchen nach § 247a StPO im Inland weitgehend entspricht.[467]

Voraussetzung ist indes auch, dass die audiovisuelle Vernehmung in dem betreffenden Land tatsächlich möglich ist, dass der betreffende Staat also über die entsprechenden technischen Mittel verfügt. Dies war jedoch bei Tschechien – wie das Revisionsgericht im zugrunde liegenden Ausgangsfall im Freibeweisverfahren klären konnte – nicht der Fall.[468] Im Übrigen kann auch eine Videovernehmung ein völlig ungeeignetes Beweismittel sein, wenn, wie das Gericht hier für die kommissarische Vernehmung ausgeführt hat, nur eine

---

462 Vgl. BGHSt 45, 188 (189) = NJW 1999, 3788; Meyer-Goßner/Schmitt/*Meyer-Goßner* StPO § 244 Rn. 63.
463 BGH StV 2000, 345; vgl. auch Meyer-Goßner/Schmitt/*Meyer-Goßner* StPO § 244 Rn. 64 aE.
464 BGHSt 45, 188 (189 f.) = NJW 1999, 3788; Meyer-Goßner/Schmitt/*Meyer-Goßner* StPO § 244 Rn. 65. Das pflichtwidrige Unterlassen der Prüfung einer kommissarischen Vernehmung kann der Rüge zum Erfolg verhelfen: BGH NStZ 2015, 102.
465 Das Gesetz erlaubt lediglich die Ortsabwesenheit des Zeugen (sog. Englisches Modell); eine Durchführung einer audiovisuellen Vernehmung, bei dem sich der Vorsitzende beim Zeugen (und damit nicht im Gerichtssaal) aufhält, ist unzulässig und führt zu einem absoluten Revisionsgrund (entweder § 338 Nr. 1 oder Nr. 5 StPO), vgl. BGH NJW 2017, 181.
466 BGHSt 45, 188 (190) = NJW 1999, 3788; Meyer-Goßner/Schmitt/*Meyer-Goßner* StPO § 244 Rn. 63.
467 Vgl. zum gesamten Fall die (lesenswerte) Entscheidung BGHSt 45, 188 = NJW 1999, 3788 = JR 2000, 74 mAnm *Rose* = JZ 2000, 471 mAnm *Vassilaki*; Anm. *Duttge* NStZ 2000, 158; ausführlich zu den revisionsrechtlichen Problemen des § 247a StPO: *Diemer* NStZ 2001, 393; *Hofmann* NStZ 2002, 569 und StraFo 2004, 303 sowie *Leitner* StraFo 2004, 306.
468 BGH NStZ 2000, 385; vgl. auch Meyer-Goßner/Schmitt/*Meyer-Goßner* StPO § 247a Rn. 6 aE.

Vernehmung des Zeugen vor dem erkennenden Gericht zur Wahrheitsfindung beizutragen vermag.[469]

Keine Bedeutung hätte in Fällen der vorliegenden Art dagegen § 247a S. 2 StPO. Die Unanfechtbarkeit der Ablehnung einer audiovisuellen Vernehmung würde zwar zu § 336 S. 2 StPO führen und damit eine revisionsgerichtliche Überprüfung ausschließen.[470] Hier fehlt es aber gerade an einer solchen Entscheidung, weil sich das Tatgericht – nach dem Sachverhalt – mit § 247a StPO gar nicht befasst hat. Im Fall einer solchen Nicht-Entscheidung gem. § 247a StPO gilt aber auch dessen Satz 2 – und dann § 336 S. 2 StPO – nicht.[471]

Der Verlesung einer Vernehmungsniederschrift gem. § 251 I Nr. 2, II Nr. 1 StPO hätte im Übrigen § 247a StPO nicht entgegengestanden. Für die Zulässigkeit einer solchen Verlesung käme es also nicht darauf an, ob eine audiovisuelle Vernehmung des Zeugen hätte vorgenommen werden können, weil § 251 StPO (insofern) allein auf die körperliche An- oder Abwesenheit des Zeugen in der Hauptverhandlung abstellt.[472] Im vorliegenden Fall war indes eine solche Vernehmungsniederschrift nicht vorhanden (zumindest teilt der Sachverhalt dies nicht mit).

- Auf § 244 V 2 StPO hat das Schwurgericht die Ablehnung des Beweisantrags übrigens zu Recht nicht gestützt. Denn bei wesentlichen Tatsachenbehauptungen, die zur Entlastung des Angeklagten beitragen sollen, gebietet die Aufklärungspflicht auch die Vernehmung von Auslandszeugen, zumindest sofern keine Anhaltspunkte dafür vorliegen, dass der Zeuge die behaupteten Tatsachen nicht bekunden kann.[473]

279 **Hinweis:** Zur Begründung einer Verfahrensrüge, mit der die fehlerhafte Ablehnung eines Beweisantrages beanstandet wird, müssen – im Wortlaut – der Beweisantrag, der diesen zurückweisende Gerichtsbeschluss sowie die Tatsachen mitgeteilt werden, aus denen sich die Fehlerhaftigkeit des Beschlusses ergibt. Es können auch Darlegungen zur Konnexität geboten sein, Ausführungen zum Beruhen sind dagegen regelmäßig nicht erforderlich.[474] Wird – wie häufig – in dem Beweisantrag auf ein anderes Schriftstück Bezug genommen, muss auch dieses in die Revisionsbegründung aufgenommen werden.[475]

280 Ein besonderes Problemfeld sind bedingte Beweisanträge.[476] Darunter versteht man Beweisanträge, die im Fall des Eintritts einer Bedingung als gestellt gelten sollen, wobei die Bedingungen – als zulässige Rechtsbedingungen – zum einen prozessuale Ereignisse betreffen können, zB den Misserfolg eines Befangenheitsantrags oder den Erfolg des Beweisantrags eines anderen Verfahrensbeteiligten. Zum anderen kann die Bedingung aber auch auf das Urteil bezogen sein. Dann wird weiter unterschieden, nämlich zum einen nach den sog. Hilfsbeweisanträgen, bei denen die Bedingung mit dem Urteilstenor verknüpft ist. Solche Beweisanträge werden zumeist im Plädoyer gestellt und lauten bspw. auf »Freispruch, hilfsweise – also für den Fall der Verurteilung – beantrage ich den Zeugen ... dazu zu vernehmen, dass ...« (hier bezieht sich die Bedingung auf den Schuldspruch des Tenors). Zum anderen gibt es die sog. Eventualbeweisanträge, bei denen die Bedingung einen Teil der Urteilsbegründung betrifft. Dies ist etwa gegeben, wenn ein Beweisantrag für den Fall gestellt wird, dass das Gericht einen Belastungszeugen als glaubwürdig erachtet oder die Anwendung des

---

469 BGH NStZ 2004, 347 (348).
470 Meyer-Goßner/Schmitt/*Meyer-Goßner* StPO § 247a Rn. 13; offen gelassen bei BGH NStZ-RR 2000, 366.
471 BGHSt 45, 188 (197) = NJW 1999, 3788; Meyer-Goßner/Schmitt/*Meyer-Goßner* StPO § 247a Rn. 13 f.
472 BGHSt 46, 73 (76) = NJW 2000, 2517 = JZ 2001, 51 mAnm *Sinn* = JR 2001, 343 mAnm *Rose*; s. auch BGH NStZ 2004, 347 (348); Meyer-Goßner/Schmitt/*Meyer-Goßner* StPO § 251 Rn. 21.
473 Vgl. BGH NStZ 2017, 96; Meyer-Goßner/Schmitt/*Meyer-Goßner* StPO § 244 Rn. 43g ff.
474 BGH bei *Miebach/Sander* NStZ-RR 2001, 6 (7); BGH NStZ 1999, 145; Meyer-Goßner/Schmitt/*Meyer-Goßner* StPO § 244 Rn. 85.
475 BGH wistra 2003, 393 (Bezugnahme auf die polizeiliche Aussage des Zeugen); BGH NJW 2003, 2396 (Bezugnahme auf ein Schreiben des im Antrag benannten Zeugen); BGH bei *Becker* NStZ 2004, 432 (436) (Antrag auf Erholung eines weiteren Sachverständigengutachtens mit Bezugnahme auf das bereits vorliegende Gutachten).
476 Die Terminologie zum Folgenden ist allerdings nicht einheitlich, vgl. Meyer-Goßner/Schmitt/*Meyer-Goßner* StPO § 244 Rn. 22 bis 22 b.

§ 21 StGB ablehnt (hier bezieht sich die Bedingung auf die Urteilsausführungen zur Beweiswürdigung [1. Fall] bzw. zu den Rechtsfolgen [2. Fall]).

Bedingte Beweisanträge, die an prozessuale Ereignisse anknüpfen, sind unkompliziert; über sie ist zu entscheiden, sobald die Bedingung eingetreten ist. Dagegen bereiten die Hilfs- und die Eventualanträge vor allem dann Probleme, wenn der Antragsteller eine Verbescheidung vor Erlass des Urteils begehrt. Damit will er nämlich das Gericht dazu zwingen, das Beratungsergebnis – zumindest teilweise – bereits vor der Urteilsverkündung offen zu legen. Ein solches Begehren wird von der Rechtsprechung nicht mehr ohne Weiteres zugelassen. 281

Fall: Dem Angeklagten wird sexueller Missbrauch von Kindern zur Last gelegt. Der Angeklagte bestreitet, die ihm vorgeworfenen Taten begangen zu haben. In seinem Schlussvortrag stellte der Verteidiger einen Beweisantrag für den Fall, dass der Angeklagte zu einer Freiheitsstrafe ohne Bewährung verurteilt wird; dann soll die Zeugin J (eine Cousine der Geschädigten) zum Nachweis der Tatsache vernommen werden, dass ein von der Geschädigten behauptetes Gespräch über sexuelle Vorfälle mit ihr nicht stattgefunden habe. Kann der Verteidiger mit der Revision beanstanden, dass das Gericht über den Antrag erst im Urteil entschieden und ihn dort als unzulässig verworfen hat? 282

Lösung: Die Revision des Verteidigers hat keine Aussicht auf Erfolg. Der Beweisantrag war unzulässig, hierüber durfte auch erst im Urteil entschieden werden:
Die Unzulässigkeit ergibt sich aber nicht schon daraus, dass die Beweisbehauptung – Nichtstattfinden eines Gesprächs der benannten Zeugin J mit der Geschädigten – eine sog. negative Beweistatsache bzw. Negativtatsache betraf. Zwar ist eine in einem Beweisantrag bezeichnete Tatsache oftmals nicht hinreichend bestimmt, wenn lediglich behauptet wird, ein Ereignis habe nicht stattgefunden. Wenn zB die Vernehmung eines Zeugen X beantragt wird »zum Beweis der Tatsache, dass der Angeklagte sich in der Nacht vom 29. auf den 30.12.1990 nicht in der Gaststätte F. aufgehalten hat«, wird *nur* ein Beweisziel benannt, zu dem das Gericht aufgrund von Schlüssen aus bestimmten – aber gerade nicht unter Beweis gestellten – Tatsachen (so zB die konkrete Tatsachenbehauptung, der Zeuge X habe in der fraglichen Nacht von 20.00 Uhr bis zur Sperrstunde an der Theke der Gaststätte F. gesessen, von dort aus den Eingangsbereich beobachtet, den Angeklagten aber weder kommen noch gehen gesehen) möglicherweise gelangen kann; ein förmlicher Beweisantrag liegt dann nicht vor.[477] Im vorliegenden Fall aber betraf die Beweisbehauptung nicht nur ein Beweisziel, sondern auch eine konkrete Beweisbehauptung. Denn die Zeugin J hätte aufgrund eigener Wahrnehmung bekunden können, ob das von der Geschädigten geschilderte Gespräch stattgefunden hat oder nicht.[478]
Bedingte Beweisanträge, die sich nach der zu beweisenden Behauptung gegen den Schuldspruch richten, nach der vom Antragsteller gewählten Bedingung aber nur für den Fall einer bestimmten Rechtsfolgenentscheidung als gestellt gelten sollen (es handelt sich vorliegend also um einen besonders formulierten Hilfsbeweisantrag), sind jedoch schon als solche unzulässig. Die Unzulässigkeit des Beweisantrages folgt daraus, dass sich die unter Beweis gestellte Behauptung inhaltlich nicht auf die Entscheidung bezog, die zur Bedingung des Antrages gemacht worden war; der Beweisantrag zielte nicht auf die Entscheidungsgrundlage für eine Freiheitsstrafe, deren Vollstreckung zur Bewährung ausgesetzt wird, sondern auf diejenige des Schuldspruchs. Vom Gericht kann aber nicht verlangt werden, sich in Umkehrung der sachlogisch vorgegebenen Reihenfolge zunächst über die Strafe oder deren Aussetzung zur Bewährung schlüssig zu werden, bevor es darüber befindet, ob es zur Schuldfrage Beweis erheben soll oder nicht. Ein solches – hier gegebenes – Beweisbegehren ist in sich widersprüchlich und unzulässig.[479]
Auch die Verbescheidung des bedingten Beweisantrags erst in den Gründen des Urteils war richtig. Grundsätzlich bedarf die Ablehnung eines Beweisantrages zwar eines Gerichtsbeschlus-

---

[477] BGH NJW 1993, 2881 betont die Notwendigkeit einer solchen Trennung von Beweistatsache und Beweisziel angesichts dessen, dass die Beweisbehauptung einer exakten und sinnvollen Anwendung der Ablehnungsgründe des § 244 III 2 StPO zugänglich sein muss.
[478] BGH NJW 2003, 2761 (2762).
[479] BGHSt 40, 287 = NJW 1995, 603; BGH NStZ 1995, 246; Meyer-Goßner/Schmitt/*Meyer-Goßner* StPO § 244 Rn. 22a mwN.

ses (§ 244 VI 1 StPO), der in der Hauptverhandlung noch vor dem Schluss der Beweisaufnahme zu verkünden ist. Das gilt aber nicht ausnahmslos. Hilfsbeweisanträge, die für den Fall eines bestimmten Urteilsausspruchs gestellt worden sind, brauchen nämlich – abgesehen von der Ablehnung wegen Prozessverschleppung[480] – erst in den Gründen des Urteils verbeschieden zu werden, weil sie nur mit diesem zusammen beraten werden können und weil erst mit der Urteilsverkündung die Bedingung eintritt.[481]

10. Präsente Beweismittel

283 Präsente Beweismittel sind zum einen die vom Gericht geladenen und erschienenen Zeugen und Sachverständigen sowie alle anderen, dem Gericht vorliegenden Beweismittel (Augenscheinsobjekte, Urkunden), soweit sie entweder vom Gericht selbst oder von der Staatsanwaltschaft schon vor der Hauptverhandlung herbeigeschafft oder vorgelegt wurden.[482] Die Erhebung eines solchen präsenten Beweismittels darf nur unterbleiben, wenn alle Beteiligten hierauf verzichtet haben oder die Beweiserhebung unzulässig ist (§ 245 I StPO; vgl. auch das Beispiel bei → Rn. 272); ansonsten darf noch nicht einmal völlige Bedeutungslosigkeit zum Unterlassen der Beweiserhebung führen.[483]

284 Ferner zählen zu den präsenten Beweismitteln die von der Staatsanwaltschaft oder dem Angeklagten (oder dem Verteidiger)[484] geladenen und auch erschienenen Zeugen oder Sachverständigen (§ 245 II StPO), wobei diese, soweit sie vom Angeklagten benannt wurden, nach §§ 220, 38 StPO geladen sein müssen. Voraussetzung für die Verpflichtung des Gerichts, ein in diesem Sinne präsentes Beweismittel auch zu erheben, ist ferner, dass derjenige, der den Zeugen oder Sachverständigen geladen hat, hierzu einen Beweisantrag gestellt hat (§ 245 II 1 StPO). Die Gründe für die Ablehnung eines solchen Beweisantrags – und damit die Nicht-Erhebung des Beweises – sind in § 245 II 2, 3 StPO aufgeführt.

285 **Fall:** Dem Angeklagten wird die Vergewaltigung einer (erwachsenen) Frau zur Last gelegt. Zur Hauptverhandlung hatte der Verteidiger ordnungsgemäß einen Sachverständigen geladen, der ein Glaubwürdigkeitsgutachten über die Zeugin erstellen sollte. Kann der Verteidiger mit der Revision beanstanden, dass das Gericht den Beweisantrag auf Vernehmung des erschienenen Sachverständigen unter Hinweis auf seine eigene Sachkunde abgelehnt hat?

Lösung: Der Verteidiger kann mit der Verfahrensrüge die Verletzung des § 245 II StPO beanstanden.
Der Sachverständige war ein iSd § 245 II StPO präsentes Beweismittel, da er – laut Sachverhalt – vom Verteidiger ordnungsgemäß geladen wurde und auch erschienen war. Voraussetzung der Beweiserhebung ist nach § 245 II StPO weiter, dass der Verteidiger – wie hier – einen Beweisantrag auf Erholung dieses Sachverständigenbeweises stellt. Ein solcher Antrag auf Vernehmung eines präsenten Sachverständigen darf nur unter den Voraussetzungen des § 245 II StPO abgelehnt werden. Zwar gehört die Würdigung von Zeugenaussagen zum Wesen richterlicher Rechtsfindung, sodass – von besonders gelagerten Fällen abgesehen (zB bei Hirnschädigung, Geisteskrankheit, kleines Kind) – grundsätzlich der Tatrichter selbst die erforderliche Sachkunde hat, um die Glaubwürdigkeit eines Zeugen beurteilen zu können. Jedoch sieht § 245 II StPO – anders als § 244 IV StPO – den Ablehnungsgrund »eigene Sachkunde« nicht vor, sodass das Gericht zu Unrecht ein präsentes Beweismittel nicht benutzt hat.[485] Das Urteil beruht auch auf diesem Verfahrensverstoß, da die Nicht-Anhörung des Sachverständigen aus anderen Gründen ebenfalls nicht zulässig war. Insbesondere war der Sachverständige – selbst wenn er die Zeugin

---

480 Meyer-Goßner/Schmitt/*Meyer-Goßner* StPO § 244 Rn. 44a mwN; anderes dürfte nunmehr nach § 244 VI 2–4 StPO gelten, wenn der Hilfsbeweisantrag erst nach Ablauf einer gesetzten Frist gestellt worden ist.
481 Meyer-Goßner/Schmitt/*Meyer-Goßner* StPO § 244 Rn. 22a, 44a.
482 Vgl. Meyer-Goßner/Schmitt/*Meyer-Goßner* StPO § 245 Rn. 3 f.
483 BGH NStZ 2014, 351; Meyer-Goßner/Schmitt/*Meyer-Goßner* StPO § 245 Rn. 7.
484 BGH NStZ 2014, 351.
485 BGH StV 1994, 358; Meyer-Goßner/Schmitt/*Meyer-Goßner* StPO § 245 Rn. 22.

E. Einzelheiten zur Verfahrensrüge

nicht untersuchen konnte – kein iSd § 245 II StPO ungeeignetes Beweismittel; denn eine Glaubwürdigkeitsbeurteilung setzt nicht notwendig eine psychologische Exploration voraus. Geeignetes Beweismittel ist der Sachverständige auch dann, wenn die vorhandenen Anknüpfungstatsachen ihm die Darlegung solcher Erfahrungssätze oder Schlussfolgerungen erlauben, die für sich allein die unter Beweis gestellte Behauptung lediglich wahrscheinlicher machen.[486] Allerdings ist das Gericht nicht gehalten, einem »mitgebrachten« Sachverständigen Vorbereitungsmaßnahmen zu ermöglichen, ihm also bspw. sichergestelltes Untersuchungsmaterial zur Verfügung zu stellen.[487]

11. Unterlassener Hinweis nach § 265 StPO

Anklage und Eröffnungsbeschluss legen fest, welche prozessuale Tat Gegenstand der gerichtlichen Untersuchung und des Urteils ist (§§ 155 I, 264 I StPO). Bezüglich dieser Tat ist das Gericht zu einer umfassenden Aburteilung (Kognition) verpflichtet, wobei es nicht an die rechtliche Beurteilung in der Anklage und im Eröffnungsbeschluss gebunden ist (§§ 155 II, 264 II StPO). Damit der Angeklagte aber, wenn sich rechtliche oder tatsächliche Umstände ändern, davon nicht überrascht wird und seine Verteidigung auf die Änderung einrichten kann, begründet § 265 StPO eine Hinweispflicht des Gerichts. Ein Hinweis nach dieser Vorschrift kann sich nur auf die angeklagte und zur Hauptverhandlung zugelassene Tat (den geschichtlichen Vorgang) beziehen. Dagegen kann eine andere prozessuale Tat nie durch einen richterlichen Hinweis zur Aburteilung des Gerichts gestellt werden, sondern nur durch eine Nachtragsanklage und deren Zulassung (§ 266 StPO) oder infolge einer Verfahrensverbindung; wird sie gleichwohl abgeurteilt, fehlt es an der Verfahrensvoraussetzung einer zugelassenen Anklage (dazu → Rn. 71 ff.). 286

- Hinweispflicht bei Änderung eines rechtlichen Gesichtspunktes (§ 265 I StPO): 287

Ein Hinweis nach § 265 I StPO ist erforderlich, wenn anstelle oder neben den in Anklage und Eröffnungsbeschluss genannten Strafvorschriften eine andere bzw. weitere Strafnorm zur Anwendung kommen soll, wenn also – vereinfacht ausgedrückt – der Schuldspruch im Urteil anders ausfallen soll als die entsprechende rechtliche Belehrung in der zugelassenen Anklage (vgl. zur Qualifikation aber → Rn. 289). Dieser Hinweis muss förmlich vom Vorsitzenden erteilt werden; er ist zu protokollieren (§ 273 I 1 StPO).

Fall: Dem Angeklagten wurde in der zugelassenen Anklage eine mittäterschaftlich begangene besonders schwere räuberische Erpressung (Banküberfall) (§ 255, 250 II StGB) zur Last gelegt. In der Hauptverhandlung hat sich abweichend hiervon ergeben, dass der Angeklagte die Tat allein begangen, dass er aber – zusätzlich zum Anklagevorwurf – mit der mitgeführten und vorgezeigten (einsatzbereiten) Schusswaffe einen der Bankangestellten niedergeschlagen hatte. Kann der Verteidiger des Angeklagten, der wegen besonders schwerer räuberischer Erpressung in Tateinheit mit gefährlicher Körperverletzung zu einer Freiheitsstrafe verurteilt wurde, mit der Revision einen Verstoß gegen § 265 I StPO auch dann rügen, wenn sich der Angeklagte in der Hauptverhandlung lediglich dahin eingelassen hat, er könne sich an das Geschehen nicht erinnern? 288

Lösung: Die Rüge des Verteidigers – eine Verfahrensrüge – hätte Erfolg.

- Will nämlich das Gericht von einer anderen Teilnahmeform ausgehen als die unverändert zugelassene Anklage, muss es den Angeklagten nach § 265 I StPO darauf hinweisen. Bei einer Verurteilung wegen Allein- statt wegen Mittäterschaft folgt diese Notwendigkeit schon daraus, dass als Mittäter auch verurteilt werden kann, wer selbst nicht alle tatbestandsmäßigen Handlungen ausgeführt hat, während Alleintäter nur sein kann, wer eigenhändig den Tatbestand voll verwirklicht hat. Für den Angeklagten ist dies bedeutsam, weil seine Ver-

---

486 BGH NStZ 2008, 116; vgl. auch BGH StV 2011, 711; Meyer-Goßner/Schmitt/*Meyer-Goßner* StPO § 244 Rn. 58 aE, 74 f., § 245 Rn. 26.
487 BGH NStZ 1998, 93.

teidigung gegen den Vorwurf der Alleintäterschaft schon dann erfolgreich wäre, wenn nur ein einziges Tatbestandsmerkmal in seiner Person nicht gegeben ist.[488]

- Ferner hat das Gericht gegen § 265 I StPO verstoßen, weil es den Angeklagten nicht auf die (mögliche) Verurteilung wegen gefährlicher Körperverletzung – hier ersichtlich § 224 I Nr. 2 StGB – hingewiesen hat.[489]
- Das Urteil beruht auch auf den Verstößen gegen § 265 I StPO, da nicht mit Sicherheit auszuschließen ist, dass sich der Angeklagte nach einem entsprechenden Hinweis anders als geschehen verteidigt hätte (§ 337 I StPO). Denn es ist zumindest möglich, dass der Angeklagte bei Kenntnis von dem veränderten Vorwurf ein anderes Verteidigungsverhalten gewählt hätte; zudem hätte der gebotene Hinweis den Verteidiger des Angeklagten veranlassen können, sich mit § 224 StGB (näher) auseinanderzusetzen.[490]

289 • Hinweispflicht bei straferhöhenden oder die Verhängung von Maßregeln, Nebenstrafen oder Nebenfolgen rechtfertigenden Umständen (§ 265 II Nr. 1 StPO):

Straferhöhend iSd § 265 II StPO sind alle an gesetzlich bestimmte Umstände anknüpfenden Strafschärfungen, also die Qualifikationen (zB § 250 I StGB gegenüber § 249 I StGB), aber auch die mit Regelbeispielen versehenen besonders schweren Fälle (zB § 243 I 2 Nr. 1 statt § 242 StGB). Nicht hinzuweisen ist dagegen auf unbenannte besonders schwere Fälle, also solche, bei denen im Gesetz keine Regelbeispiele aufgeführt sind; auch die Annahme eines besonders schweren Falls außerhalb der Regelbeispiele erfordert keinen Hinweis.[491]

290 In der Rechtsprechung war schon vor der Neuregelung des § 265 StPO anerkannt, dass ein Hinweis auf die mögliche Anordnung einer Maßregel (§§ 61 ff. StGB), zB der Entzug der Fahrerlaubnis, – trotz des insoweit missverständlichen Wortlautes des Gesetzes – stets erforderlich ist, wenn diese nicht schon in der Anklage oder im Eröffnungsbeschluss erwähnt ist.[492] Dies dürfte nunmehr auch für Nebenstrafen und Nebenfolgen gelten. Zweifelhaft ist dies allerdings dann, wenn die Nebenstrafe des Fahrverbotes nicht wegen eines Verkehrsdeliktes – dann hängt die in der Regel gebotene (§ 44 I 3 StGB) Nebenstrafe von besonderen Umständen ab –, sondern als »generelle« Nebenstrafe verhängt wird. Die Gesetzesbegründung spricht sich in diesem Fall gegen eine Hinweispflicht aus[493]; dies erscheint im Hinblick auf den Charakter als dritte Strafart neben Geld- und Freiheitsstrafe folgerichtig, wenngleich die Verhängung der Nebenstrafe nicht völlig voraussetzungslos ausgestaltet worden ist.[494]

291 **Fall:** Dem Beschuldigten wurde in der Anklage Totschlag zur Last gelegt, verurteilt wurde er jedoch wegen Mordes. Kann der Angeklagte in der Revision mit Aussicht auf Erfolg beanstanden, dass er hierauf nicht hingewiesen wurde, auch wenn bereits der Staatsanwalt auf eine Verurteilung wegen Mordes plädiert hatte?

Lösung: Die Revision des Angeklagten wird Erfolg haben, wenn er mit einer zulässigen Verfahrensrüge die Verletzung von § 265 StPO beanstandet. Mit der Verurteilung wegen Mordes – statt (wie angeklagt) wegen Totschlags – hat das Gericht nämlich gegen § 265 I StPO

---

488 BGH StV 2016, 778; ebenso für den umgekehrten Fall: BGH NStZ 1992, 292; Meyer-Goßner/Schmitt/*Meyer-Goßner* StPO § 265 Rn. 14; zum erforderlichen Vortrag in der Verfahrensrüge (Wiedergabe der Anklage): Meyer-Goßner/Schmitt/*Meyer-Goßner* StPO § 244 Rn. 47.
489 Zur Pflicht des Gerichts, nach einem rechtlichen Hinweis bei Vorliegen der Voraussetzungen des § 265 III StPO die Hauptverhandlung auszusetzen (und nicht nur zu unterbrechen): BGH NJW 2003, 1748; Meyer-Goßner/Schmitt/*Meyer-Goßner* StPO § 265 Rn. 35 ff., nicht aber bei Übergang von versuchter zu vollendeter Vergewaltigung, BGH NStZ 2013, 358 (es falle lediglich eine fakultative Strafmilderung weg).
490 BGH BeckRS 2003, 03476; vgl. auch Meyer-Goßner/Schmitt/*Meyer-Goßner* StPO § 265 Rn. 48.
491 Meyer-Goßner/Schmitt/*Meyer-Goßner* StPO § 265 Rn. 18, 19.
492 Zur Entbehrlichkeit eines Hinweises, wenn dieser im wesentlichen Ergebnis der Ermittlungen, also in der Anklage enthalten ist: BGH NStZ 2001, 162; vgl. auch Meyer-Goßner/Schmitt/*Meyer-Goßner* StPO § 265 Rn. 17, 20.
493 BT-Drs. 18/11277, 37.
494 Für eine Hinweispflicht (allerdings ganz allgemein): *Fischer* StGB § 44 Rn. 39; zur alten Rechtslage: Meyer-Goßner/Schmitt/*Meyer-Goßner* StPO § 265 Rn. 24.

verstoßen.⁴⁹⁵ Abs. 1, nicht Abs. 2 Nr. 1, von § 265 StPO wurde missachtet, weil die Rechtsprechung des BGH §§ 211, 212 StGB im Verhältnis zueinander als jeweils andere Strafgesetze ansieht. Würde man demgegenüber einem Teil des Schrifttums folgen,⁴⁹⁶ wonach § 211 StGB eine Qualifikation des § 212 StGB ist, wäre § 265 II Nr. 1 StPO verletzt (was in der Sache aber nichts ändern würde).

Der Hinweis hätte zudem genau sein, also deutlich machen müssen, welches Mordmerkmal gegeben sein soll. Auch hätte das Gericht – sofern das sich aus der Hauptverhandlung nicht zweifelsfrei ergab – mitteilen müssen, durch welche Tatsachen das Tatbestandsmerkmal erfüllt worden sein soll.⁴⁹⁷

Der Hinweis war auch nicht deshalb entbehrlich, weil der Staatsanwalt bereits eine entsprechende Verurteilung beantragt hatte; dem Angeklagten muss durch den Hinweis nämlich deutlich werden, dass *das Gericht* einen anderen Straftatbestand als möglicherweise gegeben ansieht, sodass nicht einmal ausreichen würde, wenn alle anderen Verfahrensbeteiligten den neuen rechtlichen Gesichtspunkt in der Hauptverhandlung erörtert hätten.⁴⁹⁸

- Abweichung von einer vorläufig mitgeteilten Bewertung der Sach- bzw. Rechtslage, § 265 II Nr. 2 StPO **291a**
- Änderung eines tatsächlichen Umstandes, § 265 II Nr. 3 StPO: **292**

Die Hinweispflicht wegen Änderung eines tatsächlichen Umstandes ist nunmehr explizit gesetzlich geregelt und bezieht sich auf alle Tatsachen (aber eben auch nur auf solche), die zur genügenden Verteidigung erforderlich sind. Insoweit dürfte die Rechtsprechung fortgelten, dass sich die Hinweispflicht nur auf Tatsachen, die für die Tatbestandsmerkmale der betreffenden Strafnorm relevant sind, regelmäßig nicht auf solche der Tatplanung und der Tatvorbereitung bezieht).⁴⁹⁹ Im Falle eines Hinweises bestimmen sich die Rechte des Angeklagten ausschließlich nach § 265 IV StPO (nicht nach § 265 III StPO).

Fall: Dem Angeklagten wird die Tötung eines Polizeibeamten zur Last gelegt, wobei die Leiche des im Drogenmilieu eingesetzten Verdeckten Ermittlers erst Wochen nach der Tat aufgefunden worden war. Tatzeit soll laut der zugelassenen Anklage der 1.2.2017 gewesen sein. In der Hauptverhandlung ergab sich jedoch aus der Aussage eines glaubwürdigen Zeugen, dass die Tötung bereits am 20.1.2017 erfolgte. Kann der Verteidiger die Revision mit Aussicht auf Erfolg darauf stützen, dass das Gericht diese (neue) Tatzeit der Verurteilung wegen Mordes zugrunde gelegt hat, ohne den Angeklagten darauf hingewiesen zu haben? **293**

Lösung: Der Verteidiger wird mit einer Verfahrensrüge einen Verstoß gegen § 265 II Nr. 3 StPO beanstanden; ist diese zulässig (§ 344 II 2 StPO), wird die Revision Erfolg haben.⁵⁰⁰ Der Tatrichter durfte den Angeklagten nämlich nicht darüber im Unklaren lassen, dass er die Verurteilung auf einen anderen tatsächlichen Umstand, also auf eine andere Tatzeit stützen will, zumal die Tatzeit schon für ein mögliches Alibi von ausschlaggebender Bedeutung ist und deshalb die Verteidigungsmöglichkeiten und das Verteidigungsverhalten des Angeklagten maßgeblich beeinflussen kann.

Ein Hinweis wäre allerdings nicht mehr ausreichend gewesen (auch → Rn. 286), wenn – wie häufig – infolge der Änderung der Tatzeit die Identität zwischen angeklagter und abgeurteilter Tat nicht mehr gewahrt gewesen wäre, wenn also verschiedene prozessuale Taten vorliegen

---

495 Vgl. BGH NStZ 2005, 111 (112); Meyer-Goßner/Schmitt/*Meyer-Goßner* StPO § 265 Rn. 9 (für den umgekehrten Fall).
496 Vgl. dazu *Fischer* StGB § 211 Rn. 6, 88 ff. mwN.
497 BGH NStZ 2007, 116 (zur Heimtücke); BGH NStZ 2005, 111 (112) (zum niedrigen Beweggrund); vgl. auch Meyer-Goßner/Schmitt/*Meyer-Goßner* StPO § 265 Rn. 12 f.
498 BGH NStZ-RR 2005, 376 (377); Meyer-Goßner/Schmitt/*Meyer-Goßner* StPO § 265 Rn. 29; es kann in Einzelfällen dann aber am Beruhen fehlen: Meyer-Goßner/Schmitt/*Meyer-Goßner* StPO § 265 Rn. 48 mwN.
499 BGH NStZ 2000, 48; Meyer-Goßner/Schmitt/*Meyer-Goßner* StPO § 265 Rn. 22 ff. zur Rechtslage vor Neufassung des § 265 StPO.
500 Meyer-Goßner/Schmitt/*Meyer-Goßner* StPO § 265 Rn. 23.

würden. Dabei ist die Identität der prozessualen Tat nur dann gegeben, wenn das in der Anklage beschriebene Geschehen unabhängig von der Tatzeit aufgrund anderer Merkmale ausreichend individualisiert, also unverwechselbar ist und diese Umstände unverändert bleiben. Ist dies nicht der Fall und wird keine Nachtragsanklage erhoben, kann die (neu festgestellte) Tat dem Urteil nicht zugrunde gelegt werden; geschieht dies gleichwohl, fehlt die Verfahrensvoraussetzung einer zugelassenen Anklage, das Verfahren müsste eingestellt werden (→ Rn. 71 ff.). Bei der Tötung eines Menschen ist die Tat allerdings durch die Person des Opfers ausreichend individualisiert,[501] sodass die geänderte Tatzeit – nach einem Hinweis – der Verurteilung zugrunde gelegt werden durfte.

12. Schlussvorträge und letztes Wort

294 Nach dem Schluss der Beweisaufnahme halten Staatsanwalt und Verteidiger ihre Plädoyers (§ 258 I StPO), anschließend hat der Angeklagte das letzte Wort (§ 258 II, III StPO).

295 **Hinweis:** Wird das Recht auf den Schlussvortrag oder das letzte Wort nicht gewährt, begründet dieser Verfahrensverstoß als relativer Revisionsgrund regelmäßig die Revision, da zumeist nicht auszuschließen ist, dass der Anzuhörende noch Wesentliches mitgeteilt hätte. Der Inhalt dieser möglichen Ausführungen muss in der Verfahrensrüge nicht dargelegt werden.[502] Die (Nicht-)Beachtung von § 258 StPO wird grundsätzlich (nur) durch das Protokoll bewiesen (§ 274 StPO).[503]

296 **Fall:** Dem die Tatbegehung bestreitenden Angeklagten wird ein Tankstellenüberfall zur Last gelegt. In seinem Schlussvortrag beantragte der Staatsanwalt unter anderem, den Haftbefehl gegen den Angeklagten wieder in Vollzug zu setzen; anschließend plädierte der Verteidiger, und der Angeklagte hatte das letzte Wort. Daraufhin zog sich das Gericht zu einer kurzen Beratung zurück und verkündete dann einen Beschluss, mit dem der Haftbefehl wegen des aufgrund der Hauptverhandlung weiter bestehenden dringenden Tatverdachts sowie der hohen Straferwartung wieder in Vollzug gesetzt wurde. Anschließend beriet die Strafkammer erneut und verkündete das Urteil. Kann der Verteidiger des Angeklagten mit der Revision einen Verstoß gegen § 258 StPO geltend machen?

Lösung: Die Rüge des Verteidigers, die Strafkammer habe gegen § 258 II, III StPO verstoßen, wird Erfolg haben. Das Gericht war nämlich mit seiner Entscheidung über die Wiederinvollzugsetzung des Haftbefehls nochmals in die Verhandlung eingetreten, weil es sich wieder mit der Sache selbst befasst hat, als es im Rahmen der Haftentscheidung den dringenden Tatverdacht bejaht hat. In einem solchen Fall hat die vorangegangene Schlusserklärung des Angeklagten die Bedeutung als letztes Wort (zum Tatvorwurf und dessen Nachweis) verloren, es muss nochmals gewährt werden.[504] Da zumindest bei einem zur Sache schweigenden oder die Tatbegehung bestreitenden Angeklagten regelmäßig nicht auszuschließen ist, dass er noch Angaben gemacht hätte, die die Entscheidung zu seinen Gunsten beeinflussen konnten, beruht das Urteil auf diesem Verfahrensverstoß. Bei einem geständigen Angeklagten wird dagegen die Nichtgewährung des letzten Worts häufig nur den Rechtsfolgenausspruch betreffen.[505]
Ob vorliegend auch das Recht von Staatsanwalt und Verteidiger auf den Schlussvortrag verletzt wurde, lässt sich aufgrund des Sachverhalts im Übrigen nicht feststellen. Zum einen muss die

---

501 BGHSt 40, 44 (46) = NJW 1994, 2556; anders bei BtM-Delikten: vgl. BGH BeckRS 2014, 15652; s. auch Meyer-Goßner/Schmitt/*Meyer-Goßner* StPO § 200 Rn. 7.
502 Vgl. Meyer-Goßner/Schmitt/*Meyer-Goßner* StPO § 258 Rn. 33 mwN.
503 Vgl. BGH NStZ 2005, 280; Meyer-Goßner/Schmitt/*Meyer-Goßner* StPO § 258 Rn. 31.
504 BGH NStZ-RR 2002, 71; weitere Beispiele bei Meyer-Goßner/Schmitt/*Meyer-Goßner* StPO § 258 Rn. 29–30; eine Teileinstellung durch Beschluss nach § 154 II bzw. § 154a II StPO unmittelbar vor Urteilsverkündung ist jedenfalls dann Teil der abschließenden Entscheidung und stellt keinen Wiedereintritt in die mündliche Verhandlung dar, wenn die StA schon in ihrem Plädoyer die Zustimmung erteilt hatte: BGH NJW 2001, 2109 und BeckRS 2012, 17666; Nachholung des Negativattestes nach § 243 IV StPO ist kein Wiedereintritt in die mündliche Verhandlung: BGH NStZ 2015, 658.
505 Vgl. Meyer-Goßner/Schmitt/*Meyer-Goßner* StPO § 258 Rn. 34.

E. Einzelheiten zur Verfahrensrüge

Gelegenheit zum Schlussvortrag – anders als das letzte Wort – nicht ausdrücklich gewährt werden, zum anderen kann im Schweigen von Staatsanwalt und Verteidiger eine Bezugnahme auf die früheren Ausführungen liegen.[506]

13. Beratung

Bei Kollegialgerichten wird unter der Leitung des Vorsitzenden in geheimer Beratung die zu verkündende Entscheidung ermittelt (vgl. dazu im Einzelnen §§ 194 ff. GVG, § 263 StPO). Hierzu wird regelmäßig die Hauptverhandlung unterbrochen.   297

Fall: Das Gericht hatte sich nach den Schlussvorträgen und dem letzten Wort des Angeklagten bereits zur Beratung zurückgezogen. Vor der Urteilsverkündung trennte es dann noch das Verfahren gegen einen der Angeklagten ab. Anschließend wurden die Schlussvorträge wiederholt und das letzte Wort erneut gewährt. Sodann wurde das Urteil verkündet. Der Verteidiger rügt mit der Revision, dass keine Beratung stattgefunden habe. Hat er damit Erfolg?   298

Lösung: Der Verteidiger kann die Gesetzesverletzung (vgl. § 260 I StPO) mit der Verfahrensrüge geltend machen, die – ist der Verstoß gegeben – regelmäßig auch zum Erfolg der Revision führen wird (§ 337 I StPO). Schwierig ist aber der Nachweis der Gesetzesverletzung, da die Durchführung der Beratung keinen protokollierungsbedürftigen Vorgang darstellt. Ergibt sich aber aus den im Freibeweisverfahren erholten dienstlichen Stellungnahmen der Richter, dass eine nach außen hin erkennbare Verständigung darüber stattgefunden hat, dass es bei dem bisherigen Beratungsergebnis bleiben soll, so reicht dies in der Regel aus. Denn eine Beratung außerhalb des Sitzungssaales ist zumindest dann nicht erforderlich, wenn – wie hier – nach einer eingehenden Beratung nichts sachlich Neues zum bereits vorher Beratenen hinzugekommen ist.[507]

14. Verständigungen (§ 257c StPO)

Die seit Langem praktizierte Verständigung zwischen Gericht, Angeklagtem und Verteidigung hat 2009 in § 257c StPO eine gesetzliche Regelung erfahren. Dabei ist die Verständigung nicht etwa ein Vertrag, bei dem sich der Angeklagte gegen ein das Gericht bindendes Geständnis (eine Art »plea guilty«) mit Zustimmung der Staatsanwaltschaft auf ein bestimmtes Urteil im Wege eines kurzen Verfahrens einigen könnte. Ein solches System wäre mit dem deutschen Strafprozess, der von Amtsermittlung (zulasten wie zugunsten des Angeklagten) ausgeht, nicht vereinbar. Die Verständigung ermöglicht vielmehr dem Gericht, dem Angeklagten im Falle eines Geständnisses einen bestimmten Strafrahmen für diese Instanz verbindlich in Aussicht zu stellen. Sie lässt aber die Verpflichtung zur Amtsermittlung unberührt (§ 257c I 2 StPO) und schließt insoweit einen Handel mit der Gerechtigkeit aus, als der Schuldspruch einer Absprache entzogen ist (§ 257c II 3 StPO) und die Strafe tat- und schuldangemessen sein muss (folgt aus § 257c IV 1 StPO). Der Gesetzgeber hat sich insbes. bemüht, die Verständigung aus dem Dunkel der Hinterzimmer in das Licht der öffentlichen Hauptverhandlung zu holen, um so schon dem Anschein (und in manchen Fällen auch dem berechtigten Vorwurf) unlauterer »Deals« den Boden zu entziehen. Er hat dementsprechend eine Vielzahl von Mitteilungs- und Dokumentationspflichten geschaffen.   299

Die Zentralnorm des § 257c StPO wird flankiert einerseits von §§ 160b, 202a, 212, 257b StPO – die vorbereitende Gespräche in jedem Verfahrensstadium erlauben, aber aus Transparenzgründen eine Protokollierung vorschreiben[508] –, andererseits von den gesonderten Verfahrens- und Protokollierungsvorschriften der §§ 243 IV, 267 III 5, 273 I 2, Ia StPO. Abgesichert wird die Verständigung durch das Verbot des Rechtsmittelverzichts (§ 302 I 2 StPO, dazu → Rn. 41a), der eine Überprüfung etwaiger Verständigungen durch die Rechtsmittelinstanz ermöglichen soll.

---

506 Meyer-Goßner/Schmitt/*Meyer-Goßner* StPO § 258 Rn. 7, 27 mwN.
507 BGH NStZ-RR 2002, 71; Meyer-Goßner/Schmitt/*Meyer-Goßner* StPO § 260 Rn. 4.
508 Für die Gespräche nach § 257b StPO folgt die Protokollierungspflicht aus § 273 I 2 StPO.

Das Bundesverfassungsgericht hat in seiner Entscheidung vom 19.3.2013 (BVerfG NJW 2013, 1058 = NStZ 2013, 295) die gesetzliche Ausgestaltung für verfassungskonform erachtet, allerdings auf massive Vollzugsdefizite hingewiesen und – sicherlich auch deshalb – den Verfahrens- und Dokumentationsvorschriften eine wichtige verfahrenssichernde Funktion zugewiesen, und zwar im Hinblick auf die Gewährleistung einer selbstbestimmten Entscheidung des Angeklagten, sich auf eine Absprache einzulassen, im Hinblick auf die notwendige Transparenz des Strafverfahrens für den Angeklagten (der bei den Gesprächen regelmäßig nicht persönlich anwesend ist) und für die Öffentlichkeit sowie im Hinblick auf die notwendige Kontrolle durch die Rechtsmittelgerichte.

a) Zustandekommen einer Verständigung

300 Eine Verständigung kommt zustande, indem das Gericht **in der öffentlichen Hauptverhandlung** bekanntgibt, welchen Inhalt eine Verständigung haben könnte, § 257c III 1 StPO. Die übrigen Beteiligten erhalten Gelegenheit zur Stellungnahme, § 257c III 3 StPO. Der Angeklagte ist – vor seiner Zustimmung – gem. § 257c V StPO über die Voraussetzungen und Folgen einer Abweichung des Gerichts von dem in Aussicht gestellten Ergebnis zu belehren. Die Verständigung kommt durch die Zustimmung von Staatsanwaltschaft und Angeklagtem zum gerichtlichen Verständigungsvorschlag zustande; nicht erforderlich ist die Zustimmung eines Nebenklägers. Die beabsichtigte Verständigung begründet nicht per se einen Fall der notwendigen Verteidigung.[509]

> **Fall:** Das Gericht unterbreitet auf Bitten der Verteidigung einen Verständigungsvorschlag. Die Beteiligten nehmen hierzu Stellung. Der verteidigte Angeklagte erteilt schließlich wie auch die übrigen Beteiligten seine Zustimmung. Anschließend erfolgt die Belehrung nach § 257c V StPO. Danach vertagt das Gericht. Im nächsten Termin eine Woche später legt der Angeklagte ein Geständnis ab und wird – nach Überprüfung des Geständnisses anhand von Zeugenaussagen – entsprechend der Verständigung verurteilt. Kann er in der Revision erfolgreich eine Verletzung von § 257c V StPO rügen?[510]

> **Lösung:** § 257c V StPO verlangt eine Belehrung des Angeklagten **vor** seiner Zustimmung zur Verständigung. Die Belehrungspflicht soll sicherstellen, dass der unter dem Druck des Verständigungsangebots stehende Angeklagte seine Entscheidung in vollem Bewusstsein der Reichweite seiner Erklärung, insbes. der sich ergebenden Rechtsfolgen aus der Verständigung abgibt. Er gibt nämlich die Zustimmung in der Erwartung einer sicheren Bindung an eine Strafobergrenze ab. Er muss aber für eine sachgerechte Entscheidung wissen, dass diese Bindung keine absolute ist. Nur dann kann er Tragweite und Risiko seiner Entscheidung abschätzen. Die Norm ist somit keine bloße Ordnungsvorschrift, sondern sichert in zentraler Weise die Fairness des Verfahrens und die Selbstbelastungsfreiheit des Angeklagten.
> Der BGH hat die Revision gleichwohl als unbegründet verworfen. Er war der Auffassung, aufgrund der vorliegenden Gesamtumstände ein Beruhen auf dem Fehler ausschließen zu können. Der Angeklagte sei verteidigt gewesen und habe die Verständigung über seinen Verteidiger selbst initiiert. Das Geständnis habe er erst nach Belehrung und nach einer zusätzlichen Überlegungszeit abgelegt. In einem solchen Fall sei auszuschließen, dass der Angeklagte in einer besonderen Drucksituation und nicht in Kenntnis aller Umstände gehandelt habe.
> Dem ist das Bundesverfassungsgericht entgegengetreten. Ausgangspunkt des Bundesverfassungsgerichts ist, dass ein Verstoß gegen die Verfahrensvorschriften der Verständigung die Revision grundsätzlich begründet macht. Nur ausnahmsweise kann ein Beruhen ausgeschlossen werden. Das Bundesverfassungsgericht wirft dem BGH vor, nicht die konkrete Willensbildung des konkret betroffenen Angeklagten in den Blick genommen zu haben, sondern auf der Basis generalisierender Erwägungen, losgelöst vom konkreten Einzelfall entschieden zu haben. Dies sei verfassungsrechtlich nicht hinzunehmen. (Erst recht folgt aus dieser Entscheidung – wovon aber

---

[509] Meyer-Goßner/Schmitt/*Meyer-Goßner* StPO § 257c Rn. 24 (anders ggf. im Jugendstrafrecht, Rn. 7), so auch OLG Bamberg StV 2015, 539; aA OLG Naumburg StV 2014, 274.

[510] Der Fall ist BGH NStZ 2013, 728 und der dazu ergangenen Entscheidung des BVerfG NJW 2014, 3506 nachgebildet.

auch der BGH nicht ausgeht –, dass bei verteidigten Angeklagten keine Kenntnis über Voraussetzung und Folgen einer Abweichung des Gerichts von der vorgeschlagenen Verständigung infolge Unterrichtung durch den Verteidiger unterstellt werden kann.[511])
Jedenfalls im Ergebnis ist dem Bundesverfassungsgericht beizutreten. Der BGH hat letztlich verkannt, dass nicht ausgeschlossen werden kann, dass sich der Angeklagte bereits durch seine Zustimmung zur Verständigung gebunden sah und deshalb das Geständnis abgelegt hat. Daran vermochte die verspätete Belehrung nichts zu ändern.

Nach dem oben Gesagten müssen Absprachen offen in der Hauptverhandlung vereinbart werden. Sonstige – insbes. heimliche – Absprachen (sog. »Deals«) sind illegal.[512]

Ob eine – dann freilich prozessordnungswidrige – Verständigung vorliegt, bemisst sich dabei nach dem tatsächlichen Verhalten der Beteiligten, nicht nach »Lippenbekenntnissen« des Gerichts. Einigen sich Verteidiger und Staatsanwaltschaft in Gegenwart des Gerichts auf ein Strafmaß, begnügt sich daraufhin das Gericht mit einem knappen Geständnis statt der vorgesehenen Beweisaufnahme und folgt dem Antrag, liegt trotz des Schweigens des Gerichts eine Verständigung vor. Eine Verständigung liegt sogar dann vor, wenn das Gericht in einer solchen Situation behauptet, es gebe keine Absprache.[513]

b) Möglicher Inhalt einer Verständigung

Aus § 257c I 1 StPO ergibt sich zunächst die Einschränkung, dass Verständigungen nur in geeigneten Fällen erfolgen dürfen. Dieser Einschränkung dürfte allenfalls geringe Bedeutung zukommen. So erscheint es zumindest zweifelhaft, ob Fälle, in denen die Schuldfähigkeit infrage steht, für eine Verständigung infrage kommen.[514]

301

Inhaltlich soll (und wird in der Praxis) die Verständigung aufseiten des Angeklagten ein Geständnis beinhalten (§ 257c II 2 StPO). Im Gegenzug stellt das Gericht einen gewissen Rechtsfolgenkorridor in Aussicht (§ 257c II 1 StPO), also eine Aussage zu Strafart, Strafhöhe (einschließlich der Frage einer Aussetzung der Freiheitsstrafe zur Bewährung und Bewährungsauflagen), Nebenstrafen (wie einem Fahrverbot) sowie Verfall bzw. Einziehung. Auch die Frage der Feststellung einer besonderen Schwere der Schuld nach § 57a I 1 Nr. 2 StGB soll grundsätzlich einer Verständigung zugänglich sein.[515]

Daneben können Gegenstand der Verständigung verfahrensbezogene Maßnahmen und das Prozessverhalten von Verfahrensbeteiligten sein. Beispiele für verfahrensbezogene Maßnahmen sind die Einstellung von Tatkomplexen nach § 154 II StPO[516] oder eine Entlassung aus

---

511 Anders sieht die Rspr. die Sachlage im Hinblick auf das Schweigerecht in der Hauptverhandlung (→ Rn. 207). Das ist aber auch sachgerecht, da die Frage der Aussagebereitschaft des Angeklagten in der Hauptverhandlung den Kernbereich der Verteidigungsstrategie betrifft.
512 Soweit das OLG München in NJW 2013, 2371 sogar Nichtigkeit des Urteils annimmt, kann dem nicht gefolgt werden. Nichtige Urteile wegen Nicht-Einhaltung von Verfahrensvorschriften sind der StPO wesensfremd und führen zu erheblicher Rechtsunsicherheit (Rechtskraft von Strafurteilen?). Auch der BGH folgt diesem Ansatz nicht (BGH NStZ 2014, 113, dort wird eine Nichtigkeit nicht einmal thematisiert).
513 BGH NStZ 2014, 113. Folge ist, dass ein Rechtsmittelverzicht unwirksam ist. Da solche Urteile wegen des scheinbaren Rechtsmittelverzichts oftmals abgekürzt abgefasst sind, § 267 IV StPO, eine Nachholung der Gründe aber bei ordnungswidrigem Verhalten des Gerichts ausscheidet, ist das Urteil in der Revision regelmäßig schon wegen des Fehlens tragfähiger Urteilsgründe auf die Sachrüge hin aufzuheben. Im Beispielsfall war die Beweiswürdigung überdies erkennbar lückenhaft, → Rn. 327, 331 f. Auf etwaige Verfahrensrügen kommt es dann nicht an.
514 Vgl. dazu Meyer-Goßner/Schmitt/*Meyer-Goßner* StPO § 257c Rn. 6 (zur Anwendung im Jugendstrafrecht: vgl. Rn. 7).
515 Meyer-Goßner/Schmitt/*Meyer-Goßner* StPO § 257c Rn. 6; KK-StPO/*Moldenhauer/Wenske* § 257c Rn. 16: es handele sich systematisch nicht um eine Schuldentscheidung, sondern um eine dem Vollstreckungsverfahren vorgelagerte, ausnahmsweise dem Tatrichter übertragene Entscheidung.
516 Gespräche über Teileinstellungen ohne Gegenleistung lösen keine Mitteilungspflichten nach § 243 IV StPO aus, BGH StraFo 2017, 504.

der U-Haft bis zur Rechtskraft,[517] Beispiel für Vereinbarungen über Prozessverhalten ist die Rücknahme von Beweisanträgen.[518]

Verboten ist nach § 257c II 3 StPO eine Verständigung über den Schuldspruch,[519] ebenso eine Verständigung über Maßregeln der Besserung und Sicherung (insbes. Sicherungsverwahrung, aber auch – examensrelevant – die Entziehung der Fahrerlaubnis[520]). Nach der Rechtsprechung des Bundesverfassungsgerichts ist auch die Frage einer Strafrahmenverschiebung für besonders und minder schwere Fälle einer Absprache entzogen.[521] Für die benannten Regelbeispiele ist dies nachvollziehbar, da diese tatbestandsähnliche Funktion haben und daher eine Absprache hierüber ähnlich wie eine Absprache über den Schuldspruch wirken würde. Für sonstige unbenannte besonders oder minder schwere Fälle erscheint die Einschränkung systemwidrig, da es sich um klassisches Strafzumessungsrecht handelt, überdies um eine notwendige Vorfrage zur Beantwortung der Frage, ob der vorgeschlagene Strafrahmen tat- und schuldangemessen ist. Gleichwohl hat das Bundesverfassungsgericht seine Rechtsprechung am Beispiel des § 250 III StGB (also einem unbenannten minder schweren Fall) festgemacht, freilich in einem Fall, in dem ein Handel mit der Gerechtigkeit deutlich zu Tage getreten ist.[522] Der BGH hat deshalb Bedenken gegen diese Rechtsprechung angemeldet,[523] wenn die Annahme eines (unbenannten) minder schweren Falles sachgerecht – uU sogar mit dem Geständnis als einem klassischen Strafzumessungsgrund – begründet ist, da dann weder eine unzulässige Drucksituation für den Angeklagten noch der Eindruck eines Handels mit der Gerechtigkeit entstehe, musste aber die Entscheidung nicht zur Überprüfung stellen. Es bleibt daher abzuwarten, ob die verfassungsgerichtliche Rechtsprechung insoweit uneingeschränkt Bestand haben wird. Aus Sicht der Verfahrensbeteiligten erscheint momentan ein Angriff gegen eine Verständigung sowohl möglich mit der Begründung, es habe eine Abrede über den Schuldspruch stattgefunden, als auch mit der Begründung, es habe eine Abrede über (jedwede) Strafrahmenverschiebung stattgefunden.

Verboten ist die Vereinbarung einer Punktstrafe. Vielmehr muss das Gericht eine Strafunter- und eine Strafobergrenze für den Fall der Verständigung angeben. Der vorgeschlagene Strafrahmen muss – wie § 257c IV 1 StPO zeigt – tat- und schuldangemessen sein.[524] Nicht angeben muss das Gericht – was für den Angeklagten vielfach von besonderem Interesse wäre –, welche Strafe es ohne die Verständigung (dh faktisch: ohne Geständnis) verhängen würde.[525] Das Gericht ist berechtigt, den genannten Rahmen vollumfänglich auszuschöpfen.[526]

---

517 So BGH NStZ 2014, 219 mit der Begründung, auch Beschlüsse wie der nach § 268b StPO könnten zum Gegenstand einer Verständigung gemacht werden; aA wohl *Fischer* StGB § 46 Rn. 113j (allerdings explizit nur für die Verknüpfung des Geständnisses mit der Haftentscheidung). Bei unsachgerechter Verknüpfung steht für ein abgegebenes Geständnis ein Verwertungsverbot nach § 136a StPO (Versprechen eines unzulässigen Vorteils) im Raum.

518 Auch hier darf keine unsachgemäße Verknüpfung entstehen, zu Einzelheiten: Meyer-Goßner/Schmitt/ *Meyer-Goßner* StPO § 257c Rn. 14; die Aufklärungspflicht nach § 244 II StPO, gerichtet auf die Überprüfung der Richtigkeit des Geständnisses, bleibt unberührt.

519 Eine Abrede zu einer Beschränkung des Strafverfahrens nach § 154a StPO im Rahmen einer Verständigung (im Fall: Bechränkung auf den Vorwurf der gefährlichen Körperverletzung statt eines versuchten Tötungsdeliktes) kann eine solche unzulässige Abrede über den Schuldspruch darstellen (BGH NStZ 2017, 244).

520 Auf den Unterschied zur Nebenstrafe Fahrverbot wird nochmals hingewiesen.

521 BVerfG NJW 2013, 1058 (1063 f.).

522 BVerfG NJW 2013, 1058 (1071).

523 Scharf ablehnend: BGH NStZ 2017, 363 »mit strafrechtsdogmatischen Grundsätzen kaum in Einklang zu bringen«; ebenso KK-StPO/*Moldenhauer/Wenske* § 257c Rn. 18.

524 Zur Frage, ob dabei die Absprache als solche ein Strafzumessungsgrund ist: *Fischer* StGB § 46 Rn. 117.

525 Meyer-Goßner/Schmitt/*Meyer-Goßner* StPO § 257c Rn. 19. Gibt das Gericht auch die Strafe an, die es ohne Geständnis verhängen will, ist zu prüfen, ob hier eine unzulässige Sanktionsschere vorliegt. Der BGH geht dabei davon aus, dass die Frage einer angemessenen Strafe mit und ohne Geständnis eine Frage des Einzelfalls sei (BGH StV 2011, 202), hat aber Fälle eines Angebots von 2 Jahren auf Bewährung bei Geständnis und 6 Jahre Freiheitsstrafe ohne Geständnis (BGH StV 2004, 470) ebenso beanstandet wie ein Angebot auf 3,5 Jahre bei Geständnis und 7–8 Jahre ohne Geständnis (BGH NStZ 2008, 170). In diesen Fällen ist das faire Verfahren verletzt; überdies steht der Verwertung des Geständnisses § 136a StPO (Drohung) entgegen.

526 BGH NStZ 2010, 650, ablehnend Meyer-Goßner/Schmitt/*Meyer-Goßner* StPO § 257c Rn. 20 f., der davon ausgeht, dass keine Veranlassung besteht, über die allseits als noch vertretbar angesehene und damit als ausreichend erkannte Strafuntergrenze hinauszugehen.

E. Einzelheiten zur Verfahrensrüge

Fall: Das Gericht hat im Rahmen einer Verständigung dem Angeklagten eine Maximalstrafe von 4 Jahren 6 Monaten in Aussicht gestellt. Eine Strafuntergrenze war nicht angegeben. Der Angeklagte hatte sich auf die Verständigung eingelassen. Er war zu einer Freiheitsstrafe von 4 Jahren 6 Monaten verurteilt worden. Kann er mit der Revision geltend machen, die Verständigung sei fehlerhaft gewesen, weil der Vorschlag des Gerichts keine Strafuntergrenze enthalten habe?

Lösung: Ein Verstoß gegen § 257c III 2 StPO liegt vor, da die Norm dahingehend zu verstehen ist, dass sowohl eine Ober- also auch eine Untergrenze, somit ein Strafrahmen, anzugeben ist (vgl. den Wortlaut »und« in § 257c III 2 StPO, »Strafrahmen« in § 257c IV 1 StPO). Nach Ansicht des BGH ist der Angeklagte aber durch den Fehler nicht beschwert. Vertrauensschutz verdient er nur wegen der Strafobergrenze. An diese hat sich das Gericht gehalten.[527]
Allein die Angabe einer Strafobergrenze lässt auch nicht die Vereinbarung einer Punktstrafe besorgen. Diese wäre revisibel. Bei einer Punktstrafe verengt sich nämlich der Bewertungskorridor des Gerichts unzulässig, sodass das Urteil, das der Absprache folgt, auf dieser gesetzeswidrigen Verengung des Entscheidungsrahmens beruht. Im Ergebnis läge dann ein Verstoß gegen § 46 StGB vor.[528] Die Angabe einer Strafobergrenze lässt aber nicht besorgen, dass sich das Gericht seines Beurteilungsspielraums nicht bewusst gewesen wäre.

Die im Verständigungsvorschlag des Gerichts angegebenen Sanktionen sind abschließend. Der Angeklagte darf darauf vertrauen, dass keine sanktionsähnlichen Rechtsfolgen hinzukommen. Daraus folgt: Auch Bewährungsauflagen mit sanktionsähnlichem Charakter müssen in die Verständigung aufgenommen werden. Wurde das versäumt, darf das Gericht im Bewährungsbeschluss keine den Angeklagten beschwerenden Bewährungsauflagen – insbes. keine Geldleistungen – verhängen.[529]

Nach der verfassungsgerichtlichen Rechtsprechung können Gegenstand der Absprache nur bei dem Gericht anhängige Verfahren sein (keine Paketlösungen). Zwar kann die Staatsanwaltschaft Zusagen für bei ihr anhängige Verfahren machen (zB eine Sachbehandlung nach § 154 I StPO). Unmittelbarer Teil der Verständigung dürfen sie jedoch nicht sein;[530] sie nehmen auch an der Bindungswirkung der Verständigung nicht teil. Zweifelhaft erscheint die Rechtsfolge, wenn sich die Staatsanwaltschaft nicht an ihre Zusage der Einstellung weiterer, bei ihr anhängiger Verfahren hält und stattdessen Anklage erhebt. Nach dem Gesagten lässt dieses Verhalten die Verständigung selbst unberührt. Die Entscheidung des Bundesverfassungsgerichts vom 19.3.2013 (NJW 2013, 1058 [1064]) legt nahe, dass es kein schutzwürdiges Vertrauen des Angeklagten auf eine solche Zusage geben kann. Das erscheint jedoch zweifelhaft. Zum einen hielt der Gesetzgeber ausweislich der Gesetzesbegründung derartige Zusagen der Staatsanwaltschaft auch aus Anlass von Verständigungsgesprächen für zulässig;[531] zum anderen verlagert diese Aussage das Risiko auf den Angeklagten, der am wenigsten erkennen kann, dass eine solche Regelung nach der Rechtsprechung des Bundesverfassungsgerichts Bedenken begegnet. Insofern liegt es nahe, in der absprachewidrigen Anklageerhebung einen Verstoß gegen das Fair-Trial-Gebot zu sehen, der zu einem Verfahrenshindernis in dem abredewidrig angeklagten Verfahren führen kann.[532]

---

527 BGH StV 2011, 75, ablehnend Meyer-Goßner/Schmitt/*Meyer-Goßner* StPO § 257c Rn. 21.
528 Diesen Verstoß gegen § 46 StGB beachtet der BGH – wenn die unzulässige Absprache aus den Urteilsgründen ersichtlich ist – auf Sachrüge, BGH NStZ 2011, 648.
529 BGH NJW 2014, 1831. Der Angeklagte kann den Bewährungsbeschluss isoliert angreifen (§§ 268a, 305a StPO). Die Auflage wird dann aufgehoben (BGH NJW 2014, 3173). Anders bei bloßen Bewährungsweisungen wie Anzeige eines Wohnsitzwechsels: BGH StRFo 2014, 514.
530 BVerfG NJW 2013, 1058 (1064); *Fischer* StGB § 46 Rn. 113j.
531 BT-Drs. 16/12310, 13.
532 So auch *Schuster/Weitner* StPO-Fallrepetitorium Rn. 314. Zum Verfahrenshindernis als Rechtsfolge und seiner Subsidiarität gegenüber anderen Möglichkeiten der Kompensation BGH NJW 2008, 1752; ablehnend zur dort angedachten Lösung nur über eine Strafmilderung: Meyer-Goßner/Schmitt/*Meyer-Goßner* StPO § 160b Rn. 11.

c) Mitteilungs- und Dokumentationspflichten im Zusammenhang mit der Verständigung

302 Das Bundesverfassungsgericht misst den Mitteilungs- und Dokumentationspflichten eine zentrale Bedeutung zu (→ Rn. 299). Es handelt sich daher nicht um bloße Ordnungsvorschriften, sondern um revisible Normen. Das Bundesverfassungsgericht geht dabei davon aus, dass ein Urteil regelmäßig auf einem solchen Verstoß beruht und nur ausnahmsweise ein Beruhen auszuschließen ist. Das Bundesverfassungsgericht nähert diese Vorschriften den absoluten Revisionsgründen an, lässt aber der Rechtsprechung Raum, in Einzelfällen ein Beruhen auszuschließen.

Im Einzelnen sind folgende Mitteilungs- und Dokumentationspflichten zu beachten:

aa) § 243 IV StPO

303 Um die Transparenz des Strafverfahrens für alle Beteiligten (der Angeklagte wird den Gesprächen regelmäßig nicht beiwohnen), aber auch für die Öffentlichkeit zu wahren, ordnet § 243 IV 1 StPO an, dass der Vorsitzende nach Verlesung der Anklage mitteilt, ob **nach Anklageerhebung**[533] Gespräche, deren Gegenstand die Möglichkeit einer Verständigung war, stattgefunden haben. Da eine Verständigung nicht zwingend auf eine Urteilsabsprache begrenzt ist, genügt ggf. ein Gespräch über die Aufhebung des Haftbefehls.[534] Die Pflicht zur Mitteilung gilt ungeachtet einer etwaigen Erfolglosigkeit der Gespräche. Sie gilt jedenfalls für Gespräche, an denen alle Berufsrichter teilgenommen haben oder die ein Richter im Auftrag des Kollegiums geführt hat.[535] Ob auch sonstige Gespräche ohne Beteiligung des Gerichts – zB zwischen Staatsanwaltschaft und Verteidigung – mitteilungspflichtig sind, ist umstritten, wird aber vom BGH bejaht.[536]

Insbes. **muss eine Mitteilung auch erfolgen, wenn keine Gespräche stattgefunden haben**. Die verbreitet (auch von der Rechtsprechung) vertretene gegenteilige Auffassung – die Mitteilungspflicht bestehe nur, wenn Gespräche stattgefunden hätten – hat das Bundesverfassungsgericht unter Rekurs auf den Wortlaut, die Gesetzgebungsgeschichte, vor allem aber den Zweck einer Gewährleistung der Transparenz und auf den Gegenschluss zu § 78 II OWiG als objektiv willkürlich beanstandet.[537]

> **Hinweis:** Fehlt im Protokoll – nach der Anklageverlesung und vor der Belehrung des Angeklagten über sein Schweigerecht – jedweder Vermerk dazu, ob Gespräche stattgefunden haben, ist dies in Klausuren als möglicher Revisionsgrund zu erörtern. Dies gilt auch dann, wenn sonst keine Hinweise auf eine Verständigung in der Klausur enthalten sind.

Haben Gespräche stattgefunden, ist deren wesentlicher Inhalt mitzuteilen, § 243 IV 1 StPO. Was genau mitgeteilt werden muss, ist nicht abschließend geklärt, denn – anders als für Gespräche während der Hauptverhandlung (dort § 257b iVm § 273 I 2 StPO) – ist hier nicht vorgeschrieben, den Ablauf der Gespräche zu schildern.[538] Gleichwohl nicht genügend ist mitzuteilen, dass erfolglose Gespräche stattgefunden haben. Aus der Mitteilung muss jedenfalls ersichtlich sein, wer wann mit wem worüber gesprochen hat und welchen Ausgang die Gespräche genommen haben. Auch ist zwingend anzugeben, welchen Verständigungsvorschlag das Gericht unterbreitet hat und welche Meinung die übrigen Verfahrensbeteiligten hierzu eingenommen haben.[539] Darüber hinaus ist mitzuteilen, von wem die Frage einer Verständigung aufgeworfen wurde, welche Standpunkte hierzu vertreten wurden und auf welche Resonanz dies bei den anderen Beteiligten

---

533 Nicht erfasst sind Gespräche, die vor einer Anklagerücknahme erfolgt sind, BGH NStZ 2014, 600.
534 Dies gilt auch für Gespräche, die auf eine endgültige Verfahrenseinstellung gerichtet sind, BVerfG NStZ 2016, 422; BGH NStZ 2016, 743; aA noch KG StV 2014, 522.
535 Meyer-Goßner/Schmitt/*Meyer-Goßner* StPO § 243 Rn. 18a.
536 BGH NStZ 2013, 353.
537 BVerfG NJW 2014, 3504.
538 Die unterschiedliche Dichte von Informationspflichten ist vom BVerfG grundsätzlich gebilligt, BVerfG NJW 2013, 1058 (1065).
539 BGH NStZ 2013, 722.

stieß.⁵⁴⁰ Dagegen soll nicht erforderlich sein mitzuteilen, von wem die Initiative zu Gesprächen ausging, denn diese Frage betreffe den äußeren Ablauf.⁵⁴¹

Eine davon zu trennende Frage ist, ob nur die Vornahme der Mitteilung nach § 243 IV StPO als solche protokollierungspflichtig ist oder auch deren Inhalt. Die gesetzliche Differenzierung in § 273 I 2 und Ia 1 StPO einerseits und § 273 Ia 2 StPO anderseits scheint zwar für eine Protokollierungspflichtigkeit nur der Tatsache der Mitteilung als solcher zu sprechen. Dem ist der BGH nicht gefolgt und erzwingt im Interesse einer besseren Überprüfbarkeit der Einhaltung des Verfahrens für die Rechtsmittelinstanz eine inhaltliche Dokumentation.⁵⁴²

Dieselben Mitteilungspflichten ergeben sich, wenn später – außerhalb der Hauptverhandlung nach § 212 StPO – Gespräche geführt werden (§ 243 IV 2 StPO).⁵⁴³

Zur Revisibilität der Norm folgende Fallgestaltungen:

> **Fall:** In der Hauptverhandlung erfolgt keine Mitteilung nach § 243 IV 1 StPO.
> a) Kann der Angeklagte in der Revision erfolgreich eine Verletzung des § 243 IV 1 StPO rügen, wenn keine derartigen Gespräche stattgefunden haben?
> b) Kann der Angeklagte in der Revision erfolgreich eine Verletzung des § 243 IV 1 StPO rügen, wenn derartige Gespräche zu einer Verständigung in der Verhandlung führen?
> c) Kann der Angeklagte in der Revision erfolgreich eine Verletzung des § 243 IV 1 StPO rügen, wenn derartige Gespräche stattgefunden haben, ohne zu einer Verständigung zu führen?
> d) Kann der Angeklagte in der Revision erfolgreich eine Verletzung des § 243 IV 1 StPO rügen, wenn sich nicht erweisen lässt, ob derartige Gespräche stattgefunden haben, der Angeklagte aber eine informelle Absprache behauptet?
> e) Was ist notwendiges Revisionsvorbringen für eine zulässige Verfahrensrüge, wenn keine Mitteilung erfolgt ist?
> f) Kann der Angeklagte rügen, dass eine Protokollierung unterblieben ist?

> **Lösung:** Wie oben ausgeführt, ist § 243 IV 1 StPO dahingehend auszulegen, dass eine Mitteilungspflicht auch besteht, wenn keine Gespräche geführt wurden. Dagegen wurde seitens des Gerichts verstoßen.
> Ein Verstoß gegen § 243 IV 1 StPO begründet jedoch keinen absoluten Revisionsgrund. Dies ergibt sich selbst bei einer Zusammenschau mit § 169 GVG, § 338 Nr. 6 StPO (Verletzung der Öffentlichkeit). Zwar bezweckt § 243 IV 1 StPO auch, die Transparenz des Strafverfahrens gegenüber der Öffentlichkeit zu wahren. Dieser rein mittelbare Zweck rechtfertigt jedoch keine Gleichstellung mit der Vorschrift des § 169 GVG und dem daraus folgenden absoluten Revisionsgrund.⁵⁴⁴
> Damit kommt es auf die Frage des Beruhens an. Mit der Rechtsprechung des Bundesverfassungsgerichts ist im Ausgangspunkt davon auszugehen, dass den formalen Vorschriften zur Information und Dokumentation (unter anderem) die wichtige Funktion zukommt, die Transparenz des Strafverfahrens und die Entscheidungsautonomie des Angeklagten zu wahren. Auf einem Verstoß wird das Urteil daher regelmäßig beruhen. Nur in besonders gelagerten Einzelfällen wird dagegen ein Beruhen auszuschließen sein.
> Variante a):
> Ein Beruhen ist auszuschließen, wenn es überhaupt keine Gespräche gegeben hat. Wenn es keine Gespräche gegeben hat, können diese und damit auch die fehlende Mitteilung nicht das Verhalten des Angeklagten beeinflusst haben.

---
540 BGH StraFo 2016, 470, NStZ-RR 2017, 51 und wistra 2017, 196.
541 So jetzt auch der 1. Strafsenat: NStZ 2015, 293.
542 BGH NStZ 2014, 219; Meyer-Goßner/Schmitt/*Meyer-Goßner* StPO § 273 Rn. 12b.
543 Zur Frage eines Beruhens bei einer wesentlich verspäteten Unterrichtung: BGH NStZ-RR 2015, 379.
544 BGH NStZ 2013, 724.

3. Kapitel. Inhalt der Revisionsbegründung

Daran ändert sich auch nichts durch die Entscheidung des Bundesverfassungsgerichts vom 15.1.2015 (2 BvR 878/14). In dieser Entscheidung stellt das Bundesverfassungsgericht klar, dass die Vorschriften über die Mitteilungspflichten auch der Einhaltung der Transparenz des Verfahrens in der Öffentlichkeit dienen. Diese Kontrolle durch die Öffentlichkeit (Stichwort: unzulässiger Druck auf den Angeklagten) diene wiederum dem Schutz des Angeklagten unter dem Gesichtspunkt des fair trial. Die Revisionsinstanz dürfe den Schutzgehalt des § 243 IV StPO – wenngleich kein absoluter Revisionsgrund – nicht um diesen Aspekt verkürzen. Dies geschehe, wenn der BGH die Frage des Beruhens auf den Zusammenhang des Verstoßes gegen § 243 IV StPO mit dem Aussageverhalten des Angeklagten reduziere. Die Beruhensprüfung müsse daher ggf. um normative Aspekte angereichert werden, die über eine bloße Kausalität hinausgehen.[545] Wenn aber positiv feststeht, dass keinerlei Gespräche stattgefunden haben und damit auch eine gesetzwidrige Absprache ausgeschlossen ist, ist die Kontrollfunktion der Öffentlichkeit und damit das Fair-Trial-Gebot nicht beeinträchtigt. Ein Beruhen kann dann auch unter diesem Aspekt ausgeschlossen werden.[546]

Das Revisionsgericht wird daher im Freibeweisverfahren klären, ob Gespräche stattgefunden haben.[547]

Variante b):

Die Mitteilung über die Gespräche gibt dem Angeklagten die notwendige Informationsgrundlage für die Entscheidung, ob er sich auf die Absprache einlassen soll oder nicht. Fehlt dem Angeklagten diese Informationsgrundlage, beruht darauf die Zustimmung des Angeklagten zur Absprache; auf dieser wiederum beruht das Urteil. Die Revision wird daher regelmäßig Erfolg haben.

Anders ist dies ausnahmsweise dann, wenn der Angeklagte **in gleichwertiger Weise** vom Inhalt der Gespräche informiert war. Dies soll **in Einzelfällen** nach der Rechtsprechung auch durch eine entsprechende **umfassende** Information des Verteidigers möglich sein.[548] Grundsätzlich aber misst die StPO einer Unterrichtung gerade durch das Gericht besondere Bedeutung bei, der eine Unterrichtung »nur« durch den Verteidiger nicht gleichkommt. Es ist danach eine Frage des Einzelfalls, ob die Information durch den Verteidiger das Mitteilungsdefizit ausgleicht und ausnahmsweise ein Beruhen ausschließt. Nach Ansicht des 1. Strafsenats dürfte dies nur in einfach gelagerten Konstellationen der Fall sein.[549]

Dessen ungeachtet wird auch hier die oben zitierte Rechtsprechung des Bundesverfassungsgerichts (2 BvR 878/14) zu berücksichtigen sein, wonach eine Verletzung der geforderten Transparenz in der Öffentlichkeit zu einem Verstoß gegen das Fair-Trial-Prinzip führen kann. Werden die Mitteilungspflichten – wie hier – massiv verletzt (nicht mitgeteilte Gespräche trotz Vereinbarung einer Verständigung), wird umso weniger auszuschließen sein, dass die Gespräche auf eine rechtswidrige Abrede gerichtet waren. Das Bundesverfassungsgericht hält es dabei ausdrücklich für möglich, im Rahmen einer normativen Betrachtung des Schutzzwecks des § 243 IV StPO bei der Beruhensprüfung die Schwere des Verstoßes zu berücksichtigen. Ob und unter welchen Voraussetzungen die Rechtsprechung bei solch gravierenden Verstößen künftig ein Beruhen noch ausschließen kann (zB falls der Gesprächsverlauf für das Revisionsgericht durch übereinstimmende Stellungnahmen rekonstruierbar ist), bleibt abzuwarten. Im Zweifel wird ein Beruhen nicht auszuschließen sein, die Revision Erfolg haben.

Variante c):

Auch hier ist ein Beruhen regelmäßig nicht auszuschließen.[550] Gerade die Information, welcher Verfahrensbeteiligter welchen Verständigungsvorschlag unterbreitet hat, ist für die Verteidigung des Angeklagten von wesentlicher Bedeutung, selbst wenn es zu einer Absprache nicht kommt.

---

545 Scharf ablehnend: BGH NStZ 2016, 221; hiergegen wiederum (allerdings ohne argumentative Auseinandersetzung wegen Unzulässigkeit der Verfassungsbeschwerde) BVerfG BeckRS 2016, 47265.
546 Meyer-Goßner/Schmitt/*Meyer-Goßner* StPO § 243 Rn. 38b.
547 BGH NStZ 2013, 722.
548 BGH NStZ 2014, 418.
549 BGHSt 60, 150 = NJW 2015, 645 (1. Strafsenat), noch deutlicher der 2. Strafsenat: NStZ-RR 2017, 51.
550 Die Norm hat allerdings keine Drittwirkung für Angeklagte, um die es bei den Gesprächen nicht ging (BVerfG NStZ 2014, 528).

E. Einzelheiten zur Verfahrensrüge

Es kann daher nicht ausgeschlossen werden, dass das Urteil auf dem Verfahrensfehler basiert.[551] Auf die neueste Rechtsprechung des Bundesverfassungsgerichts kommt es dann nicht mehr an.

Variante d):
Grundsätzlich muss der Revisionsführer den Verfahrensfehler nachweisen. Hier behauptet der Angeklagte eine informelle und damit illegale Verfahrensabsprache. Aus dem Protokoll ist eine solche nicht ersichtlich. Da das Gesetz ausdrücklich eine Negativmitteilung verlangt, § 273 Ia 3 StPO, ist das Protokoll durch sein Schweigen widersprüchlich, entfaltet also nicht etwa eine Beweiskraft dahingehend, dass eine Verständigung nicht stattgefunden hätte. Das Revisionsgericht klärt daher im Freibeweisverfahren das Vorliegen einer solchen Verständigung. Nach allgemeinen Grundsätzen trüge hierfür der Angeklagte die Beweislast. Da aber vorliegend das Gericht mit der unterlassenen Protokollierung – obwohl gesetzlich vorgeschrieben – den Beweis vereitelt, dürfen Beweisschwierigkeiten nicht zulasten des Angeklagten gehen.[552] Eine Verständigung wird daher vermutet.

Variante e):
Unstreitig vorzutragen ist, dass eine Mitteilung nicht erfolgt ist. Streitig ist aber, ob zusätzlich vorzutragen ist, wann zwischen wem welche Gespräche stattgefunden haben sollen. Vor dem Hintergrund, dass ein Beruhen nur möglich ist, wenn entsprechende Gespräche stattgefunden haben, verlangt die Rechtsprechung überwiegend entsprechenden Vortrag für eine zulässige Verfahrensrüge (§ 344 II 2 StPO).[553] Abschließend geklärt ist die Frage aber noch nicht. Das Bundesverfassungsgericht hat im Beschluss vom 26.8.2014, NJW 2014, 3504, ausgeführt, dass der zuständige Senat des BGH noch nicht geklärt habe, welche Anforderungen er stellen werde. Das Bundesverfassungsgericht hat angedeutet, dass es für vorzugswürdig erachtet, derartigen Vortrag nicht zu verlangen, da Ausführungen zum Beruhen regelmäßig von Gesetzes wegen nicht zwingend zum notwendigen Revisionsvorbringen gehören. Das Bundesverfassungsgericht hat aber auch erklärt, es werde gegen die gegenteilige Sichtweise nicht von Verfassungs wegen Bedenken erheben.[554] Aus Sicht des Verfassers erscheint es vorzugswürdig, entsprechenden Vortrag zu verlangen. Nur dann können zielgerichtet dienstliche Stellungnahmen zur Klärung angefordert werde. Aus Sicht der Verfahrensbeteiligten ist im Lichte der bisherigen Rechtsprechung des BGH schon aus Gründen der Vorsicht entsprechender Vortrag geboten.

Variante f):
Grundsätzlich beruht das Urteil nur auf dem Geschehen der Hauptverhandlung, nicht aber auf dem (oftmals ohnehin erst nach Urteilsfällung fertiggestellten) Protokoll. Die Rüge fehlerhafter Protokollierung ist daher regelmäßig unbehelflich.

Das Bundesverfassungsgericht geht allerdings im Grundsatz davon aus, dass Verstöße gegen die Dokumentationspflicht bei Verfahrensabsprachen im Hinblick auf deren wichtige Funktion zur Sicherung eines ordnungsgemäßen Verfahrens einen revisiblen Verfahrensverstoß begründen. Der 2. Senat des BGH[555] hat sich dem unter Hinweis auf die gesetzliche Sonderregelung in § 273 Ia StPO angeschlossen. In diesem Fall genüge (ausnahmsweise und im Gegensatz zur sonstigen unberührt bleibenden Rechtsprechung zur Protokollrüge) der Hinweis auf die fehlerhafte Dokumentation für die Verfahrensrüge. Ein Beruhen könne regelmäßig auch nicht ausgeschlossen werden, da es für den Angeklagten von Bedeutung sei, ob er in zusammenfassender Weise von

---

551 BGH NStZ 2015, 178; zu einem Sonderfall: BGH NStZ 2014, 221. Dort stand fest, dass der Angeklagte **zu keinem Zeitpunkt** gestehen, sondern auf seiner Unschuld beharren wollte. Dann aber sei die Mitteilung von Gesprächen über eine mögliche Verständigung für ihn ohne Belang gewesen. Ein Beruhen könne ausgeschlossen werden. Das Bundesverfassungsgericht hat die Entscheidung des BGH in seiner Entscheidung (NJW 2015, 1235) zwar insoweit beanstandet, als der BGH den Öffentlichkeitsaspekt vernachlässigt habe. Auf diesem Aspekt habe das Urteil des BGH aber nicht beruht, da eine gesetzwidrige Absprache ausgeschlossen sei. Die übrigen Kausalitätsüberlegungen des BGH hat das Bundesverfassungsgericht nicht beanstandet.
552 BVerfG NJW 2012, 1136.
553 BGHSt 58, 315 = NJW 2013, 3045 und (entgegen der Annahme des BVerfG in seiner Entscheidung vom 26.8.2014) auch BGH NStZ 2013, 724.
554 Der 5. Strafsenat hat hierzu jedoch keine Stellung bezogen und die Rügen als jedenfalls unbegründet zurückgewiesen (NJW 2015, 1260 und NStZ 2015, 232).
555 BGHSt 58, 315 = NJW 2013, 3045. Es stellt sich dann aus Sicht des Verfassers die Folgefrage, ob der 2. Senat eine nachträgliche Protokollberichtigung in diesem Bereich ausschließen will.

seinem Verteidiger oder in dokumentierter Weise durch das Gericht informiert werde. Die Dokumentationspflicht habe somit eine besondere eigenständige Bedeutung.

Dem hat der 3. Senat widersprochen. Das Protokoll werde erst im Nachgang zur Verhandlung (und bei einer Verständigung regelmäßig auch im Nachgang zum Urteil) erstellt; vorher bilde es einen bloßen Entwurf, der keine eigenständige Bedeutung habe. Eine eigenständige Bedeutung könne dem Protokoll daher auch im Bereich der Verständigung nicht beigemessen werden. Die Rechtsprechung des Bundesverfassungsgerichts zur Bedeutung der Transparenz- und Dokumentationspflichten vermögen hieran nichts zu ändern.[556]

Dem ist aus Sicht des Verfassers zwar zuzustimmen. Auf der bloßen Protokollierung beruht das Urteil regelmäßig nicht. Die reine Protokollrüge müsste daher – wie in allen übrigen Fällen – auch im Bereich der Verständigung eigentlich unbehelflich sein.[557] Das Bundesverfassungsgericht scheint jedoch entschlossen, im Hinblick auf frühere Missachtungen der Vorschriften über die Verständigung seine – strafrechtsdogmatisch fragwürdigen – Vorgaben ohne Rücksicht auf derartige Bedenken durchzusetzen.

Gerade im Bereich der unterbliebenen Mitteilung wird sich der Streit entschärfen: Verlangt man nämlich mit der Rechtsprechung Vortrag dazu, wann welche Gespräche stattgefunden haben, wird man gegebenenfalls die Rüge dahingehend auslegen können, dass geprüft werden soll, dass auch gegen die Mitteilungspflicht – und nicht nur gegen die Protokollierungspflicht – verstoßen wurde.[558] Möglicherweise wird die Rechtsprechung im Bereich der Verfahrensabsprachen auch deutlich großzügiger verfahren als bei sonstigen Rügen.

bb) Das Negativattest in § 273 Ia 3 StPO

304 Kommt keine Verständigung zustande, muss auch dies im Protokoll vermerkt werden. Fehlt das Negativ-Attest, ohne dass eine Verständigung protokolliert ist, ist das Protokoll widersprüchlich und entfaltet keine Beweiskraft. Das Bundesverfassungsgericht geht davon aus, dass in diesem Fall ggf. nicht ausgeschlossen werden könne, dass ein heimlicher Deal stattgefunden habe, auf dem das Urteil beruhe. Dieser Frage wird das Rechtsmittelgericht im Freibeweisverfahren nachgehen. Der Revisionsführer ist gehalten anzugeben, wann zwischen wem welche Gespräche stattgefunden haben sollen. Kommt das Revisionsgericht zu dem Ergebnis, dass keine Verständigung erfolgt ist, beruht das Urteil nicht auf dem fehlenden Negativ-Attest.[559]

cc) § 267 III 5 StPO

305 Im Urteil muss vermerkt werden, wenn das Urteil auf einer Absprache basiert, § 267 III 5 StPO. Es genügt hier allerdings der bloße Hinweis auf die Absprache. Die übrigen Umstände ergeben sich aus dem Protokoll. Auf einem unterbliebenen Positivattest beruht das Urteil – das vor Absetzung der schriftlichen Gründe gesprochen wurde – regelmäßig nicht.

d) Verständigung, Aufklärungspflicht und verfahrensrechtliche Position des Angeklagten

306 Die Verständigung entbindet das Gericht nicht von der Verpflichtung zur Amtsermittlung, §§ 257c I 2, 244 II StPO. Gerade das Verständigungsangebot entfaltet auf den Angeklagten eine besondere Drucksituation und Anreizfunktion, unter denen mit Falschgeständnissen zu rechnen ist. Das Geständnis muss daher auf seine Richtigkeit überprüft werden.[560] Eine

---

556 BGH NStZ 2014, 284.
557 Wenn man dem 2. Senat freilich darin folgt, als er (nicht tragend) erwägt, den entsprechenden Protokollvermerk vorlesen und genehmigen lassen, erhält das Protokoll insoweit schon vor seinem Abschluss eine eigenständige Funktion.
558 Dies gilt umso mehr, als der BGH zutreffend darauf hinweist, dass bei unterbliebener Mitteilung nach § 243 IV StPO bei Schweigen des Protokolls dieses zutreffend ist (vgl. BGHSt 60, 150 = NJW 2015, 645).
559 NStZ 2013, 541.
560 Eine ähnliche Problematik kann sich stellen, wenn der Angeklagte, der auf Grundlage einer Verständigung ein Geständnis abgelegt hat, in einem Folgeprozess als Zeuge aussagt und dort Angeklagte belastet. In diesem Fall muss sich das dort erkennende Gericht mit der Frage des Beweiswertes der Aussage intensiv auseinandersetzen. Dies setzt bei wesentlichen Zeugen regelmäßig voraus, dass das Gericht die Absprache aus dem Vorprozess in das Verfahren einführt. Unterlässt das Gericht dies, ist die Aufklärungsrüge begründet (BGH NStZ 2014, 287)

Bindung des Gerichts an das Geständnis gibt es nicht und kann es nach den Grundsätzen des deutschen Strafprozesses auch nicht geben. § 257c I 2 StPO (in Verbindung mit dem Verbot eines Rechtsmittelverzichts, § 302 I 2 StPO) bringt im Übrigen mittelbar zugleich zum Ausdruck, dass eine Verständigung die verfahrensrechtliche Position des Angeklagten unberührt lässt.

Zu diesem Komplex folgender

> **Fall:** Der verteidigte Angeklagte ist wegen Körperverletzung mit Todesfolge vor der Großen Strafkammer des Landgerichts angeklagt. Vor seiner Vernehmung hat er die Zuständigkeit der Großen Strafkammer gerügt. Der Vorsitzende hat – ordnungsgemäß – einen Verständigungsvorschlag unterbreitet, dem der Angeklagte nach ordnungsgemäßer Belehrung zugestimmt hatte. Entsprechend der Verständigung hat der Angeklagte über seinen Verteidiger die Vorwürfe der Anklage pauschal eingeräumt. Auf Rückfrage des Gerichts hat der Angeklagte die Einlassung des Verteidigers als richtig bestätigt. Eine weitere Beweisaufnahme fand nicht statt. Kann der Angeklagte in der Revision die Aufklärungsrüge erheben und gleichzeitig geltend machen, es habe die unzuständige Kammer entschieden?

Eine Verständigung lässt die Verpflichtung zur Amtsaufklärung unberührt, §§ 257c I 2, 244 II StPO. Zwar lag ein wirksames Geständnis vor, da der Angeklagte die Richtigkeit der Verteidigerangaben bestätigt hat. Ein Geständnis entbindet das Gericht jedoch nicht von der Ermittlung des Sachverhalts von Amts wegen. Bei einer Verfahrensabsprache befindet sich der Angeklagte regelmäßig unter nicht unerheblichem Druck. Mit der Möglichkeit von Falschgeständnissen muss daher ernstlich gerechnet werden. Im Falle eines bloßen Pauschalgeständnisses drängt sich die Notwendigkeit einer Überprüfung sogar besonders auf. Das Gericht hätte daher das Geständnis überprüfen müssen. In welchem Umfang das Geständnis zu überprüfen ist, hängt vom Einzelfall ab, insbes. auch vom Grad der Detaillierung des Geständnisses. Das Verfassungsgericht hat insoweit ausgeführt, dass die zwingende Überprüfung der Richtigkeit des Geständnisses nicht allein anhand der Aktenlage erfolgen darf. Eine Überprüfung nur anhand der Aktenlage stelle keine hinreichende Überzeugungsbildung aus dem Inbegriff der Hauptverhandlung dar und würde dem Transparenzgebot des Gesetzgebers nicht hinreichend Rechnung tragen.[561] Vorliegend hat das Gericht – trotz bloßen Pauschalgeständnisses – sogar jede Beweisaufnahme unterlassen. Eine Verfahrensrüge nach § 244 II StPO und auch die bloße Sachrüge wegen der erkennbar lückenhaften Beweisführung hätten daher Erfolg.

Auch die Rüge des § 6a StPO – absoluter Revisionsgrund nach § 338 Nr. 4 StPO – wegen der verletzten Zuständigkeit der Schwurgerichtskammer (die nach § 74 II 1 Nr. 8 GVG zuständig ist) kann der Angeklagte erheben. Die Rüge ist nicht präkludiert; er hat sie rechtzeitig vor seiner Vernehmung zur Sache erhoben (§ 6a S. 2 StPO). In der Verständigung liegt auch nicht etwa die Rücknahme der Rüge. Denn die Zustimmung zur Verständigung besagt nicht, dass der Angeklagte die erkennende Kammer nunmehr für zuständig hielte. Er stellt diese Bedenken lediglich – ggf. aus taktischen Gründen – zurück. Das ist aber zulässig, denn – wie das Verbot eines Rechtsmittelverzichts zeigt – lässt die Verständigung die verfahrensrechtliche Position des Angeklagten unberührt. Aus diesem Grund kann die Erhebung der Rüge – trotz Zustimmung zur Absprache – auch nicht als missbräuchlich angesehen werden.[562]

Darüber hinaus dürfte auch die Sachrüge Erfolg versprechen. Der Tatrichter ist zwar nicht verpflichtet, in allen Einzelheiten zu dokumentieren, warum er ein Geständnis für glaubwürdig erachtet. Er muss jedoch zumindest in gedrängter Form für das Revisionsgericht nachvollziehbar

---

561 BVerfG NJW 2013, 1058 (1063). Mit dieser Anforderung unterwirft das Bundesverfassungsgericht ein Geständnis nach Verständigung schärferen Anforderungen, als bei der Überprüfung sonstiger Geständnisse angelegt werden. In der Sache mag dies wegen der besonderen Drucksituation des Angeklagten und im Hinblick auf erhöhte Anforderungen an die Transparenz des Verfahrens nach einer Verständigung gerechtfertigt sein, es widerstreitet allerdings den eigenen Bekundungen des Verfassungsgerichts, wonach Geständnisse nach Verständigung keinen erhöhten Anforderungen an die Überprüfung gegenüber sonstigen Geständnissen unterworfen werden sollen.

562 BGH NJW 2012, 468; zweifelnd – allerdings vor Inkrafttreten des Gesetzes zur Verständigung: BGH StraFo 2009, 73; für einen Wegfall der Rüge der Befangenheit – ebenfalls vor Inkrafttreten des neuen Gesetzes: BGH NJW 2009, 690.

darlegen, warum er dem Geständnis folgt. Anderenfalls bleibt die Beweiswürdigung erkennbar lückenhaft. Dieser Umstand kann mit der allgemeinen Sachrüge beanstandet werden.[563]

e) Reichweite der Bindung und Verwertbarkeit eines Geständnisses

307 Durch das Zustandekommen der Verständigung werden die Prozessbeteiligten gebunden. Hält sich das Gericht nicht an die Verständigung, begründet das die Revision.

Der Angeklagte kann freilich die Verständigung dadurch unterlaufen, dass er seine »Leistung« nicht erbringt, also nicht gesteht. Dann ist nach § 257c IV 2 StPO auch das Gericht nicht mehr gebunden.

Das Gericht ist seinerseits an die Verständigung nicht mehr gebunden, wenn sich neue rechtliche oder tatsächliche Aspekte ergeben oder aber solche (ggf. auch aus Nachlässigkeit) übersehen worden sind,[564] die das Gericht zu dem Überzeugung führen, dass der in Aussicht gestellte Strafrahmen nicht mehr tat- und schuldangemessen ist (§ 257c IV 1 StPO). Der Wegfall der Bindung erfolgt aber nicht kraft Gesetzes, notwendig ist eine konstitutive Entscheidung des Gerichts.[565] Dies ergibt sich schon daraus, dass zuvor eine Bewertung der Sachlage durch das Gericht notwendig ist, ob der in Aussicht gestellte Strafrahmen nicht mehr angemessen ist.[566] Das Gericht muss die Abweichung unverzüglich mitteilen, § 257c IV 4. Ein Geständnis des Angeklagten darf dann nicht mehr verwertet werden (§ 257c IV 3 StPO). Eine gleichwohl erfolgte Verwertung des Geständnisses würde die Revision begründen.

Gebunden ist nur das erkennende Gericht (eine Erstreckung der Bindungswirkung auf Rechtsmittelgerichte ist nicht angeordnet und wäre mit dem Verbot des Rechtsmittelverzichts und der gewünschten Überprüfung von verständigungsbasierten Urteilen nicht vereinbar). Nicht gebunden sind daher das Berufungsgericht, das Revisionsgericht und auch nicht das Gericht, an das das Verfahren nach erfolgreichem Revisionsverfahren zurückverwiesen wurde.[567]

Damit stellt sich die revisionsrechtlich bedeutsame Frage, ob das Berufungsgericht bzw. das Gericht, an das die Sache zurückverwiesen wurde, das Geständnis verwerten darf. Ein Beweisverwertungsverbot nach § 257c IV 3 StPO besteht mangels Einschlägigkeit der dort genannten Fallgruppen nicht. Ein instanzübergreifendes Verwertungsverbot ist nicht Gesetz geworden. Der BGH neigt dazu, § 257c IV 3 StPO dahingehend zu verstehen, dass ein Verwertungsverbot nur besteht, wenn sich das Tatgericht von der Verständigung löst.[568] Er hat im Falle einer Aufhebung und Zurückverweisung ein Verwertungsverbot daher abgelehnt und im konkreten Fall ausgeführt, dass der Angeklagte – der allein Rechtsmittel eingelegt hatte – über das Verschlechterungsverbot in § 331 StPO ausreichend geschützt sei.[569] Da dann der Strafrahmen aus der Verständigung nicht überschritten und Vertrauen des Angeklagten in die Zusage bei Abgabe des Geständnisses nicht enttäuscht werde, soll das Geständnis verwertbar bleiben.[570]

Dieser Ansatz führt freilich dann nicht weiter, wenn (zumindest auch) die Staatsanwaltschaft Rechtsmittel eingelegt hat. Mit der Rechtsprechung des OLG Karlsruhe ist in diesen Fällen davon auszugehen, dass das Berufungsgericht eine Art Selbstbindung an die Verständigung

---

563 BGH NStZ-RR 2016, 147.
564 Nicht genügen soll eine andere Bewertung derselben Umstände, *Fischer* StGB § 46 Rn. 118a.
565 BGHSt 57, 273 = NJW 2012, 3113.
566 Hält das Gericht an einem Strafrahmen fest, der aufgrund neuer Umstände unvertretbar milde erscheint, begründet dies regelmäßig die Sachrüge. Auf eine Verfahrensrüge kommt es dann nicht an.
567 BGH NStZ-RR 2013, 373.
568 BGH NStZ 2013, 373.
569 BGH StV 2010, 470.
570 Anders wird man dies sehen müssen, wenn der Angeklagte bei seiner Zustimmung zu der Verständigung in seinen Rechten verletzt war, zB mangels Belehrung nach § 257c V StPO, und er einer Verwertung des Geständnisses in der neuen Verhandlung bzw. der Berufungsverhandlung widersprochen hat (die Widerspruchslösung dürfte auch hier gelten), so auch *Schneider* NZWiSt 15, 1.

eingeht (Ausfluss des Fair-Trial-Grundsatzes, Art. 6 EMRK), wenn es das Geständnis aus dem Verfahren erster Instanz verwertet. Denn wenn sich das Gericht von der Verständigung lösen will, entfällt die Vertrauensgrundlage, auf deren Basis der Angeklagte sein Geständnis abgegeben hatte. Dann darf das Gericht das Geständnis aus der ersten Instanz nicht verwerten und muss hierüber qualifiziert belehren.[571] Das Fehlen einer qualifizierten Belehrung führt freilich nicht in jedem Fall zu einem Beweisverwertungsverbot, sondern nur nach Abwägung.[572]

Eine ähnliche Fragestellung ergibt sich, wenn sich die zugrunde liegende Verständigung als rechtswidrig erweist. Rechtswidrige Verständigungen können keine Bindungswirkung entfalten. Das Ausgangsgericht hat jedoch regelmäßig das Geständnis des Angeklagten verwertet. Damit stellt sich die Frage, ob der Revisionsführer im Falle einer rechtswidrigen Verständigung eine Verwertung des Geständnisses (gesondert) rügen kann. Der BGH sieht – für das Ausgangsgericht – ein Verwertungsverbot nach § 257c IV 3 StPO nur, wenn sich das Erstgericht von der Verständigung lösen wollte (zB weil es den Fehler erkannt hat); sonst werde das Vertrauen des Angeklagten nicht enttäuscht. Dementsprechend hatte der BGH keine Bedenken gegen eine Verwertung eines Geständnisses durch das Erstgericht, dem eine Verständigung auch über den Schuldspruch (Verstoß gegen § 257c II 3 StPO) zugrunde lag (BGH StV 2011, 337). Erst recht hatte der BGH im Falle einer informellen Absprache keine Bedenken, die Geständnisse für verwertbar zu erachten (BGH NStZ 2013, 353). Hier dürfte § 257c StPO schon keine Anwendung finden. Jedenfalls fehlt es an einem Lösungstatbestand analog § 257c IV 3 StPO, solange das Gericht an der Abrede festhält. Bei informellen Verständigungen wäre zusätzlich zu berücksichtigen, dass es dem Gesetzgeber gerade darauf ankam, diese zu verhindern. Sie können daher grundsätzlich keinen Vertrauensschutz genießen.[573]

> Fehler im Zusammenhang mit Verständigungen und den in diesem Zusammenhang bestehenden Mitteilungs- und Dokumentationspflichten sind grundsätzlich mit der **Verfahrensrüge** geltend zu machen. Nur dann, wenn sich alle relevanten Umstände (ausnahmsweise) unmittelbar aus den Urteilsgründen ergeben **und** sich diese auf den sachlichen Gehalt des Urteils auswirken, genügt die Sachrüge (denkbar vor allem im Zusammenhang mit der Beweiswürdigung und der Strafzumessung).

308

F. Revisionsrügen in Bezug auf Fehler des Urteils

I. Grundsatz

Fehler des Tatgerichts, die sich erst und ausschließlich im Urteil zeigen, sind in der Revisionsbegründung regelmäßig mit der Sachrüge geltend zu machen.[574] Erfolg kann ein solches Rechtsmittel aber nur haben, wenn in dem Fehler – was nicht ohne Weiteres der Fall ist – auch eine Gesetzesverletzung liegt.

309

---

571 OLG Karlsruhe NStZ 2014, 294 – das allerdings seine Ausführungen zumindest formaliter nicht auf den Fall der Berufung (auch) der Staatsanwaltschaft beschränkt; ähnlich OLG Düsseldorf StV 2011, 80; aA OLG Nürnberg NStZ-RR 2012, 255, das ein Geständnis nur dann für unverwertbar hält, wenn sich bereits das Erstgericht von der Zusage gelöst hat; wieder anders: KK-StPO/*Moldenhauer/Wenske* § 257c Rn. 47, die eine regelmäßige Fortgeltung des vereinbarten Verständigungsstrafrahmens annehmen wollen.
572 Nach OLG Karlsruhe NStZ 2014, 294 ist bei der Abwägung das Gewicht des Verfahrensverstoßes, das Interesse an der Sachaufklärung und das Aussageverhalten des Angeklagten sowie ergänzend einzustellen, ob der Angeklagte verteidigt ist, ob die Verständigung formal fehlerfrei zustande gekommen ist und wer Berufungsführer ist.
573 Diese oft gebrauchte, recht apodiktische Aussage darf freilich nicht zulasten eines gutgläubigen, unverteidigten Angeklagten gehen, so wohl auch KK-StPO/*Moldenhauer/Wenske* § 257c Rn. 78, die Vertrauensschutz für möglich halten.
574 Zur Abgrenzung zwischen Sach- und Verfahrensrüge: → Rn. 89 ff.; zu sich erst im Urteil zeigenden Verfahrensfehlern: → Rn. 324 ff. und → Rn. 340.

310 Die Sachrüge muss der Revisionsführer nicht näher ausführen; es genügt vielmehr, wenn er – bspw. mit dem Satz »Es wird die Verletzung sachlichen Rechts gerügt« – nur allgemein die Verletzung materiellen Rechts beanstandet.[575] Ist die allgemeine Sachrüge rechtzeitig erhoben und ist die Revision auch im Übrigen zulässig, können nähere Ausführungen zur Verletzung des materiellen Rechts auch noch nach Ablauf der Revisionsbegründungsfrist vorgebracht werden.

311 **Hinweis:** Wird in einer Examensklausur die Erstellung einer Revisionsbegründungsschrift gefordert, muss die Sachrüge im Einzelnen ausgeführt werden.[576] Dabei sollten alle Revisionsgründe angeführt werden, die nach der Überzeugung des Bearbeiters das Rechtsmittel sicher rechtfertigen. Darüber hinaus können auch solche Umstände vorgetragen werden, bei denen die Erfolgsaussichten unsicher sind. In diesem Fall sollte zugleich im Hilfsgutachten dargelegt werden, was gegen den Erfolg der Rüge spricht bzw. sprechen könnte. Alle anderen Problempunkte, die zweifellos nicht zum Erfolg der Revision führen, sind im Hilfsgutachten zu erörtern.

312 Die Sachrüge kann bspw. folgendermaßen eingeleitet werden (Staatsanwaltsrevision):

»II. Gerügt wird die Verletzung materiellen Rechts. Beanstandet wird insbes. – ohne damit eine Beschränkung der Revision vorzunehmen – Folgendes:
1. Das Landgericht hat den Angeklagten zu Unrecht nicht auch wegen eines tateinheitlich mit dem Mord begangenen Raubes mit Todesfolge schuldig gesprochen. ...«

312a **Hinweis:** Zwar können die meisten der im Folgenden besprochenen Angriffe mit der Sachrüge geltend gemacht werden. Dies gilt jedoch nicht für alle Angriffe (→ Rn. 326a, 331, 335, 340).

II. Angriffe gegen Form und Aufbau des Urteils

313 Es kann ein (mit der Sachrüge geltend zu machender) sachlichrechtlicher Mangel des Urteils sein, wenn dieses erhebliche Fassungsmängel aufweist. Der BGH hat hierzu Folgendes ausgeführt:

»Eine ... über das Urteil verstreute Sachdarstellung ist grundsätzlich fehlerhaft, weil sie keine revisionsrechtliche Überprüfung des Urteils zulässt. § 267 I 1 StPO verlangt die Angabe der für erwiesen erachteten Tatsachen, in denen die gesetzlichen Merkmale der Straftat gefunden werden. Dies erfordert eine in sich geschlossene Darstellung aller äußeren und der damit im Zusammenhang stehenden inneren Tatsachen, damit erkennbar wird, auf welcher Grundlage der Tatrichter die rechtliche Beurteilung vorgenommen hat. Unklare und unübersichtliche Feststellungen, die insbes. nicht zwischen den Feststellungen zum Tatgeschehen, der Beweiswürdigung und der rechtlichen Würdigung unterscheiden, stellen einen sachlichrechtlichen Fehler des Urteils dar.«[577]

314 Über § 267 I 2 StPO hinaus, wonach bei einem Indizienbeweis lediglich die diesbezüglichen Tatsachen (Beweisanzeichen) angegeben werden müssen, fordert die Rechtsprechung seit langem, dass das Urteil die Angabe der Beweisgründe und eine Beweiswürdigung enthalten muss.[578]

Nach der Rechtsprechung ist es daher »grundsätzlich auch ein sachlichrechtlicher Fehler, der zur Aufhebung des Urteils führen muss, wenn die Beweisgründe im Urteil fehlen und die Gründe weder die Einlassung des Angeklagten wiedergeben noch diese unter Berücksichtigung der erhobenen Beweise würdigen.« (BGH StV 1984, 64).

---

575 Der Staatsanwalt darf sich hierauf aber – nach der nur innerdienstlich wirkenden Vorschrift der Nr. 156 I, II RiStBV – nicht beschränken; einschränkend (Unzulässigkeit der Revision, wenn neben der allgemeinen Sachrüge nur Angriffe gegen die Beweiswürdigung vorgetragen werden): OLG Karlsruhe VRS 107, 376; Meyer-Goßner/Schmitt/*Meyer-Goßner* StPO § 344 Rn. 19 jew. mwN.
576 Eine Liste der Sachprobleme in Revisionsklausuren der bayerischen Examina seit 1986 findet sich im Anhang, → Rn. 425.
577 Vgl. BGH NStZ 1990, 496 ff.
578 Vgl. Meyer-Goßner/Schmitt/*Meyer-Goßner* StPO § 267 Rn. 12 ff.

Enthält das Urteil keine Feststellungen über die persönlichen Verhältnisse des Angeklagten, 315
stellt dies ebenfalls einen sachlichrechtlichen Mangel dar, der zur Aufhebung des Strafausspruchs führen kann. Insbes. bei nicht unerheblichen Freiheitsstrafen ist die Kenntnis von Werdegang und Lebensverhältnissen des Angeklagten unentbehrlich.[579]

Ein Urteil muss gem. § 267 I 1 StPO aus sich heraus verständlich sein; Verweisungen und 316
Bezugnahmen auf ein anderes Urteil oder Teile der Ermittlungsakten sind grundsätzlich ausgeschlossen. § 267 I 3 StPO (vgl. auch § 267 IV 1 StPO) gestattet ausnahmsweise eine Verweisung auf eine bei den Akten befindliche Abbildung; dadurch kann eine mitunter nicht einfache textliche Schilderung eines Umstandes erleichtert werden.[580] Im Übrigen dürfen gebotene eigene Urteilsfeststellungen oder Würdigungen nicht durch Bezugnahmen ersetzt werden, »da es ansonsten sachlichrechtlich an der Möglichkeit einer Nachprüfung durch das Revisionsgericht fehlt« (BGH NStZ-RR 2007, 22 [23]).

Die Begründung eines Freispruchs muss den Anforderungen des § 267 V 1 StPO genügen. 317
Bei einem Freispruch aus tatsächlichen Gründen muss der Tatrichter in der Regel zunächst den Anklagevorwurf mitteilen und sodann den Sachverhalt darlegen, welchen er als festgestellt erachtet (daran fehlt es nicht selten!); in der sich anschließenden Beweiswürdigung muss er darlegen, weshalb die Feststellungen nicht ausreichen und – falls sich das nicht von selbst versteht – erforderliche, zusätzliche Feststellungen nicht getroffen werden konnten. Durch diese Art der Darstellung wird es dem Revisionsgericht ermöglicht nachzuprüfen, ob der Freispruch auf rechtlich bedenkenfreien Erwägungen beruht.[581] Fehlerhaft wäre es danach, wenn in den Urteilsgründen nach Schilderung des Anklagevorwurfs sogleich in die Beweiswürdigung (zu den Anforderungen an die Beweiswürdigung → Rn. 330) eingetreten würde;[582] in diesem Falle hätte die Revision mit der Sachrüge Aussicht auf Erfolg.

III. Widersprüche innerhalb des Urteils bzw. zwischen verkündetem und schriftlichem Urteil

Widersprechen einander die verkündete Urteilsformel und der Tenor der schriftlichen Ur- 318
teilsfassung, geht der verkündete Tenor grundsätzlich vor; dessen Berichtigung durch den Tatrichter ist nach der Urteilsverkündung – abgesehen von Korrekturen bei offensichtlichen Schreibversehen oder Unrichtigkeiten – ausgeschlossen.[583] Weicht die schriftliche Urteilsfassung dagegen nur in den Gründen von der mündlichen Erläuterung gem. § 268 II 2 StPO ab, so sind die schriftlichen Gründe maßgeblich; auch diese können aber, sobald die Frist des § 275 I StPO abgelaufen ist, vom Tatrichter nur noch im Fall eines offensichtlichen Fassungsversehens berichtigt werden (vgl. auch § 275 I 3 StPO).[584] In der Revision können Widersprüche zwischen dem Tenor des verkündeten bzw. schriftlichen Urteils und dessen Gründen zum (Teil-)Erfolg der Sachrüge führen.[585]

Fall: Laut verkündetem Urteil und auch laut Tenor des schriftlichen Urteils wurde der Angeklag- 319
te des sexuellen Missbrauchs eines Kindes in 26 Fällen schuldig gesprochen, laut den (schriftlichen) Urteilsgründen hatte er jedoch nur 25 Taten begangen. Als die Strafkammer dies bemerkte, berichtigte sie den Tenor entsprechend. Ferner wies die Liste der angewendeten Vorschriften nicht aus, auf welchen Absatz des § 176 StGB sich die Verurteilung bezieht. Wie wird das Revisionsgericht auf die Sachrüge des Angeklagten hin entscheiden?

---

579 BGH NStZ-RR 2007, 236 (237); vgl. auch Meyer-Goßner/Schmitt/*Meyer-Goßner* StPO § 267 Rn. 42 mwN.
580 Meyer-Goßner/Schmitt/*Meyer-Goßner* StPO § 267 Rn. 8 ff.
581 BGH BeckRS 2014, 11007; vgl. auch BGH NStZ 2008, 647 und NStZ-RR 2013, 52, wonach bei einem freisprechenden Urteil Feststellungen zur Persönlichkeit und zum Werdegang des Angeklagten erforderlich sind, wenn sie für die Beurteilung des Tatvorwurfs von Bedeutung sein können.
582 Meyer-Goßner/Schmitt/*Meyer-Goßner* StPO § 267 Rn. 33 ff.
583 Vgl. BGH NStZ 2000, 194; Meyer-Goßner/Schmitt/*Meyer-Goßner* StPO § 260 Rn. 6, § 268 Rn. 9 ff., 18.
584 Meyer-Goßner/Schmitt/*Meyer-Goßner* StPO § 268 Rn. 18, § 275 Rn. 11, § 267 Rn. 39 f., § 337 Rn. 22.
585 BGH NStZ 2008, 711. Bei Widerspruch zwischen Tenor und Gründen im schriftlichen Urteil gilt (auch für das Verschlechterungsverbot nach Zurückverweisung) der Tenor: BGH NStZ 2014, 225.

> **Lösung:** Die Revision des Angeklagten wird zu einer Schuldspruchberichtigung führen. Diese Korrektur kann aber nur das Revisionsgericht vornehmen. Der Berichtigungsbeschluss des Landgerichts ist dagegen unwirksam, denn dort ist eine Änderung der Urteilsformel nur solange möglich, wie die Urteilsverkündung noch nicht abgeschlossen ist. Nach diesem Zeitpunkt dürfen nur noch offensichtliche Schreibversehen und Unrichtigkeiten berichtigt werden, also solche Fehler, bei denen sich das Versehen aus Tatsachen ergibt, die für alle Verfahrensbeteiligten offenkundig sind und bei deren Berichtigung auch der entfernte Verdacht einer nachträglichen Änderung der Entscheidung in der Sache ausgeschlossen ist. Ein solcher offensichtlicher Fehler lag hier aber nicht vor, zumindest bietet der mitgeteilte Sachverhalt keine (sicheren) Anhaltspunkte dafür, dass dem Gericht lediglich ein Zählfehler unterlaufen ist.[586]
> Die Unvollständigkeit (vgl. dazu § 260 V 1 StPO) der Liste der angewendeten Vorschriften – oder eine Unrichtigkeit – kann die Revision dagegen nicht begründen. Denn diese Liste ist weder Bestandteil der Urteilsformel noch der Urteilsgründe, auf ihrer Unzulänglichkeit kann das Urteil daher nicht beruhen.[587]

IV. Angriffe gegen die Sachverhaltsfeststellung

1. Allgemeines

320 An die vom Tatgericht getroffenen Tatsachenfeststellungen ist das Revisionsgericht gebunden.[588] Mit der Sachrüge kann nicht beanstandet werden, bestimmte Tatsachen seien unrichtig; unzulässig ist insbes. die sog. »Rüge der Aktenwidrigkeit« (→ Rn. 325). Auf die Sachrüge hin wird jedoch geprüft, ob die getroffenen – nicht lediglich formelhaften – Feststellungen eine ausreichende Grundlage für die Rechtsanwendung darstellen; der **festgestellte Sachverhalt** muss nach § 267 I 1 StPO die vom Tatgericht vorgenommene Subsumtion rechtfertigen.

321 Der BGH hat hierzu ausgeführt:

> »Im Falle der Verurteilung des Angeklagten müssen, was das Revisionsgericht auf die Sachrüge zu prüfen hat, die Urteilsgründe die für erwiesen erachteten Tatsachen angeben, in denen die gesetzlichen Merkmale der Straftat gefunden werden. Dabei ist unter Angabe der für erwiesen erachteten Tatsachen die Schilderung des als Ergebnis der Beweiswürdigung festgestellten Lebenssachverhalts zu verstehen. Eine ›Feststellung‹, die nur die Worte des Gesetzes wiederholt oder mit einem gleichbedeutenden Wort oder einer allgemeinen Redewendung umschreibt, reicht nicht aus. Rechtsbegriffe müssen, sofern sie nicht allgemein geläufig sind, grundsätzlich durch die ihnen zugrunde liegenden tatsächlichen Vorgänge dargestellt (›aufgelöst‹) werden.«[589]

322 Ist die Sachdarstellung in wesentlichen Teilen unvollständig, führt dieser Mangel zur Aufhebung des Urteils.[590] Hat der Tatrichter etwa bei einer Verurteilung wegen Betrugs zwar Ausführungen zur Täuschung, Irrtumserregung, Vermögensverfügung und zum Vermögensschaden gemacht, bei der Darstellung des subjektiven Tatbestandes jedoch keinerlei Feststellungen zur Bereicherungsabsicht getroffen (und lässt sich diese auch nicht aus den sonstigen Feststellungen herleiten) entnehmen, so ist eine erhobene Sachrüge begründet.

323 **Hinweis:** Bei völlig unzureichenden Feststellungen zum Tathergang im Urteil sind häufig schon die Anklage und der Eröffnungsbeschluss so allgemein gefasst, dass sich dort die dem Angeklagten zur Last gelegte Tat nicht individualisiert bestimmen lässt. Dann fehlen aber schon die Verfahrensvoraussetzungen der wirksamen Anklage und des wirksamen Eröffnungsbeschlusses (→ Rn. 71 ff.).

---

586 BGH NStZ 2000, 386; BeckRS 2006, 01815; vgl. auch Meyer-Goßner/Schmitt/*Meyer-Goßner* StPO § 267 Rn. 39a.
587 BGH BeckRS 2007, 12532; Meyer-Goßner/Schmitt/*Meyer-Goßner* StPO § 260 Rn. 51, 62; gelegentlich wird die Liste der angewendeten Vorschriften vom Revisionsgericht berichtigt.
588 Vgl. Meyer-Goßner/Schmitt/*Meyer-Goßner* StPO § 337 Rn. 15, 32 mwN.
589 BGH NStZ 2000, 607 (für eine Verurteilung wegen gewerbsmäßiger Hehlerei).
590 BGH NStZ 2008, 352.

2. Verwertung nicht in die Verhandlung eingeführter Umstände

Ein Verfahrensverstoß gegen § 261 StPO liegt vor, wenn das Urteil auf Feststellungen 324 gestützt wird, die nicht in die Hauptverhandlung eingeführt wurden[591], oder wenn **wesentliche** Beweismittel, die laut Hauptverhandlungsprotokoll erhoben wurden, im Urteil nicht erörtert sind.[592] Das muss sich allerdings entweder aus dem Urteil selbst ergeben oder durch einen Vergleich zwischen Hauptverhandlungsprotokoll und Urteil belegen lassen (vgl. auch das Beispiel bei → Rn. 116):

Fall: Dem Angeklagten wird schwere Brandstiftung zur Last gelegt. Die Urteilsfeststellungen zur Schuldfähigkeit des Angeklagten stützen sich im Wesentlichen auf ein Gutachten des Sachverständigen Prof. Dr. S, nach dem Hauptverhandlungsprotokoll hatte dagegen nur ein Dr. T ein Gutachten erstattet. Kann der Verteidiger dies mit der Revision beanstanden?

Lösung: Der Verteidiger wird beanstanden, dass im Urteil ein Sachverständigengutachten verwertet wurde, das nicht Gegenstand der Hauptverhandlung war; er wird also einen Verstoß gegen § 261 StPO geltend machen. Den für diese Verfahrensrüge erforderlichen Tatsachenvortrag kann er dem Protokoll entnehmen. Denn aus dieser Niederschrift ergibt sich nur die Anhörung des Dr. T, nicht aber die des Prof. Dr. S. Dessen Vernehmung hätte aber – wie im Übrigen auch eine Verlesung gem. § 256 StPO – als wesentliche Förmlichkeit ins Protokoll aufgenommen werden müssen (§ 273 I 1 StPO). Da das Protokoll insoweit jedoch schweigt, gilt die Vernehmung als nicht erfolgt (§ 274 StPO; negative Beweiskraft); ein Gegenbeweis ist auch durch die Urteilsgründe ausgeschlossen. Der BGH hat hier allerdings nur den Strafausspruch aufgehoben, weil lediglich die Anwendung von § 21 StGB in Betracht kam, aufgrund der von der Strafkammer im Übrigen – rechtsfehlerfrei – getroffenen Feststellungen eine Schuldunfähigkeit dagegen auszuschließen war (fehlendes Beruhen).[593]
In Revisionsklausuren sind daher stets die im Urteil angeführten Beweismittel mit den in der Hauptverhandlung erhobenen abzugleichen. Beachten Sie allerdings, dass Urkunden nicht zwingend durch Verlesung eingeführt werden müssen, sondern auch im Wege des nicht protokollierungspflichtigen Vorhalts eingeführt worden sein können. Dass dies nicht erfolgt ist, ist ggf. als Negativtatsache in der Revisionsbegründung anzuführen.

Die in → Rn. 324 angesprochenen Anforderungen an den Nachweis eines Verstoßes gegen 325 § 261 StPO sind auch bei der sog. »Rüge der Aktenwidrigkeit« zu beachten. Mit dieser Rüge werden Widersprüche zwischen dem Inhalt des Urteils und den Akten beanstandet. Da einerseits das Urteil nur auf dem beruhen kann, was Gegenstand der Hauptverhandlung war, es andererseits dem Revisionsgericht verwehrt ist, über die vom Tatrichter vorgenommene Beweisaufnahme selbst Beweis zu erheben (keine »Rekonstruktion der Hauptverhandlung«), haben solche Verfahrensrügen häufig keinen Erfolg.[594] So kann der Revisionsführer regelmäßig nicht geltend machen, ein Zeuge habe in der Hauptverhandlung oder bei der Polizei anders ausgesagt als in den Urteilsgründen festgestellt.[595]

Wurde dagegen der Inhalt einer Aussage nach § 273 III StPO in der Hauptverhandlung **wörtlich** protokolliert, kann ein etwaiger Widerspruch hierzu in den Urteilsgründen durch das Hauptverhandlungsprotokoll bewiesen werden. In gleicher Weise lässt sich ohne Rekonstruktion der Hauptverhandlung der Gegenbeweis gegen die Urteilsfeststellungen führen, wenn das Urteil die in der Hauptverhandlung verlesene Aussage eines Zeugen (vgl. § 251

---

591 BGH NStZ 2017, 375: Dort hatte das Gericht nach Urteilsverkündung und vor Urteilszustellung eine Stellungnahme eines Sachverständigen eingeholt und verwertet.
592 BGH NStZ 2007, 115 (116); 2008, 705 (706).
593 BGH BeckRS 1996, 12374; ähnlich (zum Augenschein) BGH NStZ 2002, 219 und 1999, 424 (zum Urkundenbeweis).
594 Vgl. Meyer-Goßner/Schmitt/*Meyer-Goßner* StPO § 337 Rn. 23.
595 Vgl. dazu Meyer-Goßner/Schmitt/*Meyer-Goßner* StPO § 274 Rn. 10, wonach sich die Beweiskraft des Protokolls nicht auf den Inhalt einer nach § 273 II StPO protokollierten Aussage erstreckt, vielmehr die Urteilsgründe maßgebend sind.

StPO) oder den Wortlaut einer in der Hauptverhandlung verlesenen Urkunde (vgl. § 249 StPO) falsch wiedergibt.[596]

326 **Fall:** Der Angeklagte wurde unter anderem wegen versuchten Mordes in Tateinheit mit schwerer Brandstiftung zu lebenslanger Freiheitsstrafe verurteilt. Das Gericht stützt seine Überzeugung von der Täterschaft des Angeklagten auf DNA-Spuren des Angeklagten an einem Latexstück. In der Hauptverhandlung war ein Sachverständiger angehört worden. Dieser hatte zur Vorbereitung auf die Hauptverhandlung in einem schriftlichen Gutachten unter anderem ausgeführt, dass an dem neben dem Bett des Tatopfers aufgefundenen Latexstück nicht nur DNA-Spuren des Opfers und des Angeklagten festgestellt werden konnten, sondern zusätzlich auch Minimalbeimengungen, welche jedoch für einen Abgleich zu geringfügig waren. Mit seiner Revision (Verfahrensrüge) beanstandet der Angeklagte, dass sich die Urteilsausführungen nicht mit diesen Angaben im schriftlichen Gutachten befassen. Wird das Rechtsmittel Erfolg haben?

Lösung: Die Revision wird keinen Erfolg haben, da die Rüge nicht alternativ darauf gestützt werden kann, der Tatrichter habe entweder den Widerspruch zwischen dem Inhalt des vorbereitenden schriftlichen Gutachtens und den Urteilsgründen unter Verletzung seiner Aufklärungspflicht (vgl. § 244 II StPO) nicht in die Hauptverhandlung eingeführt oder er habe ihn in den Urteilsgründen nicht erörtert (vgl. § 261 StPO). Die Rüge würde auf eine unzulässige Rekonstruktion der Hauptverhandlung hinauslaufen, da das Revisionsgericht ohne eine solche Rekonstruktion nicht erfährt, wie sich der Sachverständige in der Hauptverhandlung geäußert hat. Möglicherweise hatte dieser in der Hauptverhandlung erklärt, dass »Spuren von ausschließlich dem Tatopfer und dem Angeklagten an dem Latexstück gefunden werden konnten«, und etwaige Unklarheiten beseitigt.[597]

326a **Hinweis:** Diese Rüge ist regelmäßig als **Verfahrensrüge** geltend zu machen, da sich der Fehler meistens nicht aus dem Urteil selbst ergibt, sondern nur durch einen Vergleich des Urteils mit dem Protokoll der Hauptverhandlung.[598]

V. Angriffe gegen die Beweiswürdigung

1. Allgemeines

327 Mit der Sachrüge kann die Beweiswürdigung aussichtsreich beanstandet werden, wenn sie einen Rechtsfehler – eine Gesetzesverletzung iSd § 337 StPO – enthält. Dem Revisionsgericht ist es damit verwehrt, die freie Beweiswürdigung des Tatrichters durch eine eigene zu ersetzen oder sie etwa nur deshalb zu beanstanden, weil aus seiner Sicht eine andere Bewertung näher gelegen hätte.[599] Dagegen ist die Beweiswürdigung (nur dann) rechtsfehlerhaft, wenn sie lückenhaft ist (→ Rn. 331), Widersprüche enthält oder gegen Denkgesetze oder gesicherte Erfahrungssätze verstößt.[600]

327a **Hinweis** In Revisionsklausuren darf deshalb auf keinen Fall eine eigene Beweiswürdigung gegen die tatrichterliche gestellt werden. Es muss vielmehr unbedingt deutlich werden, dass die Revisionsinstanz als reine Rechtskontrolle nur anhand des oben dargestellten Maßstabes prüft. Dieser Maßstab ist zu benennen und dann zu subsumieren.

---

596 Vgl. Meyer-Goßner/Schmitt/*Meyer-Goßner* StPO § 261 Rn. 38a.
597 BGH NStZ 2007, 115; Meyer-Goßner/Schmitt/*Meyer-Goßner* StPO § 337 Rn. 15a.
598 KK-StPO/*Ott* § 261 Rn. 77 f.
599 BGH NStZ-RR 1996, 73.
600 BGH NStZ 2002, 48, Meyer-Goßner/Schmitt/*Meyer-Goßner* StPO § 337 Rn. 26 ff.; eine lesenswerte Zusammenstellung revisibler Beweiswürdigungsfehler findet sich bei *Nack* StV 2002, 510 (558).

F. Revisionsrügen in Bezug auf Fehler des Urteils

Ein Verstoß gegen Denkgesetze liegt etwa bei einem Kreis- oder Zirkelschluss vor;[601] ein Verstoß gegen Erfahrungssätze ist gegeben, wenn Regeln missachtet werden, die aufgrund allgemeiner Lebenserfahrung oder wissenschaftlicher Erkenntnisse gewonnen werden, keine Ausnahme zulassen und eine an Sicherheit grenzende Wahrscheinlichkeit zum Inhalt haben (zB unwiderlegliche Annahme der Fahruntüchtigkeit eines Führers von Kraftfahrzeugen bei einer Blutalkoholkonzentration ab 1,1 Promille).[602]

328

Der Schuldspruch muss auf einer Beweisgrundlage aufbauen, die die objektiv hohe Wahrscheinlichkeit der Richtigkeit des Beweisergebnisses ergibt.[603] Die Urteilsgründe müssen daher »erkennen lassen, dass die Beweiswürdigung auf einer tragfähigen Grundlage beruht und die vom Gericht gezogene Schlussfolgerung nicht etwa nur eine Annahme ist oder sich als bloße Vermutung erweist.«[604]

329

Im Falle eines Freispruchs kann ein Rechtsfehler darin liegen, dass der Tatrichter überspannte Anforderungen[605] an die richterliche Überzeugung gestellt hat, etwa weil er seine Zweifel an der Täterschaft des Angeklagten auf lediglich abstrakt-theoretische Möglichkeiten gestützt und übersehen hat, dass »Überzeugung« einem nach der Lebenserfahrung ausreichenden Maß an Sicherheit entspricht, eine absolute, von niemandem anzweifelbare Gewissheit aber nicht erfordert.[606]

330

Lücken, die sich auf die (Un-)Vollständigkeit der Beweis**erhebung** beziehen, sind grundsätzlich mit einer Verfahrensrüge – regelmäßig der Aufklärungsrüge – geltend zu machen.[607] Dagegen kann eine lückenhafte **Beweiswürdigung mit der Sachrüge** beanstandet werden. Allerdings ist der Tatrichter grundsätzlich nicht verpflichtet, alle in der Hauptverhandlung benutzten Beweismittel in den Urteilsgründen aufzuführen und sich über ihren Beweiswert zu äußern. Eine lückenhafte Beweiswürdigung kommt aber insbes. dann in Betracht, wenn der Tatrichter eine für den Angeklagten günstige, nahe liegende Möglichkeit außer Acht gelassen hat.

331

Fall: Dem die Tatbegehung bestreitenden Angeklagten wird Vergewaltigung zur Last gelegt. Seine Verurteilung stützt sich allein auf die Zeugenaussage des Tatopfers. Kann der Angeklagte hierauf seine Revision stützen?

332

Lösung: Ob die Revision des Angeklagten Erfolg hat, hängt von hier nicht mitgeteilten Umständen des Einzelfalls ab. Grundsätzlich leidet eine tatrichterliche Beweiswürdigung aber nicht allein deshalb an einem Rechtsfehler, weil der Richter seine Überzeugung von der Täterschaft des Angeklagten nur auf die Aussage eines einzigen Zeugen stützt. Steht allerdings – wie hier – Aussage gegen Aussage, so muss der Tatrichter (damit keine Lücke in der Beweiswürdigung vorliegt) in seinem Urteil erkennen lassen, dass er alle Umstände, welche die Entscheidung zugunsten oder zuungunsten des Angeklagten zu beeinflussen geeignet sind, erkannt und in seine Beweiswürdigung einbezogen hat. Das bedeutet bspw., dass der Tatrichter mitteilen muss, ob die Aussage der Zeugin – sei es auch nur in Randbereichen oder zu ähnlichen Taten des Angeklagten – von anderen Beweismitteln bestätigt wurde (ähnlich für den Zeugen vom Hörensagen).[608]

Dagegen kann die Revision regelmäßig nicht allein darauf gestützt werden, dass eine vom Tatrichter gezogene Schlussfolgerung nicht zwingend sei. Das Revisionsgericht muss sie nämlich schon dann hinnehmen, wenn sie möglich sowie aufgrund der getroffenen Feststellungen plausibel war und sich der Tatrichter mit anderen nahe liegenden Möglichkeiten des Geschehensablaufs auseinandergesetzt hat.[609]

333

---

601 BGH StV 2005, 487 (488); Meyer-Goßner/Schmitt/*Meyer-Goßner* StPO § 337 Rn. 30a.
602 Vgl. Meyer-Goßner/Schmitt/*Meyer-Goßner* StPO § 337 Rn. 31 mwN.
603 Vgl. BVerfG NJW 2003, 2444 (2445) mwN; s. auch *Nack* StV 2002, 510 (511).
604 BGH wistra 2003, 299.
605 Vgl. Meyer-Goßner/Schmitt/*Meyer-Goßner* StPO § 337 Rn. 27 mwN.
606 BGH wistra 2003, 299; Meyer-Goßner/Schmitt/*Meyer-Goßner* StPO § 261 Rn. 41.
607 BGH BeckRS 2001, 30198202.
608 Meyer-Goßner/Schmitt/*Meyer-Goßner* StPO § 261 Rn. 11a mwN.
609 Vgl. BGH NStZ 2001, 491 (492); Meyer-Goßner/Schmitt/*Meyer-Goßner* StPO § 337 Rn. 26, 29.

334 Fall: Dem Angeklagten wird eine schwere räuberische Erpressung zur Last gelegt. Er leugnete die Tatbegehung, gleichwohl wurde er verurteilt. In seiner Beweiswürdigung führt das Gericht unter anderem aus: »Letzte Zweifel an der Täterschaft des Angeklagten werden dadurch beseitigt, dass der Angeklagte ein Alibi behauptet hat, das sich als falsch erwiesen hat.« Kann der Verteidiger diese Beweiswürdigung mit der Sachrüge beanstanden?

Lösung: Der Verteidiger sollte die Sachrüge erheben und die Beweiswürdigung beanstanden. Denn dem Umstand, dass der Angeklagte ein Alibi erfunden hat, kann allenfalls in besonders gelagerten Fällen Beweiswert zukommen; Lügen lassen sich nämlich nur mit Vorsicht als Beweiszeichen für die Schuld eines Angeklagten werten, weil auch ein Unschuldiger Zuflucht zur Lüge nehmen kann und ein solches Verhalten nicht ohne Weiteres tragfähige Rückschlüsse darauf zulässt, was sich in Wirklichkeit ereignet hat.[610] Hinter dieser Überlegung steht als Grundsatz, dass das Fehlen entlastender Umstände nicht als Belastungsindiz gewertet werden kann.[611] Zum Nachteil des Angeklagten dürfte die nachweisbar erlogene Alibibehauptung aber bspw. dann verwertet werden, wenn sie – wofür hier aber nichts spricht – als Vorwegverteidigung darauf gerichtet gewesen wäre, den Ermittlungsbehörden noch gar nicht bekannte Tatumstände zu entkräften, wenn etwa das Alibi die diesen noch gar nicht bekannte (genaue) Tatzeit betraf.[612]

2. Verwertungsverbote

335 Berücksichtigt der Tatrichter im Rahmen der Beweiswürdigung Beweise, obwohl dies wegen eines Verwertungsverbots nicht zulässig war, so ist dieser Rechtsfehler **regelmäßig mit der Verfahrensrüge** zu beanstanden (→ Rn. 92 f., 171 ff.). **Nur bei Fehlern, die sich erst und ausschließlich im Urteil zeigen, kann die Sachrüge eingreifen.** Das ist nach der Rechtsprechung etwa der Fall, wenn getilgte oder tilgungsreife Vorstrafen (§§ 51 I, 63 IV BZRG) zum Nachteil des Angeklagten verwertet wurden.[613]

336 Umstritten ist dagegen, ob die unzulässige Berücksichtigung des Schweigens eines Angeklagten oder von Zeugen mit der Verfahrens- oder der Sachrüge zu beanstanden ist. Bevor hierauf eingegangen wird, ist zu klären, wann ein Verwertungsverbot angenommen wird:

337 Hat der Beschuldigte bei allen Vernehmungen geschwiegen (vollständiges Schweigen), so darf dies nicht zu seinem Nachteil verwertet werden, da er dann lediglich ein ihm zustehendes Recht in Anspruch genommen hat. Das gleiche gilt, wenn der Angeklagte nur zu einzelnen Taten oder nur zeitweise geschwiegen, also bei einer Vernehmung Angaben gemacht, bei einer anderen aber von seinem Schweigerecht Gebrauch gemacht hat. Insbes. darf nicht zulasten des Angeklagten verwertet werden, dass er sich erstmals in der Hauptverhandlung zur Sache einlässt und sich dort auf entlastende Umstände beruft.[614] Dagegen darf teilweises Schweigen – der Angeklagte hat sich innerhalb einer Vernehmung zu einer Tat zu einigen Punkten erklärt, zu anderen aber nicht – zu seinem Nachteil gewertet werden.[615]

338 Im Wesentlichen dieselben Grundsätze gelten für den nach §§ 52–53a StPO berechtigt die Aussage verweigernden Zeugen:

Fall: Dem Angeklagten wird Totschlag zur Last gelegt. Das Schwurgericht ist von seiner Täterschaft überzeugt. Im Rahmen der Beweiswürdigung führt es unter anderem aus: »Die Schwester des Angeklagten hat in der Hauptverhandlung zwar ein Alibi für ihren Bruder

---

610 BGH NStZ 2004, 392 (394) (lesenswert!); *Nack* StV 2002, 510 (517); Meyer-Goßner/Schmitt/*Meyer-Goßner* StPO § 261 Rn. 11a, 25.
611 BGH NStZ 1995, 559; vgl. auch BGH NStZ 2002, 161; *Eisenberg* NStZ 2002, 556.
612 BGH NStZ 2004, 392 (394 f.); *Nack* StV 2002, 510 (517 f.); Meyer-Goßner/Schmitt/*Meyer-Goßner* StPO § 261 Rn. 25.
613 Meyer-Goßner/Schmitt/*Meyer-Goßner* StPO § 337 Rn. 8 mwN.
614 BGH NStZ-RR 2000, 37.
615 BGHSt 45, 367 (368 ff.) = NJW 2000, 1962 = JZ 2000, 683 mAnm *Kühne*; Meyer-Goßner/Schmitt/*Meyer-Goßner* StPO § 261 Rn. 16 ff.

F. Revisionsrügen in Bezug auf Fehler des Urteils

bekundet. Das Gericht ist jedoch der Ansicht, dass diese Aussage falsch war. Zweifel drängen sich nämlich schon deshalb auf, weil die Zeugin keinerlei Veranlassung gesehen hat, ihr Wissen auch schon der Polizei oder der Staatsanwaltschaft mitzuteilen, sondern – obwohl sich ihr Bruder in Untersuchungshaft befand – mit ihrer Aussage bis zur Hauptverhandlung abgewartet hat.« Kann der Verteidiger des Angeklagten diese Beweiswürdigung mit Aussicht auf Erfolg angreifen?

Lösung: Die Revision des Verteidigers wäre auch hier erfolgreich. Der Schluss vom anfänglichen Schweigen der Zeugin auf die Unrichtigkeit ihrer Aussage war unzulässig. Nach der ständigen Rechtsprechung darf die vollständige oder zeitweise Zeugnisverweigerung eines Angehörigen – anders als das teilweise Schweigen – nicht gegen den Angeklagten verwertet werden. Der Angehörige soll vielmehr unbefangen entscheiden können, ob er aussagt oder nicht. Muss er aber befürchten, aus seinem zeitweisen Schweigen könnten nachteilige Schlüsse für den Angeklagten gezogen werden, wäre der Zeuge in seiner Entschließung, ob er aussagt oder nicht, nicht mehr frei.[616]

Dagegen dürfen nach der Rechtsprechung aus dem Schweigen eines nach § 55 StPO auskunftsverweigerungsberechtigten Zeugen Schlüsse zum Nachteil des Angeklagten gezogen werden. **339**

Fall: Dem Angeklagten wird unerlaubter Handel mit BtM zur Last gelegt. In der Hauptverhandlung gegen seinen gesondert verfolgten Abnehmer wurde er als Zeuge vernommen; nach Belehrung gem. § 55 StPO verweigerte er jede Auskunft. Darf das Gericht aus diesem Schweigen als Zeuge in dem dann gegen ihn als Angeklagten geführten Verfahren auf die Schuld schließen?

Lösung: Das Gericht darf diesen Schluss nicht ziehen. Ausgangspunkt ist dabei, dass an sich die Verweigerung der Auskunft gem. § 55 StPO durch einen Zeugen der freien Beweiswürdigung zugänglich ist, aus ihr dürfen also Schlüsse zum Nachteil desjenigen Angeklagten gezogen werden, der in dem Verfahren verfolgt wird.[617] Zudem darf eine – tatsächlich gemachte – Aussage des Zeugen in dem gegen diesen selbst geführten Verfahren verwertet werden, wenn er nach § 55 StPO belehrt worden ist. Eine Verwertung des Schweigens gem. § 55 StPO ist in einem solchen Fall – also **zulasten des später selbst angeklagten Zeugen** – jedoch ausgeschlossen. Dies ergibt sich – bezogen auf den vorliegenden Fall – daraus, dass dem Zeugen an sich dann nicht nur das Auskunftsverweigerungsrecht gem. § 55 StPO, sondern zugleich das Schweigerecht des Beschuldigten (§ 136 I 2 StPO) zustand. Beide Vorschriften ergänzen einander; denn in dem Verfahren gegen den Abnehmer war der jetzige Angeklagte – wegen des formellen Beschuldigtenbegriffs – »nur« Zeuge, sodass sein Schweigerecht als Beschuldigter durch § 55 StPO »abgestützt« werden musste. Wenn aber in Fällen der vorliegenden Art § 136 I 2 StPO und § 55 StPO somit – letztlich als Ausprägung des Nemo-tenetur-Grundsatzes – auf denselben Zweck und Grundgedanken zurückgehen und – wie allgemein anerkannt – das zeitweise Schweigen eines Beschuldigten nicht zu dessen Nachteil verwertet werden darf, so ist es auch ausgeschlossen, das Schweigen gem. § 55 StPO zulasten des Zeugen, also des jetzigen Angeklagten, zu verwerten.[618]

Streitig ist allerdings, ob in diesen Fällen die unzulässige Verwertung des Schweigens in der Revision mit der Verfahrensrüge oder der Sachrüge geltend gemacht werden muss. Auch die Rechtsprechung ist nicht einheitlich. Der BGH hat im zuletzt aufgeführten Beispiel entschieden, dass eine Verfahrensrüge erhoben werden muss.[619] Dies lässt sich überzeugend **340**

---

616 BGH NStZ 2010, 101 f.; Meyer-Goßner/Schmitt/*Meyer-Goßner* StPO § 261 Rn. 20 f.
617 BGH NStZ 2002, 608; Meyer-Goßner/Schmitt/*Meyer-Goßner* StPO § 261 Rn. 20 mwN.
618 BGHSt 38, 302 = BGH JR 1993, 378 mAnm *Rogall*; Meyer-Goßner/Schmitt/*Meyer-Goßner* StPO § 261 Rn. 20 aE.
619 Ebenso BGH StV 1992, 97 und für die unzulässige Verwertung des Schweigens eines Beschuldigten: BGHSt 32, 140.

damit begründen, dass das Revisionsgericht die Grundlage der Prüfung, ob ein Verwertungsverbot besteht, nicht allein dem Urteil entnehmen kann, sondern auf das Hauptverhandlungsprotokoll, andere Aktenteile oder gar andere Verfahrensakten zurückgreifen muss. Dagegen wird im Schrifttum[620] überwiegend die Sachrüge für ausreichend erachtet. Ein Revisionsführer (auch der Referendar in einer Examensklausur) sollte deshalb – selbst wenn er die Ansicht des BGH nicht teilt – in solchen Fällen stets eine Verfahrensrüge (Verletzung des § 261 StPO) und zusätzlich zumindest die allgemeine Sachrüge erheben (ist eine Revisionsbegründung zu fertigen, kann der Referendar den Streit über die Erforderlichkeit einer Verfahrensrüge und seine Meinung zu diesem Problem im Hilfsgutachten darlegen).

3. Fehlerhafte Anwendung des Grundsatzes »in dubio pro reo«

341 Als Beweiswürdigungsfehler wird häufig der Verstoß gegen den Grundsatz »in dubio pro reo« gerügt. Ein solcher ist aber nicht schon dann gegeben, wenn das Gericht nach Ansicht des Revisionsführers Zweifel am Gegebensein einer Tatsache oder an der Schuld des Angeklagten **hätte haben müssen**. Die Beanstandung, das Gericht habe den Zweifelssatz verletzt, kann vielmehr nur dann Erfolg haben, wenn das Gericht ausweislich des Urteils **tatsächlich solche Zweifel hatte**, aber gleichwohl verurteilt hat (vgl. auch das Beispiel bei → Rn. 348).[621]

342 Zu beachten ist, dass der Zweifelssatz grundsätzlich nicht auf einzelne Elemente der Beweiswürdigung, sondern erst nach abgeschlossener Beweiswürdigung anzuwenden ist, wenn das Gericht nicht die volle Überzeugung vom Vorliegen einer für den Schuld- oder Rechtsfolgenausspruch unmittelbar entscheidungserheblichen Tatsache gewonnen hat. Der In-Dubio-Grundsatz ist keine Beweis-, sondern eine Entscheidungsregel.[622] Der Zweifelssatz gebietet es nicht, zugunsten des Angeklagten dessen Einlassung[623] oder Tatvarianten zu unterstellen, für deren Vorliegen es keine konkreten Anhaltspunkte gibt.[624]

343 **Hinweis:** Ein Verstoß gegen den Grundsatz »in dubio pro reo« liegt in der Praxis nur selten vor, da kaum ein Gericht im Urteil mitteilt, dass es trotz Verurteilung von der Schuld des Angeklagten nicht überzeugt ist. Ob der Tatrichter auf der Grundlage der getroffenen Feststellungen von der Täterschaft des Angeklagten überzeugt sein durfte, ist keine Frage des In-Dubio-Grundsatzes.

VI. Angriffe gegen die rechtliche Würdigung

344 Aufgrund der Sachrüge wird die vom Tatrichter vorgenommene Anwendung materiellen Rechts durch das Revisionsgericht grundsätzlich in vollem Umfang überprüft. Dementsprechend wird der Revisionsführer in der Revisionsbegründung vortragen, dass der festgestellte Sachverhalt die angewendete Strafnorm nicht erfüllt, weil objektive oder subjektive Tatbestandsmerkmale, die Rechtswidrigkeit oder die Schuld fehlen. Ferner kann er beanstanden, dass der Tatrichter eine anzuwendende Strafvorschrift übersehen oder nicht richtig ausgelegt hat.

345 Der Umfang der Ausführungen des Tatrichters zum angewendeten Strafgesetz ist dagegen grundsätzlich nicht revisibel; eine ausführliche Subsumtion wird von ihm nämlich nicht verlangt. In der Regel genügt vielmehr, wenn er nur das angewendete Strafgesetz bezeichnet (§ 267 III 1 StPO). Sind dort allerdings mehrere Begehungsweisen mit Strafe belegt, muss er auch angeben, in welcher Form der Tatbestand nach seiner Auffassung erfüllt worden ist.[625]

---

620 Vgl. die Nachweise bei Meyer-Goßner/Schmitt/*Meyer-Goßner* StPO § 261 Rn. 38, § 337 Rn. 8; aus der Rspr.: BGH NStZ 1997, 147; 2010, 101.
621 BVerfG NJW 2002, 3015; Meyer-Goßner/Schmitt/*Meyer-Goßner* StPO § 261 Rn. 39.
622 BGH NStZ 2010, 102 (103); Meyer-Goßner/Schmitt/*Meyer-Goßner* StPO § 261 Rn. 26.
623 BGH NStZ-RR 2005, 45 (46).
624 BGH NStZ-RR 2003, 371; 2009, 630.
625 BGH BeckRS 2001, 30210127.

Bei der Prüfung der Anwendung des sachlichen Rechts ist zu beachten, dass Grundlage **346** dieser Prüfung nur diejenigen Feststellungen sind, die der Tatrichter in seinem Urteil mitgeteilt hat (→ Rn. 322). **Dabei wird nicht danach unterschieden, ob diese Feststellungen rechtsfehlerfrei getroffen wurden oder nicht**, sie werden vielmehr insgesamt der materiell-rechtlichen Prüfung zugrunde gelegt. Es darf also grundsätzlich nicht ein Umstand, der etwa aufgrund der unzulässigen Verwertung eines Beweismittels festgestellt wurde, »weggedacht« werden, denn das liefe auf eine hypothetische Betrachtung und auch auf eine eigene Beweiswürdigung durch das Revisionsgericht hinaus (die allenfalls im Rahmen der Beruhensprüfung Bedeutung haben kann). Eine aussichtsreiche – gegen eine Urteilsfeststellung gerichtete – Verfahrensrüge hat also für sich genommen keinen unmittelbaren Einfluss auf die Erfolgsaussichten der Sachrüge; es ist vielmehr jede erhobene Rüge selbstständig und unabhängig vom Erfolg der anderen Rügen zu prüfen (s. auch → Rn. 92 f.).

> **Hinweis** In Klausuren ist darauf zu achten, dass Sie in diesem Bereich der Prüfung unbedingt von den vom Tatgericht festgestellten Tatsachen ausgehen.

In der Prüfung, ob die vom Tatrichter vorgenommene Anwendung des sachlichen Rechts **347** zutreffend und vollständig ist, liegt der **materiell-rechtliche Schwerpunkt der Revisionsklausuren**. Wegen der Verschiedenheit der dazu gestellten Aufgaben ist es unmöglich, die in Betracht kommenden Sachprobleme solcher Klausuren hier zu erörtern. Eine Übersicht zu den materiell-rechtlichen Problemen in Examensklausuren findet sich im Anhang (→ Rn. 425). In Klausuren geht es dabei zum einen darum, die **Subsumtion** des Gerichts unter im Urteil genannte Straftatbestände **kritisch zu hinterfragen**, zum anderen darum, **übersehene Straftatbestände zu entdecken**. Das gilt nicht nur für die Staatsanwaltsrevision, sondern – eingeschränkt – auch für die Verteidigerrevision. Denn eine unbeschränkte Verteidigerrevision hindert eine Verschärfung des Schuldspruchs nicht, § 358 II 1 StPO. Dies kann für den Angeklagten erhebliche Nachteile (zB bei Bewerbungen mit einem entsprechenden BZR-Eintrag wegen Raubes statt wegen Diebstahls) bedeuten. In einer solchen Situation muss der Verteidiger entsprechend über die Risiken beraten.

Eine Sachrüge soll an folgendem Beispiel dargestellt werden:

> **Fall:** Die beiden Frauen G und T, die mit dem späteren Tatopfer O in einer Dreiecksbeziehung **348** lebten, hatten sich entschlossen, den O zu töten. Sie wollten die Tat aber nicht selbst ausführen und baten deshalb die Angeklagten B und K um Hilfe. Diese erklärten sich gegen Bezahlung zur Tatbegehung bereit. Nachdem B ein Messer gekauft hatte, forderte K den O unter einem Vorwand auf, in seinen Pkw zu steigen. Dann fuhren alle drei zu einem abgelegenen Parkplatz. Dort erstach einer der beiden Angeklagten den O von hinten; welcher von ihnen die Tat ausführte, ließ sich nicht klären. Das Schwurgericht hat deshalb beide Angeklagte nur wegen Beihilfe zum Mord verurteilt. Kann die Staatsanwaltschaft die rechtliche Bewertung des Tatgerichts in der Revision mit Aussicht auf Erfolg beanstanden?
>
> **Vorüberlegung zur Lösung:** Ein Angriff gegen die Beweiswürdigung verspricht keine Aussicht auf Erfolg; dass sich das Schwurgericht – nach Ausschöpfung aller Beweise – nicht die sichere Überzeugung darüber verschaffen konnte, wer von den beiden Angeklagten die Tötung ausgeführt hat, stellt keinen Rechtsfehler dar. Dann musste das Schwurgericht aber nach dem Grundsatz in dubio pro reo bei jedem der Angeklagten von der für diesen günstigeren Sachverhaltsgestaltung ausgehen. Die Anwendung des Zweifelssatzes kann also vor allem bei mehreren Angeklagten dazu führen, dass verschiedene – einander sogar ausschließende – Feststellungen der rechtlichen Würdigung zugrunde gelegt werden müssen. Im vorliegenden Fall bedeutet dies, dass zugunsten jedes Angeklagten zu unterstellen war, der jeweils andere sei derjenige gewesen, der die Tötung (unmittelbar) ausgeführt hat.[626]

---

626 Insofern ähnlicher Fall: BGH NStZ-RR 2005, 351 (352).

Lösung: Die – unter Anwendung des Zweifelssatzes – getroffenen Feststellungen des Schwurgerichts sind der Ausgangspunkt und die Basis für die Prüfung der Anwendung des materiellen Rechts. Diese Rechtsanwendung war fehlerhaft, was die Staatsanwaltschaft mit folgender Sachrüge vortragen kann:

»Auf der Grundlage der vom Landgericht rechtsfehlerfrei[627] getroffenen Feststellungen hätten die Angeklagten als Mittäter des Mordes verurteilt werden müssen.

a) Die Annahme von Mittäterschaft erfordert nicht zwingend eine Beteiligung auch am Kerngeschehen der Tat, vielmehr kann eine Mitwirkung im Vorbereitungsstadium des unmittelbar tatbestandsmäßigen Handelns genügen. Der Mittäter muss lediglich einen Beitrag leisten, der die Tat fördert, und er muss die Tat als eigene wollen. Hierbei ist eine wertende Betrachtung vorzunehmen, bei der der Grad des eigenen Interesses an der Tat, der Umfang der Tatbeteiligung und die Tatherrschaft oder wenigstens der Wille zu ihr maßgeblich sind.

b) Ausgehend hiervon waren die Angeklagten Mittäter. Beide hatten mit dem Versprechen einer Entlohnung ein erhebliches Interesse an der Tatausführung. Auch haben die Angeklagten jeweils gewichtige Tatbeiträge erbracht; der Angeklagte B hatte das bei der Tat verwendete Messer gekauft, der Angeklagte K hatte das Opfer in den Pkw gelockt. Ferner waren beide Angeklagte bei der unmittelbaren Tatbegehung zugegen und haben damit den Ausführenden zumindest durch ihre Anwesenheit unterstützt und bestärkt. Schließlich lag ein Tatbeitrag auch schon darin, dass sich K und B bereit erklärt haben, die Tötung gemeinsam vorzunehmen. Aus diesen Umständen lässt sich auch der Wille der Angeklagten zur Täterschaft herleiten.[628]

c) Auf diesem Rechtsfehler beruht das Urteil (§ 337 I StPO) in Schuldspruch und Rechtsfolgenausspruch; denn Mittäter sind nach § 25 II StGB wie Alleintäter zu bestrafen, während bei Gehilfen eine zwingende Strafmilderung (§ 27 II 2 StGB) vorzunehmen ist.«

VII. Angriffe gegen die Strafzumessung

349 Mängel des Urteils in Bezug auf die verhängten Rechtsfolgen[629] (Strafzumessung und/oder Strafaussetzung zur Bewährung und/oder Verhängung von Maßregeln, Nebenstrafen oder Nebenfolgen) begründen die Revision nicht in jedem Fall; wie bei der Beweiswürdigung kommt auch hier zum Tragen, dass das Revisionsgericht ein Urteil nur auf Rechtsfehler hin überprüft. Selbst bei Vorliegen von Rechtsfehlern in der Strafzumessung muss es nicht in jedem Fall zu einer Aufhebung des Urteils im Rechtsfolgenausspruch kommen. Ggf. kann das Revisionsgericht nach § 354 Ia bzw. Ib StPO verfahren.

350 Der BGH[630] umschreibt die Revisibilität der Strafzumessung in ständiger Rechtsprechung folgendermaßen:

»Die Strafzumessung ist grundsätzlich Sache des Tatrichters. Es ist seine Aufgabe, auf der Grundlage des umfassenden Eindrucks, den er in der Hauptverhandlung von der Tat und der Persönlichkeit des Täters gewonnen hat, die wesentlichen entlastenden und belastenden Umstände festzustellen, sie zu bewerten und gegeneinander abzuwägen. Ein Eingriff des Revisionsgerichts in diese Einzelakte der Strafzumessung ist in der Regel nur möglich, wenn die Zumessungserwägungen in sich fehlerhaft sind, wenn das Tatgericht gegen rechtlich anerkannte Strafzwecke verstößt oder wenn sich die verhängte Strafe nach oben oder unten von ihrer Bestimmung löst, gerechter Schuldausgleich zu sein. Nur in diesem Rahmen kann eine ›Verletzung des Gesetzes‹ (§ 337 Abs. 1 StPO) vorliegen. Dagegen ist eine ins einzelne gehende Richtigkeitskontrolle ausgeschlossen.«

---

627 Eigentlich kommt es – entsprechend obiger Ausführungen – nicht darauf an, ob die Tatsachen rechtsfehlerfrei festgestellt wurden. Die Staatsanwaltschaft will vorliegend jedoch verdeutlichen, dass die Tatsachenfeststellungen Bestand haben sollen. Vorliegend kann nämlich das Revisionsgericht selbst entscheiden, weil auf täterschaftlichen Mord eine absolute Strafe steht, § 354 I StPO. Insofern sind Aufhebung und Zurückverweisung auch im Strafausspruch nicht erforderlich.
628 BGH NStZ 1996, 434; *Fischer* StGB § 25 Rn. 23 ff.
629 Vgl. dazu die jährlichen Rechtsprechungsübersichten von *Detter* in der NStZ (etwa NStZ 2017, 624).
630 BGHSt 34, 345 (349) = NJW 1987, 3014 (Großer Senat für Strafsachen).

Vor der konkreten Strafzumessung obliegt dem Tatrichter aber die Bestimmung des Strafrahmens. Dazu muss er prüfen, ob der verwirklichte Straftatbestand einen besonders oder einen minder schweren Fall vorsieht und ob ein solcher gegeben ist; ferner muss erörtert werden, ob ein vertypter Milderungsgrund eine Strafrahmenverschiebung nach § 49 I StGB rechtfertigt. Dabei ist zu beachten, dass manche vertypten Milderungsgründe eine Strafrahmenverschiebung **zwingend** nach sich ziehen (für Klausuren insbes. relevant: Beihilfe, § 27 II 2 StGB, und Versuch der Beteiligung, § 30 I 2 StGB), andere nur die **Möglichkeit** einer Strafrahmenverschiebung vorsehen (für Klausuren insbes. relevant: Versuch, § 23 II StGB, verminderte Schuldfähigkeit, § 21 StGB,[631] und der vermeidbare Verbotsirrtum, § 17 S. 2 StGB). Bei fakultativen Strafrahmenverschiebungen muss deutlich werden, dass sich das Gericht dieser Möglichkeit bewusst war und sein Ermessen – in die eine oder andere Richtung – ausgeübt hat.

351

Die hierbei vorgegebene Prüfungsreihenfolge, die im nachfolgenden Beispiel erläutert wird, muss beachtet werden, ihre Einhaltung kontrolliert das Revisionsgericht auf die Sachrüge hin nach. Die inhaltliche Richtigkeit der Entscheidung, ob also tatsächlich ein minder schwerer Fall vorliegt oder ob ein fakultativer Milderungsgrund die Strafrahmenverschiebung wirklich rechtfertigt, kontrolliert das Revisionsgericht dagegen nur am Maßstab der Vollständigkeit der dabei berücksichtigten Erwägungen und an der Vertretbarkeit des Ergebnisses.

Fall: Das Schwurgericht hat den Angeklagten wegen Totschlags zu einer Freiheitsstrafe von sechs Jahren verurteilt. Bei der Strafzumessung hat es den Strafrahmen des § 212 I StGB wegen der für die Tatzeit festgestellten erheblichen Verminderung der Steuerungsfähigkeit des Angeklagten nach §§ 21, 49 I StGB gemildert, sodass sich ein Strafrahmen von 2 Jahren bis zu 11 Jahren und 3 Monaten Freiheitsstrafe ergab. Sodann hat es begründet, dass ein minder schwerer Fall iSd § 213 StGB nicht vorliegt. Wird die vom Verteidiger des Angeklagten erhobene allgemeine Sachrüge Erfolg haben?

352

Lösung: Die Revision wird zum Strafausspruch Erfolg haben.[632] Kommt – wie hier – ein minder schwerer Fall in Betracht, so ist zunächst zu entscheiden, ob die allgemeinen Milderungsgründe (ohne Berücksichtigung der vertypten Milderungsgründe) für dessen Bejahung ausreichen.[633] Verneint der Tatrichter dies, so ist der vertypte Milderungsgrund in die bei der Prüfung des minder schweren Falles erforderliche Gesamtwürdigung einzubeziehen.[634] Verneint das Gericht auch unter Heranziehung des vertypten Milderungsgrundes einen minder schweren Fall, kann (bei fakultativen Strafmilderungsgründen wie zB §§ 21, 23 II StGB) oder muss (bei zwingenden Strafmilderungsgründen wie etwa §§ 27 II 2, 30 I 2 StGB) dieser zur Milderung des Regelstrafrahmens gem. § 49 I StGB herangezogen werden. Ergibt sich allerdings der minder schwere Fall aus dem vertypten Milderungsgrund, hat das Gericht im Rahmen einer Gesamtabwägung zu prüfen, ob es den Strafrahmen aus § 49 I StGB oder aus dem minder schweren Fall entnimmt. Dies dürfte sich nach dem Schwergericht des Milderungsgrundes richten. Im Zweifel wird das Gericht den günstigeren Strafrahmen wählen.[635]

Für den vorliegenden Fall bedeutet dies, dass die Ablehnung des »sonstigen minder schweren Falles« iSd § 213 Alt. 2 StGB rechtsfehlerhaft war, weil das Gericht in der falschen Prüfungsreihenfolge vorgegangen ist. Es musste nämlich zunächst feststellen, ob ein solcher minder

---

631 Zur Versagung der fakultativen Strafmilderung bei selbstverschuldeter Trunkenheit vgl. BGH NJW 2018, 1180.
632 Vgl. BGH NStZ 2012, 271; *Fischer* StGB § 50 Rn. 2 ff., § 46 Rn. 82, 84 ff.; Entsprechendes gilt, wenn das Regelbeispiel eines besonders schweren Falls gegeben ist: BGH wistra 2003, 297; vgl. zur Strafrahmenwahl bei versuchtem Totschlag und zur notwendigen Prüfung eines minder schweren Falls bei Zusammentreffen mehrerer gesetzlich vertypter Milderungsgründe mit allgemeinen Milderungsgründen BGH NStZ-RR 2008, 105.
633 Dann nämlich können die vertypten Milderungsgründe für eine **weitere** Strafrahmenverschiebung herangezogen werden. Verkennt das Gericht diese Reihenfolge, schneidet es dem Angeklagten die Möglichkeit dieser zusätzlichen Milderung des Strafrahmens rechtswidrig ab.
634 Bejaht das Gericht (erst) auf Basis einer Einbeziehung des vertypten Milderungsgrundes einen minder schweren Fall, so ist dieser verbraucht, darf daher nicht noch einmal für eine Strafmilderung nach § 49 I StGB herangezogen werden, § 50 StGB.
635 *Fischer* StGB § 50 Rn. 5.

3. Kapitel. Inhalt der Revisionsbegründung

schwerer Fall vorliegt; erst wenn dies – ggf. auch unter Berücksichtigung von § 21 StGB – verneint wurde (bzw. es bei Annahme eines minder schweren Falles wegen verminderter Schuldfähigkeit im Rahmen der Gesamtabwägung rechtsfehlerfrei zu dem Ergebnis gekommen wäre, dass es statt von § 213 StGB von der Möglichkeit des § 49 I StGB Gebrauch machen wolle), durfte die Strafrahmenverschiebung nach §§ 21, 49 I StGB vorgenommen werden. Auf dem Fehler beruht das Urteil auch, weil der Strafrahmen von § 213 StGB geringer ist als der nach § 49 I StGB geminderte Strafrahmen von § 212 I StGB, sodass nicht ausgeschlossen werden kann, dass die Strafe ohne die Gesetzesverletzung geringer ausgefallen wäre.

353 Nachdem der Strafrahmen ermittelt ist, nimmt der Tatrichter auf der Grundlage des § 46 StGB die konkrete Strafzumessung vor; im Urteil muss er dann die für ihn hierbei wesentlichen Umstände mitteilen (§ 267 III 1 StPO). Insofern findet in der Revision eine nach den oben erörterten Grundsätzen (→ Rn. 350) eingeschränkte Überprüfung statt, wobei allerdings der Verstoß gegen das Verbot der Doppelverwertung von Tatbestandsmerkmalen (§ 46 III StGB) stets einen Rechtsfehler darstellt.

354 **Fall:** Der Angeklagte wurde wegen Beihilfe zum Mord zu einer langjährigen Freiheitsstrafe verurteilt. In der Revisionsbegründung erhebt der Verteidiger die allgemeine Sachrüge. Im Einzelnen beanstandet er, dass (1) das Schwurgericht den das Ermittlungsverfahren betreffenden Verstoß gegen das Beschleunigungsgebot des Art. 6 I 1 EMRK strafmildernd hätte berücksichtigen müssen. (2) Im Übrigen hätte in der Strafzumessung nicht strafschärfend gewertet werden dürfen, dass der Angeklagte sich – ausweislich der Urteilsgründe – »ohne Not zur Beihilfe an einem Kapitalverbrechen« bereit gefunden habe. (3) Schließlich hätte dem Angeklagten nicht strafschärfend angelastet werden dürfen, dass er die Tatbegehung »hartnäckig geleugnet« habe. Wird die Strafmaßrevision des Angeklagten Erfolg haben?

Vorüberlegungen zur Lösung zu (1): Grundsätzlich sind rechtsstaatswidrige Verfahrensverzögerungen zu kompensieren. Früher erfolgte eine Kompensation in der Weise, dass eine Strafminderung, dh ein erheblicher Strafabschlag, gewährt wurde (sog. »Strafabschlagslösung«). Dieser Praxis ist der Große Strafsenat in seinem Beschluss v. 17.1.2008 – GSSt 1/07 – mit seiner »Vollstreckungslösung« entgegengetreten. Danach ist bei der Kompensation einer rechtsstaatswidrigen Verfahrensverzögerung Folgendes zu beachten: In einem ersten Schritt sind »zunächst Art und Ausmaß der Verzögerung sowie ihre Ursachen zu ermitteln und im Urteil konkret festzustellen«; ferner ist darzulegen, ob und in welchem Umfang – einer Bezifferung bedarf es jedoch nicht – der zeitliche Abstand zwischen Tat und Urteil sowie die besonderen Belastungen, denen der Angeklagte hierbei ausgesetzt war, bei der Strafzumessung mildernd zu berücksichtigen sind. In einem zweiten Schritt ist zu prüfen, ob »vor diesem Hintergrund zur Kompensation die ausdrückliche Feststellung der rechtsstaatswidrigen Verfahrensverzögerung genügt«. Ist eine solche Feststellung in den Urteilsgründen als Entschädigung nicht ausreichend, hat das Gericht in die Urteilsformel die nach den Kriterien des § 46 StGB zugemessene Strafe aufzunehmen und gleichzeitig auszusprechen, welcher bezifferte Teil dieser Strafe als Entschädigung für die überlange Verfahrensdauer als vollstreckt gilt.[636] Diese von der Rechtsprechung entwickelte Lösung hat zwischenzeitlich in § 199 III GVG die Anerkennung des Gesetzgebers gefunden.

Lösung: Die Revision des Angeklagten wird Erfolg haben.
(1) Aufgrund des mitgeteilten Sachverhalts lassen sich die Erfolgsaussichten der ersten Rüge allerdings nicht beurteilen. Denn nach der Rechtsprechung muss der Revisionsführer, der das Vorliegen einer Art. 6 I 1 EMRK verletzenden Verfahrensverzögerung geltend machen will, grundsätzlich eine Verfahrensrüge erheben. Dagegen kann das Revisionsgericht auf die hier allein erhobene Sachrüge nur eingreifen, wenn sich bereits aus den Urteilsgründen die Voraussetzungen einer solchen Verzögerung ergeben.[637]

---

636 BGH (GSSt) NStZ 2008, 234 mAnm *Bußmann*; vgl. zur »Vollstreckungslösung« auch Meyer-Goßner/Schmitt/*Schmitt* MRK Art. 6 Rn. 9a ff.
637 Vgl. BGH NStZ-RR 2007, 71, dort auch zu einem sachlichrechtlich zu beanstandenden Erörterungsmangel, sofern sich anhand der Urteilsgründe ausreichende Anhaltspunkte ergeben, die das Tatgericht zur Prüfung einer Verfahrensverzögerung drängen mussten.

F. Revisionsrügen in Bezug auf Fehler des Urteils

Hierzu teilt der Sachverhalt jedoch nichts mit.

(2) Dagegen begründet die Strafzumessungserwägung, der Angeklagte habe sich »ohne Not« zur Beteiligung an der Tat bereit gefunden, einen Verstoß gegen § 46 III StGB. Denn damit hat das Gericht zulasten des Angeklagten berücksichtigt, dass er die Tat überhaupt begangen hat.[638]

(3) Fehlerhaft war auch die strafschärfende Berücksichtigung des Nachtatverhaltens des Beschuldigten. Das Leugnen der Tatbegehung ist ein zulässiges Verteidigungsverhalten;[639] dürfte man dies strafschärfend berücksichtigen, würde man den Beschuldigten – durch das Androhen einer höheren Strafe – dazu zwingen, zu seiner Überführung beizutragen (Verstoß gegen den Nemo-tenetur-Grundsatz; vgl. auch § 258 V StGB). Etwas anderes würde nur gelten, wenn der Beschuldigte nicht nur die Tatbegehung geleugnet, sondern darüber hinaus durch seine Angaben oder sein Verhalten weitere strafbewehrte Verbote verletzt hätte, etwa weil er über einen Zeugen wider besseres Wissen unwahre ehrenrührige Tatsachen verbreitet hat.[640] Hierfür liegen jedoch keine Anhaltspunkte vor.

Rechtsfehler können aber auch gegeben sein, wenn es um »besondere« Begründungserfordernisse geht, etwa weil im Fall der Verhängung einer kurzen Freiheitsstrafe (§ 47 I StGB) oder der nicht bewilligten Strafaussetzung zur Bewährung (§ 56 StGB) nähere Ausführungen zu diesen Vorschriften fehlen, obwohl die (Nicht-)Anwendung dieser Vorschriften nach den getroffenen Feststellungen nahe lag.[641] Liegt dagegen eine solche Begründung vor, so sind diese Entscheidungen – auch im Hinblick auf den dem Tatrichter dabei häufig eingeräumten Beurteilungsspielraum (etwa bei der Prüfung der besonderen Schuldschwere gem. § 57a I Nr. 2 StGB)[642] oder bei Vorschriften, die ihm ein Ermessen einräumen (zB § 56 II StGB) – vom Revisionsgericht hinzunehmen, selbst wenn ein anderes Ergebnis – also etwa die Versagung einer gewährten Strafaussetzung – möglich gewesen wäre.[643]

355

Fall: Der Angeklagte wurde wegen mehrerer Wohnungseinbruchsdiebstähle verurteilt. Da eine einbeziehungsfähige Vorverurteilung vorhanden war, bildete der Tatrichter eine nachträgliche Gesamtstrafe gem. § 55 StGB mit den Strafen für diejenigen Taten, die vor dieser Verurteilung begangen worden waren. Aus den Strafen, die für die später begangenen Taten verhängt wurden, bildete er eine weitere Gesamtstrafe (§§ 53, 54 StGB). In welchem Umfang prüft das Revisionsgericht die Gesamtstrafen auf die Sachrüge hin nach?

356

Lösung: Schon bei der Bemessung der Gesamtstrafe nach §§ 53, 54 StGB können dem Richter zahlreiche Fehler unterlaufen, die auf die Sachrüge hin beachtet werden. So wird bspw. – entgegen § 54 II 1 StGB – gelegentlich die Summe der Einzelstrafen überschritten. Ferner kann ein Verstoß gegen § 54 I 3 StGB vorliegen, weil es an der dort geforderten zusammenfassenden Würdigung der Person des Täters und seiner Taten fehlt, bei der das Verhältnis der einzelnen Straftaten zueinander, insbes. ihr Zusammenhang, ihre größere oder geringere Selbstständigkeit, ferner die Häufigkeit der Begehung, die Gleichheit oder Verschiedenheit der verletzten Rechtsgüter und der Begehungsweisen sowie das Gesamtgewicht des abzuurteilenden Sachverhalts von besonderer Bedeutung ist.[644]

Probleme gibt es aber auch bei der nachträglichen Gesamtstrafenbildung. Hier ist der (neue) Tatrichter an die bereits rechtskräftig verhängten Einzelstrafen, also an die, die er einbezieht, gebunden; er muss diese unverändert übernehmen.[645] Daneben wird in der neueren Rechtsprechung zu § 55 StGB ein weiterer Aspekt betont. Bei Straftaten, die über einen längeren Zeitraum hinweg verübt werden, hängt es oft von Zufälligkeiten ab, ob sie gleichzeitig abge-

---

638 BGH BeckRS 2008, 07720.
639 Vgl. BGH NStZ 1996, 80; s. auch *Fischer* StGB § 46 Rn. 50, 52.
640 BGH NStZ 1995, 78; vgl. auch *Fischer* StGB § 46 Rn. 54.
641 Vgl. BGH NStZ 1996, 429; Meyer-Goßner/Schmitt/*Meyer-Goßner* StPO § 267 Rn. 23; *Fischer* StGB § 47 Rn. 15.
642 Vgl. dazu BGH NStZ 2014, 511; *Fischer* StGB § 57a Rn. 27.
643 BGH wistra 1997, 22; *Fischer* StGB § 56 Rn. 25.
644 Vgl. BGH MDR 1995, 835; *Fischer* StGB § 54 Rn. 6 ff., 10.
645 Dazu auch *Fischer* StGB § 55 Rn. 15, 16; zur streitigen Frage des Vorgehens bei fehlenden Einzelstrafen im einzubeziehenden Urteil: *Fischer* StGB § 55 Rn. 8a ff.

urteilt werden können und insgesamt nur eine Gesamtstrafe zu bilden ist, oder ob die Zäsurwirkung zwischenzeitlich ergangener Urteile die Bildung mehrerer Gesamtstrafen erforderlich macht. Im Ergebnis kann dem Angeklagten dadurch ein Nachteil entstehen, dass die durch die Zäsurwirkung erzwungene Bildung von mehreren (Gesamt-)Strafen – statt einer Gesamtstrafe – zu einer in der Summe außergewöhnlich hohen Strafe führt und dadurch das »Gesamtstrafübel« dem Unrechts- und Schuldgehalt der Taten nicht mehr gerecht wird. Hat der Tatrichter in derartigen Fallgestaltungen in den Urteilsgründen nicht dargelegt, dass er sich seiner Verpflichtung bewusst war, ein zu hohes »Gesamtstrafübel« ausgleichen zu müssen, kommt eine Aufhebung des Urteils in den Aussprüchen über die Gesamtstrafen in Betracht.[646]

356a Bei Verkehrsdelikten im Zusammenhang mit dem Führen von Kraftfahrzeugen – nicht Fahrrädern – hat der Tatrichter für die Entscheidung über die Entziehung der Fahrerlaubnis (eine Maßregel im Sinne des StGB) die Regelvermutung des § 69 II StGB zu beachten. Sieht der Tatrichter hiervon ab, ist zumindest die Verhängung eines Fahrverbots (dogmatisch eine Nebenstrafe), § 44 I 3 StGB, indiziert.

Seit August 2017 ist die Verhängung eines Fahrverbots auch bei Delikten möglich, die nicht mit dem Führen eines Kraftfahrzeugs im Zusammenhang stehen, insbesondere wenn dies zur Einwirkung auf den Täter bzw. zur Verteidigung der Rechtsordnung erforderlich erscheint oder auf diese Weise die Verhängung oder Vollstreckung einer Freiheitsstrafe vermieden werden kann (§ 44 I 2 StGB). Das Fahrverbot kann nun für maximal sechs (statt drei) Monate verhängt werden. Es bleibt abzuwarten, inwieweit die Rechtsprechung von dieser neuen Möglichkeit Gebrauch machen wird.

G. Besonderheiten der Nebenklägerrevision

357 Der Nebenkläger ist – wenn auch mit Einschränkungen – berechtigt, gegen ein Urteil Revision einzulegen (§ 401 I 1 StPO). Voraussetzung dafür ist unter anderem, dass er anschlussbefugt (§ 395 StPO) ist und den (auch erst zum Zweck der Einlegung von Rechtsmitteln möglichen, § 395 IV 2 StPO) Anschluss nach § 396 I StPO ordnungsgemäß erklärt hat; beides prüft das Revisionsgericht im Fall einer Nebenklägerrevision von Amts wegen nach.[647] Weitere Anforderungen bezüglich der Zulässigkeit einer Nebenklägerrevision ergeben sich aus §§ 399 II, 401 I 3, II StPO, die Regelungen über den Lauf und die Berechnung der Revisionseinlegungs- und -begründungsfrist enthalten.

358 Das Anfechtungsrecht des Nebenklägers ist vor allem durch § 400 I StPO beschränkt. Der Nebenkläger kann mit seiner Revision nur die Fehlerhaftigkeit des **Schuldspruchs wegen des Nebenklagedelikts**[648] geltend machen, nicht aber bspw. (und vor allem) die Unrichtigkeit des Rechtsfolgenausspruchs. Den sich aus § 400 I StPO ergebenden inhaltlichen Anforderungen muss die Revisionsbegründungsschrift des Nebenklägers entsprechen. Sein Rechtsmittel ist daher grundsätzlich **unzulässig, wenn er lediglich die allgemeine Sachrüge erhoben hat**, weil dann nicht deutlich wird, ob er mit seiner Revision ein nach § 400 I StPO zulässiges Ziel verfolgt oder (unzulässig) nur eine härtere Bestrafung des Angeklagten erreichen will.[649]

359 **Fall:** Der Angeklagte war wegen vorsätzlichen Vollrausches (Rauschtat: vorsätzliche Körperverletzung) in Tatmehrheit mit gefährlicher Körperverletzung zu einer Gesamtfreiheitsstrafe von

---

646 BGHSt 41, 310 (313) = NJW 1996, 667; BGH BeckRS 2007, 13490; *Fischer* StGB § 55 Rn. 16; zum gebotenen »**Härteausgleich**« für den Fall, dass eine in einem früheren Urteil verhängte, an sich gesamtstrafenfähige Einzelstrafe bereits vollstreckt und daher eine nachträgliche Gesamtstrafenbildung nach § 55 StGB nicht möglich ist: *Fischer* StGB § 55 Rn. 21 ff.
647 Meyer-Goßner/Schmitt/*Meyer-Goßner* StPO § 396 Rn. 20; Ausnahme: Die Anschlussbefugnis nach § 395 III StPO wird wegen §§ 396 II 2, 336 S. 2 StPO nicht mehr geprüft; vgl. dazu Meyer-Goßner/Schmitt/*Meyer-Goßner* StPO § 396 Rn. 23.
648 Die Verfolgungsbeschränkung nach § 154a StPO hindert die Anschlussbefugnis nicht; der Anschluss führt sogar eo ipso zum Wegfall der Verfolgungsbeschränkung, § 395 V StPO.
649 BGH NStZ 2007, 700 (701); Meyer-Goßner/Schmitt/*Meyer-Goßner* StPO § 400 Rn. 6.

G. Besonderheiten der Nebenklägerrevision

10 Monaten verurteilt worden; die Vollstreckung der erkannten Freiheitsstrafe wurde zur Bewährung ausgesetzt. Einen Schuldspruch wegen eines mit § 224 StGB in Tateinheit stehenden Waffendelikts (§ 51 I WaffG) hat das Landgericht abgelehnt. Das Tatopfer beabsichtigt Revision einzulegen, diese mit der unausgeführten Sachrüge und einer Verfahrensrüge zu begründen. (1) Kann sich das in beiden Fällen gleiche Tatopfer dem Verfahren mit der Revisionseinlegung anschließen, auch wenn es keinen Strafantrag gestellt hatte? (2) Kann die Revision mithilfe des Urkundsbeamten der Geschäftsstelle begründet werden? (3) Kann mit der Verfahrensrüge geltend gemacht werden, dass das Landgericht einen schon in der ersten Instanz erklärten Nebenklägeranschluss nicht zugelassen hat? Kann damit zusammenhängend beanstandet werden, dass der Nebenkläger Tatsachen nicht habe vorbringen und Beweismittel nicht habe benennen können, sodass eine Verurteilung wegen des Waffendelikts unterblieben sei?

Lösung: (1) Sofern noch keine Rechtskraft eingetreten ist, kann der Nebenklägeranschluss des Tatopfers noch mit der Revisionseinlegung erfolgen (vgl. § 395 IV 2 StPO). Für die gefährliche Körperverletzung folgt die Anschlussberechtigung aus § 395 I Nr. 3 StPO.[650]
Dieselbe Vorschrift ist auch auf die im Vollrausch begangene vorsätzliche Körperverletzung anzuwenden, weil § 395 I Nr. 3 StPO nur auf die Begehung einer »rechtswidrigen Tat« der dort aufgeführten Art abstellt (vgl. § 11 I Nr. 5 StGB).[651] Ohne Bedeutung ist, dass der Nebenkläger wegen des Vollrausches bzw. wegen der vorsätzlichen Körperverletzung keinen Strafantrag gestellt hatte (vgl. § 323a III StGB). Bei dem hier gegebenen »gemischten« Antragsdelikt[652] ist eine Verfolgung des Vollrausches auch ohne Strafantrag des Verletzten möglich, da die Staatsanwaltschaft – zumindest konkludent mit der Anklageerhebung – das besondere öffentliche Interesse an der Strafverfolgung bejaht hat (§ 230 I StGB). In diesem Fall ist der Anschluss als Nebenkläger auch ohne Strafantrag des Verletzten zulässig.[653]
(2) Der Nebenkläger kann die Revision jedoch nicht mithilfe des Urkundsbeamten, sondern nur mittels einer von einem Rechtsanwalt unterschriebenen Schrift begründen. Dies ergibt sich zunächst daraus, dass § 345 II StPO schon nach seinem Wortlaut nur für die Revision des Angeklagten gilt, dass aber für die Form der Nebenklägerrevision keine weiterreichende Regelung (etwa die bloße Schriftlichkeit) gelten kann, als für die Revisionsbegründung des verurteilten Angeklagten. Da es in den §§ 395 ff. StPO keine Vorschrift über die Form der Revisionsbegründung des Nebenklägers gibt, besteht eine Gesetzeslücke, die durch die entsprechende Anwendung der sachnächsten Gesetzesregelung geschlossen werden muss. Dies ist § 390 II StPO, der vor der Neufassung der §§ 395 ff. StPO auch ausdrücklich auf die Nebenklägerrevision anwendbar war.[654]
(3) Die Revision ist jedoch unzulässig. Zwar liegt in der Nichtzulassung als Nebenkläger eine Gesetzesverletzung (Verstoß gegen § 395 I Nr. 3 StPO), die zu einem relativen Revisionsgrund (§ 337 I StPO) führen könnte.[655] Der Nebenkläger kann jedoch im Hinblick auf § 400 StPO das Urteil nicht mit dem Ziel anfechten, dass eine andere Rechtsfolge der Tat verhängt wird. Im Übrigen erstreckt sich die Nebenklägerrevision nur auf die richtige Anwendung der Vorschriften über Nebenklagedelikte, also nicht auf die hier angestrebte Verurteilung wegen eines Waffendelikts; dies gilt auch dann, wenn dieses mit einem Nebenklagedelikt in Tateinheit stehen würde.[656] Da der Nebenkläger den Schuldspruch wegen gefährlicher Körperverletzung nicht angreifen will (er könnte bspw. geltend machen, dass eine Verurteilung wegen versuchten Totschlags hätte erfolgen müssen), verfolgt er mit seinem Revisionsantrag kein zulässiges Ziel iSd § 400 I StPO.

---

650 Unerheblich ist das in Tateinheit damit möglicherweise gegebene Waffendelikt; vgl. Meyer-Goßner/Schmitt/*Meyer-Goßner* StPO § 395 Rn. 4.
651 Vgl. Meyer-Goßner/Schmitt/*Meyer-Goßner* StPO § 395 Rn. 3 mwN.
652 Vgl. *Fischer* StGB vor § 77 Rn. 2.
653 Vgl. Meyer-Goßner/Schmitt/*Meyer-Goßner* StPO § 395 Rn. 5 mwN.
654 BGH NJW 2014, 3320; Meyer-Goßner/Schmitt/*Meyer-Goßner* StPO § 401 Rn. 2.
655 Der Nebenkläger zählt nicht zu den Personen, deren Anwesenheit das Gesetz iSd § 338 Nr. 5 StPO vorschreibt; er hat gem. § 397 I 1 StPO ein Anwesenheitsrecht, keine Anwesenheitspflicht; vgl. Meyer-Goßner/Schmitt/*Meyer-Goßner* StPO § 338 Rn. 42.
656 Vgl. BGH NStZ 1997, 402 (403).

H. Revisionen bei besonderen Urteilsarten

I. Revision gegen ein Urteil im beschleunigten Verfahren

360 Wird ein im beschleunigten Verfahren (§§ 417 ff. StPO) ergangenes Urteil mit der Revision angegriffen, so bestehen bezüglich deren Zulässigkeit keine Besonderheiten. Die Revision kann als Sprungrevision (§ 335 I StPO; dazu → Rn. 8) oder auch als Revision gegen das Berufungsurteil (dazu → Rn. 375 ff.) eingelegt werden.

361 Für die Begründetheit sind die allgemeinen Regeln zu beachten; aus den Eigenheiten des beschleunigten Verfahrens können sich jedoch zusätzliche Probleme ergeben:[657]

- Die Bejahung der »materiellen« Voraussetzungen des beschleunigten Verfahrens (§§ 419 I 1, 417 StPO: Eignung zur sofortigen Verhandlung bei einfachem Sachverhalt oder klarer Beweislage) durch den Richter ist nicht revisibel.[658] Auch die Ablehnung der Durchführung eines beschleunigten Verfahrens kann mit der Revision nicht angegriffen werden (§§ 419 II 2, 336 S. 2 StPO).

362 - Wurde das beschleunigte Verfahren ohne den nach §§ 417, 418 I 1 StPO erforderlichen Antrag der Staatsanwaltschaft oder auch ohne mündliche bzw. schriftliche Anklageerhebung (§ 418 III StPO) durchgeführt, so fehlt es an einer Verfahrensvoraussetzung. Dies wird in der Revision von Amts wegen beachtet und führt zur Verfahrenseinstellung.[659]

363 - Das Fehlen des nach § 418 IV StPO notwendigen Verteidigers während eines wesentlichen Teils der Hauptverhandlung führt zum absoluten Revisionsgrund des § 338 Nr. 5 StPO.[660]

364 - Ob das Überschreiten der Strafgewalt des § 419 I 2 StPO in der Revision von Amts wegen beachtet werden muss, ist streitig.[661]

365 - Für das Verfahren gelten die Erleichterungen des § 420 StPO (dessen Abs. 4 gilt allerdings nur für beschleunigte Verfahren vor dem Strafrichter). Streitig ist, ob die Erleichterungen des § 420 I–III StPO auch für das Berufungsverfahren gegen Urteile im beschleunigten Verfahren gelten.[662]

365a - Zur Revision, wenn eine entsprechende Berufung annahmebedürftig wäre: → Rn. 11.

366 **Fall:** Die Staatsanwaltschaft hat am 27.10. ordnungsgemäß die Aburteilung des Beschuldigten im beschleunigten Verfahren beantragt. Unter Hinweis darauf, dass in dieser Verfahrensart verhandelt werden soll, bestimmte das Amtsgericht – nach mehreren Verlegungen – Termin zur Hauptverhandlung auf den 13.2. des nächsten Jahres. Kurz vor Durchführung des Termins verband der Amtsrichter dieses Verfahren mit einem weiteren, in dem gegen den Beschuldigten eine normale Anklage erhoben worden war. Der Angeklagte, der in dem Termin verurteilt wurde, legte gegen dieses Urteil (zulässig) Revision ein. Hat diese unabhängig davon, welche Rügen konkret erhoben wurden, Aussicht auf Erfolg?

Lösung: Die Revision könnte unabhängig von den erhobenen Rügen Erfolg haben, wenn eine von Amts wegen zu beachtende Verfahrensvoraussetzung nicht gegeben wäre. Als solche käme hier der fehlende Eröffnungsbeschluss in Betracht. In der obergerichtlichen Rechtsprechung wird nämlich vertreten, dass in der weit hinausgeschobenen Terminierung eine (konkludente) Ablehnung des beschleunigten Verfahrens und eine Überleitung in ein »normales« Erkenntnisver-

---

[657] Zum beschleunigten Verfahren in der Revisionsinstanz: *Ranft* NStZ 2004, 424.
[658] Meyer-Goßner/Schmitt/*Meyer-Goßner* StPO § 419 Rn. 12; aA (Überprüfung auf die Vertretbarkeit hin): KK-StPO/*Graf* § 419 Rn. 18.
[659] OLG Frankfurt a. M. StV 2000, 299; Meyer-Goßner/Schmitt/*Meyer-Goßner* StPO § 419 Rn. 15; *Ranft* NStZ 2004, 424 (426, 428 f.).
[660] Meyer-Goßner/Schmitt/*Meyer-Goßner* StPO § 418 Rn. 18; *Ranft* NStZ 2004, 424 (430).
[661] Vgl. Meyer-Goßner/Schmitt/*Meyer-Goßner* StPO § 419 Rn. 18 mwN.
[662] Dafür: Meyer-Goßner/Schmitt/*Meyer-Goßner* StPO § 419 Rn. 12 mwN und § 420 Rn. 12; aA BayObLG NStZ 2005, 403.

fahren nach der StPO (vgl. § 419 III StPO) liege.[663] Für eine Verurteilung im »normalen« Erkenntnisverfahren fehle es jedoch an dem dort erforderlichen Eröffnungsbeschluss, also an einer von Amts wegen zu beachtenden Verfahrensvoraussetzung (→ Rn. 71 ff.), sodass das Verfahren in der Revision eingestellt werden müsse.[664]

Ob dem zu folgen ist, hat der BGH in einem vom OLG Köln initiierten Vorlageverfahren offen gelassen. Denn mit dem Verbindungsbeschluss, verbunden mit der Terminierung, habe das Amtsgericht schlüssig über die Eröffnung des »normalen« Hauptverfahrens entschieden, weil dort eine überwiegende Verurteilungswahrscheinlichkeit bejaht worden sei (auch → Rn. 76). Da somit aber ein Eröffnungsbeschluss vorliege, fehle auch keine Verfahrensvoraussetzung für die »normale« Verurteilung.[665]

II. Revision gegen ein nach einem Strafbefehl ergangenes Urteil

Legt der Angeklagte nach einem Strafbefehl Einspruch (§ 410 I 1 StPO) ein und ergeht aufgrund der dann durchgeführten Hauptverhandlung ein Urteil, gelten für eine hiergegen eingelegte (Sprung-)Revision zunächst die allgemeinen Regeln. Die oben unter → Rn. 365 skizzierte Problematik gilt über § 411 II 2 StPO auch im Strafbefehlsverfahren. 367

Probleme können sich nach einem im Strafbefehlsverfahren ergangenen Urteil in der Revision bezüglich folgender Besonderheiten ergeben: 368

- Wurde ein Strafbefehl ohne Antrag der Staatsanwaltschaft erlassen, fehlt – weil dieser Antrag im Falle des Einspruchs die Anklage ersetzt[666] – eine von Amts wegen zu beachtende Verfahrensvoraussetzung, das Verfahren ist einzustellen. Hatte die Staatsanwaltschaft dagegen einen Strafbefehlsantrag gestellt, ist aber der vom Gericht erlassene Strafbefehl von diesem abgewichen, so ist dies für die Revision regelmäßig ohne Bedeutung, weil das Urteil hierauf nicht beruht (das Urteil beruht – gem. § 261 StPO – nur auf dem Inbegriff der nach dem Einspruch durchgeführten Hauptverhandlung, aber nicht auf zuvor gemachten Fehlern; diese sind unbeachtlich, soweit sie nicht zu Verfahrenshindernissen oder Verwertungsverboten [auch → Rn. 162, 164] führen).[667]
- Bei inhaltlichen Mängeln des Strafbefehls ist zu unterscheiden: Ist die dem Beschuldigten zur Last gelegte Tat so unzureichend beschrieben, dass die Umgrenzungsfunktion einer Anklage nicht gewahrt ist (dazu → Rn. 71 ff.), ist das Verfahren in der Revision einzustellen.[668] Das Gleiche gilt im Fall der fehlenden Unterzeichnung des Strafbefehls durch den Richter (weil der Erlass des Strafbefehls nach dem Einspruch den Eröffnungsbeschluss ersetzt).[669] Nach § 407 II StPO unzulässige Rechtsfolgen sind dagegen nach einem Einspruch gegen den Strafbefehl unbeachtlich (→ Rn. 368).[670] 369
- Der Verstoß gegen § 408b StPO (Verteidigerbestellung beim Strafbefehlsantrag mit Freiheitsstrafe) ist als solcher folgenlos, weil nach dem zulässigen Einspruch gegen den Strafbefehl über den Vorwurf insgesamt (neu) verhandelt werden muss, sodass frühere Verfahrensfehler unerheblich sind.[671] Für die notwendige Verteidigung in der Hauptverhandlung nach einem Einspruch gegen einen Strafbefehl – die zu einem Revisionsgrund führen könnte (§ 338 Nr. 5 StPO) – gelten (nur) die allgemeinen Regeln (§§ 140 ff. StPO). 370
- Zur Revision gegen ein Urteil nach Einspruch gegen einen Strafbefehl im Fall der Annahmebedürftigkeit einer eingelegten Berufung: → Rn. 11. 371

---

663 Vgl. OLG Düsseldorf NStZ 1997, 613.
664 OLG Düsseldorf NStZ 1997, 613 f.; nach aA führt der Verfahrensverstoß auf zulässige Verfahrensrüge zur Aufhebung des Urteils und Zurückverweisung an das Amtsgericht, das nach § 419 III StPO zu verfahren hat: vgl. Meyer-Goßner/Schmitt/*Meyer-Goßner* StPO § 419 Rn. 14 mwN.
665 BGH NStZ 2000, 442; vgl. auch Meyer-Goßner/Schmitt/*Meyer-Goßner* StPO § 207 Rn. 8. Die Terminierung alleine soll aber nicht genügen.
666 Vgl. Meyer-Goßner/Schmitt/*Meyer-Goßner* StPO § 411 Rn. 3.
667 Meyer-Goßner/Schmitt/*Meyer-Goßner* StPO § 408a Rn. 7.
668 OLG Karlsruhe wistra 2005, 399; Meyer-Goßner/Schmitt/*Meyer-Goßner* StPO § 409 Rn. 4.
669 Meyer-Goßner/Schmitt/*Meyer-Goßner* StPO § 409 Rn. 13, § 411 Rn. 3.
670 Meyer-Goßner/Schmitt/*Meyer-Goßner* StPO § 409 Rn. 7.
671 Meyer-Goßner/Schmitt/*Meyer-Goßner* StPO § 408b Rn. 7.

372 • Im Fall der Revision gegen eine Einspruchsverwerfung nach § 412 StPO gelten die Ausführungen zur Revision gegen ein die Berufung nach § 329 I StPO verwerfendes Urteil entsprechend (→ Rn. 377). Der Angeklagte kann sich vertreten lassen kann (§ 411 II StPO), muss also grundsätzlich nicht selbst anwesend sein (Ausnahme von § 230 I StPO). Allerdings bleibt dem Gericht die Möglichkeit, die Anwesenheit des Angeklagten nach § 236 StPO zu erzwingen. Die Vertretungsmöglichkeit besteht auch in einer etwaig folgenden Berufungsverhandlung.

373 • War der Einspruch nicht zulässig und wurde das in den unteren Instanzen übersehen, so wird dies in der Revision von Amts wegen beachtet; das Revisionsgericht hebt dann die früheren Urteile auf und verwirft den Einspruch.[672]

374 Wurde der Einspruch bereits vom Strafrichter als unzulässig verworfen, so kommt es darauf an, ob diese Entscheidung in einem Beschluss oder in einem Urteil getroffen worden ist.[673] Ein Beschluss kann nämlich nur mit der sofortigen Beschwerde angegriffen werden (§ 411 I 1 StPO), gegen das Urteil wäre dagegen die (Sprung-)Revision statthaft, in der aber nur die Richtigkeit der Einspruchsverwerfung geprüft wird.[674] Entsprechendes gilt, wenn der Tatrichter nach einem auf die Tagessatzhöhe beschränkten Einspruch durch Beschluss bzw. durch Urteil entschieden hat (vgl. § 411 I 3 StPO).

III. Revision gegen ein Berufungsurteil

375 Auch für die Revision gegen ein Berufungsurteil gelten zunächst die allgemeinen Regeln. Die wichtigsten Besonderheiten sind hier:

- In der Revision werden **von Amts wegen** berücksichtigt:
  – das Vorliegen der allgemeinen Verfahrensvoraussetzungen, auch die sachliche Zuständigkeit des erstinstanzlichen und des Berufungsgerichts (→ Rn. 67 ff.);[675]
  – die Zulässigkeit der Berufung (→ Rn. 88; zur Annahmebedürftigkeit: → Rn. 376);
  – die Wirksamkeit und die Beachtung von Berufungsbeschränkungen (dazu auch → Rn. 54 ff.);[676]
  – die Beachtung des Verschlechterungsverbots gem. § 331 StPO (dazu auch → Rn. 88a).[677]

376 • Nicht mit der Revision angreifbar sind:
  – die Verwerfung der Berufung als unzulässig durch das Amtsgericht (vgl. § 319 StPO) oder – sofern sie in Beschlussform erfolgt ist – durch das Berufungsgericht (§§ 322, 336 S. 2 StPO);
  – die Entscheidung über die (Nicht-)Annahme der Berufung (§§ 322a S. 2, 336 S. 2 StPO; vgl. → Rn. 11).[678]

377 • Enthält das Berufungsurteil eine Zurückverweisung nach § 328 II StPO oder eine Berufungsverwerfung nach § 329 I, IV 2 StPO, so wird in der Revision nur die Richtigkeit dieser Zurückverweisung oder Verwerfung überprüft. Gegen das Verwerfungsurteil können grundsätzlich nur Verfahrensrügen erhoben werden; auf die Sachrüge hin wird lediglich geprüft, ob (neue) Verfahrenshindernisse vorliegen.[679]

---

672 Meyer-Goßner/Schmitt/*Meyer-Goßner* StPO § 411 Rn. 12. Streitig ist, ob der Einspruch unter Beachtung des Verschlechterungsverbotes (§ 358 II StPO) zu verwerfen ist, sofern das Amtsgericht durch Urteil auf eine mildere Strafe erkannt hat als diejenige, die mit dem Strafbefehl verhängt worden war: Meyer-Goßner/Schmitt/*Meyer-Goßner* StPO § 411 Rn. 12 mwN; vgl. auch OLG München NJW 2008, 1331 mablAnm *Meyer-Goßner* NJW 2008, 1332.
673 Zu diesen Möglichkeiten: Meyer-Goßner/Schmitt/*Meyer-Goßner* StPO § 411 Rn. 1.
674 Vgl. Meyer-Goßner/Schmitt/*Meyer-Goßner* StPO § 411 Rn. 14.
675 Vgl. OLG Brandenburg NStZ 2001, 611 mAnm *Meyer-Goßner*.
676 Meyer-Goßner/Schmitt/*Meyer-Goßner* StPO § 327 Rn. 9, § 352 Rn. 4.
677 OLG Düsseldorf JR 2001, 477 mAnm *Bringewat*; Meyer-Goßner/Schmitt/*Meyer-Goßner* StPO § 331 Rn. 24.
678 Vgl. dazu auch Meyer-Goßner/Schmitt/*Meyer-Goßner* StPO § 322a Rn. 5, 8.
679 BGH NStZ 2001, 440 mAnm *Duttge* und *Paulus*; Meyer-Goßner/Schmitt/*Meyer-Goßner* StPO § 329 Rn. 48 f.; zu § 328 II StPO: Meyer-Goßner/Schmitt/*Meyer-Goßner* StPO § 328 Rn. 14; zum Zusammentreffen von § 335 III und § 329 I StPO: OLG Bamberg NStZ 2006, 591.

4. Kapitel. Prüfungsumfang und Entscheidung über die Revision

A. Prüfungsreihenfolge

Das Revisionsgericht prüft zunächst die Zulässigkeit der Revision (vgl. § 349 I StPO). 378
Unabhängig davon, ob dies gerügt ist, wird anschließend festgestellt, ob die von Amts wegen
zu beachtenden Verfahrensvoraussetzungen vorliegen. Erst dann befasst sich das Revisionsgericht mit den einzelnen Verfahrens- und Sachrügen. In der Reihenfolge ist das Revisionsgericht frei: Es kann sich auf die Prüfung der durchgreifenden Rügen beschränken, die dem
Rechtsmittelführer zum (vollen) Erfolg seines Antrags verhelfen.[1]

B. Prüfung der Zulässigkeit der Revision und der Verfahrensvoraussetzungen

Bei der von Amts wegen vorzunehmenden Prüfung der Zulässigkeit der Revision und auch 379
der des Vorliegens der Verfahrensvoraussetzungen wendet das Revisionsgericht grundsätzlich[2] das Freibeweisverfahren an. Es ist dann nicht an die Strengbeweismittel der StPO
(Zeugen, Sachverständige, Augenschein, Urkunden) gebunden, sondern kann nach seinem
Ermessen bestimmen, wie es sich die erforderliche Überzeugung verschaffen will. Zulässig
sind insbes. die Verwertung einer polizeilichen Vernehmungsniederschrift (zB zur Feststellung, ob ein Strafantrag gestellt wurde) oder – sehr häufig – die Erholung von (dienstlichen)
Stellungnahmen der Tatrichter oder des Staatsanwalts.

> **Fall:** Dem Angeklagten wird Totschlag zur Last gelegt. Das Schwurgericht hat das Verfahren 380
> wegen Verhandlungsunfähigkeit des Angeklagten durch Urteil eingestellt. Hiergegen hat die
> Staatsanwaltschaft Revision eingelegt. Wie wird das Revisionsgericht verfahren?
>
> **Lösung:** Der BGH muss zunächst die Verhandlungsfähigkeit des Angeklagten für das Revisionsverfahren feststellen, da hiervon dessen Durchführbarkeit abhängt. Insoweit reicht allerdings
> aus, dass der Angeklagte die wesentlichen rechtlichen Vorgänge dieses Verfahrens, vermittelt
> durch seinen Verteidiger, versteht und dass er mit diesem zu einer Grundübereinkunft über die
> Gestaltung der Verteidigung im Revisionsverfahren in der Lage ist. Diese relativ geringen
> Anforderungen an die Verhandlungsfähigkeit ergeben sich im Wesentlichen daraus, dass im
> Revisionsverfahren – als bloßer Rechtsinstanz – die aktive Mitwirkung des Angeklagten (in
> Person) von geringerer Bedeutung ist als im Tatsachenverfahren. Ob diese Voraussetzungen
> vorliegen, klärt das Revisionsgericht im Freibeweisverfahren, etwa durch Erholung eines schriftlichen Sachverständigengutachtens.
>
> Ist danach die Verhandlungsfähigkeit für das Revisionsverfahren gegeben, prüft der BGH (von
> Amts wegen), ob der Angeklagte auch in der Tatsacheninstanz verhandlungsfähig war. Dafür ist
> erforderlich, dass er die Fähigkeit hatte, in und außerhalb der Verhandlung seine Interessen
> vernünftig wahrzunehmen, die Verteidigung in verständiger und verständlicher Weise zu führen
> sowie Prozesserklärungen abzugeben oder entgegenzunehmen. In der Tatsacheninstanz ist also
> zu beachten, dass der Angeklagte die Möglichkeit haben muss, das Verfahren unabhängig von
> seinem Verteidiger mitzugestalten und sich selbst zu verteidigen. Auch dies prüft das Revisionsgericht im Freibeweisverfahren nach. Bestand und besteht in diesem Sinne für das tatrichterliche
> Verfahren Verhandlungsunfähigkeit, so ist ferner festzustellen, ob diese dauerhaft oder nur

---

1 Vgl. auch Meyer-Goßner/Schmitt/*Meyer-Goßner* StPO § 352 Rn. 1, 2, 9 ff.
2 Bei doppelrelevanten Tatsachen (also solchen, die für den Schuld- und/oder Rechtsfolgenausspruch sowie
für das Verfahrenshindernis Bedeutung haben) und bei vom Tatrichter zu den Verfahrensvoraussetzungen
im Strengbeweisverfahren vernommenen Zeugen darf das Revisionsgericht nicht im Freibeweisverfahren
ermitteln, sondern ist an die Feststellungen des Tatrichters gebunden, vgl. BayObLG NStZ-RR 2001, 271 =
JR 2001, 256 mAnm *Eisenberg*.

vorübergehend war und ist. Bestehen zumindest Zweifel an der Dauerhaftigkeit der Verhandlungsunfähigkeit, kommt lediglich eine vorläufige Einstellung des Verfahrens (§ 205 StPO), die auch in der Revision erfolgen kann, in Betracht; eine – wie hier – endgültige Einstellung durch Urteil (§ 260 III StPO) wäre dann fehlerhaft gewesen.[3]

C. Prüfung der Verfahrensrügen

381 Sind Verfahrensrügen erhoben, stellt das Revisionsgericht zunächst fest, ob diese form- und fristgerecht vorgebracht wurden (§ 345 I, II StPO) und den sich aus § 344 II 2 StPO ergebenden Anforderungen genügen.[4] Dann prüft es, ob die behauptete Gesetzesverletzung vorliegt und bewiesen ist (der Zweifelssatz gilt hier nicht, → Rn. 122) und ob das Urteil auf der Gesetzesverletzung beruht (§ 337 I StPO), falls nicht ein absoluter Revisionsgrund (§ 338 StPO) vorliegt. Andere Verfahrensverstöße, als sie vom Revisionsführer in den form- und fristgerecht vorgebrachten Verfahrensrügen beanstandet wurden, darf das Revisionsgericht nicht prüfen (§ 352 I StPO), sofern sie nicht zu einem Verfahrenshindernis führen. Bei einer Staatsanwalts- oder Nebenklägerrevision ist § 339 StPO zu beachten, wonach die Verletzung einer **ausschließlich** zum Schutz des Angeklagten bestimmten Norm nicht gerügt werden kann, wenn die Revision zu dessen Lasten eingelegt wurde.

D. Prüfung aufgrund der Sachrüge

382 Ist die Sachrüge erhoben, so überprüft das Revisionsgericht das angefochtene Urteil auf der Grundlage der dort getroffenen Feststellungen daraufhin, ob materiell-rechtliche Fehler vorliegen. Falsche Rechtsausführungen des Revisionsführers sind hierbei unschädlich (vgl. § 352 II StPO). Beachten muss das Revisionsgericht aber eine wirksame Beschränkung der Revision, da es an die dann eingetretene Rechtskraft und auch an den gestellten Antrag gebunden ist (§ 352 I StPO). Bei einer Staatsanwalts- oder auch einer Nebenklägerrevision ist ferner zu berücksichtigen, dass diese, auch wenn sie zum Nachteil des Angeklagten eingelegt ist, zu dessen Gunsten Erfolg haben kann (§ 301 StPO). Vor allem im Zusammenhang mit der Sachrüge kann § 354a StPO von Bedeutung sein, wonach das Revisionsgericht Gesetzesänderungen beachten muss.

E. Entscheidung über die Revision

I. Entscheidung nach Rücknahme der Revision

383 Die Rücknahme eines allein eingelegten Rechtsmittels führt zur Beendigung des Rechtsmittelverfahrens; eines ausdrücklichen Ausspruchs hierüber bedarf es nicht, entschieden wird nur noch über die Kosten (§ 473 StPO). Es ist aber – vor allem wenn dies problematisch ist – unschädlich, die Wirksamkeit der Rücknahme festzustellen. Der Tenor einer solchen Entscheidung lautet:[5]

> »1. Es wird festgestellt, dass die Revision des Angeklagten gegen das Urteil des Landgerichts ... vom ... wirksam zurückgenommen ist.
> 2. Der Angeklagte hat die Kosten des Rechtsmittels zu tragen.«

---

[3] BGH StV 1996, 250; Meyer-Goßner/Schmitt/*Meyer-Goßner* Einl. Rn. 97, § 205 Rn. 1, § 350 Rn. 3a.
[4] Zur Unzulässigkeit einer Revision bei einer allein erhobenen, aber nicht § 344 II 2 StPO entsprechenden Verfahrensrüge: → Rn. 38.
[5] Vgl. BGH NStZ-RR 2005, 211 (212); Meyer-Goßner/Schmitt/*Meyer-Goßner* StPO § 302 Rn. 11a mwN.

II. Verwerfung durch Beschluss als unzulässig (§§ 346, 349 I StPO)

Weitergehend als bei der Berufung (vgl. § 319 StPO) kann das Tatgericht die Revision nicht nur im Fall der verspäteten Einlegung, sondern auch bei verspäteter oder nicht § 345 II StPO entsprechender Begründung durch Beschluss als unzulässig verwerfen (§ 346 I StPO).[6] Rechtsbehelf hiergegen ist der binnen Wochenfrist zu stellende Antrag auf Entscheidung durch das Revisionsgericht (§ 346 II StPO). 384

Hat das Ausgangsgericht einen solchen Zulässigkeitsmangel übersehen oder scheitert die Revision am Fehlen einer anderen Zulässigkeitsvoraussetzung, kann sie nach § 349 I StPO vom Revisionsgericht durch Beschluss verworfen werden. Dieser Beschluss ist unanfechtbar (§ 304 IV 1 bzw. 2 Hs. 1 StPO). Der Entscheidungstenor lautet (Kostenentscheidung nach § 473 I StPO): 385

> »1. Die Revision des Angeklagten gegen das Urteil des Landgerichts ... vom ... wird als unzulässig verworfen.
> 2. Der Angeklagte hat die Kosten des Rechtsmittels zu tragen.«

III. Einstellung oder Verweisung durch Beschluss

Das Revisionsgericht kann das Verfahren entsprechend § 205 StPO, (jedenfalls bei Verfahrenshindernissen erst im Rechtsmittelverfahren) § 206a StPO wegen eines vorübergehenden oder endgültigen Verfahrenshindernisses[7] oder nach den §§ 153, 153a (nF), 154, 154a StPO durch Beschluss ganz oder teilweise einstellen (Tenorierungsbeispiel bei → Rn. 395).[8] 386

Ferner kann das (sachlich) unzuständige Revisionsgericht nach § 348 I StPO seine Unzuständigkeit feststellen und das Verfahren an das zuständige Revisionsgericht verweisen (zur Unzuständigkeit des Ausgangsgerichts: → Rn. 407). 387

IV. Entscheidung über die Begründetheit durch Beschluss (§ 349 II, IV StPO)

Die Revision des Angeklagten – nach der Rechtsprechung auch die der (Ausgangs-) Staatsanwaltschaft oder des Nebenklägers[9] – kann nach § 349 II StPO außerhalb der Hauptverhandlung durch Beschluss **als unbegründet verworfen**[10] werden, wenn das Revisionsgericht sie nach Gewährung rechtlichen Gehörs (§ 349 III StPO[11]) einstimmig als offensichtlich unbegründet erachtet, also »einhellig die Auffassung vertritt, dass die von der Revision aufgeworfenen Rechtsfragen zweifelsfrei zu beantworten sind und dass auch die Durchführung einer Hauptverhandlung keine neuen Erkenntnisse tatsächlicher oder rechtlicher Art erwarten lässt, die das gefundene Ergebnis in Zweifel ziehen können« (BGH NJW 2001, 85).[12] Voraussetzung ist ein entsprechender Antrag des Generalbundes- oder des Generalstaatsanwalts. Die Kostenentscheidung ergibt sich dann aus § 473 I StPO. 388

---

6 Jede andere Zulässigkeitsprüfung ist dem Tatgericht untersagt; vgl. BGH NJW 2007, 165; Meyer-Goßner/Schmitt/*Meyer-Goßner* StPO § 346 Rn. 2.
7 Meyer-Goßner/Schmitt/*Meyer-Goßner* StPO § 206a Rn. 6 ff. (dort auch zur Frage, ob in jeder Verfahrenslage eine Einstellung nach dieser Norm in Betracht kommt).
8 Meyer-Goßner/Schmitt/*Meyer-Goßner* StPO § 205 Rn. 3, § 206a Rn. 6, § 353 Rn. 2, 3.
9 Vgl. die Nachweise bei Meyer-Goßner/Schmitt/*Meyer-Goßner* StPO § 349 Rn. 8, 9.
10 Anders als im Zivilrecht lautet der Tenor im Strafrecht auch bei einer negativen Begründetheitsentscheidung auf Verwerfung.
11 Vgl. dazu BGH NStZ-RR 2005, 14.
12 Vgl. auch BVerfG NJW 2002, 814 (815).

Diese Entscheidung lautet (»Formularbeschluss«, in der Regel ohne weitere Begründung, wenn der Senat dem Revisionsantrag der Staatsanwaltschaft in der Begründung folgt):[13]

> »Der ... Strafsenat des Bundesgerichtshofs hat auf Antrag des Generalbundesanwalts und nach Anhörung des Beschwerdeführers am ... einstimmig beschlossen:
> Die Revision des Angeklagten gegen das Urteil des Landgerichts ... vom ... wird als unbegründet verworfen, da die Nachprüfung des Urteils aufgrund der Revisionsrechtfertigung keinen Rechtsfehler zum Nachteil des Angeklagten ergeben hat (§ 349 II StPO). Der Angeklagte hat die Kosten des Rechtsmittels zu tragen.«

389 Ist die Revision des Angeklagten oder ein zu dessen Gunsten von der Staatsanwaltschaft eingelegtes (§ 296 II StPO) oder zu dessen Gunsten wirkendes (§ 301 StPO)[14] Rechtsmittel begründet, so kann bei Einstimmigkeit – anders als bei Abs. 2 auch ohne entsprechenden Antrag des Generalbundes- oder Generalstaatsanwalts – das Urteil durch Beschluss aufgehoben werden (§ 349 IV StPO).

390 Häufig sind auch Kombinationen aus Entscheidungen nach § 349 II, IV StPO, etwa im Fall der Aufhebung nur im Strafausspruch und Verwerfung der Revision, soweit der Schuldspruch angegriffen wurde (zu § 354 Ia StPO: → Rn. 408).[15]

Der Tenor einer solchen Entscheidung lautet bspw.:

> »Der ... Strafsenat des Bundesgerichtshofs hat nach Anhörung des Generalbundesanwalts und des Beschwerdeführers am ... gemäß § 349 II, IV StPO beschlossen:
>
> 1. Auf die Revision des Angeklagten wird das Urteil des Landgerichts ... vom ... im Rechtsfolgenausspruch mit den zugehörigen Feststellungen aufgehoben.
> 2. Im Umfang der Aufhebung wird die Sache zur neuen Verhandlung und Entscheidung, auch über die Kosten des Rechtsmittels, an eine andere Strafkammer des Landgerichts ... zurückverwiesen.
> 3. Die weiter gehende Revision wird verworfen.«

V. Entscheidung aufgrund einer Hauptverhandlung

391 Entscheidet das Revisionsgericht aufgrund einer Hauptverhandlung, so ergeht grundsätzlich ein Urteil (§§ 349 V, 353 ff. StPO).[16]

392 Zulässig ist es auch, dass über die Revision der Staatsanwaltschaft durch Urteil, über die des Angeklagten dagegen durch Beschluss entschieden wird.[17]

393 In einer Hauptverhandlung hat das Revisionsgericht insbes. folgende Entscheidungsmöglichkeiten:

394 • Verwerfung der Revision als unzulässig; der Urteilstenor entspricht dann dem unter → Rn. 385 dargestellten Beschlusstenor.

395 • Einstellung nach §§ 153 II, 153a II, 154, 154a StPO.

Betrifft die Einstellung das Verfahren insgesamt, so ergeht – auch in oder aufgrund einer Hauptverhandlung – ein entsprechender Beschluss. Häufig wird das Verfahren aber lediglich teilweise eingestellt (vgl. § 154 StPO) oder eine Verfolgungsbeschränkung nach § 154a

---

13 Gebilligt von BGH NStZ-RR 2016, 251 und 383 (zur Anhörungsrüge), BVerfG NJW 2014, 2563 und EGMR JR 2015, 95; vgl. aber auch BGH StraFo 2004, 236, wonach eine Begründung geboten sein kann wegen des Inhalts der Gegenerklärung oder beim Abweichen von der Antragsbegründung; vgl. ferner Meyer-Goßner/Schmitt/*Meyer-Goßner* StPO § 349 Rn. 20.
14 BGH NStZ 2012, 587; aA Meyer-Goßner/Schmitt/*Meyer-Goßner* StPO § 349 Rn. 28 mwN.
15 Zur Zulässigkeit dieser Kombination: BGHSt 43, 31; Meyer-Goßner/Schmitt/*Meyer-Goßner* StPO § 349 Rn. 32.
16 Vgl. Meyer-Goßner/Schmitt/*Meyer-Goßner* StPO § 349 Rn. 35.
17 Meyer-Goßner/Schmitt/*Meyer-Goßner* StPO § 349 Rn. 35 mwN.

E. Entscheidung über die Revision

StPO angeordnet. Dieses Vorgehen kann eine Zurückverweisung der Sache im Schuldspruch überflüssig machen. Der Urteilstenor lautet dann bspw.:

> »1. Die Strafverfolgung wird gemäß § 154a II StPO auf den Vorwurf des versuchten Mordes beschränkt.
> 2. Auf die Revision des Angeklagten wird das Urteil des Landgerichts … vom …
>   a) im Schuldspruch dahin geändert, dass der Angeklagte des versuchten Mordes schuldig ist,
>   b) im Rechtsfolgenausspruch mit den zugehörigen Feststellungen aufgehoben.
> 3. Im Umfang der Aufhebung wird die Sache zur neuen Verhandlung und Entscheidung, auch über die Kosten des Rechtsmittels, an eine andere als Schwurgericht zuständige Strafkammer des Landgerichts zurückverwiesen.
> 4. Die weiter gehende Revision wird verworfen.«

- **Verwerfung als unbegründet**[18] (dies ist – allerdings als Beschluss gem. § 349 II StPO – die in der Praxis häufigste Entscheidung).[19]   396

Wird die Revision in vollem Umfang als unbegründet verworfen, so lautet der Tenor (Kostenentscheidung: § 473 I 1, II 1 StPO):

> »1. Die Revision der Staatsanwaltschaft gegen das Urteil des Landgerichts … vom … wird verworfen.
> 2. Die Kosten des Rechtsmittels und die dem Angeklagten durch dieses entstandenen notwendigen Auslagen trägt die Staatskasse.«

Ändert das Revisionsgericht den Schuldspruch,[20] lässt es aber den Strafausspruch bestehen, 397
weil dieser von dem Rechtsfehler nicht beeinflusst wird, lautet der Tenor bspw. (Kostenentscheidung: § 473 I, IV StPO):

> »1. Auf die Revision des Angeklagten wird das Urteil des Landgerichts … vom … im Schuldspruch dahin geändert, dass der Angeklagte der Urkundenfälschung in drei Fällen schuldig ist.
> 2. Die weitergehende Revision wird verworfen.
> 3. Der Angeklagte hat die Kosten des Rechtsmittels zu tragen.«

- **Aufhebung des Ersturteils und Einstellung wegen eines nicht behebbaren Verfahrens-   398
  hindernisses** (§§ 353 I, 354 I StPO).

Betrifft das Verfahrenshindernis die angeklagte Tat insgesamt, lautet der Tenor (Kostenentscheidung: § 467 I StPO):

> »1. Auf die Revision des Angeklagten wird das Urteil des Landgerichts … vom … aufgehoben und das Verfahren eingestellt.
> 2. Die Kosten des Verfahrens und die notwendigen Auslagen des Angeklagten fallen der Staatskasse zur Last.«

Betrifft das Verfahrenshindernis dagegen nur einen Teil der angeklagten Tat oder eine von 399
mehreren angeklagten Taten, ist wie folgt zu unterscheiden: Besteht zwischen der Strafvorschrift, für die das Verfahrenshindernis besteht, und der zu Recht angewendeten Vorschrift Tatmehrheit, wird das Verfahren insoweit eingestellt, als das Hindernis reicht. Im Übrigen wird »normal« entschieden, also abhängig davon, ob die Revision begründet ist.

Fall: Das Landgericht hat den Angeklagten wegen schwerer räuberischer Erpressung in Tatmehr-   400
heit mit Freiheitsberaubung verurteilt. Wie wird der BGH auf die Revision des Angeklagten hin

---
18 Auf den Tenorierungsunterschied zum Zivilrecht wird nochmals hingewiesen.
19 Interessante Übersichten zur Entscheidungspraxis ergeben sich aus den Tätigkeitsberichten des BGH auf seiner Homepage.
20 Dazu Meyer-Goßner/Schmitt/*Meyer-Goßner* StPO § 354 Rn. 12 ff.

4. Kapitel. Prüfungsumfang und Entscheidung über die Revision

entscheiden, wenn die Freiheitsberaubung verjährt ist, das Urteil im Übrigen aber keinen Rechtsfehler enthält?

Lösung: Der Tenor der Entscheidung des BGH wird lauten:[21]

»1. Auf die Revision des Angeklagten wird das Urteil des Landgerichts … vom … aufgehoben,
   a) soweit der Angeklagte wegen Freiheitsberaubung verurteilt ist, insoweit wird das Verfahren eingestellt;
   b) im Rechtsfolgenausspruch mit den zugehörigen Feststellungen.
2. Im Umfang der Aufhebung wird die Sache, soweit sie nicht eingestellt wurde, zu neuer Verhandlung und Entscheidung, auch über die Kosten des Rechtsmittels, an eine andere Strafkammer des Landgerichts zurückverwiesen.
3. Die weiter gehende Revision wird verworfen.«

Ist auszuschließen, dass die für die schwere räuberische Erpressung verhängte Einzelstrafe von der fehlerhaften Verurteilung wegen Freiheitsberaubung beeinflusst ist, könnte auch nur die Gesamtstrafe aufgehoben, die Einzelstrafe für § 255 StGB als die verhängte Strafe bestimmt und die Revision im Übrigen – ohne Zurückverweisung – verworfen werden.

401 Besteht dagegen zwischen der Strafvorschrift, bezüglich derer das Verfahrenshindernis vorliegt, und der zu Recht angewendeten Strafnorm Tateinheit, so wird nicht – auch nicht teilweise – eingestellt; vielmehr erfolgt eine Schuldspruchberichtigung dahin, dass der Angeklagte nur bezüglich der zu Recht angewendeten Strafvorschrift schuldig ist (dazu auch → Rn. 81).

402 **Fall:** Der Angeklagte wurde wegen sexuellen Missbrauchs eines Kindes (§ 176 I StGB) in Tateinheit mit sexuellem Missbrauch einer Schutzbefohlenen (§ 174 I StGB) verurteilt. Wie wird das Revisionsgericht entscheiden, wenn hinsichtlich § 174 StGB Verjährung eingetreten ist, das Urteil im Übrigen aber keinen Rechtsfehler enthält?

Lösung: Der Tenor der Entscheidung des Revisionsgerichts wird lauten:[22]

»1. Auf die Revision des Angeklagten wird das Urteil des Landgerichts … vom …
   a) im Schuldspruch dahin abgeändert, dass die Verurteilung wegen tateinheitlich begangenen Missbrauchs einer Schutzbefohlenen entfällt,
   b) im Rechtsfolgenausspruch mit den zugehörigen Feststellungen aufgehoben.
2. Im Umfang der Aufhebung wird die Sache zu neuer Verhandlung und Entscheidung, auch über die Kosten des Rechtsmittels, an eine andere Strafkammer des Landgerichts zurückverwiesen.
3. Das weiter gehende Rechtsmittel wird verworfen.«

Alternativ kann – etwa wenn der Strafausspruch nicht aufgehoben werden muss, weil das Landgericht die tateinheitliche Verwirklichung des § 174 StGB nur soweit berücksichtigt hat, wie dies bei verjährten Taten ohnehin zulässig ist (→ Rn. 81) – der Tenor lauten:

»1. Auf die Revision des Angeklagten wird das Urteil des Landgerichts … vom … im Schuldspruch dahin abgeändert, dass der Angeklagte des sexuellen Missbrauchs eines Kindes schuldig ist.
2. Im Übrigen wird die Revision verworfen.
3. Der Angeklagte hat die Kosten des Rechtsmittels zu tragen.«

403 • Aufhebung und Freispruch (§§ 353 I, 354 I StPO; zur Entscheidung bezüglich der tatrichterlichen Feststellungen: → Rn. 51).

---

21 BGH Beschl. v. 28.12.1995 – 1 StR 718/95; vgl. auch Meyer-Goßner/Schmitt/*Meyer-Goßner* StPO § 354 Rn. 7.
22 BGH Beschl. v. 5.3.1997 – 2 StR 54/97; vgl. auch Meyer-Goßner/Schmitt/*Meyer-Goßner* StPO § 354 Rn. 20.

E. Entscheidung über die Revision

In diesem Fall lautet der Tenor:

> »1. Auf die Revision der Staatsanwaltschaft wird das Urteil des Landgerichts ... vom ... aufgehoben. Der Angeklagte wird freigesprochen.
> 2. Die Kosten des Verfahrens und die notwendigen Auslagen des Angeklagten fallen der Staatskasse zur Last.«

Der völlige Freispruch des Angeklagten in der Revisionsinstanz kommt in der Praxis relativ selten vor. Häufiger sind Teilfreisprüche, weil das Tatgericht die bei → Rn. 399 ff. zur Teileinstellung mitgeteilten, hier entsprechend geltenden Grundsätze nicht beachtet hat.[23] 404

- Aufhebung und Zurückverweisung (§§ 353, 354 II StPO). 405

In diesem Fall lautet der Tenor:

> »1. Auf die Revision des Angeklagten wird das Urteil des Landgerichts ... vom ... mit den Feststellungen aufgehoben.
> 2. Die Sache wird zur neuen Verhandlung und Entscheidung, auch über die Kosten des Rechtsmittels, an eine andere Strafkammer des Landgerichts zurückverwiesen.«

Betrifft die Aufhebung und Zurückverweisung bei »voll« eingelegter Revision nur den Rechtsfolgenausspruch, wird der Tenor wie bei einem entsprechenden Beschluss (→ Rn. 390) formuliert. Hat eine beschränkt eingelegte Revision »vollen« Erfolg, entfällt die Verwerfung der weiter gehenden Revision. 406

Die Zurückverweisung kann nach § 354 II 1 StPO an ein anderes Landgericht desselben Bundeslandes, unter den Voraussetzungen des § 354 III StPO auch an ein Amtsgericht oder – im Falle der Unzuständigkeit des Erstgerichts – an das zuständige Gericht (§ 355 StPO) erfolgen. 407

- Sachentscheidung des Revisionsgerichts zur Strafe: 408

    Nach der Einfügung von Abs. 1a in § 354 StPO kann das Revisionsgericht eine vom Tatrichter verhängte Strafe trotz einer Gesetzesverletzung bei der Strafzumessung bestehen lassen, wenn sie angemessen ist. Diese Vorschrift ist jedoch nur dann verfassungskonform »ausgelegt, wenn die Kompetenz der Revisionsgerichte zu eigener Strafzumessung davon abhängt, dass ihnen für die Sachentscheidung ein zutreffend ermittelter, vollständiger und aktueller Strafzumessungssachverhalt zur Verfügung steht« (BVerfG NStZ 2007, 598 [599]). Das Revisionsgericht hat sich daher Gewissheit darüber zu verschaffen, ob ein solcher vorliegt.[24] Da dies nicht im Wege der Beweisaufnahme geschehen kann, muss das Revisionsgericht dem Angeklagten Gelegenheit zur Stellungnahme zu einer beabsichtigten Entscheidung nach § 354 Ia 1 StPO einräumen.[25] Dieses »Anhörungsverfahren«[26] eröffnet die Möglichkeit, dass das Revisionsgericht über einen »möglicherweise unzureichenden oder nicht mehr aktuellen Strafzumessungssachverhalt«[27] informiert wird. Kann sich das Revisionsgericht von einer vollständigen und verlässlichen Entscheidungsgrundlage keine Gewissheit verschaffen, hat es von einer eigenen Entscheidung abzusehen und die Festsetzung der Rechtsfolgen (zur Aufhebung des Urteils im Strafausspruch → Rn. 390) dem Tatgericht zu überlassen.[28]

---

23 Vgl. Meyer-Goßner/Schmitt/*Meyer-Goßner* StPO § 354 Rn. 3 f.; zur Erforderlichkeit und Zulässigkeit eines Teilfreispruchs auch Meyer-Goßner/Schmitt/*Meyer-Goßner* StPO § 260 Rn. 12 ff.
24 BVerfG NStZ 2007, 598 (599); zu Grenzen der Sachentscheidung nach § 354 Ia StPO vgl. BGH NStZ-RR 2010, 21.
25 Der Angeklagte muss grundsätzlich auf die für eine Sachentscheidung nach § 354 Ia 1 StPO sprechenden Gründe mündlich oder schriftlich hingewiesen werden: BVerfG NStZ 2007, 598 (599); vgl. auch Meyer-Goßner/Schmitt/*Meyer-Goßner* StPO § 354 Rn. 28a.
26 Vgl. *Paster/Sättele* NStZ 2007, 609 (612).
27 BVerfG NStZ 2007, 598 (599).
28 BVerfG NStZ 2007, 598 (599).

4. Kapitel. Prüfungsumfang und Entscheidung über die Revision

409 Eine Strafzumessungsentscheidung nach § 354 Ia 1 StPO ist auch dann ausgeschlossen, wenn zugleich eine Neuentscheidung über einen fehlerhaften Schuldspruch erfolgen muss (vgl. Wortlaut des § 354 Ia 1 StPO: »nur«).[29]

410 Ferner kann das Revisionsgericht auf Antrag der Staatsanwaltschaft die vom Tatrichter zuerkannte Strafe herabsetzen (§ 354 Ia 2 StPO),[30] auf eine absolut bestimmte Strafe erkennen (§ 354 I StPO, zB lebenslang bei Mord) oder die gesetzliche Mindeststrafe verhängen (§ 354 I StPO).

411 Daneben stehen dem Revisionsgericht in Bezug auf den Rechtsfolgenausspruch auch noch weitere Entscheidungsmöglichkeiten zu, etwa gem. § 354 Ib StPO – auch nach einer Teileinstellung gem. § 154 II StPO – hinsichtlich einer »fehlerhaften« Gesamtstrafe[31] oder aufgrund entsprechender Anwendung von § 354 I StPO.[32]

412 **Fall:** Das Landgericht hat den Angeklagten wegen Steuerhinterziehung zu einer Freiheitsstrafe verurteilt. Wie wird der BGH entscheiden, wenn die Strafkammer vergessen hat, über die Anrechnung der in den USA vollzogenen Auslieferungshaft zu entscheiden, das Urteil im Übrigen aber keinen Rechtsfehler aufweist?

Lösung: Die Anrechnung einer im Ausland in der abgeurteilten Sache erlittenen Freiheitsentziehung erfolgt kraft Gesetzes (§ 51 III 2, I StGB); insoweit bedurfte es daher keiner Entscheidung. Jedoch muss der Maßstab für die Anrechnung dieser Haft ausdrücklich – im Tenor – mitgeteilt werden (§ 51 IV 2 StGB). Da in den USA den deutschen Verhältnissen vergleichbare Haftbedingungen herrschen und deshalb nur ein Anrechnungsmaßstab von 1: 1 in Betracht kommt, kann der BGH den fehlenden Ausspruch in entsprechender Anwendung des § 354 I StPO nachholen. Der Tenor dieser Entscheidung wird lauten:[33]

»1. Die Revision des Angeklagten gegen das Urteil des Landgerichts ... vom ... wird mit der Maßgabe verworfen, dass die vom Angeklagten in dieser Sache in den USA erlittene Freiheitsentziehung auf die Strafe im Maßstab 1: 1 angerechnet wird.

2. Der Angeklagte hat die Kosten seines Rechtsmittels zu tragen.«

VI. Aufbau der Entscheidungsgründe

413 Der Aufbau der Gründe einer Entscheidung des BGH als Revisionsgericht soll hier im Hinblick darauf, dass eine solche im Examen noch nicht zu entwerfen war, nur stichwortartig – und daher vereinfacht – sowie an einem Beispiel dargestellt werden.

- In einem Urteil kommt nach dem Tenor (vor den Gründen): »Von Rechts wegen«.
- Überschrift: »Gründe«.
- Mitteilung des Schuld- und Rechtsfolgenausspruchs des angefochtenen Urteils,
- des Revisionsführers,
- der Art der erhobenen Rügen,
- des Ergebnisses des Revisionsverfahrens.
- Kurze Darstellung des Sachverhalts (Feststellungen des Ersturteils).
- Die weiteren Ausführungen hängen davon ab, ob das Rechtsmittel Erfolg hat oder nicht sowie welche Rüge ggf. durchgreift. Hat die Revision vollen Erfolg, wird nur der Punkt erörtert, der das Ersturteil zu Fall bringt. In einem solchen Fall wären in einer Examensklausur alle weiteren Probleme im Hilfsgutachten darzustellen. Hat die Revision keinen

---

[29] BVerfG NStZ 2007, 598 (601).
[30] Die zu § 354 Ia 1 StPO vom BVerfG entwickelten Maßstäbe (vgl. → Rn. 408) gelten auch für § 354 Ia 2 StPO: BVerfG NStZ 2007, 710 (711); vgl. auch Meyer-Goßner/Schmitt/*Meyer-Goßner* StPO § 354 Rn. 29.
[31] BGH NJW 2004, 3788; zu § 154 II StPO: BGH NJW 2005, 376; zum Verfahren bei § 354 Ib StPO: Meyer-Goßner/Schmitt/*Meyer-Goßner* StPO § 354 Rn. 31.
[32] Dazu Meyer-Goßner/Schmitt/*Meyer-Goßner* StPO § 354 Rn. 27; kritisch hierzu: BVerfG NStZ 2004, 273 = StraFo 2004, 131 mAnm *Junker*.
[33] Vgl. BGH NStZ 1997, 286 sowie Meyer-Goßner/Schmitt/*Meyer-Goßner* StPO § 354 Rn. 26c.

oder nur teilweisen Erfolg, müssen grundsätzlich alle erhobenen Verfahrensrügen sowie die auf die Sachrüge hin vorzunehmende Prüfung in die Entscheidung aufgenommen werden; auf das Fehlen einer Verfahrensvoraussetzung ist in einem solchen Fall nur einzugehen, wenn eine solche Beanstandung in der Revisionsbegründungsschrift ausdrücklich erhoben bzw. in der Antragsschrift des Generalbundes- bzw. Generalstaatsanwalts angesprochen wurde oder sie sonst nahe lag.

Beispiel (Beschluss nach § 349 II, IV StPO; die Revision des Angeklagten hat nur zum Strafausspruch Erfolg): 414

»Gründe:
Das Landgericht hat den Angeklagten wegen Mordes zu einer lebenslangen Freiheitsstrafe verurteilt. Hiergegen wendet er sich mit seinem Rechtsmittel, mit dem er das Verfahren beanstandet und die Sachrüge erhebt. Die Revision hat nur bezüglich des Rechtsfolgenausspruchs Erfolg.

1. Die vom Angeklagten erhobene Aufklärungsrüge ist unzulässig, da sie nicht den sich aus § 344 II 2 StPO ergebenden Anforderungen genügt. Sie enthält nämlich weder eine bestimmte Beweisbehauptung, die das Landgericht hätte feststellen sollen, noch die Angabe eines konkreten Beweismittels, mit dem diese Behauptung bewiesen werden sollte.
2. Die Sachrüge des Angeklagten ist unbegründet, soweit sie den Schuldspruch betrifft, dagegen hat sie zum Strafausspruch Erfolg.
    a) Nach den vom Schwurgericht getroffenen Feststellungen hat der Angeklagte am ... [es folgt eine kurze Zusammenfassung des Sachverhalts, den das Schwurgericht seiner Verurteilung zugrunde gelegt hat.]
    b) Auf der Grundlage dieser Feststellungen begegnet der Schuldspruch wegen Mordes keinen Bedenken. ... [es folgt die Begründung, dass der Schuldspruch keinen Rechtsfehler aufweist.]
    c) Dagegen kann der Strafausspruch keinen Bestand haben. ... [es folgt die Begründung, warum die Strafzumessungserwägungen des Schwurgerichts einen Rechtsfehler aufweisen, auf dem das Urteil beruht. Wegen der absoluten Strafdrohung in § 211 I StGB kann ein solcher Rechtsfehler an sich nur in der falschen Anwendung einer Vorschrift über eine Strafrahmenverschiebung liegen. In einem solchen Fall ist eine Anwendung von § 354 Ia StPO durch das Revisionsgericht ausgeschlossen.]«

VII. Besonderheiten

1. Bindung an die Revisionsentscheidung, Verschlechterungsverbot

Wird das Ersturteil aufgehoben und die Sache zu neuer Verhandlung und Entscheidung zurückverwiesen, so ist das nunmehr zur Entscheidung berufene Gericht an die rechtliche Bewertung des Revisionsgerichts gebunden (§ 358 I StPO); zudem besteht bei einer vom oder zugunsten des Angeklagten eingelegten Revision ein – allerdings nur auf den Rechtsfolgenausspruch bezogenes – Verschlechterungsverbot (§ 358 II StPO). 415

2. Teilweise Aufhebung der Feststellungen (doppelrelevante Tatsachen)

Hat eine beschränkt eingelegte Revision Erfolg oder enthält das Urteil nur »teilweise« einen Rechtsfehler (vgl. etwa die Beispiele bei → Rn. 390, 395, 402), muss bzw. darf das Revisionsgericht nicht stets das gesamte Urteil des Tatrichters aufheben. Dasselbe gilt bezüglich der vom Tatrichter getroffenen Feststellungen. Auch hier können bzw. müssen (vor allem bei wirksam beschränkt eingelegter Revision) die den nicht angefochtenen Teil betreffenden oder die rechtsfehlerfrei getroffenen Feststellungen bestehen bleiben, wenn sie gegenüber dem übrigen Urteilssachverhalt selbstständig und unabhängig sind (vgl. auch das »sofern« in § 353 II StPO). Beispiele hierfür sind die Aufhebung nur des Strafausspruchs mit den diesem zugrunde liegenden Feststellungen, wenn der Schuldspruch »in Ordnung« ist (etwa 416

→ Rn. 414) oder die Aufhebung der Feststellungen mit Ausnahme derjenigen zum äußeren Tatgeschehen, wenn zB die §§ 20, 21 StGB oder ein Verbotsirrtum nach § 17 StGB fehlerhaft nicht geprüft wurden. In einem solchen Fall ist der neue Tatrichter an die nicht aufgehobenen Feststellungen gebunden. Er darf daher keine diesen widersprechenden Feststellungen treffen, sondern die »rechtskräftigen« Tatsachen nur ergänzen.[34]

417 **Fall:** Die Angeklagte war wegen Totschlags zu einer Freiheitsstrafe von acht Jahren verurteilt worden. Die gegen dieses Urteil zunächst eingelegte Revision war nur zum Strafausspruch erfolgreich; der BGH hatte in einem ersten Revisionsverfahren lediglich den Strafausspruch mitsamt den Feststellungen aufgehoben und die Sache zur neuen Straffestsetzung an ein anderes Schwurgericht des Landgerichts zurückverwiesen. Gegen dessen Urteil, in dem wiederum eine Freiheitsstrafe von acht Jahren verhängt wurde, hat der Verteidiger der Angeklagten erneut Revision eingelegt. Er beanstandet, dass ein Beweisantrag als unzulässig abgelehnt wurde, mit dem die Schuldunfähigkeit der Angeklagten nachgewiesen werden sollte (die Tatrichter hatten der Angeklagten »nur« § 21 StGB zugebilligt). Wird die Revision Erfolg haben?

Lösung: Die Revision wird keinen Erfolg haben. Nach der Rechtsprechung werden nämlich, wenn das Revisionsgericht ein Urteil nur im Strafausspruch mit den zugehörigen Feststellungen aufgehoben hat, von dieser Aufhebung lediglich solche Feststellungen erfasst, die **allein** die Straffrage betreffen. Hinsichtlich derjenigen Feststellungen, die ausschließlich oder auch den (infolge der Erfolglosigkeit der ersten Revision »rechtskräftigen«) Schuldspruch betreffen, tritt dagegen Bindungswirkung ein, sie dürfen vom neuen Tatrichter nicht anders festgestellt werden.[35] Umstände, die sowohl für den Schuldspruch als auch den Rechtsfolgenausspruch Bedeutung haben, bezeichnet man im Übrigen als doppelrelevante Tatsachen. Auch an sie ist der neue Tatrichter gebunden, wenn er nach einer Aufhebung nur im Rechtsfolgenausspruch lediglich über diesen neu zu entscheiden hat.[36] Auf dieser Grundlage hat das Schwurgericht den auf die Bejahung von § 20 StGB gerichteten Beweisantrag zutreffend als unzulässig abgelehnt; denn wäre die Angeklagte tatsächlich schuldunfähig gewesen, so hätte sie nicht wegen Totschlags verurteilt werden dürfen. Da das Urteil insofern aber »rechtskräftig« ist, ist der neue Tatrichter aus Rechtsgründen daran gehindert, sich mit dem Schuldspruch zu befassen, darauf gerichtete Beweisanträge sind unzulässig (§ 244 III 1 StPO).[37]

3. Erstreckung (§ 357 StPO)

418 Möglich ist ferner eine Erstreckung der Revisionsentscheidung auf einen Mitverurteilten, der selbst dieses Rechtsmittel nicht eingelegt hat (§ 357 StPO), wenn dieser wegen derselben (prozessualen) Tat durch dasselbe Urteil aufgrund eines materiell-rechtlichen Fehlers oder wegen fehlerhafter Beurteilung der Verfahrensvoraussetzungen verurteilt wurde. Nach der Rechtsprechung ist eine solche Erstreckung aber ausgeschlossen, wenn »nur« eine Verfahrensrüge erfolgreich ist, wenn die Aufhebung »nur« wegen einer Gesetzesänderung (§ 354a StPO) erfolgt oder das BVerfG eine angewendete Strafvorschrift oder deren Auslegung für verfassungswidrig erklärt hat (vgl. § 79 BVerfGG).[38]

4. Anhörungsrüge (§ 356a StPO)

419 Die in § 356a StPO geregelte Anhörungsrüge – ein außerordentlicher Rechtsbehelf und die speziellere Regelung gegenüber § 33a StPO – ermöglicht es den am Revisionsverfahren Beteiligten, binnen einer Woche schriftlich (kein Anwaltszwang!) die Verletzung des rechtlichen Gehörs vor einer Entscheidung des Revisionsgerichts geltend zu machen. In der zu begründenden Rüge muss der Zeitpunkt der Kenntniserlangung von der Verletzung des rechtlichen Gehörs vorgetragen und glaubhaft gemacht werden.

---

34 Meyer-Goßner/Schmitt/*Meyer-Goßner* Einl. Rn. 187 ff., § 353 Rn. 15–16, 20.
35 BGH NStZ 1999, 259; Meyer-Goßner/Schmitt/*Meyer-Goßner* StPO § 353 Rn. 20.
36 Zu den doppelrelevanten Tatsachen gehört zB die Tatzeit: BGH StraFo 2004, 279.
37 BGH NJW 1998, 3212; Meyer-Goßner/Schmitt/*Meyer-Goßner* StPO § 353 Rn. 21, § 244 Rn. 49.
38 BGH NJW 1995, 2424; Meyer-Goßner/Schmitt/*Meyer-Goßner* StPO § 357 Rn. 8 ff.

Wurden in der Revisionsbegründung Rügen, insbes. Verfahrensrügen, nicht oder nicht frist- **420** bzw. formgerecht erhoben, können diese mit der Anhörungsrüge nicht nachgeholt werden bzw. werden vom Revisionsgericht im Verfahren nach § 356a StPO nicht berücksichtigt.[39] Denn das Verfahren gem. § 356a StPO dient ausschließlich der Nachholung nicht gewährten rechtlichen Gehörs zu einer bereits getroffenen Entscheidung des Revisionsgerichts über form- und fristgerecht erhobene Rügen.

---

39 Meyer-Goßner/Schmitt/*Meyer-Goßner* StPO § 356a Rn. 1.

5. Kapitel. Anhang

A. Revisionsklausuren: Typen und Themen[1]

I. Aufgabentypen

Revisionsklausuren wurden in Bayern seit 1986 in etwa $1/3$ der strafrechtlichen Examensaufgaben gestellt. Sie lassen sich folgenden Typen zuordnen: 421

- Gutachten dazu, ob und inwieweit Revision eingelegt werden soll;
- Gutachten zu den Erfolgsaussichten einer bereits eingelegten, aber noch nicht begründeten Revision, zusätzlich waren – allerdings selten – die Verfahrensrügen zu formulieren oder der Tenor der erwarteten Entscheidung des Revisionsgerichts zu fertigen;
- Gutachten zu den Erfolgsaussichten einer bereits begründeten Revision;
- Fertigen einer Revisionsbegründung. In den letzten Jahren wurde stets (zumindest auch) die Fertigung einer Revisionsbegründung verlangt.

II. Klausurthemen

Die Klammerzusätze geben die Häufigkeit in absoluten Zahlen an.

1. *Zulässigkeitsfragen* 422
- Wahrung der Revisionseinlegungsfrist durch einen Angeklagten, der bei der Urteilsverkündung eigenmächtig abwesend war (2×)
- Unwirksamer Rechtsmittelverzicht (2×)
- Revisionseinlegung vor der vollständigen Urteilsverkündung (2×)
- Revisionseinlegung zu Protokoll in der Hauptverhandlung (4×)
- Revisionseinlegung mit Faksimile-Stempel (1×)
- Sprungrevision (6×)
- Einlegung eines unbenannten Rechtsmittels (1×)
- Zulässigkeit einer Nebenklägerrevision (2×)

2. *Verfahrenshindernisse* 423
- Wirksamkeit von Anklage und Eröffnungsbeschluss (ungenaue Tatbeschreibung, ungenaue Tatzeit, 4×)
- Fehlen einer wirksamen Nachtragsanklage (2×)
- Wirksamkeit des Eröffnungsbeschlusses bei nur teilweiser Zulassung der Anklage (fortgesetzte Handlung, 1×)
- Strafklageverbrauch (5×)
  - fortgesetzte Handlung (2×)
  - nach § 153 StPO (1×)
  - nach § 153a StPO (1×)
  - nach § 154 StPO (1×)
- Verjährung (1×)
- sachliche Zuständigkeit (3×)
- fehlender Strafantrag (3×)
- Rechtskraft durch verfristete Berufung (1×)
- Verbot der Schlechterstellung (3×)

3. *Verfahrensrügen* 424
- Zuständigkeit (3×)
  - des Schwurgerichts (2×)
  - der Jugendschutzkammer (1×)

---

[1] Die folgende Darstellung beruht auf einer Auswertung der in bayerischen Staatsexamina von 1986/I bis 2016/II gestellten Revisionsklausuren.

- fehlerhafte Besetzung des Gerichts (einschließlich Schöffenauswahl) (4×)
- Wechsel des Vorsitzes (1×)
- Öffentlichkeit (3×)
- Anwesenheit (18×)
  - Staatsanwalt bei eigener Zeugenvernehmung (1×)
  - Angeklagter (8×)
  - Verteidiger (4×, davon 1×: zu viele Verteidiger [§ 137 I 2 StPO])
  - Nebenkläger (2×)
  - Dolmetscher (2×)
  - Sachverständiger (1×)
- Befangenheit (8×)
  - Tätigkeit als Ermittlungs- bzw. Haftrichter (2×)
  - Befangenheit des Vorsitzenden (2×)
  - Befangenheit der Schöffen (2×)
  - Befangenheit des Staatsanwalts (1×)
  - Befangenheit eines Zeugen (1×)
- keine oder zu späte Belehrung des Angeklagten nach § 243 V 1 StPO (8×; davon 1× bei Staatsanwalts-Revision [§ 339 StPO])
- Fehler bei der Verlesung der Anklage (4×; davon 1× bei Staatsanwalts-Revision [§ 339 StPO] und 1× im Hinblick auf die Verlesung des erstinstanzlichen Urteils in der Berufungsverhandlung, § 324 I StPO)
- Aufklärungsrüge (8×)
  - Erholung eines psychiatrischen Gutachtens (1×)
  - unbekannter Aufenthalt eines Zeugen (2×)
  - Zeuge hatte sich vor der Vernehmung wieder entfernt (1×)
  - sich aufdrängende Zeugenvernehmung (3×)
  - Verlesung eines Strafantrags (1×)
- Ablehnung eines Beweisantrags (17×)
  - Abgrenzung Beweisermittlungsantrag (2×)
  - Unzulässigkeit (2×)
  - verspätete Antragstellung (1×)
  - Ungeeignetheit (2×)
  - Unerreichbarkeit (3×)
  - Bedeutungslosigkeit (2×, davon 1× im Rahmen präsenter Beweismittel),
  - Auslandszeuge (2×)
  - Erwiesenheit des Gegenteils (1×)
  - Hilfsbeweisantrag (2×)
- Verwertungsverbote (31×; vgl. dazu auch bei Sachrüge):
  - § 136a StPO (4×)
  - keine (wirksame) Belehrung über Schweigerecht als Beschuldigter (7×)
  - polizeiliche Vernehmung des Beschuldigten nur zu einer anderen Tat (1×)
  - verweigerte Verteidigerkonsultation (1×)
  - fehlende Belehrung über Freiwilligkeit einer Atemalkoholmessung (1×)
  - nach Zeugnisverweigerung in der Hauptverhandlung, § 252 StPO (8×)
  - nach Auskunftsverweigerung gem. § 55 StPO (3×)
  - zu lange Observation (1×)
  - beschlagnahmtes Tagebuch (1×)
  - beschlagnahmte Patientenkartei (1×)
  - Durchsuchung ohne richterliche Durchsuchungsanordnung (1×)
  - Zufallsfund bei Durchsuchung (1×)
  - Verwertung entgegen § 477 II 2 StPO (1×)
- Verlesungen (20×)
  - zur Feststellung der Personalien des Beschuldigten (1×)
  - Geständnis (3×)
  - richterliche Niederschrift einer Zeugenaussage (4×)

- polizeiliche Niederschrift einer Zeugenaussagen (4×)
- Sachverständigengutachten (4×)
- ärztliches Attest (2×)
- Ermittlungsbericht (1×)
- Abgrenzung zum Augenschein (1×)
* Zeugenvernehmung (71×)
    - Belehrungen (21×)
    - allgemeine Belehrung, § 57 StPO (3×)
    - Angehörige (12×)
    - Tatbeteiligte oder Angehörige von Tatbeteiligten (8×)
    - Vernehmung des Staatsanwalts oder des Pflichtverteidigers als Zeugen (2×)
    - Vereidigungsfragen (25×)
        - Verzicht (2×)
        - Tat-, Strafvereitelungsverdacht (3×)
        - Angehörige (4×)
        - nach teilweiser Zeugnisverweigerung (3×)
        - Eidesverweigerung (3×)
        - fehlende Begründung bei Nichtvereidigung (3×)
        - Verfügung des Vorsitzenden, Gerichtsbeschluss (4×)
        - unterbliebene Entscheidung über die Vereidigung (3×)
* Sachverständiger (6×)
    - Belehrung, Vereidigung (3×)
    - Abgrenzung zum Zeugen (1×)
    - ununterbrochene Anwesenheit (2×)
* Dolmetscher (3×)
    - Belehrung (1×)
    - fehlende Vereidigung (1×)
    - Berufung auf früheren Eid (1×)
* Hinweispflicht nach § 265 StPO (3×)
* verweigerte Zulassung als Nebenkläger (1×)
* Protokoll (6×)
    - Ablehnung wörtlicher Protokollierung (4×)
    - allgemeinkundige Tatsachen (1×)
    - Anwesenheit (1×)
* fehlende Beratung (1×)
* Plädoyer (3×)
    - fehlerhafte Reihenfolge (1×)
    - Weigerung des Verteidigers (1×)
    - fehlendes Plädoyer des Nebenklägers (1×)
* Nichtgewährung des letzten Worts (11×; davon 1× bei Staatsanwalts-Revision [§ 339 StPO])
* Höchstdauer der Unterbrechung (1×)
* Ablehnung der Aussetzung nach Nicht-Einhaltung der Ladungsfrist (1×)
* Urteil (16×)
    - Unterzeichnung durch Schöffen/andere Richter (2×)
    - Überschreitung der Frist des § 268 III 2 StPO (1×)
    - Absetzungsfrist (3×)
    - Verwertung nicht in die Hauptverhandlung eingeführter Umstände (9×)
        - nicht verlesenes Urteil bzw. BZR (2×)
        - nicht verlesenes Gutachten (3×)
        - offenkundige Tatsache (1×)
        - anderer Aussageinhalt als im Ermittlungsverfahren (1×)
        - anderer Aussageinhalt als nach wörtlicher Protokollierung (1×)
        - nicht ordnungsgemäße Einführung von Urkunden (1×)
        - Einnahme eines Augenscheins außerhalb der Hauptverhandlung (1×)

- Verständigung (4×)
  - Nicht-Beteiligung der Staatsanwaltschaft (1×)
  - Mitteilung über Gespräche, § 243 IV StPO (1×)
  - unterbliebene Belehrung, § 257c V StPO (1×)
  - Rechtsmittelverzicht, § 302 I 2 StPO (1×)

425 4. *Materiell-rechtliche Probleme (bezogen nur auf Revisionsklausuren)*
- Urteilsfassung (3×)
  - Darstellung der persönlichen Verhältnisse (2×)
  - zu Unrecht abgekürztes Urteil (1×)
- Beweiswürdigung (8×; zu Verwertungsverboten: vgl. auch oben bei Verfahrensrüge)
  - Keine Mitteilung/Würdigung der Einlassung des Angeklagten (1x)
  - Verwertung zeitweisen Schweigens (2×)
  - Verlesen einer vorbereiteten Erklärung durch Zeugen (1×)
  - nach wörtlicher Protokollierung einer Zeugenaussage (1×)
  - willkürliche Beweiswürdigung (2×)
  - fehlende Feststellungen bei Freispruch (1×)
- rechtliche Würdigung (nur Problempunkte)
  - allgemeiner Teil
    - milderes Gesetz, § 2 StGB (1×)
    - §§ 20, 21 StGB (3×)
    - Versuch einschließlich Rücktritt (7×)
    - Abgrenzung Täterschaft/Teilnahme (1×)
    - Verabredung zu einem Verbrechen (1×)
    - Notwehr/Nothilfe (1×)
    - Wahlfeststellung (2×)
    - aberratio ictus (1×)
  - Körperverletzungs- und Tötungsdelikte
    - Mord, Totschlag (5×)
    - Körperverletzung (10×, davon 1× Körperverletzung im Amt)
    - Körperverletzung mit Todesfolge (2×)
    - Brandstiftung mit Todesfolge (3×)
  - Eigentums- und Vermögensdelikte
    - Diebstahl (13×)
    - Unterschlagung (2×)
    - unbefugter Gebrauch eines Fahrzeugs (1×)
    - Hehlerei (2×)
    - Betrug (7×)
    - Computerbetrug (2×)
    - Untreue (2×)
    - Raub, räuberische Erpressung (16×)
    - räuberischer Diebstahl (einschließlich Qualifikationen) (2×)
    - §§ 239a, 239b StGB (3×)
  - Straßenverkehr
    - Fahren ohne Fahrerlaubnis (2×)
    - Verstoß gegen das Pflichtversicherungsgesetz (1×)
    - § 142 StGB (1×)
    - §§ 315c, 316 StGB (3×)
    - § 316a StGB (3×)
  - Sonstiges
    - Nicht-Anzeige geplanter Straftaten (1×)
    - Meineid (2×),
    - falsche Versicherung an Eides statt (1×)
    - Strafvereitelung (4×)
    - Vortäuschen einer Straftat (1×)
    - falsche Verdächtigung (2×)

- Verunreinigen von Gewässern (1×)
- Urkundenfälschung und Missbrauch von Ausweispapieren (3×)
- Fälschung beweiserheblicher Daten (1×)
- gemeinschädliche Sachbeschädigung (1×)
- Verwahrungsbruch (1×)
- Brandstiftung (4×)
- Leistungserschleichung (3×)
- Vollrausch (1×)
- unterlassene Hilfeleistung (1×)
- Strafzumessung und Rechtsfolgen
  - fehlende Erörterung eines (unbenannten) minder schweren Falles (1×)
  - minder schwerer Fall bei vertyptem Milderungsgrund (3×)
  - keine oder unzureichende Prüfung der Strafrahmenverschiebung bei vertyptem Milderungsgrund (3×)
  - Strafzumessungserwägungen
    - fehlende Angaben von Strafmaßzumessungstatsachen (1×)
    - Schweigen, Leugnen, fehlende Reue des Angeklagten (5×)
    - Vorstrafen (4×; davon 1×: Verwertung einer tilgungsreifen Vorstrafe)
    - verjährte Taten (1×)
    - Verstoß gegen § 46 III StGB (7×)
    - Verstoß gegen § 47 StGB (3×)
    - Fehlen von Milderungs- oder Rechtfertigungsgründen (2×)
    - Verhalten des Angeklagten nach der Urteilsverkündung (1×)
    - Täter-Opfer-Ausgleich, § 46a StGB (1×)
    - Verknüpfung der Dauer der Freiheitsstrafe mit Aussetzungsmöglichkeit (1×)
  - Sonstiges
    - Geldstrafe, Tagessatzhöhe (2×)
    - kurze Freiheitsstrafe (2×)
    - Gesamtstrafenbildung (10×)
    - unterbliebener Härteausgleich (2×)
    - Anrechnung im Ausland erlittener Untersuchungshaft (1×)
    - §§ 69, 69a StGB (3×)
    - Verletzung von § 56 StGB (3×)

5. *Sonstiges* 425a
- Taktische Überlegungen zur Erhebung von Verfahrensrügen (1×)

B. Aufbauschemata

I. Gutachten nach eingelegter, aber noch nicht begründeter Revision

Eine solche Aufgabenstellung kommt in zwei Alternativen vor. 426

In der ersten Alternative lautet der Bearbeitervermerk typischerweise: »… in einem Gutachten ist zu den Erfolgsaussichten der Revision Stellung zu nehmen.«

Das Gutachten sollte folgendermaßen gegliedert werden:

> 1. Zulässigkeit
>   a) Statthaftigkeit → § 333 StPO (Sprungrevision: §§ 335 I, 312 StPO)
>   b) Einlegungsberechtigung und Beschwer → §§ 296 ff. StPO
>   c) Form, Inhalt und Frist der Einlegung → § 341 StPO
>   d) Frist zur Revisionsbegründung → § 345 I StPO
>   Form und Inhalt der Revisionsbegründung können noch nicht geprüft werden, weil diese noch nicht vorliegt; auf sie sollte daher erst in der Zusammenfassung am Ende einge-

> gangen werden. Dasselbe gilt für die Frist des § 345 I StPO, wenn das Urteil noch nicht zugestellt wurde.
> e) kein Rechtsmittelverzicht → § 302 StPO
> Dieser Punkt sollte allerdings nur angesprochen werden, wenn der Sachverhalt wenigstens einen geringen Anhaltspunkt für die Erklärung eines Rechtsmittelverzichts bietet.
> 2. Prüfung der Begründetheit
> a) Verfahrensvoraussetzungen → zB: wirksame Anklage und wirksamer Eröffnungsbeschluss, keine Verjährung, wirksamer Strafantrag, keine anderweitige Rechtshängigkeit, kein Strafklageverbrauch.
> b) Prüfung des Verfahrens → Durchsicht vor allem des Protokolls, ob Verfahrensfehler vorliegen, die zu absoluten (§ 338 StPO) oder relativen Revisionsgründen (§ 337 I StPO) führen.
> c) Prüfung der Anwendung materiellen Rechts → Prüfung des Urteils (Rechtsfehler in der Sachverhaltsfeststellung, der Beweiswürdigung, der rechtlichen Würdigung und der Strafzumessung).
>
> **Hinweis:** Bei einer Revision des Angeklagten ist die Erforderlichkeit einer Beschwer auch im Hinblick auf den konkreten Verfahrens- oder materiell-rechtlichen Fehler zu beachten (Stichwort zu Verfahrensfehlern: Rechtskreistheorie). Bei einer zum Nachteil des Angeklagten eingelegten Revision der Staatsanwaltschaft ist § 301 StPO zu beachten (→ Prüfung auch auf Rechtsfehler hin, die nur zum Vorteil des Angeklagten wirken würden). Ferner können sich die Staatsanwaltschaft bei einer zuungunsten des Angeklagten eingelegten Revision und Nebenkläger nicht auf die Verletzung eines Gesetzes berufen, das **lediglich** zu dessen Gunsten wirkt (§ 339 StPO direkt bzw. analog). Bei Nebenklägern ist zusätzlich § 400 I StPO zu beachten.
>
> 3. Ergebnis (Zusammenfassung):
> Welche Revisionsgründe – Verfahrensrügen und/oder Sachrüge – bieten Aussicht auf Erfolg?
> Liegen Verfahrenshindernisse vor?
> In welchem Umfang (Beschränkung) soll die Revision durchgeführt werden?
> Hier kann auch auf Form und ggf. Frist der Revisionsbegründung hingewiesen werden.
> Vorteilhaft ist es ferner, das zuständige Revisionsgericht[2] und den Antrag mitzuteilen, der in der Revisionsbegründung gestellt werden soll (auch wenn dies im Bearbeitervermerk nicht ausdrücklich gefordert ist).

427 In der zweiten Alternative lautet der Bearbeitervermerk typischerweise:

»… ist ein Gutachten dazu zu erstellen, ob Rechtsverstöße vorliegen, die eine Revision begründen können.«

In einem solchen Fall muss die Zulässigkeit der Revision nicht geprüft werden; der Aufbau entspricht aber dem unter I. dargestellten von »Prüfung der Begründetheit« bis »Ergebnis«. Im Ergebnis kann kurz auf die Zulässigkeit der Revision – vor allem Form und Frist der Revisionsbegründung – eingegangen werden.

II. Fertigen einer Revisionsbegründungsschrift

428 Wird im Bearbeitervermerk zunächst ein Gutachten und dann die Revisionsbegründung gefordert, kann das dann als Gliederungsziffer I. zu erstellende Gutachten (Gutachtenstil verwenden) folgendermaßen aufgebaut werden:

---

[2] Alternativ kann das zuständige Revisionsgericht zwischen Zulässigkeit und Begründetheit mitgeteilt werden.

1. Zulässigkeit
   a) Statthaftigkeit → § 333 StPO (Sprungrevision: §§ 335 I, 312 StPO)
   b) Einlegungsberechtigung und Beschwer → §§ 296 ff. StPO
   c) Form, Inhalt und Frist der Einlegung → § 341 StPO
   d) Frist zur Revisionsbegründung → § 345 I StPO
      Form und Inhalt der Revisionsbegründung können noch nicht geprüft werden, weil diese noch nicht vorliegt; auf sie sollte daher erst in der Zusammenfassung am Ende eingegangen werden.
   e) kein Rechtsmittelverzicht → § 302 StPO
      Dieser Punkt sollte allerdings nur angesprochen werden, wenn der Sachverhalt wenigstens einen geringen Anhaltspunkt für die Erklärung eines Rechtsmittelverzichts bietet.
2. Begründetheit
   a) Verfahrensvoraussetzungen → zB: wirksame Anklage und wirksamer Eröffnungsbeschluss, keine Verjährung, wirksamer Strafantrag, keine anderweitige Rechtshängigkeit, kein Strafklageverbrauch.
   b) Prüfung des Verfahrens → Durchsicht vor allem des Protokolls, ob Verfahrensfehler vorliegen, die zu absoluten (§ 338 StPO) oder relativen Revisionsgründen (§ 337 I StPO) führen.
   c) Prüfung der Anwendung materiellen Rechts → Prüfung des Urteils (Rechtsfehler in der Sachverhaltsfeststellung, der Beweiswürdigung, der rechtlichen Würdigung und der Strafzumessung).
3. Ergebnis
   Welche Revisionsgründe – Verfahrensrügen und/oder Sachrüge – bieten Aussicht auf Erfolg? Liegen Verfahrenshindernisse vor?
   In welchem Umfang (Beschränkung) soll die Revision durchgeführt werden?
   Hier sollten auch Form und ggf. Frist der Revisionsbegründung angesprochen und das zuständige Revisionsgericht benannt[3] werden.

Hinweise: Bei einer Revision des Angeklagten ist die Erforderlichkeit einer Beschwer auch im Hinblick auf den konkreten Verfahrens- oder materiell-rechtlichen Fehler zu beachten (Stichwort zu Verfahrensfehlern: Rechtskreistheorie). Bei einer zum Nachteil des Angeklagten eingelegten Revision der Staatsanwaltschaft ist § 301 StPO zu beachten (Prüfung auch auf Rechtsfehler hin, die nur zum Vorteil des Angeklagten wirken würden). Ferner können sich die Staatsanwaltschaft bei einer zuungunsten des Angeklagten eingelegten Revision und Nebenkläger nicht auf die Verletzung eines Gesetzes berufen, das lediglich zu dessen Gunsten wirkt (§ 339 StPO direkt bzw. analog). Der Nebenkläger hat zusätzlich die Beschränkungen des § 400 I StPO zu beachten.

Unter der Gliederungsziffer II. folgt dann die Revisionsbegründung. **429**

Hinweise zur Form: Entweder Schriftsatz des Anwalts oder der Staatsanwaltschaft; jeweils mit Datum, Angabe von Absender und Empfänger (Ausgangsgericht-, nicht Revisionsgericht) sowie des Betreffs und Unterschrift.

Hinweise zum Inhalt:
– Antrag → §§ 344 I, 353 f. StPO (der Antrag wird so formuliert, wie sich der Revisionsführer den Hauptsachetenor der Entscheidung des Revisionsgerichts erhofft)
– Begründung:
  1. bestehende Verfahrenshindernisse

---
[3] Falls Letzteres nicht bereits zwischen Zulässigkeit und Begründetheit erfolgt ist.

5. Kapitel. Anhang

> 2. Verfahrensrügen (→ § 344 II 2 StPO)
> 3. Sachrüge:
> – zunächst allgemein erheben,
> – dann Einzelausführungen (bei einer Nebenklagerevision sind die Beschränkungen des § 400 I StPO zu beachten)

430 Ist nach dem Bearbeitervermerk kein Gutachten, sondern »nur« ein Hilfsgutachten zu fertigen, so wird zunächst die Revisionsbegründung gefertigt. Im anschließenden Hilfsgutachten sind idR auszuführen:

– Zulässigkeit der Revision (Statthaftigkeit, Einlegungsberechtigung, Beschwer, Form, Frist und Inhalt der Revisionseinlegung, Hinweis auf Frist und Form der Revisionsbegründung, zuständiges Revisionsgericht);
– Erörterung der nicht durchgreifenden Verfahrenshindernisse und der in Betracht kommenden Verfahrens- und materiell-rechtlichen Fehler, die die Revision letztlich aber nicht rechtfertigen, sowie aller im Fall sonst noch bestehenden Probleme.

III. Gutachten nach eingelegter und begründeter Revision

431 Hier lautet der Bearbeitervermerk typischerweise:

»… ist in einem Gutachten die Entscheidung des Revisionsgerichts vorzubereiten.« oder »… ist in einem Gutachten dazu Stellung zu nehmen, ob die Revision Erfolg haben wird.«

In einem solchen Fall kann das Gutachten folgendermaßen aufgebaut werden:

> I. Zulässigkeit der Revision
>   1. Statthaftigkeit → § 333 StPO (Sprungrevision: §§ 335 I, 312 StPO)
>   2. Einlegungsberechtigung und Beschwer → §§ 296 ff. StPO
>   3. Form, Inhalt und Frist der Einlegung → § 341 StPO
>   4. Form, Inhalt und Frist der Revisionsbegründung → §§ 345 I, II, 344 I, II StPO
>   Ist **eine** Rüge – vor allem die allgemeine Sachrüge[4] – zulässig erhoben, wird die Zulässigkeit der übrigen Rügen – vor allem der Verfahrensrügen – erst bei der Begründetheit der Revision geprüft.
>   5. kein Rechtsmittelverzicht → § 302 StPO
>   Dieser Punkt sollte allerdings nur angesprochen werden, wenn der Sachverhalt wenigstens einen geringen Anhaltspunkt für die Erklärung eines Rechtsmittelverzichts bietet.
> II. Begründetheit der Revision
>   1. Prüfung der Verfahrensvoraussetzungen → Prüfung von Amts wegen, daher keine Rüge erforderlich (→ zB: wirksame Anklage und wirksamer Eröffnungsbeschluss, keine Verjährung, wirksamer Strafantrag, keine anderweitige Rechtshängigkeit, kein Strafklageverbrauch).
>   2. Prüfung der Verfahrensrügen (§ 352 I StPO → Prüfung nur der rechtzeitig und formgerecht erhobenen Verfahrensrügen); mögliche Reihenfolge: entweder so, wie sie erhoben wurden (vorzugswürdiger Aufbau) oder
>   a) absolute Revisionsgründe:
>   – Zulässigkeit der Verfahrensrüge (vor allem § 344 II 2 StPO)
>   – Begründetheit der Verfahrensrüge (Gesetzesverletzung, Erwiesenheit, keine Heilung), Vorliegen des absoluten Revisionsgrundes
>   b) relative Revisionsgründe:
>   – Zulässigkeit der Verfahrensrüge (vor allem § 344 II 2 StPO)
>   – Begründetheit der Verfahrensrüge (wie bei a), Beruhen

---

4 Bei Nebenklägern würde allerdings die allgemeine Sachrüge regelmäßig nicht genügen.

3. Prüfung der Sachrüge:
- Wurde diese allgemein erhoben → umfassende Prüfung
- Stets prüfen → besondere Begründung zur Sachrüge

Hinweis: Beschränkungen und bei Staatsanwalts- oder Nebenklägerrevision § 301 StPO sowie § 339 StPO beachten.

III. Ergebnis → Zusammenfassung, welche der Revisionsrügen Erfolg hat; in der Regel wird ein Vorschlag zum Tenor der Entscheidung des Revisionsgerichts erwartet (zweckmäßig auch, wenn dies nicht ausdrücklich verlangt wurde). Vorteilhaft ist ferner ein Hinweis, in welcher Form (Beschluss oder Urteil) diese Entscheidung ergehen kann und wird.

C. Klausur »Revision«

Aufgabentext

Auszug aus den Strafakten des Schwurgerichts beim Landgericht München I 432

Az. Ks 123 Js 54321/17

Protokoll über die öffentliche Hauptverhandlung vor dem Landgericht München I – Schwurgericht – vom 12.9.2017:

Strafsache gegen:

Gerhart Kleiner, Pflichtverteidigerin: Rechtsanwältin Südler

wegen versuchten Totschlags u. a.

Gegenwärtig:

Vorsitzende Richterin am Landgericht Dr. Betor als Vorsitzende,

die Richter am Landgericht Karl und Dr. Ebert als beisitzende Richter

Wilma Lambrecht, Sozialpädagogin, und Josef Wonnemoser, Lehrer, als Schöffen,

Oberstaatsanwalt Bayer als Vertreter der Staatsanwaltschaft,

Justizhauptsekretärin Feile als Urkundsbeamtin der Geschäftsstelle.

Nach Aufruf der Sache wurde festgestellt, dass erschienen waren:

der Angeklagte Gerhart Kleiner, vorgeführt aus der Untersuchungshaft, mit seiner Pflichtverteidigerin, Rechtsanwältin Südler,

die geladenen Zeugen Hans Kleiner, Braun und Dr. Gelder sowie der Sachverständige Prof. Dr. Grüner.

Die Zeugen wurden gemäß § 57 S. 1 StPO belehrt und darauf hingewiesen, dass sich die Wahrheitspflicht auch auf die Angaben zur Person bezieht.

Dem Sachverständigen wurde die Anwesenheit im Sitzungssaal gestattet.

Die Zeugen verließen den Sitzungssaal.

Zur Person vernommen erklärte der Angeklagte:

Gerhart Kleiner, geboren am 3.11.1977 in Wien, geschieden, österreichischer Staatsangehöriger, Bauhelfer, zuletzt wohnhaft in München, Schulstraße 3, zur Zeit in der JVA München-Stadelheim.

Der Vertreter der Staatsanwaltschaft verlas den Anklagesatz.

Die Vorsitzende stellte fest, dass die Anklage vom 16.5.2017 durch Beschluss vom 27.6.2017 unverändert zur Hauptverhandlung zugelassen wurde.

Die Vorsitzende teilt mit, dass Gespräche, deren Gegenstand die Möglichkeit einer Verständigung war, nicht stattgefunden haben.

Der Angeklagte wurde darauf hingewiesen, dass es ihm freistehe, sich zu der ihm zur Last gelegten Tat zu äußern oder nicht zur Sache auszusagen.

Der Angeklagte erklärte, dass er sich zur Sache selbst nicht äußern wolle, sondern nur zu seinen persönlichen Verhältnissen. Zu diesen machte er Angaben.

Anschließend wurde der Zeuge Hans Kleiner hereingerufen und wie folgt vernommen:

> Zur Person: Hans Kleiner, 37 Jahre alt, ledig, Metzger, wohnhaft in München, Rosenstr. 3, Bruder des Angeklagten.
>
> Der Zeuge wurde über sein Aussageverweigerungsrecht (§ 52 StPO) belehrt.
>
> Er erklärte daraufhin, keine Angaben zur Sache machen zu wollen.
>
> Auf Verfügung der Vorsitzenden blieb der Zeuge gemäß § 59 I 1 StPO unvereidigt und wurde mit Zustimmung der Verfahrensbeteiligten entlassen.

Sodann wurde der Zeuge Braun hereingerufen und wie folgt vernommen:

> Zur Person: Siegfried Braun, 36 Jahre alt, verheirateter Polizeibeamter beim PP München, dort auch zu laden, mit dem Angeklagten nicht verwandt und nicht verschwägert.
>
> Der Zeuge machte Angaben zur Sache.
>
> Auf Verfügung der Vorsitzenden blieb der Zeuge gemäß § 59 I 1 StPO unvereidigt und wurde mit Zustimmung der Verfahrensbeteiligten entlassen.

Sodann wurde der Zeuge Dr. Gelder hereingerufen und wie folgt vernommen:

> Zur Person: Dr. Sebastian Gelder, 42 Jahre alt, verheiratet, Ermittlungsrichter beim Amtsgericht München, dort auch zu laden, mit dem Angeklagten nicht verwandt und nicht verschwägert.
>
> Der Zeuge machte Angaben zur Sache.
>
> Auf Verfügung der Vorsitzenden blieb der Zeuge gemäß § 59 I 1 StPO unvereidigt und wurde mit Zustimmung der Verfahrensbeteiligten entlassen.

Die Vorsitzende wies darauf hin, dass sie das beim Angeklagten aufgrund einer ermittlungsrichterlichen Anordnung am 6.2.2017 beschlagnahmte Tagebuch auszugsweise verlesen möchte. Alle Verfahrensbeteiligten erklärten hiermit ihr Einverständnis. Nach kurzer Unterbrechung und Beratung verkündete die Vorsitzende folgenden Gerichtsbeschluss:

> Das beim Angeklagten beschlagnahmte Tagebuch ist mit Einverständnis aller Verfahrensbeteiligten bezüglich der Eintragung vom 3.2.2017 zu verlesen.

Die Vorsitzende verlas das Tagebuch im oben bezeichneten Umfang.

Ferner wurde auf Anordnung der Vorsitzenden der den Angeklagten betreffende Auszug aus dem Bundeszentralregister verlesen.

Sodann wurde mit Verfügung der Vorsitzenden um 11.55 Uhr die Sitzung zur Mittagspause bis um 13 Uhr unterbrochen.

Um 13 Uhr wurde die öffentliche Sitzung in Anwesenheit der oben bezeichneten Personen fortgesetzt.

Die Verteidigerin des Angeklagten stellte folgenden Beweisantrag: Zum Beweis der Tatsache, dass der Angeklagte am 3.2.2017 um 22.30 Uhr in der Wohnung seiner geschiedenen Ehefrau in München, Waldfriedhofstraße 7, war, beantrage ich – wie gemäß § 222 II StPO angekündigt – deren Vernehmung. Die Zeugin Eva Kleiner wurde vom Angeklagten über den Gerichtsvollzieher geladen und wartet vor dem Sitzungssaal.

Der Staatsanwalt erhielt Gelegenheit, zu dem Beweisantrag Stellung zu nehmen.

Nach kurzer Unterbrechung und Beratung teilte die Vorsitzende mit, dass man dem Beweisantrag folgen werde. Die Zeugin wurde sodann hereingerufen, gemäß § 57 S. 1 StPO belehrt und wie folgt vernommen:

Zur Person: Eva Kleiner, 38 Jahre alt, geschiedene Ehefrau des Angeklagten, Arzthelferin, wohnhaft in München, Waldfriedhofstr. 7, belehrt nach § 52 StPO, aussagebereit.

Die Zeugin machte Angaben zur Sache.

Die Zeugin blieb auf Anordnung der Vorsitzenden wegen des Verdachts der versuchten Strafvereitelung gemäß § 60 Nr. 2 StPO unvereidigt und wurde im allseitigen Einvernehmen entlassen.

Die Verteidigerin gab nunmehr folgende Erklärung ab: Ich habe die Aussage der Zeugin so verstanden, dass kein Zweifel daran besteht, dass der Angeklagte am 3.2.2017 um 22.30 Uhr, also zur Tatzeit, bei ihr war und daher die ihm zur Last gelegte Tat nicht begangen haben kann. Sollte das Gericht dies anders sehen, bitte ich um einen Hinweis. Zudem möchte ich schon jetzt der Verwertung der Aussagen der Zeugen Braun und Dr. Gelder widersprechen und widerrufe mein Einverständnis mit der Verlesung des Tagebuchs.

Der Staatsanwalt erhielt Gelegenheit, hierzu Stellung zu nehmen.

Sodann wurde der Sachverständige Prof. Dr. Grüner hervorgerufen und wie folgt vernommen:

Zur Person: Prof. Dr. Franz Grüner, 56 Jahre, verheiratet, Universitätsprofessor, Institut für Rechtsmedizin der Ludwig-Maximilian-Universität München, mit dem Angeklagten nicht verwandt und nicht verschwägert.

Der Sachverständige machte Ausführungen zur Sache.

Auf Verfügung der Vorsitzenden blieb der Sachverständige gemäß § 79 I StPO unvereidigt und wurde mit Zustimmung der Verfahrensbeteiligten entlassen.

Nunmehr wurde die Beweisaufnahme geschlossen; §§ 240, 248, 257 StPO wurden jeweils beachtet. Eine Verständigung nach § 257c StPO hat nicht stattgefunden.

Die Vorsitzende wies darauf hin, dass abweichend von der zugelassenen Anklage auch eine Verurteilung wegen vorsätzlicher Körperverletzung in Tateinheit mit fahrlässiger Tötung in Betracht komme. Der Vertreter der Staatsanwaltschaft, die Pflichtverteidigerin und der Angeklagte erhielten Gelegenheit zur Stellungnahme. Erklärungen wurden nicht abgegeben.

Der Sitzungsvertreter der Staatsanwaltschaft hielt seinen Schlussvortrag und beantragte: ...

Die Verteidigerin hielt ihren Schlussvortrag und beantragte: ...

Der Angeklagte wurde befragt, ob er noch etwas zur Verteidigung ausführen wolle. Der Angeklagte hatte das letzte Wort; er machte keine Ausführungen.

Sodann wurde die Sitzung um 16.00 Uhr zur Beratung unterbrochen.

Um 17.00 Uhr wurde die öffentliche Verhandlung in Anwesenheit der oben bezeichneten Personen fortgesetzt.

Die Vorsitzende verkündete durch Verlesen der Urteilsformel und mündliche Mitteilung des wesentlichen Inhalts der Urteilsgründe im Namen des Volkes folgendes

Urteil:

1. Der Angeklagte wird wegen vorsätzlicher Körperverletzung in Tateinheit mit fahrlässiger Tötung zu einer Freiheitsstrafe von zwei Jahren und sechs Monaten verurteilt.
2. Der Angeklagte hat die Kosten des Verfahrens zu tragen.

Ferner wurde ein Beschluss zur Haftfortdauer verkündet.

Rechtsmittelbelehrung wurde erteilt.

Das Protokoll wurde am 15.9.2017 fertig gestellt.

Dr. Betor	Feile
Vorsitzende Richterin am Landgericht	Justizhauptsekretärin

Gegen dieses Urteil haben die Staatsanwaltschaft, eingegangen bei Gericht am 16.9.2017, und die Verteidigerin des Angeklagten, eingegangen bei Gericht am 19.9.2017, jeweils formgerecht Revision eingelegt.

Auszug aus den Gründen des am 12.9.2017 verkündeten Urteils:

I.

… [Es folgt die Darstellung der persönlichen Verhältnisse des Angeklagten einschließlich der Vorstrafen.]

II.

Am Abend des 3.2.2017 entschloss sich der Angeklagte, zum Ausklang der Woche mit seinem Bruder Hans und Freunden in seiner Stammwirtschaft, der Gaststätte X in München, zu feiern. Bereits unmittelbar beim Betreten der Gaststätte gegen 22.15 Uhr wurde der unter anderem mit einer »Bomberjacke« und Springerstiefeln bekleidete Angeklagte von dem in der Nähe der Eingangstüre sitzenden, deutlich alkoholisierten Fernando Ferri mit den Worten »Schwarz steht dir gut.« angesprochen. Der Angeklagte fühlte sich hierdurch beleidigt, ging aber – ohne etwas zu erwidern – zu seinem Bruder und seinen Freunden.

Noch bevor der Angeklagte das erste Getränk zu sich nehmen konnte, bemerkte er, dass Fernando Ferri gegen 22.30 Uhr die Gaststätte verließ. In seiner Verärgerung entschloss sich der Angeklagte, diesem unauffällig zu folgen, ihn zu Rede zu stellen und ihm eine »Abreibung« zu verpassen. Hierzu verließ er über einen in der Nähe der Toilette gelegenen Hinterausgang ebenfalls die Gaststätte und nahm die Verfolgung von Fernando Ferri auf. Der Bruder des Angeklagten, der das Vorhaben des Angeklagten ahnte, folgte diesem wiederum im Abstand von etwa einer Minute.

Bereits 50 Meter von der Gaststätte entfernt holte der Angeklagte Fernando Ferri ein und stellte diesen zur Rede. Nach einer etwa einminütigen verbalen Auseinandersetzung begann der Angeklagte mit den bloßen Fäusten auf den Kopf und den Oberkörper von Fernando Ferri einzuschlagen. Dieser wehrte sich nicht, zumal der etwa 195 cm große und kräftige Angeklagte ihm körperlich weit überlegen war. Schließlich zog der zwischenzeitlich eingetroffene Bruder des Angeklagten, der Zeuge Hans Kleiner, diesen von seinem Opfer weg. Während der Angeklagte – von seinem Bruder immer noch festgehalten – Fernando Ferri lautstark weitere Schläge ankündigte, ergriff dieser aus Angst vor weiteren Misshandlungen die Flucht. Nachdem er etwa 100 Meter gelaufen war, glaubte er hinter sich Schritte zu hören. In Todesangst versuchte er daraufhin, die Haustüre des nächstgelegenen Mehrfamilienhauses zu öffnen. Da ihm dies nicht gelang, trat er die Glasscheibe der Türe ein und gelangte so in den Hausflur. Hierbei zog er sich jedoch mehrere tiefe Schnittverletzungen zu, unter anderem wurde auch eine Schlagader am rechten Bein verletzt. Dies führte dazu, dass Fernando Ferri innerhalb kurzer Zeit verblutete.

Tatsächlich hatte der Angeklagte Fernando Ferri nicht weiter verfolgt, sondern war mit seinem Bruder auf dem Weg in Richtung Gaststätte, als sie das Klirren von zerbrechendem Glas hörten. Sonstige Personen befanden sich zu dieser Zeit nicht auf der Straße.

III.

1. Die Feststellungen zu den persönlichen Verhältnissen des Angeklagten beruhen auf dessen Angaben und dem verlesenen Auszug aus dem Bundeszentralregister. Im Übrigen hatte sich der Angeklagte in der Hauptverhandlung nicht zur Sache geäußert.
2. Der oben mitgeteilte Sachverhalt steht insbes. aufgrund des umfassenden Geständnisses fest, das der Angeklagte bei seiner – kurz nach der Tatbegehung durchgeführten – Beschuldigtenvernehmung gegenüber dem Polizeibeamten Braun abgegeben hat und das durch die Vernehmung des Polizeibeamten in die Hauptverhandlung eingeführt wurde. In dieser Aussage hatte der Angeklagte den Sachverhalt in vollem Umfang und in allen Einzelheiten so eingeräumt, wie er oben wiedergegeben ist. Die Angaben konnten auch

verwertet werden, obwohl der Beschuldigte vor dieser Vernehmung nicht darüber belehrt worden war, dass er einen Verteidiger beauftragen und sprechen darf; denn im Übrigen war die Belehrung des Beschuldigten ordnungsgemäß erfolgt. Er wusste deshalb, dass er – mit oder ohne Anwalt – gar keine Aussage machen muss; wenn er dies gleichwohl tat, sind seine Angaben auch verwertbar.

Die Tatbegehung durch den Angeklagten ergibt sich ferner aus der Aussage seines Bruders Hans Kleiner. Dieser verweigerte zwar in der Hauptverhandlung Angaben zur Sache, er hatte gegenüber dem Ermittlungsrichter, dem hierzu vernommenen Zeugen Dr. Gelder, das Tatgeschehen aber wie oben festgestellt bestätigt. Auch diese Aussage ist verwertbar; denn der Bruder des Angeklagten war vor seiner Vernehmung durch den Ermittlungsrichter über sein Zeugnisverweigerungsrecht gem. § 52 III StPO belehrt worden. Dass der Angeklagte von diesem Vernehmungstermin nicht benachrichtigt worden war, ist unerheblich; denn der Ermittlungsrichter hat ausdrücklich entschieden, dass eine Benachrichtigung des zu diesem Zeitpunkt noch nicht verteidigten, aber auf freiem Fuß befindlichen Beschuldigten unterbleibt, »weil ansonsten der Untersuchungserfolg gefährdet wäre«.

Schließlich wird das Geständnis des Angeklagten auch durch den verlesenen Teil seines Tagebuchs bestätigt. Insofern wurde in der Hauptverhandlung folgender Eintrag vom 3.2.2017 verlesen: »Habe heute einen Türken platt gemacht.« Auch dieses Beweismittel ist verwertbar, da alle Beteiligten mit der Verlesung einverstanden waren.

Demgegenüber ist die Aussage der Zeugin Kleiner, der geschiedenen Ehefrau des Angeklagten, nicht glaubhaft. Diese hat zwar – wie auch schon im Vorfeld der Hauptverhandlung gegenüber den Polizeibehörden – angegeben, dass der Angeklagte zur Tatzeit bei ihr gewesen sei. Dem folgt das Gericht indes nicht; die Aussage wird nämlich durch sämtliche oben aufgeführte Beweismittel widerlegt. ...

Gefolgt ist das Gericht dagegen den Ausführungen des Sachverständigen Prof. Dr. Grüner zur Schuldfähigkeit des Angeklagten und auch zu den Verletzungen, die das Opfer durch die Schläge erlitten hat, sowie zur Todesursache. Den überzeugenden Ausführungen des Sachverständigen schließt sich das Gericht an. ...

IV.

Aufgrund des unter II. festgestellten Sachverhalts hat sich der Angeklagte einer vorsätzlichen Körperverletzung durch die Faustschläge (§ 223 I StGB) sowie einer fahrlässigen Tötung (§ 222 StGB) schuldig gemacht. Die Flucht des Opfers in Todesangst und die beim Eintreten der Glastüre erlittenen Verletzungen waren ebenso vorhersehbar wie der dadurch herbeigeführte Tod von Fernando Ferri. Beide Straftatbestände stehen in Tateinheit (§ 52 I StGB) zueinander.

Hinsichtlich der vorsätzlichen Körperverletzung wurde von der Staatsanwaltschaft das besondere öffentliche Interesse an der Strafverfolgung bejaht (§ 230 I StGB).

V.

... [Es folgen Ausführungen zur Strafzumessung.]

VI.

Die Kostenentscheidung beruht auf § 465 I StPO.

Dr. Betor	Dr. Ebert	Karl
Vorsitzende Richterin am Landgericht	Richter am Landgericht	Richter am Landgericht

Das vollständige Urteil wurde dem Angeklagten am 23.9.2017 formell ordnungsgemäß zugestellt; seine Verteidigerin erhielt vom Gericht am 26.9.2017 formlos eine Abschrift mit der Mitteilung über die Zustellung an den Angeklagten übersandt. Die Zustellung des Urteils an die Staatsanwaltschaft erfolgte – ordnungsgemäß – am 26.9.2017.

5. Kapitel. Anhang

Um die Erfolgsaussichten der eigenen und auch der Revision der Staatsanwaltschaft prüfen zu können, bittet Rechtsanwältin Südler am 6.10.2017 den in ihrer Kanzlei tätigen Rechtsreferendar Willig, ein entsprechendes Gutachten zu fertigen, wobei sich das Gutachten zum Rechtsmittel der Staatsanwaltschaft mit möglichen Verfahrensfehlern nicht befassen soll.

Vermerk für den Bearbeiter:

Das Gutachten des Referendars Willig ist zu fertigen.

Dabei ist davon auszugehen, dass die mit »...« gekennzeichneten Teile des Hauptverhandlungsprotokolls und des Urteils sowie die Strafakten im Übrigen keine Rechtsfehler und auch keine weiterführenden Erkenntnisse enthalten oder zulassen bzw. die Angaben im Hauptverhandlungsprotokoll und im Urteil über den Verfahrensgang bestätigen. Der Sachbericht ist erlassen.

Ladungen, Zustellungen, Vollmachten und sonstige Formalien sind in Ordnung, soweit sich aus der Angabe nichts anderes ergibt. Ggf. erforderliche Aussagegenehmigungen (§ 54 StPO) wurden erholt. Auf Ordnungswidrigkeiten und Straftatbestände außerhalb des StGB ist nicht einzugehen. StGB und StPO finden in ihrer aktuellen Fassung Anwendung.[5]

Lösung

I. Zulässigkeit der Revisionen[6]

433 Die Revisionen sind statthaft (§ 333 StPO). Die Verteidigerin des infolge der Verurteilung beschwerten Angeklagten war auch einlegungsberechtigt (§ 297 StPO).[7] Rechtsmittelbefugt war ferner die Staatsanwaltschaft (§ 296 StPO), die – wie §§ 296 II, 301 StPO zeigen – gegen jedes möglicherweise falsche Urteil Revision einlegen kann.[8]

434 Die Revisionen wurden entsprechend den sich aus § 341 I StPO ergebenden Inhalts- und Formerfordernissen eingelegt (vgl. Angabe). Da die Urteilsverkündung am 12.9.2017 in Anwesenheit aller Revisionsführer erfolgt ist, lief die einwöchige Revisionseinlegungsfrist des § 341 I StPO bis zum 19.9.2017, 24 Uhr (§ 43 I StPO). Die Revisionen der Verteidigerin und der Staatsanwaltschaft sind am 16. bzw. am 19.9.2017 bei Gericht eingegangen, beide Rechtsmittelführer haben somit die Revisionseinlegungsfrist gewahrt.

Zwischenergebnis

435 Im jetzigen Stand des Verfahrens bestehen bezüglich der Zulässigkeit der Revisionen keine Bedenken.[9]

II. Prüfung der Verfahrensvoraussetzungen

436 Die Anklageerhebung vor dem Landgericht – eine in jeder Lage des Verfahrens von Amts wegen zu prüfende Voraussetzung, § 6 StPO – ist angesichts der Tatsache, dass dort – willkürfrei – von einem versuchten Tötungsdelikt ausgegangen wurde (vgl. im Protokoll

---

5 Damit soll der Prüfling der Prüfung etwaigen intertemporalen Rechts enthoben werden. Anderenfalls müsste man vorliegend diskutieren, inwieweit Änderungen der StPO aus der zweiten Jahreshälfte 2017 bereits auf den vorliegenden Fall Anwendung finden.
6 Die Erfolgsaussichten der Revisionen können hier in einem geprüft werden, zumal das Rechtsmittel der Staatsanwaltschaft auch zugunsten des Angeklagten wirken würde, vgl. § 301 StPO.
7 Einlegungsberechtigt ist der Pflichtverteidiger, da dessen Bestellung auch das Revisionsverfahren, nicht aber die Revisionsverhandlung, umfasst; vgl. Meyer-Goßner/Schmitt/*Schmitt* StPO § 140 Rn. 8, 9.
8 Vgl. Meyer-Goßner/Schmitt/*Meyer-Goßner* StPO Vor § 296 Rn. 16.
9 Da die Revisionsbegründungsfrist unproblematisch noch läuft, ist es zulässig und sinnvoll, die die Begründung der Rechtsmittel betreffenden Zulässigkeitsfragen erst in der Zusammenfassung am Ende der Arbeit zu erörtern.

»Strafsache gegen [...] wegen versuchten Totschlags u. a.«), im Übrigen jedenfalls § 227 StPO im Raum steht, nicht zu beanstanden.

Auch sonstige Zweifel am Vorliegen der Verfahrensvoraussetzungen bestehen nach dem Sachverhalt nicht, zumal nach dem Urteil die Staatsanwaltschaft hinsichtlich der Verfolgung der vorsätzlichen Körperverletzung das besondere öffentliche Interesse bejaht hat (§ 230 I StGB).

III. Prüfung des Verfahrens

1. Vernehmung des Zeugen Hans Kleiner

Der Zeuge Hans Kleiner hatte als Bruder des Angeklagten nach § 52 I Nr. 3 StPO ein Zeugnisverweigerungsrecht, die Aussageverweigerung war daher berechtigt. Ein Verstoß gegen die Beweiserhebungspflicht bei präsenten Zeugen (§ 245 I StPO)[10] liegt somit nicht vor. 437

Ausweislich des Hauptverhandlungsprotokolls wurde der Zeuge ferner ordnungsgemäß nach § 52 III 1 StPO belehrt; auch hinsichtlich seiner (Nicht-)Vereidigung ist kein Rechtsfehler ersichtlich. 438

Auf Gesetzesverletzungen in Zusammenhang mit der Vernehmung des Zeugen Hans Kleiner kann die Revision der Verteidigerin daher nicht mit Aussicht auf Erfolg gestützt werden. 439

2. Vernehmung des Zeugen Braun

a) Verstoß gegen den Unmittelbarkeitsgrundsatz

Die Vernehmung des Zeugen Braun könnte gegen den aus § 250 StPO hergeleiteten allgemeinen Unmittelbarkeitsgrundsatz verstoßen, weil der Polizeibeamte nur über das berichtet hat, was ihm der Beschuldigte mitgeteilt hatte. 440

Ein »Zeuge vom Hörensagen« ist jedoch ebenfalls ein unmittelbarer Zeuge, weil er Angaben über eigene Wahrnehmungen macht, nämlich das, was ihm ein Dritter erzählt hat. Eine Verletzung des Unmittelbarkeitsgrundsatzes liegt daher nicht vor.[11] Im Übrigen verbietet § 250 StPO lediglich die Ersetzung einer Zeugenvernehmung durch die bloße Protokollverlesung, statuiert also insoweit einen Vorrang des Personal- vor dem Sachbeweis, besagt aber nicht, welcher Zeuge zu vernehmen ist und untersagt auch nicht die Vernehmung der Verhörperson. 441

b) Gesetzesverletzung infolge Missachtung eines nach Verstoß gegen § 136 I 2 StPO bestehenden Verwertungsverbots

Eine zum Erfolg der Revision der Verteidigerin führende Gesetzesverletzung könnte vorliegen, wenn das Gericht die Aussage des Zeugen Braun über das Geständnis des Beschuldigten trotz eines bestehenden Verwertungsverbots in seiner Entscheidung zum Nachteil des Angeklagten berücksichtigt hat. Dieses Verwertungsverbot könnte seine Grundlage darin haben, dass der Polizeibeamte den Beschuldigten bei dessen Vernehmung nicht über sein Recht auf Verteidigerkonsultation belehrt hat. 442

Nach § 163a IV 2 iVm § 136 I 2 StPO ist ein Beschuldigter nämlich bei seiner ersten polizeilichen Vernehmung darüber zu belehren, dass er das Recht hat, einen Verteidiger zuzuziehen. Wird hiergegen verstoßen, so ist die Aussage regelmäßig unverwertbar. Zwar ordnet die StPO insoweit nicht expressis verbis ein Verwertungsverbot an (anders bspw. § 136a III 443

---

10 Dazu → Rn. 272.
11 Vgl. Meyer-Goßner/Schmitt/*Meyer-Goßner* StPO § 250 Rn. 4. Die Vernehmung eines Zeugen vom Hörensagen kann jedoch eine Verletzung der Aufklärungspflicht darstellen, wenn diese – anders als im vorliegenden Fall (Beschuldigtenvernehmung) – die Benutzung des sachnäheren Beweismittels geboten hat, vgl. Meyer-Goßner/Schmitt/*Meyer-Goßner* StPO § 250 Rn. 15.

StPO). Ein Verwertungsverbot ergibt sich gleichwohl aus folgender Überlegung: Das Recht auf Verteidigerkonsultation hat gegenüber dem Schweigerecht des Beschuldigten (ebenfalls § 136 I 2 StPO) kein geringeres Gewicht. Beide Befugnisse hängen eng miteinander zusammen und sichern im System der Rechte des Beschuldigten seine verfahrensmäßige Stellung in ihren Grundlagen (vgl. auch Art. 6 III c EMRK). Gerade die Verteidigerkonsultation dient dazu, den Beschuldigten darüber zu beraten, ob er von seinem Schweigerecht Gebrauch macht. Der Gesetzgeber hat die Bedeutung der Verteidigerkonsultation durch Einführung des § 136 I 3, 4 StPO jüngst unterstrichen. Die wertende Abwägung ergibt daher, dass das rechtsstaatliche Interesse an der Aufklärung des Sachverhalts und der Wahrheitsfindung bei einem Verstoß gegen diese Belehrungspflicht zurücktreten muss, weshalb eine ohne diese Belehrung vorgenommene Vernehmung regelmäßig unverwertbar ist.[12]

444 Gleichwohl lag hier ein Verwertungsverbot nicht vor. Die Rechtsprechung des BGH nimmt nämlich ein solches Verwertungsverbot nach Verstößen gegen Belehrungs- und Benachrichtigungspflichten regelmäßig nur dann an, wenn der verteidigte Beschuldigte der Verwertung bis zu dem sich aus § 257 StPO ergebenden Zeitpunkt widersprochen hat. Die Rechtsprechung leitet diese im Gesetz nicht geregelte Obliegenheit zum Widerspruch bei einem verteidigten Angeklagten daraus her, dass dieser – adäquat beraten – am besten entscheiden kann, ob eine Berufung auf das Verwertungsverbot einer sachgerechten Verteidigung dient. Dies gilt auch für das nach einem Verstoß gegen § 136 I 2 StPO bestehende Verwertungsverbot.[13] Da die Verteidigerin des Angeklagten – wie das Protokoll beweist (vgl. § 274 StPO) – der Verwertung nicht schon unmittelbar nach der Vernehmung des Zeugen Braun über die früheren Angaben des Beschuldigten widersprochen hatte (dies wäre der sich aus § 257 StPO ergebende Zeitpunkt), sondern erst wesentlich später, durfte und musste das Gericht somit das gegenüber dem Polizeibeamten vom Beschuldigten abgelegte Geständnis zu dessen Lasten verwerten.[14] Eine Gesetzesverletzung durch Missachtung eines Verwertungsverbots liegt somit nicht vor.

c) Verstoß gegen § 254 StPO

445 Ein Verwertungsverbot bezüglich des Geständnisses des Beschuldigten folgt auch nicht aus § 254 I StPO. Diese Vorschrift erlaubt zwar lediglich die Verlesung richterlicher Vernehmungsniederschriften über Geständnisse, regelt aber nur den Urkundenbeweis und enthält kein über den Wortlaut hinaus gehendes Beweiserhebungs- oder Beweisverwertungsverbot.[15] Dass die Norm lediglich der Protokollierung (in Deutschland wird regelmäßig kein Wortprotokoll geführt) durch nicht-richterliche Ermittlungspersonen misstraut, zeigt ihre Neufassung, die die Einführung von (insoweit unverfälschten) Bild-Ton-Aufzeichnungen früherer Vernehmungen in die Hauptverhandlung auch bei nicht-richterlichen Vernehmungen – einer bereits bestehenden Rechtsprechung folgend – nunmehr expressis verbis erlaubt.

d) Gesetzesverletzung infolge Nicht-Vereidigung des Zeugen Braun

446 Das Absehen von der Vereidigung des Zeugen Braun war rechtsfehlerfrei (§ 59 I 1 StPO). Über die Nicht-Vereidigung des Zeugen durfte – trotz des Wortlauts von § 59 I 1 StPO (»Gericht«) – die Vorsitzende vorab auch allein entscheiden (vgl. § 238 I StPO).[16]

447 Auf Gesetzesverletzungen in Zusammenhang mit der Vernehmung des Zeugen Braun kann die Verteidigerin des Angeklagten die Revision nicht mit Aussicht auf Erfolg stützen.

---

12 BGH NJW 2002, 975 (976); Meyer-Goßner/Schmitt/*Schmitt* StPO § 136 Rn. 21. Zur Verwertbarkeit von Spontanäußerungen nach Berufung auf das Schweigerecht: BGH NJW 2013, 2769.
13 Vgl. BGH NStZ 1997, 502; Meyer-Goßner/Schmitt/*Schmitt* StPO § 136 Rn. 25.
14 Zur Präklusion bei verspätetem Widerspruch (erst nach Aufhebung und Zurückverweisung): BGH NJW 2006, 707.
15 → Rn. 224 und Meyer-Goßner/Schmitt/*Meyer-Goßner* StPO § 250 Rn. 6 ff.
16 Vgl. BGH NStZ 2005, 340 (341); Meyer-Goßner/Schmitt/*Schmitt* StPO § 59 Rn. 9.

3. Vernehmung des Zeugen Dr. Gelder

a) Verstoß gegen den Unmittelbarkeitsgrundsatz

Ein Verstoß gegen den Unmittelbarkeitsgrundsatz liegt nicht vor, weil auch der Zeuge Dr. Gelder als Zeuge vom Hörensagen unmittelbarer Zeuge war (→ Rn. 441). 448

b) Gesetzesverletzung infolge Missachtung eines aus § 252 StPO herzuleitenden Verwertungsverbots

Die Aussage des Zeugen Dr. Gelder könnte jedoch unverwertbar sein, weil der Zeuge Hans Kleiner, über dessen Angaben der Ermittlungsrichter berichtet hat, in der Hauptverhandlung berechtigt die Aussage verweigert hat. 449

aa) Aus § 252 StPO wird nämlich über dessen Wortlaut hinaus ein allgemeines Verwertungsverbot hergeleitet, wenn ein Zeuge in der Hauptverhandlung berechtigt das Zeugnis verweigert.[17] Dies findet seine Rechtfertigung darin, dass ansonsten das Aussageverweigerungsrecht des § 52 StPO zumindest teilweise entwertet werden würde, wenn der Zeuge in der Hauptverhandlung damit rechnen müsste, dass seine frühere Aussage ohnehin verwertet werden darf, und er daher nicht mehr völlig frei entscheiden könnte, ob er Angaben macht oder nicht.[18] 450

Die Rechtsprechung lässt indes von diesem allgemeinen Verwertungsverbot eine Ausnahme zu. Hatte der Zeuge (früher) vor einem Richter ausgesagt und war er von diesem – bei auch im Übrigen ordnungsgemäßer Vernehmung – über das Zeugnisverweigerungsrecht belehrt worden, so darf der Richter als Zeuge über den Inhalt der Vernehmung angehört werden.[19] Offen bleiben kann vorliegend, ob eine einfache Belehrung über das Zeugnisverweigerungsrecht nach § 52 StPO genügt oder ob eine qualifizierte Belehrung auch über die Möglichkeit der Einvernahme des Ermittlungsrichters als Zeugen erforderlich ist (→ Rn. 259), denn vorliegend ist eine solche qualifizierte Belehrung erfolgt. Hergeleitet wird diese Ausnahme zum einen daraus, dass einem Zeugen bei einer richterlichen Vernehmung in besonderer Weise bewusst ist, dass seine Angaben im Strafverfahren Bedeutung haben.[20] Zum anderen kommt einer richterlichen Vernehmung eine höhere Beweiskraft zu als einer nichtrichterlichen Vernehmung, zumal nur bei einer richterlichen Vernehmung falsche Angaben des Zeugen nach §§ 153 f. StGB strafbar sind und lediglich bei ihr die in § 168c II StPO bestimmten Anwesenheitsrechte bestehen.[21] 451

Voraussetzung ist allerdings, dass der Ermittlungsrichter den Zeugen ordnungsgemäß nach § 52 III StPO belehrt hat. Dies ist geschehen. Eine weitergehende Belehrungspflicht dahingehend, dass der Ermittlungsrichter auf die Möglichkeit seiner eigenen Einvernahme als Zeuge hinweisen muss, besteht nicht. Das Gesetz ordnet eine solche nicht. Dies allein ist zwar kein für sich tragendes Argument, denn die Rückausnahme von § 252 StPO basiert seinerseits auf bloßem Richterrecht. Entscheidend ist folgende Überlegung: Zwar trifft zu, dass der Zeuge bei seiner Einvernahme durch den Ermittlungsrichter sich möglicherweise nicht bewusst ist, dass er sich damit dauerhaft materiell seines Zeugnisverweigerungsrechts begibt. Es erscheint aber umgekehrt zweifelhaft, ob ein Zeuge – der sich der Bedeutung einer richterlichen Vernehmung bewusst ist – überhaupt erwartet, dass er es weiterhin in der Hand habe, die Verwertbarkeit dieser Aussage zu bestimmen. Dass der Gesetzgeber grundsätzlich die Belehrung über die bloße Existenz des Zeugnisverweigerungsrechts als genügend angesehen hat, zeigt sich an Folgendem: Das Gesetz anerkennt die Möglichkeit eines Zeuges, den Verzicht auf sein Zeugnisverweigerungsrecht jederzeit zu widerrufen, § 52 III 2 StPO – eine entsprechende Belehrungspflicht statuiert das Gesetz aber nicht (Gegenschluss zu § 52 III 1 451a

---

17 BVerfG NStZ 2004, 18; Meyer-Goßner/Schmitt/*Schmitt* StPO § 252 Rn. 12 f.
18 Vgl. BVerfG NStZ 2004, 18; BGH NJW 2000, 596 (597).
19 Vgl. BVerfG NStZ 2004, 18; BGH NJW 2003, 2619 (2620); Meyer-Goßner/Schmitt/*Schmitt* StPO § 252 Rn. 14.
20 Ähnlich zur richterlichen Beschuldigtenvernehmung und deren Verlesbarkeit gemäß § 254 I StPO: BVerfG NStZ 2006, 46 (47).
21 Vgl. BGH NJW 2000, 1275.

StPO). Daraus lässt sich allgemein ableiten, dass das Gesetz eine Belehrung über Fernwirkungen eines Verzichts auf das Zeugnisverweigerungsrecht nicht anordnet. Es ist an dem Zeugen, sich gegebenenfalls anwaltlich beraten zu lassen, wenn er weiteren Rechtsrat benötigt. Soweit die Rechtsprechung in anderen Fallkonstellationen qualifizierte Belehrungserfordernisse annimmt, haben diese stets ein rechtswidriges Vorverhalten der Ermittlungsbehörden zum Hintergrund, dessen Fortwirkung auf diese Weise ausgeschlossen werden soll. Mit einer solchen Fallkonstellation ist die hiesige rechtmäßige Praxis nicht vergleichbar. Im Übrigen wäre zu erwarten gewesen, dass der Gesetzgeber interveniert hätte, hätte er die jahrzehntelang geübte Praxis der Rechtsprechung missbilligt.[22]

452 bb) Auf dieser Grundlage lässt sich im vorliegenden Fall ein Verwertungsverbot nicht daraus herleiten, dass der Ermittlungsrichter vernommen wurde, obwohl der von diesem angehörte Zeuge in der Hauptverhandlung berechtigt die Aussage verweigert hat. Die Vernehmung des Ermittlungsrichters und die Verwertung dessen Angaben waren daher – im Hinblick auf § 252 StPO – zulässig.

c) Gesetzesverletzung infolge Missachtung eines Verwertungsverbots nach Unterlassen der Benachrichtigung gemäß § 168c V StPO

453 Die Aussage des Ermittlungsrichters könnte jedoch unverwertbar sein, weil dieser es unterlassen hatte, den Beschuldigten von der Vernehmung des Zeugen Hans Kleiner zu benachrichtigen.

454 aa) Wird im Ermittlungsverfahren ein Zeuge richterlich vernommen, so ist der Beschuldigte grundsätzlich von dem Vernehmungstermin zu benachrichtigen (§ 168c V 1, II StPO). Dies gilt sogar dann, wenn er – etwa nach § 168c III StPO – kein Anwesenheitsrecht hat, weil die Vernehmung des Zeugen für den Beschuldigten den Anlass dazu bilden kann, einen Verteidiger zu beauftragen, der dann für ihn an dieser Vernehmung teilnimmt.[23] Ist die Vernehmung unter Verstoß gegen diese Benachrichtigungspflicht vorgenommen worden, so ist ihr Ergebnis nach der Rechtsprechung des BGH unverwertbar, die Aussage des Zeugen darf dann weder durch Verlesung noch durch die Vernehmung des Richters in die Verhandlung eingeführt werden.[24]

455 Von der Benachrichtigung des Beschuldigten kann nach § 168c V 2 StPO allerdings abgesehen werden, wenn diese den Untersuchungserfolg gefährden würde, wobei dieser Untersuchungserfolg in der Gewinnung einer wahrheitsgemäßen Aussage liegt, die im weiteren Verfahren verwertet werden kann.[25] Ob diese Voraussetzung vorliegt, hat zunächst der den Zeugen vernehmende Ermittlungsrichter zu prüfen und dann – bei der Beurteilung der Verwertbarkeit des dabei gewonnenen Beweisergebnisses – auch der Tatrichter. Das Revisionsgericht ist dagegen auf die Prüfung beschränkt, ob es hierbei zu Rechtsfehlern gekommen ist, insbes. ob die Grenzen des bei dieser Anordnung bestehenden Beurteilungsspielraums überschritten wurden.[26]

456 Auf dieser Grundlage wäre hier die richterliche Vernehmung des Zeugen Hans Kleiner nicht verwertbar. Denn der Ermittlungsrichter – und dies akzeptierend auch das Schwurgericht – hat das Unterlassen der Benachrichtigung allein mit dem Wortlaut des § 168c V 2 StPO begründet und eine auf den Einzelfall bezogene Erörterung unterlassen. Damit fehlt es an einer tragfähigen Begründung der Entscheidung; denn das Revisionsgericht kann bei einer bloßen Wiedergabe des Gesetzeswortlauts nicht prüfen, ob der Richter die Schranken für die Ausübung des Ermessens noch gewahrt oder überschritten hat. Dies gilt im vorliegenden Fall in besonderer Weise, weil der Sachverhalt auch im Übrigen keine Umstände mitteilt, die eine

---

22 BGH NJW 2017, 94.
23 Zum Erfordernis von Vortrag, dass ein verteidigter Beschuldigter nicht Kenntnis von der geplanten Zeugeneinvernahme durch seinen Verteidiger hatte: BGH NStZ 2015, 98.
24 Vgl. BGH NStZ 1999, 417 und die Nachweise bei Meyer-Goßner/Schmitt/*Schmitt* StPO § 168c Rn. 6. Die Ursache für das Unterbleiben der Benachrichtigung ist irrelevant: BGH NJW 2007, 237.
25 Vgl. BGH NStZ 1999, 417; Meyer-Goßner/Schmitt/*Schmitt* StPO § 168c Rn. 5.
26 BGH NStZ 2003, 671 (672); Meyer-Goßner/Schmitt/*Schmitt* StPO § 168c Rn. 9.

Gefährdung des Untersuchungserfolgs nach einer Benachrichtigung des Beschuldigten von der Vernehmung des Zeugen aufzeigen. Es ist nicht ersichtlich, warum bei Anwesenheit des Beschuldigten oder auch seines Verteidigers eine im späteren Verfahren verwertbare Aussage des Zeugen nicht hätte gewonnen werden können.[27]

bb) Jedoch scheitert die Annahme eines Verwertungsverbots aus einem anderen Grund. Denn auch bei § 168c StPO nimmt der BGH eine Unverwertbarkeit der Zeugenvernehmung nur an, wenn der (verteidigte) Angeklagte in der Hauptverhandlung bis zu dem sich aus § 257 StPO ergebenden Zeitpunkt der Verwertung widersprochen hat.[28] Daran fehlt es jedoch, der Widerspruch der Verteidigerin wurde nämlich zu spät erklärt.[29] 457

d) Verwertungsverbot infolge des Unterlassens einer Verteidigerbestellung für die ermittlungsrichterliche Vernehmung des Zeugen Hans Kleiner

Ein Verwertungsverbot in Bezug auf die Aussage des Ermittlungsrichters könnte sich jedoch daraus ergeben, dass dem Beschuldigten für die Zeugenvernehmung nicht wenigstens ein Pflichtverteidiger bestellt wurde, der dann an der Vernehmung hätte teilnehmen können. 458

Die Gesetzesverletzung, auf der dieses Verwertungsverbot fußen würde, wäre zum einen ein Verstoß gegen Art. 6 IIId EMRK, zum anderen die Verletzung von § 141 III StPO. Art. 6 III d EMRK räumt dem Beschuldigten nämlich das Recht ein, »Fragen an einen Belastungszeugen zu stellen oder stellen zu lassen«; § 141 III 4 StPO nF anerkennt nunmehr, dass im Hinblick auf das Recht zur konfrontativen Befragung notwendig sein kann, bereits im Ermittlungsverfahren einen Pflichtverteidiger zu bestellen. Jedenfalls vor der Vernehmung des zentralen Belastungszeugen[30] wird man daher annehmen müssen, dass die Bestellung eines Pflichtverteidigers zwingend ist, wenn der Beschuldigte selbst von der Zeugenvernehmung ausgeschlossen ist. Dies dürfte umso mehr gelten, wenn absehbar ist, dass es sich um den Fall einer notwendigen Verteidigung handelt.[31] 459

Am Vorliegen dieser Voraussetzungen kann man hier indes zweifeln. Zwar lag ein Fall der notwendigen Verteidigung vor (§ 140 I Nr. 2 StPO), jedoch dürfte Hans Kleiner im Hinblick auf das Geständnis des Beschuldigten und den Tagebucheintrag kein »zentraler Belastungszeuge« gewesen sein. Darauf kommt es jedoch nicht an, weil der BGH[32] aus dieser Gesetzesverletzung ohnehin kein Verwertungsverbot herleitet, sondern die »Beweiswürdigungslösung« gewählt hat. Danach kann in solchen Fällen auf die Aussage des Ermittlungsrichters über Angaben eines von ihm vernommenen Zeugen die Überzeugungsbildung gestützt werden, jedoch darf eine Verurteilung aufgrund dieser Aussage nur erfolgen, wenn sie durch andere wichtige Beweismittel bestätigt wurde. Dies war hier aber der Fall (polizeiliches Geständnis, Tagebucheintrag).[33] 460

Selbst wenn man diesem Ansatz nicht folgen wollte, fehlt es jedenfalls am rechtzeitigen Widerspruch, den die Rechtsprechung auch insoweit fordert.[34]

e) Nicht-Vereidigung des Zeugen Dr. Gelder

Hinsichtlich der Nicht-Vereidigung des Zeugen Dr. Gelder liegen keine Rechtsfehler vor (→ Rn. 446). 461

---

27 BGH NJW 2003, 3142.
28 Vgl. BGH NStZ 1999, 417; 1996, 595 (597); Meyer-Goßner/Schmitt/*Schmitt* StPO § 168c Rn. 6a, 9.
29 Vgl. BGH NJW 2006, 707; Meyer-Goßner/Schmitt/*Schmitt* StPO § 136 Rn. 25.
30 Auf den zentralen Belastungszeugen stellt auch der EGMR ab, vgl. auch Meyer-Goßner/Schmitt/*Schmitt*, StPO § 168c Rn. 9 und MRK Art. 6 Rn. 22g.
31 Für die Rechtslage vor Neufassung des § 141 III StPO: BGHSt 46, 93 = NJW 2000, 3505.
32 BGHSt 46, 93 = NJW 2000, 3505; BGH JR 2005, 247 mAnm *Esser* (lesenswerte Zusammenfassung der Rechtsprechung – auch des EGMR); vgl. aber auch Meyer-Goßner/Schmitt/*Meyer-Goßner* StPO § 168c Rn. 9 mwN zur Gegenauffassung.
33 Dies dürfte selbst etwaigen strengeren Maßstäben des EGMR bei Justizverschulden genügen.
34 Hierzu: Meyer-Goßner/Schmitt/*Schmitt* StPO § 136 Rn. 25 und § 168c Rn. 9.

462 Auf Gesetzesverletzungen in Zusammenhang mit der Vernehmung des Zeugen Dr. Gelder kann die Verteidigerin des Angeklagten die Revision nicht mit Aussicht auf Erfolg stützen.

4. Verlesung des Tagebuchs

a) Verstoß gegen den Unmittelbarkeitsgrundsatz

463 Die Verlesung des Tagebuchs des Angeklagten verstieß nicht gegen § 250 StPO, weil dadurch nicht die Vernehmung eines Zeugen ersetzt wurde.[35] Zudem versteht man unter »schriftlichen Erklärung« iSd § 250 S. 2 StPO nur solche Aufzeichnungen, die von vornherein zu Beweiszwecken gefertigt wurden.[36] Dazu zählt das Tagebuch indes nicht.

b) Gesetzesverletzung infolge Missachtung grundgesetzlicher Verwertungsverbote

464 Die (auszugsweise) Verlesung und Verwertung des Tagebuchs könnte der Angeklagte jedoch möglicherweise als Verletzung seines Persönlichkeitsrechts (Art. 2 I, 1 I GG) geltend machen.

465 aa) Ein Verlesungs- und Verwertungsverbot auf der Grundlage der Art. 2 I, 1 I GG ist im vorliegenden Fall jedoch schon deshalb nicht gegeben, weil der Angeklagte mit der Verlesung des Tagebuchs einverstanden war. Gegen die Wirksamkeit einer solchen Einwilligung bestehen jedenfalls in solchen Fällen keine Bedenken, wenn – wie hier (dazu auch → Rn. 467) – der Kernbereich des Persönlichkeitsrechts nicht berührt ist. Es sind dann keine Gründe dafür ersichtlich, warum die Person, deren Persönlichkeitsrecht betroffen ist, nicht frei und ohne Beeinflussung von außen ein wirksames Einverständnis mit der Verlesung und Verwertung ihres Tagebuchs erteilen können soll.

466 Unerheblich ist dagegen, dass die Verteidigerin des Angeklagten ihr Einverständnis mit der Verlesung später widerrufen hat. Denn hierbei handelte sie ersichtlich nicht für den Persönlichkeitsrechtsinhaber, also den Angeklagten (sie hat ausdrücklich ihr – »mein« – Einverständnis widerrufen),[37] sondern ging – wie wohl auch das Gericht – fälschlich davon aus, es handle sich um einen Fall von § 251 I Nr. 1 StPO.[38]

467 bb) Das Tagebuch wäre im Übrigen auch ohne das Einverständnis des Angeklagten in dem hier interessierenden Teil verwertbar gewesen. Denn der auszugsweise verlesene Abschnitt befasste sich nicht mit dem unantastbaren Kernbereich privater Lebensgestaltung.[39] Daher durfte die Eintragung verlesen werden, wenn nach einer Abwägung aller Umstände »dem Erfordernis einer wirksamen Strafrechtspflege gegenüber dem allgemeinen Persönlichkeitsrecht des Verfassers das größere Gewicht zukommt.«[40] Dies war hier zu bejahen, wobei von besonderer Bedeutung ist, dass der verlesene Abschnitt des Tagebuchs im Wesentlichen nur ein objektives Geschehen beschreibt, dass die dem Angeklagten zur Last gelegte Tat von erheblichem Gewicht ist und dass im Hinblick auf das Schweigen des Angeklagten zur Sache die Tataufklärung ohne Verwertung dieser Aufzeichnungen gefährdet gewesen wäre.

468 Aus diesen Gründen war auch die Beschlagnahme des Tagebuchs zulässig. Auf die Verlesung und Verwertung des Tagebucheintrags lässt sich die Revision der Verteidigerin des Angeklagten daher nicht mit Aussicht auf Erfolg stützen.

---

35 Vgl. Meyer-Goßner/Schmitt/*Meyer-Goßner* StPO § 250 Rn. 12.
36 Meyer-Goßner/Schmitt/*Meyer-Goßner* StPO § 250 Rn. 8.
37 Der Verteidiger ist zudem nicht der allgemeine Vertreter des Beschuldigten, vgl. Meyer-Goßner/Schmitt/ *Schmitt* StPO Vor § 137 Rn. 1; Meyer-Goßner/Schmitt/*Meyer-Goßner* StPO § 243 Rn. 27, § 261 Rn. 16a.
38 Die Verlesung des Tagebuchs ist jedoch ein »normaler« Urkundenbeweis nach § 249 I 1 StPO.
39 Vgl. dazu BVerfGE 80, 367 (376 ff.) = NJW 1990, 563; Meyer-Goßner/Schmitt/*Meyer-Goßner* Einl. Rn. 56a.
40 BGH NStZ 1998, 635; 2000, 383 mAnm *Jahn*; vgl. auch → Rn. 190 und Meyer-Goßner/Schmitt/*Meyer-Goßner* Einl. Rn. 56a.

5. Vernehmung der Zeugin Eva Kleiner

a) Die Zeugin Eva Kleiner war ein sog. präsentes Beweismittel iSd § 245 II StPO; ihre Vernehmung war daher zulässig, sie war auch aufgrund der (allgemeinen) Aufklärungspflicht des § 244 II StPO geboten. 469

b) Die Zeugin wurde ferner zutreffend nach § 52 III 1 StPO belehrt, weil nach § 52 I Nr. 2 StPO das Zeugnisverweigerungsrecht des Ehegatten nach einer Scheidung fortbesteht. 470

c) Jedoch könnte eine Gesetzesverletzung in Zusammenhang mit der Nicht-Vereidigung der Zeugin vorliegen. 471

Nach dem von der Vorsitzenden zur Begründung[41] ihrer Anordnung herangezogenen § 60 Nr. 2 StPO besteht ein Vereidigungsverbot unter anderem bei einer möglichen Strafvereitelung durch den Zeugen. Hierfür reicht der Verdacht eines Versuchs – und zwar selbst dann, wenn dieser nach § 258 VI StGB straffrei wäre.[42] Ob ein solcher Verdacht bestand, wird vom Revisionsgericht jedoch nur eingeschränkt überprüft, nämlich auf die Verkennung von Rechtsbegriffen hin.[43] Dafür liegen jedoch – auch im Hinblick auf die Ausführungen des Landgerichts in seinem Urteil zu der Zeugenaussage und deren Glaubhaftigkeit – keine Anhaltspunkte vor. Auch das Erfordernis einer (versuchten) Strafvereitelung **vor** der Hauptverhandlung ist vorliegend erfüllt; anderenfalls liefe der Eidesgrund in § 59 I 1 StPO – Herbeiführung einer wahrheitsgemäßen Aussage – weitgehend leer.[44] 472

Ein revisibler Verfahrensverstoß in Zusammenhang mit der Nicht-Vereidigung der Zeugin scheidet aber auch und jedenfalls deshalb aus, weil es die Verteidigerin (bzw. der Angeklagte) unterlassen hat, die Anordnung der Vorsitzenden zu beanstanden und eine Entscheidung des Gerichts herbeizuführen (§ 238 II StPO).[45] 473

In Zusammenhang mit der Vernehmung der Zeugin Kleiner kann die Verteidigerin des Angeklagten daher keine Erfolg versprechende Verfahrensrüge erheben. 474

6. »Zwischenverfahren« und fehlender Hinweis über das Beweisergebnis

Ein Revisionsgrund könnte jedoch darin liegen, dass das Gericht den von der Verteidigerin ausdrücklich gewünschten Hinweis zum Ergebnis der Beweisaufnahme nicht erteilt hat. 475

a) Eine solche Hinweispflicht folgt jedoch weder unmittelbar aus § 265 StPO, noch kennt die StPO im Übrigen ein solches »Zwischenverfahren« über den Inhalt einer Beweiserhebung und deren Ergebnis. Vielmehr muss der Tatrichter erst in der Urteilsberatung darüber befinden, wie er die erhobenen Beweise würdigt, und erst im Urteil dieses Ergebnis offen legen.[46] Eine Pflicht zu einer Vorabmitteilung der Beweiswürdigung lässt sich somit weder aus dem Gesetz herleiten noch kann sie durch ein entsprechendes Verlangen eines Verfahrensbeteiligten begründet werden. 476

b) Soweit den Ausführungen der Verteidigerin die Befürchtung zugrunde lag, das Schwurgericht könnte die Aussage der Zeugin anders verstanden haben als sie, könnte dies selbst dann nicht zur Grundlage einer Revisionsrüge gemacht werden, wenn ein solcher Widerspruch tatsächlich gegeben wäre. Denn dass ein Zeuge in der Hauptverhandlung etwas anderes bekundet hat, als im Urteil festgestellt ist, kann mit der Revision grundsätzlich nicht geltend gemacht werden. Um dies nachzuweisen, müsste das Revisionsgericht nämlich die tatrichterliche Beweisaufnahme wiederholen bzw. rekonstruieren, was ihm jedoch verwehrt ist. Etwas anderes kann dann gelten, wenn die Aussage des Zeugen wörtlich in das Protokoll (vgl. § 273 III StPO) aufgenommen wurde oder wenn der Inhalt einer in der 477

---

41 Zu deren Erforderlichkeit: Meyer-Goßner/Schmitt/*Schmitt* StPO § 60 Rn. 28.
42 BGH NStZ 2004, 97 (98); Meyer-Goßner/Schmitt/*Schmitt* StPO § 60 Rn. 19.
43 Meyer-Goßner/Schmitt/*Meyer-Goßner* StPO § 60 Rn. 34.
44 vgl. Meyer-Goßner/Schmitt/*Schmitt* StPO § 60 Rn. 20 mwN.
45 BGH NStZ 2005, 340 (341); Meyer-Goßner/Schmitt/*Schmitt* StPO § 60 Rn. 31, § 59 Rn. 10; weitergehend (Vereidigungsantrag erforderlich): BGH NStZ 2006, 234 (235).
46 BGH NStZ 1998, 51; 2000, 216; Meyer-Goßner/Schmitt/*Meyer-Goßner* StPO § 265 Rn. 7a.

Hauptverhandlung verlesenen Urkunde im Urteil unrichtig wiedergegeben ist.[47] Dies war hier jedoch nicht der Fall.

478 Auf das Unterlassen des Hinweises über das Ergebnis der Vernehmung der Zeugin Kleiner kann die Verteidigerin des Angeklagten die Revision daher nicht mit Aussicht auf Erfolg stützen.

7. Vernehmung des Sachverständigen Prof. Dr. Grüner

479 a) Bei der Vernehmung des Sachverständigen ist dem Schwurgericht laut dem Hauptverhandlungsprotokoll ein Fehler unterlaufen, weil die Vorsitzende diesen nicht über seine allgemeinen Pflichten belehrt hat (§§ 72, 57 S. 1 StPO).[48] Ein Verstoß gegen §§ 72, 57 S. 1 StPO kann die Revision des Angeklagten aber nicht begründen, weil § 57 S. 1 StPO nur eine Ordnungsvorschrift ist, die allein dem Schutz des Zeugen bzw. (über § 72 StPO) des Sachverständigen, nicht aber den Belangen des Angeklagten dient (Rechtskreistheorie).[49] Zudem wäre die Belehrung bei einem Sachverständigen, der häufig vor Gericht auftritt (wie hier einem Rechtsmediziner), entbehrlich.[50]

480 b) Ein revisibler Rechtsfehler liegt auch nicht darin, dass dem Sachverständigen die Anwesenheit während der gesamten Hauptverhandlung gestattet wurde. Wie sich aus § 80 II StPO herleiten lässt, war dies zulässig.[51]

8. Zwischenergebnis

481 Auf Verfahrensfehler kann die Verteidigerin die Revision nicht mit Aussicht auf Erfolg stützen.

IV. Prüfung auf sachlich-rechtliche Fehler

1. Sachverhaltsfeststellungen und Beweiswürdigung

482 Die Sachverhaltsfeststellungen und die Beweiswürdigung weisen keinen – mit der Sachrüge zu beanstandenden – Rechtsfehler auf.

2. Rechtliche Würdigung

a) Verurteilung wegen vorsätzlicher Körperverletzung

483 aa) Die Verurteilung des Angeklagten wegen vorsätzlicher Köperverletzung (§ 223 I StGB) durch die Faustschläge gegen Kopf und Oberkörper von Fernando Ferri weist auf der Grundlage der getroffenen Feststellungen keinen Rechtsfehler auf (zur Bejahung des besonderen öffentlichen Interesses an der Strafverfolgung: → Rn. 436).

484 bb) Hinsichtlich der Schnittverletzungen, die sich Fernando Ferri beim Eintreten und Durchsteigen der Glastür zugezogen hat, handelte der Angeklagte jedenfalls nicht vorsätzlich; zumindest liegt insofern eine wesentliche Abweichung zwischen vorgestelltem und tatsächlichem Kausalverlauf vor.[52]

485 cc) Die vom Angeklagten bei Fernando Ferri ausgelösten Angst- und Panikgefühle stellen als rein psychische Empfindungen keine Körperverletzung dar, da er hierdurch nicht – wie für

---

47 BGH NStZ 1998, 51 mwN; Meyer-Goßner/Schmitt/*Meyer-Goßner* StPO § 261 Rn. 38a; vgl. auch → Rn. 325 f.
48 Diese Belehrung ist zwar keine wesentliche Förmlichkeit iSd § 273 I StPO, sodass das Freibeweisverfahren anzuwenden ist, in dem das Protokoll nur ein Beweismittel neben anderen – etwa dienstlichen Stellungnahmen von Vorsitzendem und Protokollführer – ist; im jetzigen Zeitpunkt steht indes der Verteidigerin nur das Protokoll als Freibeweismittel zu Verfügung; vgl. auch → Rn. 120.
49 BGH NStZ 1998, 158 (159); Meyer-Goßner/Schmitt/*Schmitt* StPO § 57 Rn. 7.
50 Meyer-Goßner/Schmitt/*Schmitt* StPO § 72 Rn. 1.
51 Vgl. auch Meyer-Goßner/Schmitt/*Schmitt* StPO § 80 Rn. 5.
52 BGH NJW 2003, 150 (153) (der Fall ist dieser Entscheidung nachgebildet); vgl. auch *Fischer* StGB § 16 Rn. 7.

eine *Körper*verletzung erforderlich – in einen pathologischen, somatisch objektivierbaren Zustand versetzt wurde.[53]

b) Nicht-Verurteilung wegen gefährlicher Körperverletzung

Das Schwurgericht hat keine Feststellungen dazu getroffen, dass die Schläge gegen Fernando Ferri bereits abstrakt (generell) dazu geeignet waren, diesen in Todesgefahr zu bringen.[54] Es hat den Angeklagten deshalb zu Recht nicht wegen gefährlicher Körperverletzung gem. § 224 I Nr. 5 StGB verurteilt.[55]

486

Fäuste stellen auch kein (gefährliches) Werkzeug iSd § 224 I Nr. 2 StGB dar;[56] ein hinterlistiger Überfall (§ 224 I Nr. 3 StGB) liegt nach den Feststellungen des Schwurgerichts nicht vor.

487

c) Verurteilung wegen fahrlässiger Tötung

Eine fahrlässige Tötung erfordert, dass eine objektiv und subjektiv sorgfalts- bzw. pflichtwidrige Handlung[57] vorhersehbar[58] und erkennbar rechtswidrig den Tod des Opfers ursächlich herbeigeführt hat.[59]

488

Dabei ist die objektiv und subjektiv sorgfalts- bzw. pflichtwidrige Handlung des Angeklagten im vorliegenden Fall unproblematisch gegeben; sie liegt in der vorsätzlichen Körperverletzung durch die Faustschläge.[60]

489

Auch die Ursächlichkeit der Tathandlung des Angeklagten für den Todeserfolg sowie insbes. dessen Vorhersehbarkeit sind nach den vom Landgericht getroffenen Feststellungen zu bejahen. Für Letztere reicht nämlich aus, dass der Erfolg nicht außerhalb aller Lebenserfahrung liegt; die konkreten Einzelheiten müssen dagegen nicht vorhersehbar sein. Im Allgemeinen war aber vorhersehbar, dass die schweren Misshandlungen des Fernando Ferri durch den körperlich weit überlegenen Angeklagten bei diesem Angst- und Panikgefühle hervorrufen, die – wenn auch nach einer unbesonnenen Reaktion – schließlich zu einem tödlichen Ausgang führen (auch → Rn. 494).[61]

490

Die Bejahung der fahrlässigen Tötung durch das Schwurgericht ist daher revisionsrechtlich nicht zu beanstanden.

491

d) Nicht-Verurteilung wegen Körperverletzung mit Todesfolge

Der Angeklagte könnte jedoch auch den Tatbestand der Körperverletzung mit Todesfolge (§ 227 I StGB) verwirklicht haben. Dieser erfordert als erfolgsqualifiziertes Delikt (§ 18 StGB) neben einer – hier gegebenen – vorsätzlichen Körperverletzung sowie einer – ebenfalls vorliegenden – fahrlässigen Tötung nach der Rechtsprechung schon wegen des deutlich höheren Strafrahmens zusätzlich, dass der Verwirklichung des Grunddelikts die tatbestandsspezifische Gefahr anhaftet, die sich im tödlichen Ausgang unmittelbar niedergeschlagen hat.[62]

492

Diese deliktsspezifische Gefahr muss nach der Rechtsprechung nicht mit dem Körperverletzungserfolg, sondern kann mit der Körperverletzungshandlung verbunden sein. Das entnimmt der BGH unter anderem der Bezugnahme in § 227 I StGB auf »§§ 223 bis 226a«, also

493

---

53 BGH NJW 2003, 150 (153); vgl. auch *Fischer* StGB § 223 Rn. 6, 12.
54 Das Fehlen entsprechender Feststellungen müsste in der Revision als Verfahrensrüge vorgetragen werden, → Rn. 322 sowie Meyer-Goßner/Schmitt/*Meyer-Goßner* StPO § 337 Rn. 21 aE; die hierfür erforderliche Angabe konkreter Beweismittel (→ Rn. 271) ist aber laut Bearbeitervermerk nicht möglich.
55 Vgl. *Fischer* StGB § 224 Rn. 27.
56 Vgl. *Fischer* StGB § 224 Rn. 13.
57 Vgl. *Fischer* StGB § 222 Rn. 5, § 15 Rn. 16 ff.
58 Vgl. *Fischer* StGB § 222 Rn. 25, § 15 Rn. 17.
59 Vgl. (zusammenfassend) *Fischer* StGB § 15 Rn. 14; zur Ursächlichkeit: *Fischer* StGB § 222 Rn. 2 ff.
60 Vgl. *Fischer* StGB § 227 Rn. 7a, § 15 Rn. 16.
61 BGH NJW 2003, 150 (154); vgl. auch *Fischer* StGB § 222 Rn. 25 f.
62 Vgl. BGH NJW 2003, 150 (153); vgl. auch *Fischer* StGB § 227 Rn. 3 mwN.

auch auf Abs. 2 der §§ 223–225 StGB, wodurch der Versuch (der nicht zum Erfolgseintritt führt) in den Anwendungsbereich von § 227 StGB einbezogen sei. Zudem sei der Unrechtsgehalt des Grunddelikts, also der vorsätzlichen Körperverletzung, gegenüber dem der mit dem Tod des Opfers verbundenen Tat allenfalls von untergeordneter Bedeutung.[63]

494 Eine solche Gefahr ging von den Handlungen des Angeklagten aus, auch wurde der erforderliche Zurechnungszusammenhang nicht durch das eigene Verhalten des Tatopfers unterbrochen.[64] Dessen Handlung war nämlich eine nahe liegende und nachvollziehbare Reaktion auf den massiven Angriff des Angeklagten. Denn eine Flucht »Hals über Kopf« ist bei durch Gewalt und Drohung geprägten Straftaten geradezu deliktstypisch und entspringt – so der BGH – dem elementaren Selbsterhaltungstrieb des Menschen. Schon im Hinblick auf das massive Vorgehen des Angeklagten nach Ablauf eines nicht unerheblichen Zeitraums zwischen der von diesem als Beleidigung empfundenen Äußerung des Opfers und dem körperlichen Angriff, die Überlegenheit des Angeklagten und insbes. die Ankündigung weiterer Schläge musste Fernando Ferri damit rechnen, trotz des Eingreifens des Bruders des Angeklagten binnen kürzester Zeit erneut attackiert und misshandelt zu werden. Dass der Angeklagte zwischenzeitlich auf dem Weg in Richtung Gaststätte war, ist ohne Belang, zumal Fernando Ferri kurz vor dem Eintreten der Glastür glaubte, hinter sich Schritte zu hören.[65]

e) Nicht-Verurteilung wegen eines vorsätzlichen Tötungsdelikts

495 Ein vorsätzliches Tötungsdelikt (auch durch Unterlassen) ist dem Angeklagten auf der Grundlage der vom Schwurgericht getroffenen Feststellungen dagegen nicht nachzuweisen. Dass der Angeklagte den Tod von Fernando Ferri zumindest billigend in Kauf genommen hat, lässt sich diesen Feststellungen nicht entnehmen, zumal er seinem Opfer, als dieses flüchtete, »lediglich« weitere Schläge angekündigt hatte. Auch aufgrund der Eintragung im Tagebuch des Angeklagten, er habe einen »Türken platt gemacht«, ist ein zumindest bedingter Tötungsvorsatz (im Zeitpunkt der Tathandlung) nicht hinreichend sicher festzustellen.

f) Konkurrenzen

496 Auf der Grundlage der von ihm vorgenommenen rechtlichen Würdigung war die Annahme des Schwurgerichts, zwischen der vorsätzlichen Körperverletzung und der fahrlässigen Tötung bestehe Tateinheit (§ 52 I StGB) zutreffend, da die Tathandlung »Faustschläge« sowohl § 223 I als auch § 222 StGB (als das sorgfalts- und pflichtwidrige Verhalten) erfüllte.

497 Die tatsächlich gegebene Körperverletzung mit Todesfolge verdrängt dagegen sowohl die vorsätzliche Körperverletzung (§ 223 I StGB) als auch die fahrlässige Tötung (§ 222 StGB); insofern liegt Gesetzeskonkurrenz vor.[66]

V. Ergebnis

498 Die Revision der Staatsanwaltschaft wird Erfolg haben; die von dieser erhobene Sachrüge wird zum Nachteil des Angeklagten durchgreifen, weil das Schwurgericht übersehen hat, dass nach den von ihm getroffenen Feststellungen (auch) der Tatbestand der Körperverletzung mit Todesfolge verwirklicht ist. Auf die Revision der Staatsanwaltschaft hin wird der BGH daher das Urteil des Landgerichts vom 12.9.2017 aufheben und die Sache an eine andere als Schwurgericht zuständige Strafkammer des Landgerichts München I zurückverweisen (zur Zuständigkeit des Schwurgerichts: § 74 II Nr. 8 GVG). Der BGH könnte aber

---

63 BGH NJW 2003, 150 (153) (nach dieser Entscheidung ist der Versuch einer Körperverletzung mit Todesfolge auch in Form des erfolgsqualifizierten Versuchs möglich, also als versuchte Körperverletzung mit tatsächlich eingetretenem Todeserfolg).
64 BGH NJW 2003, 150 (153); NStZ 2008, 278; vgl. auch *Fischer* StGB § 227 Rn. 3b, 4.
65 BGH NJW 2003, 150 (153 f.).
66 *Fischer* StGB § 227 Rn. 12, § 224 Rn. 35 jeweils mwN (anders beim bloßen Versuch: BGH NJW 2003, 150 [154]).

auch selbst den Schuldspruch in Körperverletzung mit Todesfolge ändern[67] und nur den Strafausspruch mit den Feststellungen aufheben.

Die für den Angeklagten von der Verteidigerin eingelegte Revision wird keinen Erfolg haben; dem Schwurgericht sind zwar Verfahrensfehler unterlaufen, jedoch keine solchen, auf denen das Urteil beruht bzw. die vom Angeklagten in der Revision beanstandet werden können. Die Verteidigerin sollte daher die Rücknahme des Rechtsmittels erwägen. Sollte die Verteidigerin die Revision gleichwohl durchführen, müsste diese gem. § 345 II StPO in einem Anwaltsschriftsatz begründet werden, der beim Landgericht München I eingereicht werden muss.[68] Das muss spätestens am 23.10.2017 geschehen (§ 43 I StPO); denn die Revisionsbegründungsfrist lief gem. § 345 I 2 StPO ab der Zustellung an den Angeklagten, also ab dem 23.9.2017. Das Vorgehen – Zustellung an den Angeklagten bei bloß formloser Unterrichtung der Verteidigerin – ist (anders als im Zivilrecht nach § 172 ZPO) von § 145a I, III StPO gedeckt. § 37 II StPO greift nicht ein, weil das Urteil der Verteidigerin nicht zugestellt, sondern nur formlos übersandt wurde.[69]

499

In der Revisionsbegründungsschrift könnte von der Verteidigerin des Angeklagten folgender Antrag gestellt werden:

500

»Ich beantrage, das Urteil des Landgerichts München I, Schwurgericht, vom 12.9.2017 mit den Feststellungen aufzuheben und die Sache zu neuer Verhandlung und Entscheidung an eine andere als Schwurgericht zuständige Strafkammer des Landgerichts München I zurückzuverweisen.«

---

67 § 265 StPO steht einer Schuldspruchänderung nicht entgegen, wenn der Angeklagte sich nicht anders hätte verteidigen können; vgl. BGH NJW 2003, 150 (154); Meyer-Goßner/Schmitt/*Meyer-Goßner* StPO § 354 Rn. 12 ff.
68 Ein Rechtsanwalt hat nicht die Möglichkeit, ein Rechtsmittel zu Protokoll des Urkundsbeamten zu begründen; vgl. KK-StPO/*Gericke* § 345 Rn. 19.
69 Meyer-Goßner/Schmitt/*Schmitt* StPO § 145a Rn. 6, 14. Die formlose Benachrichtigung des jeweils anderen ist bloße Ordnungsvorschrift.

Sachverzeichnis

Abschiedsbrief 227
Absolute Revisionsgründe s. Revisionsgründe
Akteneinsicht 160
Aktenwidrigkeit 325 f.
Amtsprüfung s. Verfahrenshindernis, Verfahrensrüge
Angeklagter s. Beschuldigter
Anhörungsrüge 419 f.
Anklage
- Verlesung 202 ff.
- Wirksamkeit 71 ff., 323, 368 f.
Annahme (Berufung) s. Berufung
Antrag in der Revision s. Revisionsantrag
Anwaltszwang s. Verteidiger
Anwesenheit
- Angeklagter/Beschuldigter 142 ff., 169, 199, 217, 232, 372
- Dolmetscher 140, 208 f.
- Nebenkläger 359
- Privatkläger 140
- Richter 127 f., 140, 158
- Staatsanwalt 141
- Urkundsbeamter 141
- Verteidiger s. Verteidiger
Audiovisuelle Vernehmung 199, 217, 278
Aufklärungspflicht, -rüge 167, 224, 248, 265, 268 ff., 326, 331
Augenschein 149, 154 f., 216 ff., 219
Auskunftsverweigerungsrecht 233, 246 ff., 339
Aussageverweigerungsrecht 149, 195, 217, 233 f., 241 ff., 257 ff., 266, 272, 338 f.
Ausschluss
- des Angeklagten 142 ff., 199
- des Richters 129 ff.

Beeidigung
- Dolmetscher 208, 223
- Sachverständiger 264 ff.
- Zeuge 230, 251 ff., 266
Befangenheit 129 ff., 154, 162
Begründung der Revision s. Revisionsbegründung
Belehrung
- Angeklagter 201, 206 f.
- Beschuldigter 93, 172 ff., 184, 262
- Dolmetscher 208
- Sachverständiger 264, 266
- Zeuge 195, 240 ff., 257, 266, 338 f.

Beratung 297 f.
Berichtigung des Urteils 318 f.
Berufung
- Annahmebedürftigkeit 11
- Revision gegen Berufungsurteil 4, 375 ff.
- Verhältnis zur Revision 8 ff.
Beruhen 93, 96 f., 110, 196, 206
Beschlagnahme 188 ff.
Beschleunigtes Verfahren 360 ff.
Beschränkung
- der Revision 41, 54 ff., 86, 416 f.
- der Verteidigung s. Verteidiger
Beschuldigter
- Abgrenzung zum Zeugen 173, 195
- Anwesenheit s. Anwesenheit
- Belehrung s. Belehrung
- Ladung 169
- Vernehmung 116, 172 ff., 210 ff., 221 ff., 336
Beschwer 18 ff.
Beschwerde 132 f., 162 ff., 278, 374, 376
Besetzungsrüge 125 ff.
Beweisantrag
- Ablehnung 130, 160, 167, 273 ff., 285, 417
- Bedingter, Hilfs-, Eventualbeweisantrag 97, 280 ff.
- Beweisermittlungsantrag 273 f.
- Rechtsmissbrauch 100
Beweisaufnahme
- Freibeweisverfahren s. Freibeweisverfahren
- durch Revisionsgericht 3, 111, 114
- durch Tatgericht 92 f., 216 ff.
Beweisermittlungsantrag s. Beweisantrag
Beweiswürdigung 2, 92 f., 301, 327 ff.
Bezugnahme 107, 316
Bindung
- an Entscheidung des Revisionsgerichts 415
- an Tatsachenfeststellungen s. Sachverhaltsfeststellungen
Blutentnahme 194c

Computerdaten 191 f.

Denkgesetze 327
Dolmetscher 140, 208 f., 223
Doppelrelevante Tatsachen 416 f.
Durchsuchung 187

181

Sachverzeichnis

Einlegung der Revision s. Revisionseinlegung
Einlegungsberechtigung 17
Einstellung des Verfahrens
– durch Revisionsgericht 52 f., 75 f., 81, 386, 395, 398 ff.
– durch Tatgericht 21, 30, 75 f., 81, 87, 94,
E-Mail 34, 194
Entscheidung des Revisionsgerichts s. Urteil
Erfahrungssatz 3, 327
Ermittlungsverfahren 165, 170 ff.
Eröffnungsbeschluss
– Anfechtung, Bedeutung 76 f., 82, 162, 164, 166
– Befangenheit 131
– Wirksamkeit 76 f., 323, 366, 369
Erstreckung 418
Eventualbeweisantrag s. Beweisantrag

Faires Verfahren 160, 262, 302
Form s. Revisionseinlegung, Revisionsbegründung
Fortgesetzte Handlung 87
Fragerecht 210 f., 249 f.
Freibeweisverfahren
– Verfahrensfehler 112 ff., 130, 216, 223, 298
– Verfahrensvoraussetzungen 379 f.
– Zulässigkeit der Revision 24, 379
Freispruch 51, 53, 317, 329, 403
Frist s. Revisionseinlegung, Revisionsbegründung, Urteil
Funktionelle Zuständigkeit s. Zuständigkeit

Geschäftsverteilungsplan s. Zuständigkeit
Gesetzesänderungen 382, 418
Gesetzlicher Richter s. Besetzungsrüge, Zuständigkeit
Gutachten s. Sachverständiger

Hauptverhandlung (Terminierung) 151, 168 f.
Heilung (Verfahrensfehler, -hindernisse) 97
Hilfsbeweisantrag s. Beweisantrag
Hinweispflicht 74 f., 98, 286 ff.
Hörfalle 184
Hypothetische Ermittlungsverläufe 187

Inbegriff der Hauptverhandlung 109, 116, 324 ff.
In dubio pro reo
– Beweiswürdigung 341 ff., 348
– Verfahrenstatsachen 122, 216, 381
– Zulässigkeit der Revision 24
Informant s. Verdeckter Ermittler

Kognition s. Tat
Körperliche Untersuchung s. Blutentnahme

Lauschangriff 185 ff.
Letztes Wort 99, 123, 144, 294 ff.
Liste der angewendeten Vorschriften 319

Menschenrechtskonvention 153, 164, 189, 354

Nachschieben von Revisionsgründen 32, 121, 310, 381, 420
Nachtragsanklage 77, 88, 286
Nebenklage 17, 131, 357 ff., 382, 388
Nemo-tenetur-Grundsatz 184, 189, 262, 339, 354
Notwendige Verteidigung s. Verteidiger

Öffentlichkeit 154 ff., 303
Online-Durchsuchung 194b
Örtliche Zuständigkeit s. Zuständigkeit

Personalien 200
Persönliche Verhältnisse 201, 315
Persönlichkeitsrecht 184, 187, 190, 192 ff., 226 f.
Pflichtverteidiger s. Verteidiger
Plädoyer s. Schlussvortrag
Präsentes Beweismittel 272, 283 ff.
Privatklage 17, 140
Protokoll
– Beweiskraft 112 ff., 216, 324 ff.
– Fertigstellung 28, 30
– Inhalt 26, 40, 109, 112 ff., 146, 202, 208, 251, 275 f., 307, 324
– Protokollrüge 115 f., 303
Prozesshindernis s. Verfahrenshindernis

Rechtliches Gehör 146, 165, 218, 419 f.
Rechtshängigkeit, entgegenstehende s. Rechtskraft
Rechtskraft (s. auch Tat)
– entgegenstehende 63, 82 ff., 94
– Teilrechtskraft 25, 54, 58, 382, 416 f.
Rechtskreistheorie 102, 188, 240, 247 f., 267
Rechtsmittel
– Belehrung 41
– Rücknahme s. Rücknahme
– Übergang zu anderem s. Übergang
– unbenannte s. unbenannte Rechtsmittel
– unterschiedliche (gleichzeitig eingelegt) s. unterschiedliche Rechtsmittel
– Verzicht s. Verzicht
Rechtsmittelbefugnis s. Einlegungsberechtigung

Sachverzeichnis

Rechtsschutzbedürfnis 20
Reformatio in peius 88a, 375, 415
Relative Revisionsgründe s. Revisionsgründe
Revisionsantrag 37, 47, 49 ff.
Revisionsbegründung
– Form 34 ff., 359
– Frist 15 f., 28 ff., 357
– Inhalt 32, 37 f., 47 ff., 105 ff., 309 ff.
Revisionseinlegung
– Berechtigung 17
– Form 26 f.
– Frist 22 ff., 46, 58, 357
– Inhalt 26 f.
Revisionsgericht s. Zuständigkeit
Revisionsgründe
– Sachrüge s. Sachrüge
– Nachschieben s. Nachschieben von Revisionsgründen
– absolute 96 ff., 110, 125 ff.
– relative (s. auch Beruhen) 96 ff.
– Verfahrenshindernisse s. Verfahrenshindernisse
– Verfahrensrüge s. Verfahrensrüge
– Verwirkung s. Verwirkung
– Verzicht s. Verzicht
Revisionsurteil s. Urteil
Revisionsverfahren 6 f., 378 ff.
Richter s. Anwesenheit, Ausschluss, Befangenheit, Besetzungsrüge, Zuständigkeit
Rücknahme der Revision 39 ff., 383

Sachliche Zuständigkeit s. Zuständigkeit
Sachrüge
– Abgrenzung zur Verfahrensrüge 47, 89 ff., 340
– Inhalt 310 ff.
Sachverhaltsfeststellungen 2, 3, 320 ff., 346, 408
Sachverständiger 234, 237 ff., 263 ff., 324
Schlussvortrag 141, 294 ff.
Schöffe s. Richter
Schuldspruch s. Subsumtion
Schuldspruchänderung 397
Schutzzweck der Norm s. Rechtskreistheorie
Schweigerecht s. Belehrung
SMS 194
Sprungrevision 4, 8, 11
Staatsanwalt
– Anwesenheit s. Anwesenheit
– beim Revisionsgericht 6 f.
– Schlussvortrag s. Schlussvortrag
– Zeuge 141
– Zuständigkeit s. Zuständigkeit
Statthaftigkeit 8 ff.

Strafantrag 65, 78 f.
Strafbefehl 367 ff.
Strafklageverbrauch s. Rechtskraft
Strafmaßrevision 56, 58 f., 358 f.
Strafzumessung 2, 98, 198, 303 f., 349 ff., 358 f., 408 ff.
Subsumtion 90, 320, 322, 344 ff., 382

Tagebuch 190
Tat, prozessuale 71 ff., 82 ff., 94, 182, 286, 293
Tatprovokation 64
Tatsachenfeststellungen s. Sachverhaltsfeststellungen
Teileinstellung s. Einstellung des Verfahrens
Telefax 34
Telefonüberwachung 181 ff., 193
Terminierung s. Hauptverhandlung

Übergang (anderes Rechtsmittel) 15 f.
Unbenannte Rechtsmittel 12 ff.
Unmittelbarkeitsprinzip 215, 219, 228 ff., 234, 255, 264
Unterschiedliche Rechtsmittel 10
Urkundenbeweis 109, 212 ff., 219 ff.
Urteil
– Absetzungsfrist 158 f., 318
– Entscheidung des Revisionsgerichts
– (s. auch Einstellung, Freispruch, Verwerfung) 49 ff., 76, 98, 383 ff.
– Urteil des Tatrichters 309 ff.

Verbindung (Verfahren) 70, 86, 88, 244, 286
Verbotene Vernehmungsmethoden 41, 93, 178 f., 184, 262, 302
Verdeckter Ermittler 197 ff.
Vereidigung s. Beeidigung
Verfahren in der Revision s. Revisionsverfahren
Verfahrensdauer, -verzögerung 64 f., 100, 354
Verfahrenshindernisse 3, 47, 60 ff., 364, 366, 368 f., 375, 379 f., 386
Verfahrensrüge
– Abgrenzung zur Sachrüge 47, 89 ff., 326a, 331, 340
– Inhalt 105 ff.
– Nachschieben 33, 121
– Prüfungsumfang 103, 381, 378
– Vortrag/Nachweis (Gesetzesverletzung) 3, 105 ff., 112 ff.
– Zulässigkeit 37 f., 105 ff.
Verfahrensverbindung s. Verbindung
Verfahrensvoraussetzungen s. Verfahrenshindernisse

Sachverzeichnis

Verhandlungsfähigkeit 41, 143, 153, 174, 380
Verhörperson s. Zeuge vom Hörensagen
Verjährung 21, 65, 80 f., 402
Verlesung s. Anklage, Urkundenbeweis
Vernehmung s. Beschuldigter, Sachverständiger, verbotene Vernehmungsmethoden, Zeuge
Vernehmungsniederschriften s. Urkundenbeweis
Verschlechterungsverbot s. reformatio in peius
Verständigung 41a, 299 ff.
Verteidiger
– Anwaltszwang, notwendige Verteidigung 26, 30, 33 f., 151 f., 164
– Anwesenheit 100, 151 f., 217, 363, 370, 372
– Besprechung mit Angeklagtem 175 f.
– unzulässige Beschränkung 151, 160 f.
– Vertreter 36, 212 ff.
– Zustellungen 30, 36
Verweisung s. Zuständigkeit
Verwerfung der Revision s. Zulässigkeit der Revision
Verwertungsverbote 93, 171 ff., 224, 335 ff.
Verwirkung 103 f.
Verzicht
– auf Rechtsmittel 16, 39 ff., 58, 305
– auf Revisionsrüge 101, 149
V-Mann s. verdeckter Ermittler
Vorhalt 216, 235 f.

Wahlverteidiger s. Verteidiger
Widerspruch
– gegen Verwertung von Beweismitteln 173, 176 f., 182 f., 186, 198, 218, 222, 231, 256
– innerhalb der Beweiswürdigung 327
– Tenor und Gründe des Urteils 318 f.

Zeuge
– Abgrenzung zum Beschuldigten 173, 195
– Abgrenzung zum Sachverständigen 266
– Beeidigung s. Beeidigung
– Belehrung s. Belehrung
– Verlesungen s. Urkundenbeweis
– Vernehmung 195 f., 210, 232 ff., 240 ff., 255 ff.
– Zeuge vom Hörensagen 199, 255 ff., 269
Zeugnisverweigerung s. Aussageverweigerungsrecht
Zufallsfund 182, 186
Zulässigkeit der Revision 3, 8 ff., 379 f., 384 f.
Zurückverweisung s. Urteil
Zuständigkeit
– Besetzungsrüge s. Besetzungsrüge
– funktionelle 67, 135, 138
– Geschäftsverteilungsplan 67, 125 f.
– örtliche 67, 135 ff.
– Revisionsgericht 4 f., 387
– sachliche 65, 67 ff., 76, 375
– Staatsanwalt 7, 141
Zustellung (Urteil) 28 ff., 36 (s. auch Verteidiger)
Zweifelsgrundsatz s. in dubio pro reo